ちくま学芸文庫

読み書き能力の効用

リチャード・ホガート
香内三郎 訳

筑摩書房

読み書き能力の効用【目次】

読み書き能力の効用

謝辞

以下の友人、同僚諸氏に私は心からお礼の言葉を申し述べたいと思います。みなさん、この本を準備する過程で広汎で、精細、かつ惜しみなき援助をあたえてくださいました。この本に残されている間違い、弱点がすべて私の責任であることは、とくに言うまでもありません。

A. Atkinson, H. L. Beales, A. Briggs, J. M. Cameron, D. G. Charlton, J. F. C. Harrison, 故F. D. Klingender, G. E. T. Mayfield, R. Nettel, S. G. Raybould, R. Snaw, A. Snonfield, E. J. Tinsley, 私の兄弟トムと妻。

本をつくるとなると沢山ある秘書的な仕事では、Mrs. E. Clayton, Miss M. Downs, Mrs. J. Graves, Mr. F. Nicholson, Mr. V. Waterhouse, Miss. J. Woodhead, Miss N. Young. に大変お世話になりました。

使わせていただいたいくつかの図書館のうちで、とくにハル公共図書館をあげて感謝したいと思います。そこの方がたは、いつも好意的に、もっとも実質的な援助をしてくださいました。

ここにひかせていただいたすべての著者、発行者にお礼申上げたいと思います。ここでの引用の出典は、注と文献目録とに分けてのせております。万一それが落ちている場合には、当該著者ならびに発行者におわび申上げるとともに、将来の版ではそうした欠陥をつつしんで訂正するつもりでおります。

まえがき

この本は、この三、四〇年のあいだに労働者階級の文化におきたいろいろな変化――とくにいま大衆的出版物で促進されているたぐいの変化について書いている。なにかほかの娯楽形態、とりわけ映画、商業放送を例証に使ったとしても、似たような結果がえられただろう、と私は思っている。(訳注1)

私の考えでは、通俗文化(popular culture)について書かれたこれまでの本は、「民衆」という言葉で意味されるのが誰なのかを充分明らかにしないため、調査分析されている「民衆」生活の特定の側面を、かれらが暮しているもっと広い生活、民衆が娯楽にもちこんでくる生活態度にうまく関連づけないため、説得力を弱めていることが多いのではないだろうか。だから私は、全体生活の行なわれる場所の模型、セットをまず試みにつくり、それからその上で力のおよぶかぎり、労働者階級に特徴的な諸関係、生活態度を記述していくことにした。この本は、そうした背景を提示するところでは、かなり広汎に個人的体験に依拠して書かれている。したがって、そこに社会学的調査の科学的に検証された性格をもたせようなどとは、少しも思っていない。むろん、かぎられた個人経験から一般化することは、大変危険なことに違いない。ささやかな防止策としては、テキストを支持し、あるいは限定するのに必要だと思われるときには、主として注の形で社会学者諸氏の調査結果の若干をひいておいた。と同時に、私とほぼ似たような体験をもちながら、同一事象を私とは違った風に考える他人の証言も、一、二注記してある。

ごらんいただければおわかりのように以下の頁には、二種類の文章が入っている。ひとつは上に述べたもので、もう一種はより特定の、通俗出版物の文章分析をしている部分である。ちょっと見たところでは、この二つはどうもしっくりしないように思われるだろうし、たしかに第二部に入ると接近方法がガラリとかわってしまう。が、私はこの二つの接近方法が、おたがいに相手を照し出す関係になっている、と信じている。読者もご賛同いただければ大変幸いである。

私は、まずなによりも、どの階級の出身であれ、真面目な「ふつうの読者」、あるいは「知的な素人」(intelligent layman)に語りかけているつもりなのだ。そうは言っても、特定の語り口を採用しているとか、専門用語は使わず、デリケートないいまわしはほとんど使わないと約束する、といったことではない。しかし、私は、自分の対象理解が許すかぎり明晰に書こうと努めてきたし、専門用語やデリケートな言いまわしも、一度覚えられれば、それを使ったほうが読者の対象理解に役に立ち、示唆するところ大きいと思われる場合にだけ使うよう心がけてきたつもりである。「知的な素人」とはまだ一種とらえどころのない実体であり、しかも通俗化はやはり危険な仕事である。にもかかわらず、彼

(「知的な素人」)を対象にして書くことが、当面どうしても必要なのだと感じている者は、ともかく彼にとどくようにやってみるべきではないだろうか。われわれの現在の文化状況をおおっている、もっともあらわに人目をひく、不吉な徴候は、エキスパートの専門用語と、マス・コミュニケーション諸機関の途方もなく低いレベルの言語とが全く分裂していることにあるのだから。

ハル大学にて。一九五二年六月　　リチャード・ホガート

大衆の愚かさと大衆の専制に突き上げられてきた、わが批判的リアリズムの時代の諸公は、ずっと〝ふつうの民衆〟に文句をいい続けてきたので、とうとう、ふつうの民衆にじかに接触することもできないばかりか、その像を具体的に思い浮べることさえできなくなってしまった……そして恐らく……私がこんな発言をしなければならないとはたしかに変な話なのだが……知識人諸公が自国の民衆に深い影響をあたえる、といったことはもうなくなっている。連中は民衆をたっぷり愛してこなかったのだから、当然の報いである。

(ルードヴィッヒ・レヴィゾーン)

もう一つロマンチシズムへの戒めとしては、

ぼくの血管には水呑百姓の血が流れてんですから、あなた方が農民の美徳はなどとおっしゃっても、驚ろきゃしませんよ。

(チェーホフ)

第一部　より古い秩序

I　誰が「労働者階級」か？

A　接近方法の問題、二、三

もう、イギリスには労働者階級はいない、とよく言われる。「無血革命」がおきたのだ。それは社会的差別を極度になくし、すでにわれわれのほとんどが、中産下層とか、中産階級とかいわれるほとんど同一平面に住んでいる、と。そうした言い方にも、それ相応の文脈のなかでは真理がふくまれている、ということは私にもわかるし、近年の多くの社会的変化の規模や価値を、少く見つもろうとは思わない。こうした変化がとくに労働者階級の生活におよぼした影響の輪郭を改めて味わいたければ、社会調査記録のどれか一つか、まあそうだ、世紀のかわり目からのいくつかの小説を、もう一度読みなおしてみるだけでよい。労働者階級に属する人びとは、割り当てられたように宿命的なものとしてあった人生行路を改善し、もっと力を獲得し、もち物もずっと多くなっている。その枠の拡大にわれわれはおどろかされることだろう。もっと印象深いことは、かれらが自分たちを「下層階級」——どの階級も自分たちより上におり、世間の判断だとどれもが自分たちより優越しているといった感じのつきまとう——のメンバーとは、もはや考えていないことだろう。この感じのあるものは残っている。しかし、目にみえて減少しつつある。

こうした変化にもかかわらず、心的態度群は、われわれがふつう思うよりも、ずっとゆっくり変化する。この本の前半分がそのことを示す予定である。態度群はゆっくりと変わる。しかし明らかなことは、ここでも、ひじょうに多くの複合した諸力がこの変化をひきおこしつつある、ということだ。この本のあと半分は、一つの文化的な「無階級」社会の実現へ向かうかにみえるこの変化が、そこを媒介にして実現しつつあるいくつかの様式を検討する。

私が「労働者階級」ということばでなにを意味しているかを、もっと専門的に定義しておく必要があるだろう。だが、定義の難しさよりも、「労働者」とか「ふつうの民衆」とかについて論ずるとだれでも陥りがちなロマンチシズムを避ける工夫のほうが、ずっと厄介である。まず、ロマンチシズムの諸形態について、言っておいたほうがよい。それは、より早い時期の労働者文化がもっていたすばらしい性質と、したがって今日の堕落した諸条件とを、過度に強調するという危険を増大させるから。この「前はよかった」、「今はダメ」という二つの過度の強調は、相互に補強し合いがちで、したがってその「以前」と「今」との対照は、しばしば誇張される。われわれは、今日の労働者階級の生活の質について、またとくに、それを崩しつつある変化の速度について、深刻な疑問をいだいてもよい。しかし、もっと生活を衰弱させる誘引のあるものが成功したのは、ただそれが、必ずしもよいものとはいえない前から内部に定着してあった態度に働きかけることができたからなのだ。したがって、外からの観察者をおどろかせるような現代的病毒はたしかに存在するにしても、労働者階級の人びとがまだより古い、内部の抵抗要素をもっているかぎり、その病毒の効果は、かならずしも、外部からの診断が暗示するほどひどくはなりようがない。

疑いもなくそうした度はずれた強調は、しばしば、労働者階級の潜在的可能性はすばらしいという想い、そこからくる今のかれらの状態についてのあわれみ、とで拍車をかけられている。この見方につながっているのは、強度の社会的良心に悩んでいる中産階級出の知識人によくみかける、もっと積極的な過度の期待である。この手の知識人のある者は、ながいこと、すぐ自分の下にいる労働者階級出の人間を、だれでもお構いなしに、一種の『フェリックス・ホルト』（ジョージ・エリオットの小説〝*Felix Holt, the Radical.*〟1866）、『日陰者ジュード』（トマス・ハーディの小説、一八九四―五年〝Harper's Magazine〟にかなり削除されて掲載。一八九五年旧稿にもどって出版、大沢衛訳、岩波文庫、上、中、下）とみなすくせがある。これは多分、かれらが身近かに知ることのできた労働者階級のほとんどが、やや普通でない、〝自己選民〟種属、ある場合には夏期学校のたぐいに来ている青年男女——たまたま生まれた場所だけで正当な知的遺産相続の機会を奪われ、それをとりもどすためにすさまじい努力を重ねているような——やや例外的な諸個人、でしかないためだろう。当然のことながら、私はどんな意味でも、個人としてのかれらの重要さを低く見つもろうとは思わない。が、かれらは例外的存在であって、本来の性質上、労働者階級の人びとの典型にはならない。かれらが、夏期学校に、研究団体の会合に、講演会のコースに、出席しているそのこと自体が、かれらの仲間の大多数が目にみえるほどの大した緊張もなく安んじて住んでいる風景から、はなれ去りつつあることの結果にすぎないからだ。かれらはどの階級に生まれても例外的、非平均的存在になるだろう。かれらは、自分たちの「階級」についてよりも、自分たち「個人」について、より多くのことを開示してくれる。

「もしかれらが……でさえあったら、どんなにすばらしいことか」というあわれみから、「かれらはすばらしい、ただ単に……であるだけで」といったほめ言葉にいたるまで。ここでわれわれは、牧歌的神話と、顔の赤らむような長口舌の「バースの女房」（チョーサー『カンタベリー物語』・14）的感嘆とに出会う。労働者階級は底辺で途方もなく健康である——と田園牧歌的叙述は進む——少くともほかの階級よりは健康だ、と。荒っぽく、磨かれていないかも知れない。にもかかわらず、光り輝やくダイヤモンドだ。ゴツゴツしている。が正真正銘信頼できる。洗れんされていない、知的でもない。が、両足を大地にしっかとつけて立っている。陽気に腹から哄笑し、人情に厚く、一本気だ。その上かれらは、軽いウィットの入った、きびきびして、ピリッとした話をする。その核には、いつも確固たる常識がある。こうした過度の強調は、多くの主な小説家にみられる労働者生活のものめずらしい側面を軽く誇張するものから、現代通俗作家のみすぼらしい空想にいたるまで、強度がかわってはいる。どんなに軽くにせよ、労働者生活の薬味のきいた特徴を過度に強調しなかったイギリスの主要な作家は、どれだけいるか？　ジョージ・エリオットもそうしている。彼女の労働者の観察は、並外れて光っているけれども。ハーディになると偏見はもっと明らかである。意識してより操作的になるわれわれ自身の時代に近づくと、大衆作家たちが、平べったい帽子をかぶり、母音を平板に発音し、戸口の階段をごしごしみがき上げてピカピカにしておく働き者の女房をもつこれら小さな人間どもに、保護者然としてお世辞をいっているのに出会う。いい奴らじゃないか——しかも面白いぜ！　己れにきびしく、ロマンチックでないようにみえる作家、ジョージ・オーウェルでさえも、労働者階級を、エドワード七世時代のくつろいだムッとする寄席の空気を通して眺める、といった習慣から全くまぬがれてはいない。同じような視角の広汎な水脈は、ずっとくだって日曜新聞コラムニストの庶民的ふざけ方にまで流れている。飲み屋友だち「アルフ」の一番新しい冗談を、感心したふりをして引用することを忘れないジャーナリスト諸君。私の考えでは、かれらはよりキッパリと拒否さるべきである。というのは、かれらの言うことに一片の真実はあり、それが見世物用にふくらまされるのを見るのは辛いからだ。

さて今度は、労働者階級の運動を研究している歴史家のくだす解釈。人は、時にはこれも警戒しなければならない。その主題は人をひきつけ、感動させる。労働者階級の社会的・政治的向上運動については、重要な、人をふるいたたせるぼう大な材料が揃っている。読者はたやすく、少くとも半分ぐらいは、これらは労働者階級の歴史なのだ、と思いこんでしまう。主として、少数派の活動――それは階級の全成員に貴重な結果をもたらしてはいるが――の歴史でしかないのに。多分、著者たちは、専門的には、少数派の活動史以上のものだとは主張すまい。少数派の歴史は、それはそれでとても大事なことだ。しかし、私はといえば、そうした本からしばしば、著者たちは労働者階級の生活のなかで政治活動が占めている位置を過大に評価しているのではないか、つまりかれらは、かならずしもその生活の日常・根っこを充分つかみきっていないのではないか、という印象を受けてしようがない。

中産階級出のマルクス主義者の労働者階級についての見方も、いまあげてきた誤ちのどれかを、よくふくんでいる。彼は裏切られ、堕落させられた労働者をあわれむ。彼は、労働者の欠陥を、ほとんど全く、労働者を支配している挽き臼システムの結果としてみるのだ。彼は聖なる野蛮人の残りかすをほめたたえ、「すべてに勝る」芸術、農村・民俗芸能、または純粋な都市民衆芸術への一種のノスタルジアをもち、彼が今日でも探知できると思っている、そうしたものの断片へ、格別にご執心なのだ。彼は働く人びとの「日陰者ジュード」的側面をあわれみ、同時に讃美する。ふつうに彼は、実態とは似ても似つかない「民衆」を半ばあわれみ、半ば被護している。

結局、われわれを労働者階級の生活特質に本当に近づけてくれるのは、いくつかの小説しかない。ロレンスの『息子たちと恋人たち』（本田顕彰訳、岩波文庫、上・中・下）のような[訳注2]。それは少くとも、より通俗的な、より意図的なプロレタリア小説よりはましである。

そして、社会学者がこの二〇年間やってきた綿密詳細な調査のあるものも、それなりの様式で、ではあるが、役に立たないことはない。こうした本は、労働者の生活が、その具体的なすべてを知りつくそうとする観察者に、どんなにすさまじく複雑で、閉塞恐怖症におち入るような印象をあたえるかを、伝えてくれる。私がいうのは、果てしのない森——微に入り細をうがったこまやかなことで一ぱいな、そのすべてが違っており同時にすべてが似たもののようにもみえる——にまぎれこんでしまったような印象を意味している。ぼう大な顔、習慣、行為が調べられてはいる。が、そのほとんどは、明らかに大した意味をもたない。そこから受ける印象は、正しくもありまた同時に間違ってもいる。それが、労働者階級の生活の、だらしなく広がった、種々雑多な、無限に細分化された性格と、あの感覚——しばしば外来者を意気消沈させる、途方もなく大きな劃一性、いつもぼう大な騒然とした人の群れの一部であり、みんながもっとも大事な個人的な事柄でもよく似ている——を記述しているかぎりでは正しい。だが、もし、こうした社会学的仕事のいくらかにあげられている多種多様な統計——これをする人間の数はいくら、あれをしない人間の数はいくら、神を信ずるといったものは何パーセントで、自由恋愛も「それなりにいいじゃないか」といったものは何パーセント、といった数字——をよせ集めて、労働者階級のイメイジを組み上げることができると考えるならば、それは間違っている、と私は思う。社会学的な調査は、ここでは役に立ったり、立たなかったりだが、はっきりしているのは、われわれはウワベの習慣をこえて、習慣があらわしているものを見きわめ、発言・陳述をつき抜けて、その発言が本当に意味するもの（いわれることとの正反対なこともある）を見さだめ、慣用のきまり文句や儀式的な慣例のうしろにある、感情のそれぞれ違った起伏を探り出すよう試みなければならない。

労働者階級から出てきた物書きにも、少し様相は違うが、ほかの階級出身のライターと同じように、彼特有の誤ちに陥りがちなところをもっている。私は、労働者階級から出てきたのだが、いまでも、かれらの身近かにいるという感じと、すっかり離れ去ってしまっているという感じと、矛盾した両方のことを感じている。もう数年もすれば、この二重の関係は、私にとっていまほど明瞭な形では意識されなくなるだろう。しかし、まだそれは私のいうことに影響をおよぼしている。そのため、労働者の生活について私は外部の人間がおかしやすいバカ気た誤解からはまぬがれてはいるだろう。私は自分の感じてきた生活実感を再現すればよいのだ。が、視点をかえれば、こうして情緒的に生活内部にまきこまれていること自体が、かなり危険なことではある。この本の第二部で描き出しているところの変化は、これまでのところ、労働者階級にとって価値あるものの多くを失わせつつあり、しかもそれにひきかえ、新しい環境状況からえられるものは、より少ないかのように、私には見える。私はそう信じている。私が事態を客観的に判断できるとすれば。しかし、書いているあいだ中、私は、素材が提供する論拠からいえることはこれだけだ、とよく自覚しているつもりでも、「古いもの」は「新しい」ものよりズッとよく、「新しい」ものはもっとズッと断罪すべきものとして、書こうとする内面からの圧力とたえず闘わねばならなかった。多分、進行中の素材を、ある種のノスタルジアが染めあげるのだろう。私は全力をあげて、この効果をとりのぞくことに努めた。

この本の前半と後半を通じて、主題のひじょうに多くが、私の生まれ、成長してきた過程とピッタリからみ合っているためか、私は、自分で気にくわない労働者階級の生活特徴には、正当な理由もなしにきつく当っているようだ。これに関連しているのは、自分の影をひっこめようとする衝動である。一番悪いときには、自分の階級を「たたきのめし」てしまおうとする誘惑にかられる。自分のそれに対する態度が、人を焦立たせるアイマイさをもっているからだ。反対に、自分で気に入っている生活の特徴は、度はずれに評価したくなる。このことは、一種の感傷性、自分の背景のロマン化に道を開く。あたかも、私のいまの知り合いに、――「見たまえ、いろんなことはあるが、ぼくの子供時代のほうが君らのよりずっと豊かだろう」、と無意識にいっているような。

筆者は書く過程そのもののなかで、自分が本当にいわねばならぬことを見つけるのに苦闘しながら、こうした危険に向き合わなければならない。彼が完全に成功するとは、とても思えない。しかし、読者は、コンラッドの『闇の奥』（一九〇二年刊の短篇集"Youth"に収録。中野好夫訳、岩波文庫、一九五八）の語り手マーロウの聞き手のように、めぐまれた位置にいる。

「もちろん、このことについちゃ君たちのほうが、俺よりもずっとよく見えるわけだ。君らは俺が自分じゃ絶対見れない、この俺を見てるんだからな」

読者は、私がいいたいと思ったことを見てくれるだろうし、そればかりではなく、叙述の調子、無意識の強調、その他から、それを言っている人間をも理解されるだろう。

B 一つの大ざっぱな定義

この概観の目的にかなうように、だれが「労働者階級」かを決めるにあたって私のかかえている問題は、私見によれば、こうである。私が証拠の大半をひき出してくる大衆的出版物は、私が身近かによく知っている労働者階級集団の枠をこえた、ずっと広汎な人びとに影響をおよぼしている。実際、そうした出版物群が「無階級」的出版物たらんと志している以上、それらは社会の全階級に働きかけている。しかし、こうした出版物が態度に影響をおよぼす筋道を論ずるため、「ふつうの人びと」についておしゃべりする結果、ほとんど不可避的に出てくる例のアイマイさをさけるためには、一つの焦点を見つけることが必要であった。それで私は、労働者階級の人びとのなかから、かなり同質的な集団を一つとりだし、かれらの置かれている具体的な状況と心的態度とを描き出すことで、かれらの生活の雰囲気と性質とをよびおこそうと試みた。この背景の上に立って初めて、もっとずっと一般的に拡散される大衆出版物のアピールが、ふつうに受け入れられている諸態度と、どのように結びつくのか、こうした態度をどう変えてゆくのか、またどんな抵抗に出会っているのか、を見てとることができよう。私がひどく間違っていないとすれば、この第一部で描かれた諸態度は、「ふつうの人びと」を構成するほかの多くの諸集団によっても、充分に共有されているはずである。この分析の適合範囲をもう少し広くするぐらいには。とくに私がここで、「労働者階級」の態度として描き出したものの多くは、よく言われる「中産下層」にもあてはまるだろう。私は、この種の重なり合いを、避ける方法を知らない。自分では、そう重なっても、私の主要な論旨は弱まらないと思っているが、読者もそう思ってはくれないだろうか。

態度についての舞台装置と証言とは、主として北部諸都市での私の体験からひき出されている。私はそこで幼少年期、一九二〇年代、三〇年代をすごし、それからも、形はかわっても、ほとんどずっとなんらかの接触をもっている。

先にいったように、労働者階級の人びとは一、二世代前と同じように強くは、自分たちを「下層」集団のメンバーだとは、感じていないだろう。それでも、私が思い浮べている人びとは、いまでも独自の一集団に属しているという感じを、かなりの程度もっている。そのことは必ずしも、劣等感を抱いているとか、誇りをもっているとか、いうことを意味しない。というより、かれらは、なにをほめ、なにを嫌うか、といった日常的価値判断の次元で「労働者階級」であること、そこに「属している」と感じているのだ。そうした区別は、あまり遠くへはいかない。しかし、大事なことなのだ。ほかの物事をつけ加えてもよい。どれ一つとして決定的なものはないが、そのどれもが必要とされる定義の枠の拡大には役に立つ。

ここで描かれる「労働者階級」は、ハンスレット（リーズ）、アンコーツ（マンチェスター）、ブライトサイド、アタークリフ（シェフィールド）、ヘッスル、ホルダーネス・ローズ（ハル）のはずれ、といった地域に住んでいる。私がそこで育って自分の体験でよく知っているのは、数マイルにわたって煙突のけむりのたちこめる、ゴチャゴチャと詰めこまれた、リーズの労働者住宅街の人びとである。その人びとは、見ただけでそれとわかる、町の一角を占めている。かれらは、ほとんど市ごとに違うといってもよいが、それとわかる自分たちの――ここでは背中合わせの長屋(訳注3)、あそこでは棟割長屋といったように、住宅様式をもっている。ふつうは家を借りており、自分の持家ではない。いまや、かれらは続々と、新しい住宅用地に移りつつある。しかし、そのことはいまのところ、かれらの態度について、ここで展開されている私の論旨に強い影響はおよぼしてはいない、と思われる。この地域の傭われている住民の大半は賃金で働いており、サラリーではない。賃金は週ごとに支払われる。ほとんどの者がほかの収入源をもたない。自家営業のものもいる。地域の集団メンバーのために、小さな店をやっている人びと。かれらは文化的にはその集団に属し、それにサービスを提供する。たとえば、「靴直し」、「床屋」、「自転車修理屋」、「古着屋」など。かせぐ金の量で労働者をほかと、確実に区別することはできない。労働者階級で労働者の賃金はひじょうにさまざまだからだ。たとえば、大半の製鋼労働者は、労働者階級であることに間違いないのだが、そうではない多くの教師よりも、ずっと多額の金をとっている。しかし、私の推定では、ここで描かれている大半の家族では、一家の主なかせぎ手の収入が、一九五四年水準で週給九—十ポンドぐらい、といったところが、まあ大まかに言って平均値だろうか。

かれらの大半は、いまでは「新制中学」とよばるべきもの、しかしまだ世間では「小学校」として知られているところでの、教育を受けている。職種からいうと、かれらはふつう、熟練、未熟練、おそらく徒弟奉公できたえられた職人、を問わず、肉体労働者である。したがって、このゆるい境界線のなかには、アチコチ職をかえふつう「航海中」とよばれている諸君も、戸外での筋肉労働者も、私営・公営の運輸機関労働者も、工場できまった機械的仕事についている男、少女も、熟練した職人も、鉛管工から重工業のもっと面倒な仕事をしている労働者まで、みんな入ってくる。職工長もここに入る。が、オフィスの事務員、大きな店の使用人は、たとえこの地域に住んでいたとしても、一般にもう中産下層の人間として、一段上にみなされる。

このエッセイは文化変動についてのものなのだから、私の定義の媒材は、いまあげたものよりももっと目に見えない形のないものを、主に使うべきだろう。言葉はひじょうに多くのことをあらわす。特に日常使われている一群の常用句。しゃべり方、都会方言の使われ方、アクセント、抑揚は、多分もっと多くのことを明らかにする。四〇代に入った主婦が、いかにもそれらしい入れ歯のあいだから軽くツバをとばしながらしゃべる、ひび割れたような、しかし心の温い声。コメディアンたちが、よくそれを真似る。その声は、人生についての幻想もなく、失望もないが、にもかかわらず、ちゃんとあるべきところにある心、を暗示している。私がよく聞いてきたちょっとしゃがれた声（ハスキー・ボイス）もそうだ。それはより荒っぽいタイプの労働者階級の女の子たちの間でだけ聞かれるものだった。ふつうもっと「品のよい」労働者階級のあいだでは、「下等な」声として知られている。しかし、具合のわるいことに、私はこうしたしゃべり方の吟味を続けてゆくのに充分なだけの知識はもっていない。

衣服が安く、大量に生産されるようになって、着ているものでは階級がわからなくなった。しかし、それも人が思っているほどではない。土曜日の夜、都心の映画館から散ってゆく群衆は、うわべはひと色にみえる。が、中産階級の婦人、男でもとくに服装にうるさい人種、といったエキスパートだと、もっとよくズーと見るだけで、いまでも自分のまわりのほとんどの人間を、ふつう充分に「位置づける」ことができるだろう。労働者階級の生活を抽出するのに役に立つ、このほかの項目はあとで示されるように、日常経験からいくらでもとり出せる。たとえば、くる月もくる月も、代金をなん回にも分けて支払う習慣とか、老人を除いて、いまだれでも思い出せることだが、ほとんどの労働者が地域の開業医の「常連」だった事実とか。

こうした大ざっぱなやり方で労働者階級を隔離していっても、その階級内部のひじょうに多くの差別、微妙な色合いの差、層の違いを忘れているわけではない。住んでいる人からみれば、ほとんど通りごとに、〝威信〟の位階勲等がきれいに配分されている。一つの通りの内部でも、家それ自体の間に、地位の、「身分」の、手のこんだ違いがひそんでいる。これは、ほかよりちょっとましな家だ、台所が独立しているから、台地のはずれにあるから、ほんのちょっぴり庭があるから、家賃が一週九ペンス以上だから、といったように。住んでいる人間のあいだにも等級がある。この家は羽振りがいい、旦那が熟練工で、仕事ではいい顔だから。ここのカミさんはやりくりがうまく、家の中がキチンとしていることを自慢しているが、向いの女房はだらしがない、とか。この連中は数代にわたる「ハンスレット一家」で、この一帯の世襲貴族階級に属している、とでもいえばよいか。

また、ある程度、通りのどの集団にも一種の「専門分化」のヒエラルヒー(1)がある。この男は、なにがしか「学者」として通っており百科辞典をひと揃いもっていて、質問すればいつも快くひいてくれる。もう一人は、字がうまく、なにか公式書類をつくったりするときには手助ってくれる。別なのは、特に「手先が器用」で、木でも金属でもなんでも直してくれる。この女は、針仕事が上手で、なにかあるときにはいつもよばれる。日中、同じ仕事に職業として従事しているものもいないではないが、これはみんな職業的サービス以前の、共同体内サービスとして行なわれる。こうした「専門分化」は、大きな都市の労働者街では、私の子供時分から、なくなりかけているようにみえる。しかし、もっと小さいウェスト・ライディング一帯の労働者街(ケイリイ、ビングリイ、ヘカモンドワイク)――そこをよく知っている私の友達によると――ではまだそれがずっと頑強に残っているらしい。

それでも、態度については、ある程度公平に一般化することはできる。もちろん、そう分類したからといって、そこに入れられた労働者階級のだれもが、仕事について、結婚について、宗教について、同じようにコレコレのことを信じ、行動するということを意味しないが（多分ここで、私の経験が圧倒的にプロテスタント優勢の地域のものであることを、つけ加えておくべきだろう）。この本全体を通じて、私がこの一般化にもたせている意味は、労働者階級の人びとのほとんどが、こう信ずべきだ、こうした事はこうすべきだ、と思っていることを概括する以上ではない。私はとくに、多く自分たちの生活を、そうみえるように、あるがままに受け取っている大多数――そうした生活態度はほかの階級の大多数でもべつにかわってはいないだろうが――について書いている。つまり、組合の指導者連中が、大衆に自分たちの運動についての関心が欠けているとぼやくときにいう「広汎な、無関心な大衆」、歌謡曲作者が御世辞としていう「まっすぐで単純な人びと」、または労働者階級自身がよりいかめしく言うところの「ふつう一般の民衆」、について書いている。その大多数のなかにも、明らかにひじょうにさまざまな態度類型がちらばっている。が、それでも、多くの人びとの態度群が代表されていく一つの集約センターはある。したがって私は、たとえば、上昇目標をもったもの、政治的なもの、宗教的自己改善にはげむもの、といった階級内部の少数派にはあまり注意を向けない。かれらの価値を過小評価しているわけではない。大量宣伝業者たちの狙う対象が、主として、こういったたぐいの魂ではないからだ。同じように私は、各種のどの態度にも、同じだけ注目する——もしこの概観が労働者階級の生活をおちこぼれなく網羅的に解説することをめざすならば必要だろうが——こともしない。力点をおくのは、大衆宣伝業者たちにとりわけ「搾取される」（そういってもいいだろう）特定の諸要素である。それゆえ、大多数のなかにもしばしば見つけられるある特定の気質、たとえば自尊心のつよい、「しまりや」のたぐいは、それなりの一定の地位はあたえられるが、ほかのある気質、「大まかな」、できるあいだにいい目をみよう、といった気質、と同じウェイトはおかれない。

態度を「より古い」、「より新しい」とかなりスッパリと分けたのは、主として事態をはっきりさせるのにつごうがよいからであって、かならずしも厳密な年代的継起関係を意味しているのではない。自明なことだが、態度といった微妙な要素は、一つの世代とか、一つの時代とかに帰属させられるものではない。「より古い」態度とよばれるもののなかにも、ある特徴はひじょうに長期間存続し、実際世代、土地を問わず、「ふつうの民衆」の外観の一部になっているものも含まれている。ほとんど変ることなく農村的イギリスから都市的イギリスへ生き残っているものもあれば、都市化の挑戦で格別強いゆさぶりを受けているものもある。しかし、「より古い」態度を描くとき私は、多くの部分を、約二〇年前の子供のときの記憶からひき出してきている。というのは、私が子供であったときの大人の世代、この態度の最盛期、を自分の眼でみてきたからである。この世代は、大変な苦労のまっただなかで、都会的環境のなかで成長した。しかし、大きくなるあいだには、今日知られているような大衆新聞、ラジオ、テレビ、いたるところでみられる安い映画、など、などに襲撃されることはなかった。しかし、明らかに、こうした「より古い」態度は、中年者や年輩者にだけ存在しているのではない。それは若い人びとの生活の背景を、どっしりと形づくっている。全体を通じて私が問うているのは、どれだけ長く「より古い」態度がいまと同じように強力であり続けるか、そしてそれは、どの方向にかえられつつあるのか、ということだ。

同じように、ここで「より新しい」アピール、それによって促進される態度群とよばれているものの多くは、それ以前の世代にもあらわれている。実際、こうしたアピールを補強するための三つのアイデアは——あとでその濫用を示すつもりだが——ながいヨーロッパ的規模での歴史をもっている。私の論じたいことは、イギリスにも一世代まえはまだひじょうに多く「民衆のもの」である都市文化があったが、いまはマス・メディアのつくる大衆都市文化しかない、といった論議にあるのではない。たしかに、多くの理由で、大衆宣伝業者の働きかけは、以前よりも、よりしつこく、より有効に、もっと包括的で求心化された形態で、行われているだろう。われわれは、一つの大衆文化の形成に向って、気づかないうちに動いているのかも知れぬ。少くとも部分的には「民衆の」都市文化であったものの残りは、破壊されてゆく。しかも、新しい大衆文化は、いくつかの大事な点で、それがおき換えつつある、しばしば粗野な文化よりも健全ではない。

「古い」態度と「新しい」態度との区別は、境がはっきりひけないにせよ、充分役に立つことは確実だろう。とくに最初に、つぎのことをはっきりさせておけば充分だ。私が「より古い」態度というときには、現在を攻撃するのにより便利な、かすみの彼方にある、茫漠とした牧歌的伝統などをひき出そうとして言っているのではない、[2]と。

年代的な背景をもっとはっきりさせるために、一つの家族の歴史を簡単に考察してみよう。どれでもいいわけだが、自分の家族の歴史を出してみよう。[訳注4]一般に確認されているように、イギリスの都市化におけるその後の展開、主要な型がはっきりしてくるのは、ほぼ一八三〇年ごろのことである。[3]私の家族はややおくれて、この過程に入ってくる。祖母は従兄と結婚したが、当時かれらの家族はまだ農村的で、リーズから約十二マイル離れた村に住んでいた。七〇年代のある時、彼女と若い夫は、この膨脹する都市にひきよせられ、市の南にある製鋼関係の仕事につく。彼女は、広い、新しいレンガづくり家の立ちならぶハンスレットで、拡大する家族——十人生まれたが、なん人かは死ぬ——を育て始める。北部と中部の全域で同じことが起りつつあった。村むらは若者を失い、町は田園にそまつな安い住宅でシミをつけてまわる。医療、教育、その他の社会施設はまだ大してない。洗われず、照明も充分でないその通りは、まだ生活様式の大部分が農村的である家族群で、ギッシリ詰まっていた。多くの者が若いうちに死ぬ（私が毎日学校にかよう道のほとり、鉄道の操車場にはコレラ流行の犠牲者をいたむ金属のかざり板がまだ立っていたが）。「肺病」も大きな通行税をとり立てた。

私の祖母は、このすべてを生き抜き、第一次大戦をすぎて、第二次大戦の始まるほんの少し前まで生きていた。彼女は、都市の住人になることを学んだのだ。にもかかわらず、彼女のからだつきのすべて、彼女の態度の多くに田舎の背景が顔を出していた。彼女の家のなかは——一九三九年でもまだ一週九シリングで借りていたが——どうしても本当に都会的にはならなかった。手づくりで乾した薬草をくるんだ新聞紙の包みが、台所、流し場の天井からさがっていた。そこの棚には、だれか胸が悪くなったときの用意に、いつもガチョウの油を入れた壺があがっていた。彼女は生気はつらつとした気性、気合の入った言葉づかいに、ときどきいう農民的なユーモアに——子供たちのもたない、そしてかれらが時どき、屈折した都会的な〝気恥しさ〟(軽いムカツキ)をおぼえる——一種の活力をのこしていた。彼女は、古風ないい方だという自覚なしに、この「悪タレドモ」とよんだ。その話しは力のこもったアフォリズムにみちている。たとえば「親が親なら、子も子」(母親がコントロールしない生意気な子供について)といった調子の。彼女は、まさかのときに頼る、迷信じみたお札や、古ぼけた薬を、どっさりもっていた。ときおり、近所で父なし子が生まれたことが伝わると、彼女はみるからに楽しそうに、ある労働者居住地域(シェフィールドのことだと思う。祖母はそこで数年をすごした)であったあるスキャンダルを、また話し始めるのだった。そこでは、礼拝堂のなか、説教壇のうしろでの「不純異性交渉」が流行っていたらしい。彼女は、わずかに、しかもときどき、むかし貴婦人が経営していた初等学校にいっていたきりだったが、私が六年のころ家へもって帰る本の多くを、眼鏡なしに読んでいた。私はとくに、彼女のD・H・ロレンスについての反応をおぼえている。ロレンスの作品の多くを彼女はほめており、ショックなぞ受けていた様子はない。しかし、彼の肉体的セックスの描写については、「ロレンスはつまらないことに大さわぎして、ゴチャゴチャ言ってるよ」といっていた。わが家族にとって、彼女は第一世代の町の女であり、それゆえ一部分しか町の女になりきっていなかった。そのあいだに、第二世代、彼女の子供たちが大きくなってゆく。かれらは、第三次選挙法改正のころから、一連の教育法、いろいろな住宅法、工場法、国民保健法、ボーア戦争を経過してゆく。そして一番下の子供が、ちょうど第一次大戦のときに兵隊に出る年ごろになる。男の子たちは「公立小学校」(一九〇二年以前)にいき、それから製鋼の仕事につくか、わが家はホワイト・カラーよりの傾向があったので、食品雑貨店の手助い、町の店のセールスマン――これらは自分の階級からほんの一歩上昇したものとみなされていたけれども――といった少し気どった〝上品な〟出口へでていった。女の子たちは、いつも変化しているため、いつも新しい労働力を求めている裁縫女工の大群へ、呑みこまれてゆく、この女の子たちが、既製服のセンターとして圧倒的な優位を誇るリーズを支える土台であったし、いまもそうなのだ。

この世代――私の両親、おじ、おばたち――はある種のノスタルジアから、「ひとがどんなことを言っても、しても、結局なにが正しいかをちゃんと知っていた」かれらの両親への敬意から、若干は残していても、もうほとんど農村的慣習をもっていない。それは肉体化して血に流れているというより、なにか憶えておくべきもの、すぎ去って行くのをくやまれるもの、それゆえ軽く意識的に執着すべきもの、としてある。それ以上ではない。そこで、かれらの両親への態度は、しばしば陽気な、ひやかし気味のものになる。かれらは、より新しい世界に住んでいるのだ。その世界は、前よりも多くの利益を提供した。より安く種類のずっと多い衣服、より安く種類のかわったたべもの、一ポンド、四、五ペンスの冷凍肉、ただ同然のかんづめパイナップル、安いかんづめの口なおし、角をまがったところにある「フィッシュ・アンド・チップス」。新しい電車で安くて快適な旅行ができたし、角の店からはでき合いの紙包みに入った、特許売薬が手に入る。(4)

この第二世代になると、子供はより少くなり、かれら自身の説明によると、とくに都市生活のより大きな組織化の圧力を感じ始める。かれらは、「男の子たちの人生でのチャンス」がずっと大きくなったことを喜びはするが、同時に、「この子」が奨学金をもらえるかどうかを、気に病むようになる。「この子」とその姉妹は、私のいとこであり、私の兄弟・姉妹であり、私自身である。われわれは、もう最初から、電車やバスの、チェイン・ストアーや、映画館や、海辺への旅行や、社会的サービス機関の精巧な網の目にとりまかれる、町の子であった。われわれにとって、田舎はつまるところ故郷ではない。父や母が健康に育ったところですらない。それはかげで時おり想い出され、時には訪問する、それだけの場所でしかなかった。

II 人間のいる風景――一つの舞台装置

このしがみつく根は一体何だ……

（T・S・エリオット『荒地』）

A 話し言葉の伝統、抵抗と適応、おもての生活様式

現代の「コミュニケーション大衆媒体」が、労働者階級にあたえている効果については、ひじょうに多くのことが書かれてきた。だが、仕事中の、家でくつろいでいるときの働く人びとの話しを聞いてみるがよい。われわれはまずおどろかされる。通俗新聞や映画が活躍しだしてからもう五〇年にもなるのに、かれらの日常会話は、そこからごくわずかな影響しか受けていない。働く人びとの日常会話、その方向をきめる諸前提は、まだこれまでの話し言葉の、地方的な、伝統から多くひき出されており、それにくらべれば、マスメディア・コミュニケーションの作用は大したこともない。たよられている伝統が弱まっていることは疑いない。としても、労働者階級の現状況を理解しようと思うならば、伝統は死

んだ、と宣告すべきではない。それはまだ目覚しい生命力をもっている。(訳注5)
以下の事例は、考えた結果わざと、すべて短かい期間に集められたものだ。最初の組は、明るい、パステル調でうすく壁に絵のかいてある、パイプ式家具のついた、小児科診療所の待合室からとってきた。ひとにぎりの、くすんだ、身なりのクシャクシャしたおっ母さんたちが子供と一緒に待っている。会話はポツリ、ポツリとあてもなく進んでゆき、すぐに日常の生活習慣におちてゆく。三分間のうちに二人の主婦が、こういった文句を口にする。

「具合が悪いったって、丈夫そうじゃないさ」(栄養のいい子供について)
「もともとそこになけりゃ、親が入れようたって無理な話さ」(奨学生試験を通るのに必要な知能について)
「ほんと、子供はいい目覚し時計じゃない」(子供に朝早く起されることについて)
「ガキどもがいちゃ、寝ころがりもできゃしない」
「そう、腹ペコが一番のソースさね」

このすぐあと、今度は朝、主婦たちが行きかう、店先きでは。

「あの女、もったいぶっちゃってさ」

「まえより配給が悪いわよ。分けかたが悪いったらありゃしない」(肉の不足、とくに牛肉、について)
「学校の先生のこと聞いたかい。早く出てったよ」
「どうだい、今日はすっかりめかしこんでるだろ。あたしゃ〝ごまか〟してんのさ」(ブラウスの下にパットをしていること)

生活の基本的要素――誕生、結婚、性交、子供、死――のまわりには、古い慣用句が一番ビッシリ密集している。

「もうナイフを入れちまったケーキなら絶対見逃しやしないんだから」(嫁にいった女たちの、だらしない性習慣について)
「火をかきおこしてるときにゃ、マントルピースなんぞ見るこたあねえや」(性交を楽しくするには、べつに顔がきれいでなくたっていい)
「おれは適当なめしをいつでも食うほうがいい」(肉体的魅力が目覚しすぎる女性をけなすいい方)
「お前は大事に、大事にして、一生亭主を長もちさせなきゃならないのさ」(セックスと家事について――病気で寝ていて一寸みじめに思っている若い女房へ)
「だめだよ。だれだってたった一ときれでかまどを開いたりしないんだから」(最初の

子供が生まれようとしており、あたし一人でも幸せだわ、といっている若妻へ中年のオフクロさんがいう文句）

こうした言い方のほとんどが、話し言葉にもっと肉体の動きがこもっていたころの遺物なのだ。たとえば、「偽善者」という言葉の使われ方は、明らかに毎日の生活を続けてゆくさいに導きの糸となる自然に感ぜられる一種の倫理感に基礎をおいていた。私には、こうした文句が新しく造られているとは、ほとんど思えない。この前の戦争のあいだ、軍隊はそうした文句を若干創造した。が、ふつうの話し方のなかに受けつがれたものは、ほとんど一つもない。周期的に、ある特定の期間通用するというだけなら、ラジオの人気番組がそれをつくる。そうした流行文句の循環なら、もう二十年間も続いている。「聞いてるかいおっ母さん」から「やあ、今日は」まで。残りはどうかと言えば、労働者階級の若い諸君は、かれらが受けついでいる伝統的文句にいくらかの大ざっぱな特徴形容語をつけ加えて、用を済まそうとする傾向が、ますます増大しているようにみえる。一番感心されるものごとは「素敵だ」（"lavly"）と総称され、なんでも一番嫌いなものごとは「ゾッとする」（"awful"）で片づけられる。特殊に素晴しいものは「豪勢だ」とか、より最近は「潰滅的」（"smashing"）（これは新しい「無階級」形容語なのかもしれないが）といわれる。

話し言葉の古い形態は、中年層にはまだ強く、青年層のあいだにも、われわれがしばしば考えるよりはずっと強く存続している。古い形態は、気楽なザックバランな話し方のなかに残っているばかりではなく、かしこまった話し方のなかにも残っている。そうした文句はチャンバラの切り返しのように「チャリン、チャリン」と使われる。もし、話のやりとりの調子に注目するならば、そうした文句はただ平板に、意味もなく機械的に使われているだけで、生活のいとなまれている暮しの実感とは全くなんの関係もない、使われてはいるが、ともかくもう関係ないんだ、と結論するに違いない。視角をかえて、話の主題だけに着目するとすれば、――死の受け入れ方、結婚を笑いものにし、でありながらそれを受け入れること、運命は運命として認めた上でそれを最大限に活用すること――そこには、素ぼく健康な伝統的態度がまだ手つかずで残っている生活様式の、小ぢんまりとした画像をよびおこすことができる、と思うに違いない。真実は両極のあいだにある。話し方の伝統的な諸形態がそれほど強く持続しているということは、より前の時期の伝統が、強力にたえず共鳴音をよびおこす形で連続していることを示しているのではない。かといって、その伝統が全く死にたえたわけではない。伝統は、いまや理解し難くなったこの世界での、固定した、しかもまだ大半は信用できる指示標識として、犬が臭いをさがしてもとにもどるように、よりかかられているのだ。金言・警句は一種の慰め、として引用される。「そうさ、禍福はあざなえる縄のごとし、さ」、と人びとは言う。この文句の変種はほかに一ダースほどもある。こうした話し方が効力をもつ、その次元では、こうした寓話の教訓めいたきまり文句が相互にしばしばくい違ったとしてもべつに矛盾して困るということにはならないのだ。だから、少しながく話し合うと、さっきの意見と正反対の意見を証明するのに同じ金言が同じ人間の話のなかにひかれてくるといったことにもなるが、驚くにはあたらない。そうした金言・警句といったものは知的に構成された全体の一部として使われているのではないからだ。

ほとんど同じことが、迷信や神話がまだ生きていることについても言える。経験の世界はどの地点でも、とくに大きな結節点にあたるところではとくに綿密に、二色の地図で描かれている。つまり、「幸運を意味する」ものと「不運を意味する」もの、とにわけられているのだ。この区別は、日毎に、しかも自動的に思い浮べられる。テーブルの上に靴を置くこと、梯子の下を歩くこと、塩をこぼすこと、ある種の花を室内に持ちこむこと、「緑色のもの」を燃やすこと、クリスマスの前に西洋ヒイラギを家の内へ持ってくること、鏡をわること、かわりに銅貨を受けとらずにナイフをやること、テーブルの上でナイフを交叉させること、は不吉の象徴なのだ。自分の前を黒猫が横ぎること、靴下を裏返しにはくこと、クリスマスや新年に、髪の黒い男に最初に家に入ってもらうこと、不幸に出会ったとき木にさわること、このすべては幸運の象徴なのだ。花嫁は結婚式の日、儀式の終る前に花婿を見てはならず、しかも、ふつうにまだやっているが、「なにか古いものと、新しいもの／借りたもののいくらかとブルーのもののいくらか」、を身につけなければならない。赤ん坊は洗礼のとき泣き叫ばなければいけない。それは幸運を意味するから。生まれた日と赤ん坊の肉体的特徴については、「おまえのあごに笑くぼがあれば、おまえは食うに困らない」のような韻文の諺が沢山くっついている。夢も無視できない。それは夢が過去におこったなにかを説明するから、あるいはなにか隠された悩みを表現するから、ではない。夢は予言するからだ。未来は夢と「反対になる」。もし夢のなかで泣き叫べば、なにか楽しいことがある、というわけだ。しかし、本当に泣かなければいけないのだ。ただ泣く夢をみて、乾いた眼で目覚めても、それは駄目なのだ。

迷信は、とくに健康に関係することならなんにでもまつわりついてくる。「私しゃ医者なんか信じないよ」というのは、いまでもふつう共通のいい方で通っているし、それを支えるものとして、ほとんど出所不明だが、古い格言やいまの実例が山ほどあるのだ。多分私の世代が、子供のとき時おり病気になるとたいがい硫黄糖水を呑まされた最後の世代になるだろう。が、その秘伝はいまでも残っている。もっとおかしなこともたくさん残っている。私は馬の毛とやき肉でいぼをとる実験が二つも、最近の都会で試みられたのを知っている。まわりを馬の毛でまいたやき肉が地面に埋められる。そうすれば、いぼはしぼみ、ついには落っこちてしまうのだ。数年前、リーズのある衣服工場の周辺では、自分の小便で顔を洗うと顔色がよくなるという話が出まわった。幼児の体の弱い原因は、その子の髪があまりにも長く、濃すぎるせいだといった話は、まだいまでもふつうに信じられている。髪の「よさ」は、体を犠牲にしてそうなっているんだ、というわけだ。個々の行動すべてに、どんなに小さなことであろうと、それぞれに民間伝承がつきまとっている。こうして、ある御婦人方はホイスト勝負(1)のときにはいつも、自分の生まれた年に出た銅貨を一枚身につけるし、赤鉛筆でしかスコアをつけないのもいるし、黒い靴は絶対はかない人も出てくることになる。

こうした神話のほとんどが、実にながい間信じられてきた。若干は除々に死滅しつつある。が、時おり新しい神話がつくられることもある。私がとくに注目したいのは、自分たちと縁のない外側の世界の大人物たちについての神話である。より基本的な、労働者階級の民間伝承のなかでは、マンガ芸術とははっきり違って、有名な大人物は歪小化されるよりはむしろ水増しして歪大化される傾向がある。この映画スターはどうして死んだのか（彼女はやせようとして冷蔵庫のなかに突っ立ち、凍死したのだ）とか、この王女さまはどんな暮しをしているかについての、伝説的なお伽話しならたく山ある。人気のある奴を一つあげれば、スターリンは一五〇歳まで生きられるよう「注射をしていた」のだ、というのがある。どうかすると、水増しされて伝説のつくられてゆく過程が反対方向に作用するときもある。「やつら」は、製造される避妊用具のうち十に一つは穴をあけておくよう命令したんだってよとか、「やつら」は、性的欲望を減らすために、兵隊のお茶のなかに臭化物を入れているんだ、とかいった類いがそれだ。

こうしたことのうちいくらかは、とくに幸運と不運のしるしは、同じように、ある意味ではほかの階級にも信じられている。正確にはどんな意味で、労働者階級はそれを信じている、と言えるのか。かれらは、こうした文句をよく口にする。が、ちょっと保留するような前置きつきで言うことが多い。「……と言われている」と。かれらは文句の内味を知的に吟味したりはしない。にもかかわらず、どうかすると、それらを「バアさんの話さ」

として、簡単に笑いとばす。しかし、ふつうはその指示に従うよう気をつけているのだ。かれらは、「オー、そいつはみんな迷信さ」などといい、そんなものは根拠がないとやっつけている通俗雑誌の論文なぞも見ている。にもかかわらず、かれらは話すときにはそれをとり上げ、口にのぼして流通させていく。このことは年寄りばかりではなく、若い者にもほとんど同じように当てはまる。星占いののっていない労働者階級雑誌がいったいあるだろうか。こうしたことは、ひじょうにゆっくりしか変わらないし、人びとは首尾一貫していないことを気に病んだりはしない。信じてもいるし、信じてもいないのだ。かれらは古いきまり文句を繰返し、その認可や許可通りに行動する。話し言葉の伝統は、まだ強力なのだ。

労働者階級生活のほかの多くのことについても、それは言える。多くの、中年労働者夫婦の世界は、まだ大半がエドワード時代のままだ、といってもよい。かれらの居間は、かれらが結婚して買いととのえた、あるいは両親のところから持ってきたときから、そのときどきの装飾とか椅子がつけ加わるぐらいで、ほとんど変っていない。若い夫婦は、「落着く」ときになると、外に出かけ、なんでも新品を買って揃えるのが好きなようだ。そこで、しばしば家具のセールスマンが大奮闘して若夫婦を説得し、月賦で、かれらが本当に必要だと思っている以上の新しい家具を買わせるのに成功することにもなる。しかし、家具それ自体はモダーンと呼んでも差支えない代物であり、事実新しい材料を使っているにしても、「本当にホームらしい」部屋の配置、かざりつけに関しては、かれらのおじいさん・おばあさんが買ったような古い家具を配列するときと同じ、大前提を体現しなければならない。ほとんど同じことが、陶器製造業についても、遊技場、流行歌の書き方についても言える。

これは単に消極的な抵抗力といったものではなく、もっとなにか、はっきり言葉に表現できるものではないが、積極的な力なのだ。労働者階級は、新しいものに適応して、あるいは新しいもののなかから欲するものだけをとり、残りを無視して同化してしまうことで、変化に耐えて生きのびてゆく一種頑強な、自然の能力をもっている。

労働者階級のなかで暮すことは、いまでも生活万般に浸みとおった一つの文化、ある側面ではいってみれば上流階級のものと同じほど公式化され、形式化された文化、に帰属するということである。労働者階級の男は、セブン・コース・ディナーに列席すると、正しい行儀作法はどうなのかということで、すっかり困ってしまうに違いない。逆に、上流階級の男も労働者階級のなかに入ってくるとちょうど同じように、会話の仕方で（話の内容、慣用句だけではなく会話のテンポで）、手足の動かし方、呑物の注文の仕方、苦労してのスタンドでののみ方、で確実に御出身が外の階級だということをバクロしてしまう。ちょっと、これまで挙げてきた労働者階級生活の慣行を、若干思い出して貰いたい。着物について言えば、日曜日の晴れ着に固執していること、聖霊降臨節になると子供たちに「極上」の着物を新しく買ってやること、そして聖霊降臨祭の朝には、ぐるっと親類じゅうまわってこの新しい着物をみて貰い、お金のプレゼントをもらうこと、「クラブ・チェック」を使って衣類を更新してゆくややこしいシステム。公式の儀礼のややこしいことについて言えば、簡単なところでは「一日の時間ごとの挨拶の仕方」から、隣近所で誰か死んだとき、葬式のおりに墓地の入口に立ってどうすればよいかといった「弔意の表わし方」、また「旧歩兵第三連隊」の会、「共済組合」の儀式のときにどうお祝いを言えば[訳注6]いいのか、にいたるまで。また、もうこの五〇年ぐらい慣行になっている夏に海辺の絵葉書を送ること、について考えてみるとよい。そのシーズンでなければ、柄のいい「つつましい」労働者階級の人びとは、そんな品の悪い絵葉書を送ろうなどとは思わないだろう。が、夏の休みになると、「ちいっと、いたずらしてやるか」という気になって、いくらかを友達に送りつけるのだ。そうした絵葉書には、肥った義母と肥った巡査、ひょろひょろした小男の亭主とデッカイお尻をした女房とかが書いてあり、ビールのびんと寝室用おまるとがいたる所に顔を出し、ビール—お尻—便所風の柄の悪いユーモアがあきもせずに繰返されている。どれもいつもおどろくほど変わりばえしない。

　こうして、より新しい、労働者階級への近づき方の多くは、その内部にまで深い影響をあたえることができない。労働者階級は、今日そのアノ手コノ手で働きかけられる規模の大きさから考えられるほど大きな影響は受けていない。「徹底して鈍い反応しか示さない厖大な匿名の大衆」といった議論には、この意味で若干予言的な真実がふくまれている。

しかも、これまでのところ、労働者階級の人びとは、決してこの文句が本来意味しているほど悪い影響は受けていない。なぜかといえば、かれらの大部分は、まさに「そこにはない」からだ。かれらは別のところで、本能的に、習慣的に、言語的に、これまでの伝統的な神話、アフォリズム、儀式に依拠して暮しているからだ。このために、かれらは、現在行なわれている働きかけの最悪の影響から若干免れている。そのことは反面、ちょっとやり方をかえれば、いともたやすく新しい働きかけの餌食になってしまう、ということにもなる。かれらが現代的諸条件によって影響されるとすれば、それは働きかけが、古い伝統が一番あけっぴろげに、無防備にした線にそって行なわれるときなのだ。

B 「家よりいいところはない[訳注7]」

われわれが労働者階級の生活をじっと観察すればするほど、労働者階級諸態度の核心に迫ろうとすればするほど、ますます、核心は個人的な、具体的な、その土地の感覚であることがはっきりあらわになってくる。それは、まず第一に家族、第二に隣近所の観念のうちに体現されている。これはまだ残っている。それをこわすのにおおくのことがなされたにもかかわらず、というか、一部はそれをこわそうとしておおくの働きかけが行なわれるからこそ残っているのだ。

労働者階級の女の子、主婦目当てに出されている雑誌類をみると、「罪」という言葉がしょっちゅう使われている。この言葉はもっと高級な文学では今日、特別に読者に「人間の形而上学的条件」を思い知らせてやろうとする若干の著作家を除いて、ほとんど使われない。しかも、労働者階級向けの雑誌は「罪」を形而上学的意味で使っているのでもなければ、原罪により「堕落した人間本性」、神への義務、を考えているわけでもない。「罪」とは、結婚前に娘たちをはらませ、そして彼女と結婚しないことであり、逆にいえば「罪」とは自らそうした状態におちてしまう、「面倒なことになる」(中絶はほとんど考えられないし、実際に赦されない)ことであり、「罪」とは、ほかの男、女と遊び歩いて結婚を台無しにしてしまう危険を冒すこと、または他人の結婚をブチこわしてしまうこと、なのだ。家と家族の観念、「一緒に家庭を維持してゆくこと」が大事なんだという感覚、に反抗するどんな行為も「罪」とされるのだ。ほかのほとんどすべてのものが外から押しつけられ、しかもそれは気まぐれで一番思いもかけないときにやってきて人をぶちのめすことの多いこの世界で、家だけが自分のものであり、真実のものなのだ。いち番温かい歓迎の言葉は、いまでも「自分の家とおなじようにくつろげよ」、なのだ。

労働者階級の人びとは、「救貧院で生涯を終える」といった想念をずっとひどく嫌ってきた。いくつかもっともな理由があるのだが、一番深い理由は、家庭生活からきりはなされてひとりで暮すことに耐えられないという感覚である。寡婦は、子供をいい条件の孤児施設にひきとってやるからという申出を受けたとしても、そうはせずに、掃除婦になってでも自分ひとりで子供の面倒をみて「死ぬまで働くだろう」。彼女が死ぬと、親類のものが、彼女が生きている間はなにもしてやらず、子供の面倒をみてやろうという気も余りなかった連中もふくめて、集まり、子供たちを分けてそれぞれの家庭にひきとっていく。私の母親は夫に死なれたとき三人の子供、一歳、三歳、五歳、がいた。五年間奮闘したあげく彼女が死んだとき、少し離れたところにいてそれまで知らなかった叔母が「孤児院も今は昔と違ってずいぶんよくなっているから子供たちをそこへやったらどうか」と言ってきたのを覚えている。彼女の提案は伝統の氷を破ることはできなかった。われわれはべつべつにされ、それぞれ親類の家庭へひきとられた。ひきとった家はみんなそういってよこした叔母よりは貧しかったのだけれども。

家庭のプライバシーを強調することは、この感情から生まれ、隣近所の連中は「同じ仲間」で困ったときにはサッと集まってくれるには違いないのだが、いつも噂話、しかも程度の悪い噂話の種はないかとかぎまわっている連中だということで補強される。「隣近所の奴等はどう思うだろう」。ふつうに、と誰でも考える、そこでは2たす2が6になってしまうのだ。近所の噂話にはべつに「人を傷つける」といったつもりはないようだ。が、それは意識されないにしても、きわめて残酷なものになることがある。近所の連中はそうしようと思えば家の内で「おこっていることのすべて」をうすい仕切りの壁を通して「聞く」ことができる。が、あなたは表のドアを閉めて、「自分なりの暮しをする」、「家のことは家の内だけで処理する」――家の手近かにいる構成員、というのは近くの通りにいる結婚した息子や娘とその家族、拡げれば「ひょいと寄っていく」間柄にあるごく少数の友人、だけで片をつけてゆくということだ。だれでもいい隣人がほしい。が、いい隣人というのは必ずしも「しょっちゅう出入りする」人間のことではない。それをやると、その人はうるさがられ、「敬遠される」ようになる。窓の半分の長さのレースのカーテンは、あるとしてもごく少ししかささない陽の光をさえぎってしまう。が、プライバシーは確立する。窓枠やドアの踏段が洗われ、みがき石で黄色くなっていると、その家は、「ちゃんとした」家族ということになり、毎週家の「土台をすえなおし」ておかなけりゃということになるのだ。

内に入ると、葉蘭の流行は終ってしまって、かわりに、「ゴツゴツした田舎の少年が桜んぼをたべている」とか「小さな女の子が気取ってスカートをつまんでいる」とか「つばの広い帽子をかぶった大きなおねえさんが二匹のボルゾイ犬、または一匹のアルザス犬をつれている」といった絵がかけてある。チェイン・ストアのモダニズム、悪いベニア板、模様を散らしたステンレスが古くからのマホガニーにとってかわりつつある。いろんないろのついたプラスチック製品、クロムのビスケットかん、鳥籠も入ってきつつある。中産階級のように「ジョーンズに負けないように」というのでそうなってきているのではない。こうしたものが、なんでも一ぱいあって豊かだという家庭的価値をたかめるからである。それで多くのプレハブ住宅は今では鉛枠のついた色つきの窓板を備えている。もっと古い型の家だと窓の台が深く、外の自然の色どりをそえるのに、つまり生い茂って色あざやかなキンレンカや、もっと色どりあざやかなゼラニウムの箱をそこにおいておくことができたのだが。

そうした労働者の家になん年も住んできた経験をふり返ってみて私に言えることは、いい「居間」というものは、三つの主要な条件をそなえていなければならない、ということだ。家族のものがゴチャゴチャしていること、あったかいこと、よいたべ物が沢山あること、である。居間は家庭のあたたかい心臓なのだ。だからそこはしばしば、中産階級の訪問者の眼からみると、いく分ゴチャゴチャと取り散らかっているようにみえる。妻の、直接の家族的範囲をこえた社交生活は、洗濯場で、街角の店で、時おり相応に離れている親類の家を訪ねることで、つけ加えれば多分時おりは亭主にくっついてかれの行きつけのパブやクラブにゆくことで、行なわれる。亭主は自分のパブ、自分のクラブ、自分の仕事、自分のお気にいりのフットボールの試合、をもっている。こうした場所では亭主の友だちも女房の友だちも、かれらの家の内がどうなっているのかはほとんどよく知らないのが普通で、「しきいをまたぐ」ことも全然ない。炉端は、同じ家に住んでいようと近くに別居していようとかかわりなく家族のもの専用にとってあり、「おれたちにとってなにかである人」(2)、ただダベリに、ただちょっと腰をおろすためにでも立寄ることのできる少数の親友だけがそこに立ちまざることができるのだ。亭主と女房の自由な時間のほとんどが、ふつうこの炉端で過される。「ただくつろいで座っているだけ」というのが、いまでも最も普通の余暇時間のすごし方なのだ。

それは乱雑な、人や物で一ぱいになった舞台であり、外の世界から遠く離れた一種きつねの穴である。そこでは電話の鳴る音もなければ夕方にドアがノックされることもほとんどない。しかし、この集団は、制限されてはいるけれども、個人的な私性に閉じこもっているわけではない。それは一種の群居グループであって、そこではパーソナリティまで含めてほとんどのものが共有されている。つまり、「おれたちのおっ母さん」、「おれたちのおやじ」、「わしらのアリス」というのがよびかけの正常な形なのだ。ひとりっきりでいること、ひとりで考えること、静かにものを読むこと、はなかなか難しい。そこにはラジオかテレビがあり、仕事は合間あいまにやられるか、さもなければ、間けつ的なおしゃべり(長く続く会話といったものには、ほとんどならない)にまざりながら片手間にされる。アイロンはテーブルの上でゴツンゴツンと音をたてるし、犬は床をひっかいてあくびをするし、猫は外に出して貰いたくてニャオニャオとなく。(3)息子は火のそばで家族共用のタオルにくるまって身体を乾かしながら口笛を吹いているか、または、マントルピースの上、姉の結婚式の写真のうしろにおいてある軍隊にいる兄から家族のもの全部にあてた手紙をガサガサいわせている。小さな女の子はくたびれ果て、起きていることもできなくなってワーンと泣き出すし、小鳥はさえずっている、といった様相を呈する。

ごくわずかだが、キチンと手入れの行きとどいた家庭では、この統一性がまだ炉端のはさみ毛布のつくり方に実体化されている。古い着物の切れ端が集められ、大まかに色ごとに分けられ、一方に穴をあけて袋とじにされる。形式は伝統的で簡単である。ふつう真中は円形かひし形で、残りは端しっこを除いて単調なネイビイ・ブルーか、反毛製品を混ぜ合わせると普通そうなるグレイシュ・ブルーになる。われわれの大半が数年前、軍隊の毛布でお目にかかったのと同じ奴だ。火のそばのずっと昔の敷物を取りかえようという場合でも、もっと中心部をにぎやかにして色を派手にしようというのでなければ、袋とじの値段を少し上まわる位しかお金はかからない。が、派手にしようというときには、そう、赤い端切れがいるということになって、一ポンド半クラウンほどは使わなければならない。

だが一体、どうして、結婚した息子や娘たちはかれらの母親の炉ばたから乳離れするのに数年もかかるのだろうか。自分たちの子供ができて、そのいろいろな欲望で夕方の訪問が事実上不可能になるまでそれは続く。子供を丈夫に育てなければいけないと考える母親がもう親のところへ行くのはやめようと思うまでには実に長い時間がかかる。それまでは、いくら子供がいようと息子も娘も、夕方になると親の家へむらがってくるのだ。義理の息子は仕事場からまっすぐ親の家へより、おおかた彼の分も用意してあることが多いのだが、そこのテーブルでめしを食っていく。彼は、そこの永久居住者であるお祖父さん、お祖母さんと一緒につき合ってゆく(ほとんどの老人たちは「わしらの家を捨てる」のをひどく嫌っており、どうにも仕様がないときにそうするだけなのだ。かれらは若い連中、子供と一緒にまざっているほうがずっと好きなのだ)。

あったかいこと、「気持よく納まりかえっていること」、がまず一番に大事なことなのだ。この七〇年間安い石炭が大量に出まわっていたので、ほとんどの人びとが石炭をぜいたくに――多くの外国の基準からすると――使うことを覚えてしまった。いい家庭の主婦というのは、「いい火をもたして」おかなければならない。だから主婦は、もののいい温かい毛の下着を買うことよりも、石炭をくべて火をおこしておくことのほうに気をつかいがちになる。火は共有され、みんなに見えるから。

「いい食事」も、同じように大事であり、これはいまでも、バランスのとれたたべ物を提供するということよりも、とにかくゴタゴタいっぱいたべ物のある食事、を意味している。だから、多くの家族はあまり牛乳を買わないし、サラダも人気がない。このまわりに雑多な態度群の一連隊が――はっきり合理的意味のあるものもあるが、神話にもとづいているあやし気(げ)なものもある――むらがっている。つねに「家庭の手づくり」が、ほかのなによりも尊重される。カフェのたべものは、ほとんどいつも品質が悪いことになっている。小さな菓子屋は窓に「自家製のパンとケーキ」と書いて出しておけば、よく売れることをちゃんと知っている。ある意味では、自家製のほうがおいしいということは、いまでも本当だろう。多分大きな電気オーブンが、かつては店のうしろの家庭台所だったもとのレンジにとってかわりつつあるだろうが。カフェのたべものを信用しないことは、どっちにしろ少し水増しでもしなければそうした店がやってゆけないことがわかっているからであって、ほとんど同じような抵抗が、安い仕事場の簡易食堂にも向けられている。亭主はそこのたべものについて、「実がない」といった文句をいう。女房は「なにか詰めて」やらなければならない。それはふつう「なにかおいしいもの」を入れたデッカイサンドウィッチを意味しており、夕方には大きな熱いご馳走を用意しておかねばならない。

「なにかおいしいもの」と言うのが、たべものを用意するさい要になる文句である。なにか固いもの、なるべくなら肉質のもの、しかもちゃんと味つけのしてあるもの。おいしさは、ソースやピックルス——とくにトマト・ソースと野菜を刻んだつけもの——をふんだんに使うことで増大する。私はよく見ていたものだが、私の親類の誰れかれは結婚生活に入って初期のまだういういしい時期には、よくお茶の時間に——あばら骨つきの肉、ステーキ、じんぞう、ジャガイモの揚げ物をつくっていた。これと鮮やかな対照をなしているものは、貧しい老年の年金生活者で、かれらはときおり見かけだけでも「おいしそうな」食事をつくろうとするときには、一ペニーほどの牛肉を熱湯で溶かし、パンと一緒にたべるのだった。肉類はひじょうに多くとられている。というのは、それが最初に実際に安くなったからであり、窮乏時代を知っている労働者階級の主婦ならだれでも、どうすれば肉の切身が安上りで、栄養があり、しかもおいしいか、をちゃんと心得ているからだ。「おいしさ」の強調は、「お茶のためになにか」用意しなければならない——毎日ではなくとも週末には——ことになににもましてよくあらわれている。多く副産物ではあるが、お好みのたべものは非常に広範囲にわたっている——豚のあぶらなどを入れた黒い腸詰、豚の足、レバー、牛の足とタマネギを煮つめたもの、牛の胃袋、豚肉ソーセージ、「アヒル」、豚の小腸（特別の場合には、ポーク・パイ。これはひじょうに人気がある）[4]。それから魚屋系統のたべものとしては、——小エビ、はらご、ニシンの燻製、イガイ。わたしたちの家では、週の大半、食事は簡単にすましていた。朝食はふつうパンと牛肉スープ、晩めしはたっぷりしていたが簡単なシチュー。働き手にはお茶のとき、なにかおいしいものが用意されていたが、それも値段にして数ペンスをこえるものは全然なかった。が週末には、ひじょうに貧しい人を除いたほかの誰もがするのと同じように、ぜいたくをすることになっていた。それは日曜日のお茶のとき、最高潮に達する。夕方の六時ごろまでに、裏庭の堆肥には鮭や果物の空きカンが捨てられて、素適な外套を着せられたような恰好になる。パイナップルが一番人気があった。というのは、その時期カン詰の果物類はいまからみてベラ棒に安く、わずか数ペンスで買えたからなのだ（その内味は本当は味をつけたカブラなんだという話は、しょっちゅうあったが）。桃やアンズはずっと高く、なにか「事件」に近いこと――誕生日とか、数マイルはなれたところにいる親類が突然訪ねてきたとか――がなければ出されなかった。鮭はすばらしくうまかった。とくに真中の赤いところをきったやつ。私はいまでも、そのほうが本物の鮭よりもずっと「おいしい」気がしている。[5]

肉類が不足していたなん年もの間に、新しい香料で味つけした肉製品が、おおくの人びとによって買われるようになった模様である。私はある五人家族を知っているが、かれらは四ポンドカン入りミート・ローフを買っている。そこで食事をする義理の息子が一人いるのだが、冷凍、揚げものの違いはあっても、アメリカの肉類カン詰会社のスパム式の肉をたべるだけで、新鮮な生の肉をたべることはないだろう。それは安いたべものではないし、評判のいいボイルド・ハム、フィッシュ・アンド・チップスなどになれば、それ以上に高くつく。

がっしりした固いしかも楽しめる食品に固執することは、べつにわからないではない――「満腹でさえありゃあ、人は文句を言わねえ」。重労働にたずさわっている働き手には、とにかくドッサリ、たん白質もたくさんたべさせなければならず、できるだけおいしくつくってやらなければならない。疑いもなく目的はわかるのだが、結果はあまり香ばしくない。私が少年のころ、叔母、叔父は三〇代、四〇代であったが、みんな入れ歯をしていた。手入れしないでほったらかしていたせいだったろうか（かれらは、またうおの目にも悩まされていた。ながが年足にあわない靴をはいているからだ）。もう一つ私の覚えていることは、会話に定期的に出てくる話題は、便秘と「胸やけ」、だったことだ。わたしたちは、まきを買うのと同じように定期的に重炭酸ソーダを買っていた。これはたんなる空想でしかないが、私はよく階級によって――そうたとえば中年の労働者階級の婦人と景気のいい中年のビジネスマンとをくらべると――肥り方があきらかに違っているように思われてならない。労働者のオバチャンは白いブワーとした感じだが、ビジネスマンは肉がしまってまるくなっており、テラテラと光ってみがかれている。オバチャンは、なんガロンものお茶、なん百斤ものパン、フィッシュ・アンド・チップスの山を思わせるが、片方はステーション・ホテルのステーキを思わせるのだ。

この種の家庭生活にはっきりそれ独自のものとわかる特性をあたえるこまごましたことを、ほかにも個人体験からあげよと言うのならば、私はほとんど無限にこうした話を続けてゆくことができる。洗濯日のスチームとソーダとこま切れにした肉の臭い。炉端で乾わかされている衣服の臭い。日曜日の『ニューズ・オブ・ザ・ワールド』紙とロースト・ビーフのまざった臭い。便所で古新聞の断片をとぎれとぎれに読むこと。日曜日の午後は退屈で、時おり親類が訪ねてきたり、お墓参りにいくことで救われることとか、墓地の門のそばには花売り人の屋台、高価な墓石を売る細工場（さいくば）が並んでいること、とか。どんな生活でも、確固たる中心点のある生活は同じようなものだが、労働者階級の生活も強力な把握力をもっており、労働者階級の人びとも、それについてはとかくセンチメンタルになることが多い。今日でも市場とか海辺の屋台店で売られている焼き絵道具の余白、はなやかな縁どりをしたカード、ハンカチには、まだ「ホーム、スイート・ホーム」とか「ホーム――おれたちはそこに一番文句をつけるが、それでも、おれたちを一番よく扱ってくれる場所」といった文句が刺繍してある。

　前に言っておいたように、この描写と、この章のあとに出てくる事実描写の部分は、主として二〇年前の記憶にもとづいている。私は労働者階級の購買力が増大したことや、それから、たとえば家庭内の労働軽減の道具普及の効果など、についてはほとんど触れなかった。というのは主として、われわれの多くがこうした諸変化が態度におよぼしている影響を実際よりもずっと大目に見積っているからだ。だから、まず第一に、労働者階級生活の基本型の大部分が、これまでずっとそうであったように変わらずに残っていることを強調する必要がある。

これは多くの点で、思いやり、愛情、個人の意識ではないにしても小集団の感覚、にもとづいた、気持ちのよい素敵な生活である。それは細かなところでは精密で、全体としては乱雑だが、にもかかわらず落ちついた生活なのだ。それは薄っぺらでも浮わついてもいず、気まぐれでもなければ、「女性化」もしていない。おやじは家庭の内的生活の不可欠な部分であって、彼は制度を運行させるための金をかせぎに何マイルも離れたところで時間の大部分をすごしている誰かさん、ではない。母親は仕事の中心で、いつもドッサリすることをかかえ、ほとんどたえずこの家族の部屋（寝室はただねるだけの場所なのだ）の生活について思いをめぐらせている。彼女の「一つの願い」——そう自分で言うわけだが——は、娘や息子たちが「もうじきすてきな彼氏、彼女をみつけて、自分たちの家庭をつくること」なのだ。

ごたごたでバラバラではあるが、かざりもなく無意識的ではあるにせよ、家庭はこうあるべきだという強い実感からつくられてくる生活の全体の構成は、おわかりいただけたと思う。これを、今日多くのカフェと小さなホテルにみられるある種の公共の部屋——壁はもの狂いめいた相互に釣合わない数種の色に染め上げられ、真中で色の帯がぶつかり合っている——と比較してみるとよい。寒ざむとしてみにくいプラスチックのドアの把手。こうるさい、意味のない壁のランプホルダー。誰も座る気のしない、あかる過ぎる色に、蹴られたり、ひっかかれたりした傷のついた、金属のテーブル。すべてが安ピカでケバケバしている。材料のせいでこんなザマになっているのではない。伝統的な全体の感覚を拒否し、しかも新しい材料についてもなんのセンスも持っていない連中が使うから、崩壊がはっきりしてしまうのだ。家庭では、新しいものも本能的につくられているある種の全体性のなかへ、吸収されてしまう。ここでも、古い伝統に、ほかの多くの領域と同じように、新しいものが侵入してきている。しかし、家庭は大事なんだという強い実感のせいで、変化はごくゆっくりとしか起らない。何世代にもわたって主要な家庭破壊者――飲酒――に反対してきた伝統が、ここでも新しい潜在的破壊者に対する強固な抵抗拠点としてよみがえっているのだ。

C 母親

私は母親の洗いへらした、
いつでも濡れている両手を知っている
……この記念碑的な
切り刻まれた声と身振りの話し方……

（ディラン・トマス「葬儀のあとで」[訳注8]）

労働者階級の母親について書くのは、特殊な危険を冒すことになる。知られているように、「ドキュメンタリーの三〇年代」に出版されたおびただしい小説群だけを例にとっても、そこでほとんどの労働者階級の子供時代の記述が、母親に尊敬すべき位置をあたえていた。彼女の息子どもは、ふつうのときはほとんど母親なぞ気にもかけないようにみえるが、「母親のいない家庭にはなんの意味もない」などといった文句の刻んである家具を買いたがり、彼女が「いなくなってしまって」からなん年たっても、愛情こめて「おれのおふくろ」('me mam')といった風にしゃべるのだ。

ひとは、そうした母親が自然に家庭のなかでとっている位置については、ともかく感心しないわけにはいかないだろう。私が考えているのは、中年の始めか中年になった母親、彼女が家族の母親として充分に権威を確立した時、つまり母親そのものになりきった時、である。その時、彼女は家庭の枢軸になる。ありていに言えば、実際それが彼女の世界のすべてなのだ。母親は、父親以上に、家族を一緒に結びつけている。苦労しながら、兵隊にいっている息子、遠くへ働きにいっている娘へ手紙を書く。近くに住んでいる家族のほかのメンバー、祖父母、兄弟、姉妹、従兄妹たち、と密接に日常接触するのも母親である。ときおり、彼女は、かれらの誰か、または近所の家へ、話しにいき、一時間ぐらいつき合って帰ってくる。彼女は、政治といった外側の世界ばかりではなくいわゆる「ニュース」でさえも、亭主にまかせっきりにする。彼女は、夫の仕事のことも、ほとんど知らない。彼女が外からむかえ入れる友達はふつう夫の友人になる。結婚すると彼女は自分の友達を切りおとしてしまうからだ。

と、ここまではひじょうに大胆オーバーに描いてきた。が、それはほとんどの労働者階級の母親たちの生活が、せまく濃密な世界で、近視眼的性格をもっていることを、最初にはっきりさせておくために必要なのだ。いろいろな内外の圧力はひじょうに強いので、なにか特別の悩みごとにかかりっきりになっている人、想像力のほとんどない人びとの眼からみると、それは家族に関係のないことはなに一つ入ってゆけない、それ自体で「ひとりでにまわってゆく」世界にみえるに違いない。

母の生活はきつい生き方であり、そこで母親は、朝ベッドからおきてから寝るまでずっと家のことに「かかりっきり」でいるものだ、とされている。料理し、修繕し、ごしごし磨き、洗濯し、子供の面倒をみ、買物をし、それから夫のいろんな欲望を満足させてやらなければならない。今日でも、それはしばしば、電気掃除機、電気洗濯機とかいった手助けになる現代的道具のほとんどない生活であり、にもかかわらずより豊かな地域では、相手にしなければならぬゴミ、汚れは前よりもずっと多くなっている。カーテンは、しょっ中洗濯棒やクリームで洗っても、めったに「いい色」にはしておけない。だん炉やガス台は、黒鉛をつけなければならないし、手間のかかる「手入れ」を必要とする。いたるところに、近くの工場や鉄道線路からの煙やすすがしのび込んでくる。ほとんどの女が「汚れっぱなしにしとくわけにはいかない」と思っている。

すこしのあいた時間はくつ下を繕ったり、着物にツギを当てたりすることで占められる。子供たちに新しい着物をつくってやることは滅多にない。たとえ衣類工場で働いていたことがあるにしても、完全な着物をつくることになれている母親は、そんなに多くない。どちらにしても、ミシンは高く、労働者階級は買わないようである。ほかの全家族にもっと直接楽しみをあたえるような品物は気安く買うくせに、ミシンは月賦でも買われないようだ。でき合いの、既成服は高くもなく、魅力もある。夫の服はすぐ仕事でいためられ、果てしのないつぎはぎ作業が加えられてゆく。ときたま新しいのが買われるが、安物なので余り経済的ではなく、じきよごれ、いたみが目立ってくる。

夫は仕事に出ていって家にいないということもあるが、公共の場所でながいこと待っている——「薬びん」をもらいに医者のところで、目を悪くした子供を連れて診療所で、電気料金の分割払いこみをするために市役所で順番をまつ——ことは、ただもう当然のこととして主婦の仕事だ、ということになっている。

こうしたことのすべては、ひじょうに難かしい。というのは、ほとんどの場合、少くとも最後の数年間を除いては、財政的に恰好をつける余裕がほとんどないからだ。「エッチラ、オッチラ、なんとか間に合っていけば」、それでもう充分なのだ。家計のお金はいつも一ペニーかそこら「足が出てしまう」。こうした綱渡りをやっていくには、相当の技術がいる。が、それでもしばしば大変きつい仕事になる。だが、きつかろうがなんだろうが、ともかくやりくりしなければならない。さもないと家族全部が困ることになる。女房はじきそれをしごく当り前のことと思うようになる——実際結婚と同時にそうならざるをえない。ともかく帳尻が合うように「やりくり」しなければならない。なん年か前にロウントリーは、しばしば子供たちが一人前になってから老人年金をもらうまでの間、暮しがずっと楽になる時期があることを指摘した。(6) しかし、そうした時を除くと労働者階級の生活は、主として「キチキチの」、「やりくり算段」の暮しである。私のよく出会った見聞からいうと、ふつうよりも幸福な女房というのは、つぎのような条件の主婦たちなのだ。つまり、彼女らの亭主はその住んでいる通りの平均よりもちょうど数シリング余計にかせぎ、しかもほかの点ではほかの連中と同じように暮している、という場合。もし、亭主がやさしい人間で、女房にふつうより一シリングか二シリング余計にもたしているならば、彼女はかなりのややこしい計算をしないで済むようになる。電球が切れて急に買わなければならないとか、靴の修繕とか、ボーイ・スカウトの制服がいるとかいったことは、たいして悩みの種にはならない。そうしたかなりな額の準備金はどうしたってなかなか準備できっこないということもあるし、主婦たちはしばしば、痛いたしいほどの集中力で精妙なやりくり計算をしているのに、そうして少しずつ借金をためていくと、そのうちにいやでも気まりの悪い思いをするようになる、ということには気づかないせいでもある。私の知っているある主婦は、いま毎週雑貨屋で約八ポンドの買物をする。そして、その気になれば、この状態のよくなった今では、週ごとにキチンとそれを払ってしまうこともできるのだ。しかし、三〇年代の慣習はふり捨てることができず、彼女は決してそれをきれいに払ってしまおうとはしない。すぐにパッと払ってしまうより、「支払いを先へのばす」制度のほうが好きなのだ。私も、おばあさんと一緒のころ、「救済資金で」暮していたわけではなかったが、ご多分にもれず、いつも「ちょっと足りなかった」。三〇年代前半のなん年間か、私は金曜日の夕方になるといきつけの雑貨屋に使いにやられていた。毎週の勘定は十五—二〇シリングの間ぐらいだが、家ではいつもなにか少し予算をオーバーしていた。自意識過剰な十代のころ、私は毎週陽気にサッと払ってしまえる人たちを、どんなにうらやんだことか。毎週店へいってきまり文句、「おばあちゃんが五シリングだけ払いを来週にのばしてくれってよ」を言わなければならないのが、どんなに恥ずかしかったことか。もっと新しいところで、私の知っている一人の女性は、少しずつためてとうとう肉屋への借金が約一ポンドになってしまう。その時になって、彼女は突然、それがどんなに大きな金額であるのかに気がつく。余分の一ポンドを早急にひねり出す方法を見つけられなかった彼女は、ただもう肉を買いに肉屋へいくことをやめてしまう。肉類がまだ決して豊富に出まわってはいない一九五二年の冬をすごすのに大変苦労したに違いない。しかし彼女の家族はそれでもまだその肉屋に登録されていたので、肉屋はその間も、彼女に会っても愛想よく、なにか支払いの取りきめをして和解しようといった提案をしていたが、なんと言おうと、もう彼女が決して自分の店へこないことは知っていた。似たような小売商人は誰でも、こうした実例を山ほどもっている。こうした状況は、完全雇用と福祉国家の諸施設によってひじょうに大きく改善されてきた。が、ふつう考えられているほど変わったわけではない。古い習慣はまだ頑強に残っている。

日常、主婦はこのギリギリの週間財政のなかでなんとかやってゆかなければならない。

だからいまでも、小売商人のあいだで、これを一ペニーまけるとか、あれにちょっとおまけをつけるかつけないか、といったことで激しい競争が行なわれることになるのだ。こうしたことが、売上げを左右する。肉一ポンドにつき二ペンスほど高いか安いか、といったことは、ほとんど無視してもいいようにみえるだろう。しかし、そのぐらいのほんの少しの違いが週の計画をひどくぐらつかせたりするのだ。同じように、急に男の子を学校のキャンプに「身支度して出してやる」とか、女の子を日曜学校のコンサートに出す、結婚する従姉妹にプレゼントをしなければならない、といったことがおきると、計画はたちまち狂ってしまう。クラブにはどこでもあるが、そうでなくても会員証のあるなしにかかわらず、町の大きな店よりは一シリングかそこら安く売り、しかも少しの手つけ金で品物を持っていってもよい呉服屋とか小間物屋とかがある。ほとんどの場合、こうした店の商品は、わずか一シリングかそこら高い店の商品ほどよくない。贈物はまがいものでこわれやすく、クロニウムはうすく、すぐはげてしまう。クラブで、また給料差引で買うのは、くせになりがちで、おまけに一軒一軒まわって歩くセールスマンはお客を口説いて「財政を公開させ」ておくのの名人ときているから、多くの場合こうして、実際に支払える以上の金が毎週チョロチョロと流れ出してしまう。このサイクルが進み、家族がピンチに陥ると、ふつう母親がひっかぶる――「わが身をつめる」、食事、着物を切りつめる――ことになる。

生活は大半が週から週への綱渡りで区切られ、「たよりにできる」ほどの金額を貯めこむ可能性はほとんどない。だん炉の上に錫の小箱があって、そこに休日のための貯金を入れておくこともあるが、あまり一般的ではない。銀行の口座もなければ、「国民健康保険」からのものを除いては疾病保険の資金もない。多分、クラブはなにがしかの金をくれないこともないだろう。が、とても充分と言うには程遠い。いまでも、毎火曜日の九時十五分前ぐらいに郵便局の外をみると、家族の給付金をもらいに主婦たちが列をつくっているのが見えるだろう。「主人がお払い箱」になってしまったり[7]すると、本当に困ってしまうのだ。賃金のかせぎ手を大事にする、とくにたべ物の面で、古い習慣はまだ生き続けている。同じようにみんなが「一致協力する」ことの大事さを強調することもそうだ。さもなければ、ボートはすぐ水が入って沈没してしまうからだ。なんとか「やりくり」できる、「やってゆけ」さえすれば女房は幸福である。もし週の終りになにほどか余分のお金が残っていさえすれば、彼女は満足しきっている。

ここでも、家庭生活のほとんどの側面と同じように、伝統的に女房が責任をもたされる。亭主は家の外で、賃金をかせいでくるのが仕事なのだ。家に帰ると彼は、食事とそれぞれのお好みに合ったリラックスするものを求める。私の考えではこのことがなぜ、避妊の処置は妻の責任だ――私にはそうみえるが――ということになっているのかを説明する。カトリック教徒でないほとんどの労働者階級の家族が、避妊を大変便利なこととして受入れている。しかし夫も妻も、ほとんど絶望的状態におちいらないかぎり、避妊についてのアドバイスをあたえてくれる診療所には恥ずかしがっていきたがらない。夫のしりごみとそれは実際妻の仕事なんだといった前提は、しばしばつぎのようないい方になってあらわれる。お前ちゃんとやれよ、おれは「そんなことに気を使っちゃいられねえ」、と。女の子が結婚前にそうしたことについて教えられることはほとんどなく、したがって彼女が仕事場や近所の年とった女、結婚した女から拾い集めてくる知識の量は、人によってひじょうに違ってくる。妻は、彼女なり夫なりが欲しがる以上の子供が生まれてしまう前に、初期に手に入るかぎりのアドバイスを仕入れておかなければならない。そうしたときに、彼女の可能性の知識は、交接中断か、一番ありふれた種類のペッサリー、コンドームといったことにかぎられてしまいがちである。夫連中はコンドームをあまり好かないようである——「面白いとこがなくなっちまう」。妻はコンドームを買うか、ペッサリーを買うかで困ってしまう。しかも、両方とも高いのだ。交接中断が多分もっともふつうのやり方だろう。

しかし、具体的にはどうするにせよ交接中断は、キチンと規則を守らなければいけないし、一定限度の生理抑制を必要とする。ほとんどの妻君がそうしたことを、うまくできるわけがない。彼女はその時を忘れてしまうか、または「なりゆきにまかせてしまう」。コンドームは安物で破けてしまう。さもなければ、クラブで夜を過してきた亭主がおずおずと要求したりする。というのが現実なのだ。だから、しばしば、最初の一人か二人のあとの子供は「つくろうと思わない」のにできてしまったといってもいい事態が生ずるのだ。私は、まあ、中産階級の場合だと、「意図しない」子供ができるというのは両親が四〇歳前後になってからおこりがちのことではないだろうか、と考えている。中産階級だと二人か三人の子供を二〇代後半から三〇代前半にかけてつくり、そのあとかれらの避妊法はずっと有効に機能する。多分、四〇に手のとどくころになると、かれらはもう大丈夫だと思い、不注意になるのだろう。労働者階級の場合には、型が違っているように思う。流産させることができないかぎり、最初の意図されない子供は、前の子の一年か二年あとに生まれてくることが多い。それはふつう「哲学的」に容認される。つまるところ、「お前はなんのために結婚したんだい」と、いうことで。それは「哲学的」な受入れ方であって、心情的な要素はあまりないのだ。かれらの言う「ガキは厄介だよ」というのは、子供が生まれると仕事は多くなり、自分たちの遊ぶ金はより少なくなることを指している。そうは言いながら、かれらは同じように子供を甘やかし、ちっ息するような関心を注ぐのだ。

労働者階級の母親が早く年をとるのは明らかである。三〇をこえ、二人か三人の子供をもつと、彼女はもうほとんど性的魅力をなくしてしまう。三五から四〇のあいだあたりから、彼女は急速にいわば形のない人間、家族が「おれたちのおふくろ」とよぶところの人間一般、になってしまう。労働者階級の母親は、ほかの階級の女の子たちよりもずっと早くから現実世界に入ってゆく。十六歳になると男の子たちと出歩くようになり、多分十八のときには「相手が決まっている」。そのころまで彼女は安物で範囲もかぎられてはいるが化粧品——棒状の口紅、「ルージュ」、安い香水、パウダー、クリーム——を自由に使う。彼女はこのころの単純なお化粧の習慣を、結婚してからもしばらくは続けている。が、かなり早いうちにそれは終る。なにか特別な場合に濃い、乱暴な「ルージュ」をつけることはあっても。手入れのよくない顔全体にそうした「ルージュをつける」ことは、どことなくグロテスクな感じをあたえる。休日にそれをみる若干の諸君は、それを労働者階級のガサツさの証拠にしているが。

四五か五〇になると、身体の具合が悪くなってくる。戦前の全体としてもっと貧しい時期だと、あの人はいま「腰がいたいんだ」といった言い方を聞いたことがあるだろう。それはリューマチか、さもなければ二〇年間も意識しないで前かがみの姿勢で働いていたことからくる周期的な背中の痛みである。会話にしょっちゅう出てくる大きな恐怖の的は、それがだんだん大きくなっていきはしないか、ということだ。なにか巨大なあばれまわるガン状の有機体、あるいは大きくて固い小石として想像される一種の「石」として視覚化されているようだ。私はかつて、買物かごを一ぱいにした中年の母親が、ある金曜日ハンスレット・フィースト（市場）を通りすぎてゆくのを見ていたことを想い出す。明らかに「具合が悪く」、悩んでいた。彼女は、薬草屋のスタンドにいるゴテゴテとかざりたてた女の大きな、金切り声の口上に惹きよせられる。ちょっとの間ためらってから、そばに寄り、自分の悩みをささやいた。一袋六シリングで、なにかあやし気ななにかの結晶体を売りつけられる……「医者がなに言ったたって気にするんじゃないよ、ねえあんた。これを一日に二粒コップ一ぱいの白湯で呑みなさい。石を洗い流してくれるさ。もう痛いことなんかありゃしないよ。みんな便所で出てきちゃうんだから。ね」。

「医者にいっている」ひまは、ほとんどない。よほど悪くなれば彼女は開業医から薬を一びんもらってくるだろう。しかし、そこでも長く待たされること、また医者をわずらわすのが嫌いなこと（実際医者はたいして役に立つことをしてくれないのじゃないか、という疑いもある）もあって、ほとんどの間なにも治療はしないでいる、といったことになる。ときおり、諸家御すいせんの特効薬を呑んでみたりするぐらいだ。労働者階級居住地域にいるほとんどの医者は、通常そこではほとんどできることがないのを、よく知っている。かれらのところにくる中年の主婦患者は自分の体を大事にせず、あまりにもながく、あまりにもきつい仕事をし、リラックスすることは知らず、睡眠は充分にとらず、食事のバランスはひどく悪い、ときている。彼女らは、すべての時間なにかやっているものだ、とされている。「やりくり」し、しばしば、要求が複雑で重いので、ヘマをやり、それでもとにかく間に合うようにしなければならないのだ。主婦の心の底にはいつも——多分はっきり意識されてはいないにしても、もし亭主に「なにかおこったら」、彼女が「方向転換」し、ひとりでなんとかやっていかなければならない——年金の足しになるような「掃除婦」の仕事でもなんでも見つけて——という想念がひそんでいる。

　私の母親が、私たち三人の子供を自分ひとりで育ててゆかなければならなかったころ、彼女はもう決して丈夫ではなかった。ひどく気管支を悪くしてなんであれ屋外での仕事は、できないようになっていた。彼女は、貧民救済委員会から受け取る毎週二〇シリングそこら（この若干は特定の雑貨屋で使えるクーポンで支給された）で、おどろくほどの腕前を発揮してなんとかやっていっていた。外から見る人にとってはおどろくべきことだろうが、彼女にとってはそうでもなかった。彼女は若いころは、陽気な娘だった、と私は思う。しかし、このころには陽気なところは、ほとんどなくしてしまっていた。自分の状況にたいしておどろくとかなんとかいう態度は、とうにとおりこしてしまったのだ。そして、人がくれる古い靴とかコートとかは喜んで受け取ったけれども、誰であれ、くれた人の同情あるいは感嘆に対して感謝する、といったことは全くなかった。彼女は自分のおかれている状況をセンチメンタルに考えたりはせず、自分はそれを切り抜けることだけをやっているのであって、それ以上のなにかエライことをしているのだといった素ぶりは絶対見せなかった。それは楽しむなどということの全くない、あまりにもむくわれることのない闘争であった。いつも彼女がもってこれる以上の食べものといいことを求めてガツガツしている三人の小さい子供たちも——ごくたまにいいことはあっても——なにか慰めになる仲間というわけにはいかなかったろう。彼女は煙草ウッドバインをふかしてみずからなぐさめていた——こっそりと、「それ」が手に入るときにはの話だが。私の兄は、彼が店から煙草を買ってきたとき家にお客でもいると、声をかけずに一袋二ペニーの包みをこっそりひき出しにしまっておくのになれていた。ちっぽけな家は湿っぽく、ゴキブリがうようよいた。地面に掘った便所は、天気の悪いときには悪臭をはなつぬかるみと化した。いつも同じものばかり食べていたが、同じような境遇にあるほかの多くの家庭よりは、かなり栄養はあったのではないかと思う。われわれみんなはフィッシュ・アンド・チップス、お茶を要求していたが、母は断固として、充分の自信をもって、その要求を受け入れなかった。だから、われわれはココアばかり呑んでいたのだ。毎週毎週、野菜の入った安いシチューをたべていた。私は、誰かが家にビスケット各種取り合わせの小さい箱をもってきてくれた(そのとき私は六歳ぐらいだったに違いない)ことをおぼえている。われわれはどんなに胸をわくわくさせたことか。たまには、お茶の時間のおやつとして、スウィート・コンデンス・ミルクをパンに塗ったのをもらった。小遣いは、全家族で一週間一ペニーしかなかった。だから三人の子供で順番に使うと、三週間に一遍しか番がまわってこないのだ。母親はいつも、なにかみんなで使えるものを買いなさい、と言っていたが、われわれはいつもいうことを聞かなかった。われわれはいつも「身ぎれいに」してもらっていた、というのは一年ちゃんと小まめにつぎはぎをして貰っていたということだが、そして聖霊降臨祭には新しい一揃いを買ってもらった。私が最後におぼえているのは、二人の子供に呼子笛のついたセーラー服をあてがってくれたときのことである。

どうかすると私の母は、金をひき出したばかりで気分がよいときなど、自分でたべるためのちょっとしたおまけのものを買ってくることがある。それは多分彼女がもっと若いころお気に入りだったものに違いないと思うが、ボイルド・ハムの一、二片、若干の小エビなどであった。私たち子供は雀のように母親のまわりにむらがり、お茶の時間の間中彼女をとり囲んでいたので、とうとう母は本当にかんしゃくをおこしてわれわれを叱りつけることになってしまった。母は自分ひとりでたべたかったのだろう。こうした状況ではみんなにわけてやるといった寛大さを持つことはできない。結局われわれもいくらかおすそわけにはあずかったが、子供なりに、われわれの理解できないなにか大きなものにぶつかった感じはした。

これは極端なケースであろう。本当の伝統の流れにそったものではあるのだが。わたしたちは、実際にこの種の生活を送っている人びとのなかには、一種英雄的なところがある(その要素は無論女と同様男たちのなかにもあることはあるけれども)といった風に言うことを、避けたいと思う。それはたえずなにかに挑戦しているような生活であり、年老いた労働者階級の女性の顔のしわは、厳然とすべてを物語っている。その表情豊かさは、はげしい苦労の末にかちとられたものだ。それだけで充分で、そうした余計な色どりをそえようなどといったことはしないほうがいい。それはそれ自体で光り輝いているのであって、どんな人工の光りも当てる必要はない。しばしばその顔はうろこのようなきめとしわにおおわれ、近くによってよく見ると、すすけたような汚れがたまっている。手は骨の上をびっしりしわのよった皮膚がおおっている感じで、ここでも汚れがいわば埋め込まれたようになっている。ふつう冷たい水のなかで、長年ゴシゴシとものを洗ってきた結果、そうなってしまうのだ。顔には二本の力強いすじが——鼻の両脇からかたく結ばれた唇まで、走っている。それは長年「やりくり算段の計画」をしてきたことを物語っている。または、多くの年とった労働者階級の婦人が習慣的にやるジェスチュアに気をつけてみたまえ。それは背後にある長年のかれらの生活を照らし出している。D・H・ロレンスは、彼の母親のそうした身振りについて語っている。私の祖母のくせは、椅子のひじかけを指で繰返し軽く叩くことだった。それは頭の中でなにかをたえず考えているときに出るくせだった。彼女はなん年もの間、多くの家族を少い金額で養っていかなければならなかったのだ。ほかの例をあげると、椅子のひじかけを一定のリズムで、撫る人もある。それはあたかも、すべてのものを撫でつけてよく動くようにしている様にもみえた。唇を動かしたり、貧乏ゆすりをしたりする人もいる。このどれもが、神経症的な身振りでもなければ、内面の鋭どい不安をおしかくす徴候でもないのだ。それは、たえず「やりくり算段の計算」をしているときに必要だったのだ。

今日、もし私が、だれかが「悲しい」、「みじめな」といった言葉をひんぱんに使うのを聞いたとすると、そうした言葉はふだんも、若干古風にひびくに違いない。特別な場合以外にはあまり使われない。

私の祖母にとってそうした言葉は、「苦労」、「辛い」といった言葉と一緒にふつうの日常用語であって、私が今日知っている多くの人びとのあいだで使われる「めんどうな」、「きまり悪い」といった言葉と同じように、多くの意味をこめてしばしば使われていた。私の祖母が、誰かが「私の口からパンを取っていった」と語るとき、彼女は劇的表現をしているのでもなければ、単に比喩的に語っているのでもない。彼女は、一貫してこわれることなく、まだ通用している伝統にのっとって話しているので、そうした場合の彼女の語法はどうかするとアングロ・サクソン古詩の基本的特徴をそなえていた。

私は自分についての本当の歌を胸の底から歌うことができる……苦労の多い日々、わしはどんなに辛い目に会ったか、わしはどうやって胸の中でひどい悲しみに耐えてきたか[8]

そうやって、労働者階級の母親はやってきたのだ。男の場合と同じように、ときには彼女にも「おごり」がある。彼女の最大の楽しみは、ツヴァイク博士[9]が指摘しているように、なんらかの形で「かしずかれる」こと、である。それは娘たちがしてくれる場合もあれば、亭主が一日だけ家の面倒をみて世話してくれることもあれば、一日旅行に出て、レストランで大きなナイフとフォークのつく食事をするときのことでもある。夫がただ映画につれてってくれるとき、それが「おごり」だ、という場合もある。しかし、一般に母親は、こうした仕事をお祖母ちゃんになるまでやってゆくのだ。しかもそうなればなったでまた新しい仕事がまっている。

どことなく怨みっぽくなり、仕事のすべてを苛酷な儀式のようにしてしまい、苦労をなにか恐ろしい勲章のようにひけらかす人間もいる。気ぜわしく落着かなくなる人間もいる。が大半は、度合はいろいろだが、しっかりした自己忘却のしきたりを受け入れ、誠心家族のためにつくし、高慢ちきな自己関心といったものは超越してしまう。あいまいなあわれみなぞはどんなものでも当てはまらなくしてしまうその背後には、ひじょうに多くのものが、母親のまわりをまわっているのだ、という確固たる誇りがひかえている。このことが最も見込みのなさそうな、一番そうしたことにむかないような若い女性をも、中年になるとこうした主婦に仕立て上げてゆくのだ。ホームと家族の真中に、堂々と「そこにいる」ようになると、苦労がどんなに重なろうと、彼女は満足しているのだ。夫が家では「ご主人」なのかも知れない。が、だからといって彼女がドアのマットなのではない。彼女も彼も、彼女がそれなりに「よい母親」でありさえすれば、その価値と有難さをよく知っている。だらしのない女房は、いまでも、本当に大衆的な芸術の主要な悪役の一人である。

しかし、このすべてがどこまで家をはなれて、夕方通りをぶらついている十代の女の子たちに伝達されるのか、と質問されるだろう。彼女らは、学校を出てから結婚するまでの間を、週に三回、空想的な恋愛物語のくっついた「ミュージカル」や映画の「ロマンチック・ドラマ」をみ、「宮殿」、「メッカ」、「ロカルノ」、公衆浴場のダンス場(10)へ、ぴょんぴょんとび移ってゆくことで潰しているようにみえる。彼女らの仕事は、ごくたまにあるとしても彼女らの人間関心の一小部分しか惹きつけない。彼女らはなににでも個人として打ち込むほどの興味をほとんど示さない。労働組合の活動についても、なんの興味も持たないし、家事についても、ほとんど関心がない。たしかに彼女らのほとんどが、気まぐれで、軽率で、カラッポな連中だ、といってもよいようにみえる。

そうかどうかは、つぎの章で検討することにしよう。ここでは力点を反対の側面において、にもかかわらずなぜ事態がかならずしも最初そう見えるほど悪くならないかを考えてみよう。こうした女の子たちは、花盛りの時期がごく短い。たかだか数年間ぐらいで、そのあいだだけ彼女らはなんの責任もなく、若干余分の金を持つことができるのだ。彼女らの健康な戸外スポーツに参加する率は、それを阻害するいろんな要因を考慮に入れれば、おどろくほど高い。ほとんどのものは、いわゆる簡便にたえまなく提供されるもの――屋内活動――で満足している。こうした女の子たちは、しばしば自分たちのやらされている仕事にはあきあきしている。彼女らのポケットから金を巧妙にまき上げる簡単な方法を知っている大人は沢山いる。彼女らは、じきに青春期の白日夢といったサナギの皮に包みこまれてしまうようにみえる。彼女らがしようと思うことはなんでも都会的で細かなつまらないことのようである。この夢の一部でないことにはなんであれ、彼女らの注意をながく惹きつけておくことは難しい。

それにもかかわらず、家庭に対する反逆はどんなものであれ滅多にない。だからといって家庭への明確な積極的な反応もめったにみられないのだけれども。家庭は「オールライト」(この形容詞は、承認し受け入れてはいるが、なんの熱意も感じないものを指すのに使われている)なのだ。あなたはそこに住んでいる。ふつうはそこから離れない。また夜出歩いてもうるさくなければ、それについて考えたり、思いわずらったりはしない。しかし、私にはこの陽気さは、それは多くの点でたしかに華やかなのだが、十代の生活が最終的に「現実的」なものではない、人生の現実の仕事のない時期、とみなされている結果出てくるものだ、と思われる。十代の生活は享楽され、後悔されることはない。が、それが、結局人生の本当の仕事は結婚して、家庭をもってから始まるのだという実感を揺がすことは、ほとんどない。それはある意味では、学校時代には決してなかったような、一種の「生活」ではある。この期間に人は、仕事場でのゴシップやおしゃべりから、人生の実際とその意味を、たっぷり学習するわけだ。楽しまなくちゃ損だ。しかし、本当の人生は、面白さといったことは別にして、結婚なのだ。男にとっても女にとっても、労働者階級の人生における主要な分水嶺は結婚なので、仕事、住んでいる町をかえるとか、大学にいく、職業の資格をとる、といったことではない。女にとってこの一時的自由の終りが結婚なのであって、それは同時に「せっせとやりくりしてゆく」のが普通日常であるような生活の始まり、なのだ。自由な期間は一種蝶のように花から花へとびまわっても構わない。が、そのあいだは頭がくらくらするほどとびまわってもいい。その期間は短い。女の子が結婚しようとする男をみつけるや否や決っていう文句——「わたしこれから堅実にやろうと思うの」——にはぎっしり意味が詰まっている。

ひとたびそうなるや、彼女は内にある古い根っこをたぐりよせ始める。彼女はなにほどかの辛い教訓を学ばなければならないのだ。だから結婚しても、最終的に落着くまでには、しばらくギコチなくしりごみしているような時期がある。もっとだらしのない女は学ぶことを拒否し、相かわらず煙草をすい、子供たちがあたりで取っ組み合いをしていても構わずに「映画に出かける」のもいる。が、ほとんどのものが、ダンスの旋律やシネマの恋人を通りこしたずっと彼方にある一種のリズムを拾い上げてくる。派手な、詰らない流行に相当趣味を毒されていた女の子が、ひとたび家庭に入ると、居間の雰囲気をつくるのに必要なものを――これまでの彼女のセンスからするとみにくい品物を、ちゃんと買う、おどろくべきスタイル感覚を発揮するのだ。彼女が赤ん坊を扱うやり方をよく見てみたまえ。衛生観念に欠けているとか、ささいなことに無とんちゃくだとかいった表面的な特徴に注目せよ、というのではない。腕をまげて子供を抱くだき方、火のそばで子供をお湯に入れるいれ方、そこにいつの間にかながい伝統でつくられてきた習慣の型がちゃんと再生されている。

女の子たちはふつう、学校を出る前になにほどかの訓練は受けている。家で掃除や洗濯を少し手伝ったり、弟たちの面倒をみたり、自分の家や近所の赤ん坊をあやしたりは、しているのだ。しかし、これはそうたいしたことはない。おどろくべき事実は、六年も七年も意識的にくだらない流行風俗にひたりきったあとで、彼女がこうした家庭の雑用という途切れた糸をまたうまく拾いあげることである。というのは、それは切れてしまったわけではなく、ただ一時的におおわれていただけなのだ。子供が生まれるまで、あるいは生まれてからでもお祖母ちゃんや保育園にあずけて仕事にとどまっている若い女房たちにしても、かならずしも伝統的な結婚の諸要請に反逆しているわけではない。ただ落着く期間をひき伸ばしているだけなのだ。そうできる期間――つまりちょっぴりぜいたくできるだけの余分な金の入る期間、かなりひんぱんに二八ポンドで二シリングのボイルド・ハムを買うとか、週に二、三度晩めしにフィッシュ・アンド・チップスの盛り合わせを出すとかいった――がかぎられていることを彼女らはよく知っている。そうした余裕は時がくればなくなってしまう。それはそのうちに消えてしまうものなのだ。ほとんどの労働者階級の女の子は、失われた自由をそんなに嘆き悲しんだりはしない。彼女らはそれが一時的なもの以上ではないことを知り抜いている。

かれらは、いわゆる「教育のある人びと」の標準からすると、間違った子供の育て方をしている。私は、現代の育児の本で説かれているような標準のことを言っている。子供ばかりではなく、若者までもずっと結婚するまで甘やかすのが、ずっとむかしからの労働者階級の伝統なのだ。赤ん坊はちっ息するほどの愛情と注意とに包まれて育てられる。なるべく泣かさないようにされ、小さなお腹がいたくなるまでたっぷりものを注ぎ込まれる。お腹が痛くなれば六ペニーの紙包みに入ったあやし気な薬をのまされる。今日でも、ほとんどの赤ん坊が「おしゃぶり」をあずけられており、シロップを吸わされ、豪勢な乳母車でたえずゆすられて、たえず母親か、仕事を終えて家に帰ってきた父親か、おばあちゃんかがそばについていて、めったにひとりでほっておかれることはなく、晩はずっとおそくまでおこされている。もっと大きくなってからでも、女の子が少し家事を手伝うよう言われる場合、男の子が「新聞配達」をする場合でも、母親のしなければならない仕事がどんなに多いか、余分の金がどんなに少ないかを考えると、いちじるしい特徴は、女の子の手助けもほんの少ししか頼まれず、男の子のかせいだ金もしばしば彼個人のものとみなされていることであろう。(11) 子供たちがどれぐらい洗い物をするのかみてみるとよい。めずらしいことではないが、どうかすると、かれらがどんなに不釣合いなほど高価な贈物――自転車のもっとも素敵な奴、ほとんど全身が入るほどの乳母車――をするのか、みてみるとよい。両親は、子供が青年期になってからでも、労働の面でも金の面でも、家をほとんど助けなくてもそれでいいという風に思っているし、というより、それをすすめたりさえしているのだ。結婚するさいに労働者階級の女の子が家庭の維持について知っていることのほとんどが、いわば無意識のうちに血肉化されているものなのだ。女の子は「いい金をかせぎ」、たくさん金を使っているかも知れない。が、多分母親が彼女を家においておくのに使う金額よりずっと少ないものしか家には入れないのだ。これは盲目的な利己主義といってもよいが、だとしても両親が容認し、支持している利己主義なのだ。彼女の未来には、残りの全人生があり、そこでは親はたいしたことはなにもしてやれない。子供たちに「できるあいだはいい目をみせてやろう」じゃないか、というわけだ。どっちみち、「若いときは一度しかない」。

D　父親

私に言わせると、労働者階級の男は、彼の女房と同じように、多くのばあいほとんど肉体的に識別することができる。彼は小さくて色が黒く、三〇を過ぎるころから顔にシワがより黄ばんで艶がなくなってくる傾向がある。そのころになると顔や首筋の骨組みがはっきりと浮き出してくるようになり、どこか競争用の犬を思わせるような顔つきになる。一般に、こうした肉体的特徴は早くからはっきりそれとわかるようになり、一生涯そのまま残ってゆく。だから、半ば冗談ではあるが、私、または同じく労働者階級に生まれ育った私の職業的知人の誰かが、一種平ったい帽子と、いかにも「田舎者」らしくみえるネッカチーフとをつけ、カラーを開いたままにし、帽子やネッカチーフのかぶり具合をそれらしくすると、首筋のまわりの骨組みからいっても、われわれはスポーツに出かける中産階級とはどうしても見えないだろう。そうした恰好をすれば、われわれはいまでも休みの日に出かける労働者階級の男、そのものにみえるのだ。

家庭における労働者階級の父親の位置を理解するさいの分水嶺は、彼がそこではボスだということ、「自分の家では主人」なのだ、ということである。彼がそうなのは伝統がそうさせているのであり、亭主も女房もこの伝統を変えようとはしない。彼女は他人の前で夫に言及するさいには、よく「ミスター・W」(Mr. W)、「うちのメスター」("the Mester")などという。これは、どんな意味でも彼が絶対的支配者であるとか、亭主は家ではなんでも思い通りにできる、といったことを意味しない。それはしばしば、細やかな気づかい、気安く手伝ってやること、「思いやりのある」、「よい夫」であることと結びついている。亭主が怠け者か無感覚な人間である場合には、この伝統は、俺さえよけりゃみんなはどうだっていいといった利己主義、ほとんど野獣に近いような残忍さ、を育てることにもなる。が、どちらのばあいでも、亭主はパンの主要なかせぎ手、きつい労働をしている人間――こうした前提は今日かならずしも正確ではないけれども、にもかかわらず――として大事に尊重されることが多い。

夫はしばしば粗暴な態度をみせる。中産階級の女房族ならばとても我慢できないだろう。労働者階級の女房は、なにかがちょっとうまく行かないで、どんなに困っているかを、これじゃ亭主が家に帰ってきたとき、「うちのご主人は気狂いになっちまうよ」、という風によく言う。帰ったとき家が片づいてないと、御亭主は荒々しく「出てけっ」とどなるだろう。滅多にはないが、仕事からの帰りに一、二杯ひっかけているときだと、女房を「ひっぱたく」かも知れない。あるいは、中年の女房は、年若い妻君に「彼はあんたにやさしいかい。どうなんだい」、といった風に聞く。その意味は、彼の女房に対する言葉や行動が乱暴にならないかどうか、ほとんど毎晩妻君をひとりぼっちにしておくことがないかどうか、家計を維持してゆくさいになにか厄介なことがおきた場合「面倒をみてくれる」かどうか、を聞いているのだ。これは一部分は、まだ人間関係や表現様式に、重苦しい農民的ながさつさが残っているせいで、明らかに、現実にはかならずしも愛情が欠けているわけでもなければ、女房が全く手助けして貰えず孤立しているわけでもない。女房をどなりつけることのできる男は、女房を守ることもできるわけだ。父親にはどこか雄鶏めいたところがある。そこから、しばしば男の子はむしろ乱暴なほうがいい、ということになる。アイツ荒っぽくて困っちゃうな、と首をかしげるのは、嘆いているのでもあるけれども同時に誇りの表現でもあるのだ。「あいつは本当に男の子だ」と人びとはいい交す。

したがって、夫は最初から家のことを手伝うものだ、とは思われていない。だから、夫が家事を手伝うと、女房は喜ぶ。が、手伝わなくとも、怨まれることはまずない。「結局のところ」、家庭のほとんどのことは、女の仕事なのだ。「オー、それは男の仕事じゃないよ」と女はよく言うし、その種の仕事を男にあまりやらせたがらない。あんまりやる男は女性的だ、とみなされる。または、最高の讃辞は、つぎの言い方になるだろう。「彼は、女がしているのと同じように、いつも家によくしてくれるわ」、というのに。もし彼が多く手伝うとすれば、彼は本来女がするべき仕事を代りにやっていることになる。家庭の維持や調和は、協同の責任ではないのだ。

だから、夫が洗いものや、赤ん坊の面倒をみようということになると、それは実に積極的な手助けの行為となるのだ。多くの場合、女房は彼に洗いものを手伝ってもらおうなどと「夢にも思わない」ばかりではなく、夫が家にいるとき「ごたごた洗いものをしよう」とも思わない。しばしば乾かす場所がみつけにくいからだ。とくに雨の降る日はそうで、だん炉のまわりにもの干しをかけて濡れたものを乾かすのだが、亭主が「火がみたい」などといえば、それをバスケットか浴槽に片づけなければならず、大変面倒な話になってくるからだ。

家庭の金の問題は夫と妻の共同責任だ、と思っている亭主も数多く、かれらは金曜日の夜給料袋をそのまま渡し、その処理を女房にまかせる。しかし、私の経験によると、給料袋は亭主のものだ(12)、ということを、同じように特徴的な前提としているところもあるのだ。

その場合、夫は妻に毎週きまった額の生活費を渡している。女房が、自分の夫がいくら稼いでいるのか知らない家庭も数多い。これは必ずしも、彼女がそまつに扱われていることを意味しない。「そう、あの人はよく私の面倒をみてくれるわよ」とか「あたしを大事にしてくれるのよ」といった風に彼女らは言う。というのは、給料袋ごと渡してもらわなくとも彼女らは困らないというだけではなく、そうしたいい方の文句からいってもわかるように、賃金の配分権は夫にあるのだ、という意味である。女房は、このきめられた額のなかからものの買いかえ――陶器、家具、その他――もやりくりしなければならない。こうしたことによく気がつき、もうそろそろ買い替えなくちゃといった話を聞いてくれる亭主族ならば、次の超過勤務のペイが出たときに余分の金を渡すから、といった約束をするだろう。が、ほとんどの場合、女房にとってそうした余分の金はあてにできない。女房が家庭の財政問題を亭主と検討するなどという雰囲気のないときもある。それは拡がると、子供をグラマー・スクールへやるかどうか、ということまで話し合えない、といった状態になる。その種の討論がある場合、とくに子供を十六歳すぎてもグラマー・スクールにあげておくかどうかを決めなければならない場合でも、ふつうそこで行なわれる討論は、正確にいえば財政的手段方法の討論――ここで切り詰めて、あそこの娯楽費を削る、といった――とは言いがたい。

もし夫が失業して救済金を受けているとしても、彼の失業の原因が、病気、不運、腰の落着かないこと、なんであれそれにはかかわりなく、この同じ前提が自然に適用される。

夫も妻も、夫がポケット・マネーを持たなければならないということでは一致するのだ。それには、「自尊心」も関連している。「男はポケットに金なしじゃいられない」。そうなると彼は一人前以下になったように思い、女房に「しばりつけられ」[13]、彼女の尻にしかれるような気がするのだろう。そうした状態は自然に反する。彼は煙草や酒に金がいるし、おそらくたまには賭けごとに使う金も持っていなければならない。失業中の男の場合でも、労働者階級の男が毎週きまって使う金額は、そうたとえば中産階級の専門職についている男たちの標準からいえば、ぜいたく過ぎるということになろう。安煙草、一日に一五本というのがふつうらしい。これだけで一週間一三シリングをこえる。私がいま普通によく聞いているところでは、失業して失業保険を貰っている男で一週間一ポンドの小遣い、というのが相場のようである。煙草とかビールとかいったものは、切りはなしがたい生活の一部だと思われている。そうしたものがなければ、生活は生活じゃなくなるのだ。こうしたものなしで済ませるか、比重をへらしてもよいようなほかの楽しみは、ほとんどない。私が思うに、多くの、亭主がよく働いて、ポケットにたくさん金をもっている家庭でも、古いしきたりを守って女房が亭主の毎週の煙草の一部を「雑貨屋で買っている」――というのは家計の金を出してということだが――のは、こうしたものが生活の最低の基本素材なのだ、という感覚があるせいだろう。

まえに言ったように、一般に少女たちは両親からかなり甘やかされて育つ。が、とくに学校を終える少し前ごろから、男の兄弟たちよりはずっと余計に家事を手伝わされることになる。男の子は、間もなく、なにか「男は違うんだ」といった感覚を身につけるようになる。成長するにつれ、その感じは、ますます強くなるのだ。学校を卒業するや否や、この態度は急速に強化される。彼は、多分生まれて初めて、親爺に接近し、同時におやじのほうも彼に近づきたがっていることを発見するだろう。おやじと息子は、いまや仕事と男の娯楽の現実の世界を共有するのだ。

このすべてがまだ大部分本当だということを、まず最初に言っておかなければなるまい。が、あまりにも強く、亭主は利己的で家庭の厄介なことをみんな女房に押しつけている、ととられかねないことを言いすぎたようである。夫は家の支配者だ、というのが基本的な前提なのだ。この前提の表現され方の若干は、ここで述べてきたことはべつにめずらしい事例ではないのだが、女房がひじょうに損な役まわりを押しつけられているという印象をあたえるだろう。無論、思慮深く、よく手伝う、物をつくったり、なおしたりしながら空いている時間の大半を家ですごす亭主族もたくさんいることはいる。その場合でも、おやじは一種特別な位置を占めているという実感はかわらないのだ。難かしくて男の仕事だということになっている――木を伐るなど――男しかできないこと、もいくらかはある。妻が病気のとき仕事を休んだり、ベッドにいる彼女にお茶を運んでやるといった、序列をみださないでやってやれないこともない、といったたぐいの仕事もある。

若い亭主族に目を転ずると、基本的態度におどろくほどの変化がおこりつつある徴候がみられる。態度の変更を強く迫る女房も出てきているし、おやじから受け継いできた外観を修正してもいいという亭主も出てきている。ここでもほかと同じように、疑いもなく、教育の普及改善が静かに、だが底にまで浸透して、伝統をかえようという気になっている諸君にこれまでとは違った態度がつくられていくのを促進しているのだ。もっと細かにいえば、若い専門職業人や中産下層に、とくに戦後みられる傾向――お手伝いさんを日常的にやとうことができないためにその部分的穴うめとして女房の家事を手伝う――の影響を受けているものはあまりいない。労働者階級の夫たちのなかには、妻が働きに出ているとき洗濯をしたり、早く仕事から帰れてあまり疲れていないときには交替で赤ん坊の守りをしたりする者も、いないではない。が、多くの女房族は外の働きから帰り亭主と同じように疲れていても、夫の手助けなしにすべての家事労働に「取りかかる」。労働者階級の亭主族で、通りを赤ん坊をのせた乳母車を押してまわって、女房を手伝ってやろうという男はあまり多くはいない。そんなことはいまでも「甘くて尻にしかれている」と考えられる。ほかの男だけではなく、ほとんどの女房自身がそう思っているのだ。

もし女房に、亭主はこうあってほしいというはっきりした望みがあるとすれば、それは乳母車で赤ん坊の守りをしてもらいたい、といったことではない。その望みはむしろ、ひじょうに古い意味で亭主らしくあってほしい、古い意味で「いい亭主」であってほしい――つまり「どっしりとしていて」、「いい労働者」で、突然彼女を貧乏のドン底につきおとすといった人ではなく、不景気で解雇が始まっても首にならずに残り、定期的にキチンと家に金を入れて、ボーナスは気前よく使わしてくれる――人間といったことになるか。

感情の面でいえば、夫の家庭への最上の貢献は、「甘くも」、「女性的」にもならずに、頑固でなくたいがいのことは認めてやり、幸福な結婚生活は「ギブ・アンド・テイクでなりたっている」という観念にしたがって暮すことなのだ。ひじょうに多くの、ほとんどといってよいかも知れない、亭主はそうしている。労働者階級の人びとは結婚について数多くの冗談をもっているが、結婚に反対する内容のものは一つもない。両親のブルジョワ的満足をみたすために結婚はするが、結婚してよかったと思い、しかもそれにともなう日常の要請、ふつうの義務を楽しいと思うようになるまでにはなん年もかかるのだということがわかってショックを受ける自意識過剰な人びとの愛憎共存の感情なぞは、労働者階級には無縁である。労働者階級の人間は、男も女もいまでも結婚を誰もがすることで、「正しい」こととして受けとっている。しかも二〇代の初期からそうなのだ。夫が二一のときにかせいでくる金は、多分彼が五一になっても額はほとんど変わらない。彼は多分、正確に自分と同じ階級出身の女の子と結婚し、「自分たちの家庭をつくり」始め、その内で一生暮すのだ。

E 隣近所

家庭は私的なものに決っているが、玄関のドアをあけ放すと居間は通りにつながってしまう。そして、ふみ段を一つ降りるか、あるいはあったかい夕方ならばそこに腰をかけるかすれば、君はたちまち隣近所の生活の一部になってしまう。

　こうしたギッシリ詰まったプロレタリア地域は、外からの訪問者をがっくりさせるに違いない。無理もない話だ。通りごとに規則正しく安っぽい画一的な家屋が立ちならび、脇道や横丁が暗い影をおとして交叉している。みすぼらしく、むさくるしく、恒久的に半ば霧に包まれている。空は紺碧でも青くもなく、よごれたネズミ色のいろいろな度合いを研究するのにつごうがいい。町の北と西側のほうが、「よりましなはしっこ」よりも、ずっと暗い。家の材料は煉瓦にしろ木にしろ、安物でできている。木はペンキを塗り直すといったことは滅多になくながいことほっておかれるので——地主は、所有・占有者ほど、財産の価値を維持することには関心がないから、——すっかり駄目になっている。公園とか緑の空地は、一番近いものでも少し離れたところにしかないが、家並みのあいだには欠けた歯のように不毛な煉瓦の散らばった小っぽけな空地があり、半マイルほどゆけば、ふつう「荒地」[14]とよばれているちょっと開けた土地がある。なつかしさをそそるよび名。「荒地」とは工場やうす汚れたパブなどに取りかこまれた六エーカーほどの土地であり、はしっこには、大きな赤レンガの便所が立っている。

　労働者の家は、巨大な工場群とそれに付属するサービス施設の間の、暗い低まった狭谷に似合っている。ハモンド夫妻が「工業の兵営」と名づけたやつだ。よく舗装された道路が土手のうえ、まわりにしかれ、多くの寝室の窓と同じ高さに通っており、男どもの労働がつくり出す生産物を南アフリカ、ナイジェリア、オーストラリアへ運んでゆく。高架道が鉄道の線路やその下の運河と織り合わされ、ガスの配管がそれらすべての間のどこかにはりめぐらされ、こうした風景全体のところどころにパブ、かざりのないメソジストの教会が空につき出して立っている。その地域の緑のもの、植物は生えられるとこはどこにでも——ということは、ほとんどどこにでもということであるが——強引に入ってゆき、土地に矮小なダンダラ模様を描く。ガサツでススだらけの草が小石の間から生えてくる。スカンポやイラクサは、空地のすみのあれきった、踏みあらされた土くれの上に、「犬のクソ」、煙草の空箱、古い灰にも負けずに、断固として生きてゆく。もっと上等なものについて言うと、よごれたイボタノキ、キョウチクトウ、ヤナギランが、若干の「裏庭」、公衆浴場のうしろの壁で仕切られた空地、を占拠する。昼も夜も、その地域にとどろく騒音と臭いは——工場のサイレン、汽車のガチャン、ガチャンと転轍する音、ガスを使ってする仕事の鼻を刺す臭い——生活が交替、出勤、退出といった単純明快な事項でできていることを、いやでも思い知らせてくれる。子供たちは栄養が悪く、着るものも充分ではなく、言ってみれば太陽と緑の野原がなくたって生きちゃいけるさ、という見本のように見える。

しかし、内部の人間にとって、これは小さくとも一つの世界、村と同じように誰もが同質的で、それなりによく規制されている、小世界なのだ。小高いところから下のほうを見ると、町へまっすぐに通ずる主な道路の上を、五時になると、ボス連の車が、十マイルほど離れた丘の上にある農家を改造した自分たちの家へ向けて、ブーと、走りさってゆく。

働いていた男どもが水が溢れるように、地域一帯に拡がってゆく。かれらはそこを——自動的に横丁をたどり、共同便所の一画を通りすぎながら——、ほかのすべての住民と同じように、こまごましたことの一切を存分に知っている。労働者たちは、部族の土地に属する集団の一員として、それを知っているのだ。「ピット・ストリート」は、たしかに俺たちのものの一つだ。が、そのとなりにある「プリンス・コンソート・ストリート」は違う、それは境界線をこえて、べつの教区に属している。私の育ったリーズのある地域について言えば、私は十歳ぐらいになったときには、ほかの同年輩の子供みんなと同じように、われわれの周囲の通りすべての相対的な位置づけ、どこでわれわれの領分がほかの領分とまざり合うかを、もうよく知っていた。われわれの集団的喧嘩は、通り同士の、通りの群の間の、要するに部族の闘争だったのだ。

同じように、人は同じ地域に住む人のことなら誰のことでも、こまごまとしたことにいたるまで実によく知っている。あの連中には、「成功した」、あるいは移民に出た、息子がある、とか。あの人たちの娘はグレてしまった。あの嫁にいってしまった娘は、羽振りが好さそうだ。あの老人は町の肉売場にある恩給で買った店に一人で住んでおり、六ペニーの薬草のまぜものを呑んでいる。あのばあさんは騒ぎ屋[15]で、週に二回、自分の家の窓枠や階段を膝を少しギクシャクさせながらゴシゴシみがき、煉瓦の壁まで少くとも肩の高さまでは洗い上げる。この若い女は、数年前、年に一度はやってくるサーカスの一座がきたあとで、黒い子供を産んだ。この女の精薄の子供は、お使いを頼むとちゃんとやってくれる。

あのおばあさんは、いつでもたのめば病人のところへ話しにきてくれて、「相談にのってくれる」。このおっさんは、とくに腕のいい熟練工で、ひと時期はずい分羽振がよかった、だから毎年の夏、家族をブラックプールにつれていって豪勢な一週間をすごすことができたし、ほかの誰よりも早くテレビを買うことができたのだ。かれらは一週ごとにエムパイア劇場に予約席をとっておき、子供たちは仲間の誰よりもアイスクリームを余計にたべ、クリスマスや誕生日にはふつうよりも高いプレゼントを貰った、とか。そういったことをみんな知っているのだ。

これはもう極度にローカルな暮しであって、そこではすべてのものが驚くほど近くにかたまってある。家は、私が言ったように、通りにつづいている。通りそれ自体も、郊外とか新しい団地の通りとくらべると、ずっと狭い。敷石を一つこえれば、もう向いの家につくといった狭さであり、買いものをする店もそんなに離れてはいない。ときたましかいらないものは、電車の走っている主な通りにある店まで二、三百ヤードくだってゆくか、さもなければ町へ行って買ってくればよい。毎日いるものは、道を一つこえるか、ちょっと角をまがれば買えるのだ。とくにどの通りにも角の店、ふつう雑貨屋か文房具屋だが、というのがある。文房具屋の窓は安い雑多なガラクタで一ぱいになっている。夜そこに明りがついていれば、子供たちはそこを集合場所にする。脇の壁にはってある枠一ぱいの一週間六ペンスのちっちゃな広告は、その地域の交換、競売場となっていて、以下のような中味にみちている。「状態ひじょうに良好」、「早いもの勝ち」、「新品同然」、「ブルーコート・シューズ、新品同様、十シリング」、「男の子のツィードコート（十四年ぐらいはもつ）十二シリング六ペンス」、「三脚の寝イス（十二ポンド相当）四ポンド――七時以後申込むこと」。

現にほとんどの地域でそうであるように、町角に店を出している雑貨屋は主婦たちのクラブになっているが、その店は隣近所の仕きたりを尊重しないことにはめったにやっていけない。新参者はカウンターのうしろの棚にはってある地方のちらし、端物印刷屋がつくった注意書に目をとめるだろう。「お勘定は現金でお願いします。念のために」。が、その注意書があろうとなかろうと、ほとんどの店主が間もなく「掛売り」を始めざるをえなくなる。多くの主婦はいまでも三〇年代の不況期に彼女らの雑貨屋が気前よくツケにしてくれたことを覚えている。雑貨屋の主人は主婦たちが毎週の勘定を払っていくだけの余分な金のないこと、払ってもらうためには何カ月も待たなければならないこと、をよく知っていた。でもほかに方法はない。ツケにしないとすればお客は一人もいなくなってしまっただろう。だから彼は「ツケ」で売り、天気の恢復をまつより仕様がなかったのだ。さもなければ、遠からず店をたたむしかなかっただろう。いまや、雑貨屋のあるじは、ほとんど週、七日制でサーヴィスを提供している。日曜日の朝が一番忙しいのだ。もし店が閉っていても、ぐるっとまわって彼の寝起きしている家のドアを叩けば、用は足りるのだ。店のおやじには正直なのもいれば、あらゆる種類の小ずるいトリックにたけたのもいて、いろいろだが、ともかく彼のお客との関係は、中産階級居住地域の店のおやじとお客との関係とは違っている。そこでは、店のおやじは、少くとも恰好物腰だけは、お客よりも身分の低いもの、として振舞う。彼は多くのお客よりも沢山かせいでいるだろう。が、彼はかれらの召使いのようにふるまい、お客を「マダム」とよぶのだ。ここでは、店のおやじは、たとえ彼の収入がどうかすると隣近所の平均をこえていても、同じ労働者階級に属するものとして扱われる。そうした場合、彼が隣近所の好みや習慣をよく知っていれば、商売は繁昌し、彼は運のいい男、「景気のいい連中」の一人に入る。つまり、同じ種類の家にすみ、子供を同じ学校にやり、同じようなものを着ていても、貯金したり、余分のお楽しみに使ったりする金をもっているからだ。

団地にでも当らないかぎり、労働者階級の男は彼の育った地域に、しかも多分、結婚式のまえの晩に「カギを受け取った」その家に、あとの全生涯、ずっと住みつくことになる。彼がふつうの一般労働者だったならば、移らないかといったおさそいはほとんどこないし、しかも多分、熟練労働者だったならば、もっとこないだろう。というのは、彼の腕をふるえる仕事というのは、近所の仕事場に若干と、電車でちょっと行くぐらいのところにしかないからである。この地域でこの種の仕事のやれるのは、この男一人といったことは滅多にない。彼はおそらく住んでいる場所をかえるぐらいなら、仕事のほうをかえるだろう。労働者は一つの仕事に属しているというよりも、その地域に属している。彼にも従兄弟の一人ぐらいは、学校の先生になり、ノッティンガムである女の子と結婚して、そこに住みついているといったのや、戦争中兄弟の一人がスコットランドで女の子をみつけ、結婚してここへつれて帰ってきている、といったのはいる。だが、一般的にいって家族は近くに住み、しかも「いつも」近くに住むことになっている。クリスマスの日がくると、かれらはみな揃って、お祖母ちゃんのところへお茶をのみにゆくのだ。

また労働者は、この五〇年間に交通の便が大幅に改善されているにもかかわらず、大して旅行しない。[16]「遊覧バス」旅行にいったり、フットボール試合の観戦、それからおそらく年次休暇にはどこかへゆく、ときには汽車にのって四〇―五〇マイル離れたところにいる親族のだれかの葬式や結婚式に出かけてゆく、ことはある。結婚する前には、ヨーロッパ大陸を旅行する可能性はあるし、自転車旅行でイギリス本土のどこか遠いところも見てきているだろう。彼は多分、戦時兵役、あるいは国民兵役の期間にアチコチ歩きまわらされているだろう。しかし、結婚してからの旅行ということになると、いまあげたような特別の場合を除くと、彼の旅行のスピードと範囲は、三〇年ほど前とそんなにかわっていないようだ。自動車は労働者に縁がないから、それで距離が縮まったとはいえない。列車の速さは四分の三世紀前とたいしてかわらない。たしかに、労働者はもし旅行するとすれば、ふつうバスを使うだろう。だが肝心なことは、労働者はふつうするとしても、せいぜい範囲一、二マイル以内の、小っぽけな旅行しかしない、ということなのだ。労働者はいままでも、誰かさんの知り合いの誰かさんから安くゆずり受けた使い古しの台所のテーブルを運ぶのに手押し車や古い乳母車をエッチラ、オッチラ押してゆくのだ。労働者階級の毎日の生活がおびている地方性を、これほどよくあらわしているものもない。そんなことをしていると、夕方の遊んだりくつろいだりする時間はほとんどなくなってしまう。が、そうするのが当り前のことになっている。人は、ハーディの小説『ダーバーヴィルのテス』を想い出すだろう。テスは、一つの谷間からもう一つの谷間へ移りながら、自分では一つの国からもう一つの国へ移りつつあるような気がしている、というところを。まあ、ふつうはそんなにコントラストが鋭くはっきりしていることもないが、こうした事例では労働者階級は、ゴルフの一ラウンドで七マイルも走りまわる事務弁護士よりもテスにずっと近いことだけはたしかなのだ。多くの労働者階級の人びとにとって州を半ば横ぎって親類のところへゆくぐらいのバス旅行でさえ、まだかなりどうしようかと考え、行くと決めると気持ちのたかぶるようなことなのだ。かれらが公共の乗物にのって運ばれるときの経験は、しばしば消耗の一語につきる。乗物にのって少し遠いところに働きにいく男は、大かた満員の通勤列車でゆられて行く。フットボールの試合を見にゆくときも同じように混雑した電車にのってゆく。もし妻君が町へ買物に行くときも、彼女の隣近所のほかのたくさんの妻君連が同じように買い物に出かけるような——というのは、土曜日の午後のことだが——ちょうどその時間にふつう出かけるのだ。家族揃って海へゆくときでも、スシ詰めになってゆくか、さもなければ休日列車で出かけることになる。労働者階級の男連中は、病気で仕事を休んでおり、他のものはまだ働いているときに乗るのでなければ、静かな乗物にのるなどということは、まずない。人生は、一群のよく知られた通り、そこでいとなまれる複雑で、積極的な集団生活に求心化している。たとえば、家と家との間で契約される、保険の集金人、衣類クラブ、「無尽」[18]、クリスマス積立クラブ、「ねずみ講」、あらゆる種類の「かけ」、の金を払ったりもらったりする約束の大群のことを考えてみるとよい。一週間に六ペンス、くたびれた防水外とうを着てバイクにのってくるもう何年も知っている男、むこうもよく知っていてリューマチはどうですかなどと聞く、顔なじみの男に支払われる。三軒向うの婦人は、色刷りのきれいなカタログから選んだクロム製のランプ、または誰かに着物を一揃い買ってやるための分割「払いこみ」として、一週間に一シリング払っている。「払いこみ」の制度は町から五〇マイルもはなれたところにある事務所で運営されているのだろう。そこがどうなっているかなどは金を払っていても全然関心をもたれない。こうした労働者諸君が知っているのは、それは近所になん年も住んでいたジャクソン夫人がそこで働いており、彼女はそのことを「よく言っていた」から、ということなのだ。

男連中には、フリーメーソン型の組織、会員とその支払いのややこしい制度をもった、「ロイヤル・アンド・アンティディルーヴィアン・オーダー・オブ・バッファローズ」、「インディペンデント・オーダー・オブ・オッドフェロウズ」といったものもある。さまざまな組織がしつらえるホイスト・ドライブ(それぞれのテーブルで数組が同時に行ない、勝負ごとにメンバー二、三人が交替する)の会もおびただしくある。そうした会はとくに三五歳以上の主婦をひきつけているようだ。子供はもう放っておいても大丈夫な年頃になっているか、または亭主が死んでしまってひとりさびしく取残されているオバチャンたちである。彼女らは、幸福そうに腰をおろし、合間あいまにお喋りし、もしかすると賞品がもらえるかも知れないということでちょっと昂奮している。ふつうそこには一人ぐらい、なにがなんでも賞金をもらうんだといった風の目をギラギラひからせた女がいて、不愉快なペースでゲームを進め、彼女のトンマなパートナーが、いまのは取消し、ちょっと待ってなどと言おうものなら、「もうダメよ」とばかり人の点数まで勘定したりするのがいる。お仲間が家へ帰ってくると、つぎのような愚痴を聞かされるのは、ほとんど確実である。「あんた、ダークブルーの服を着たあの女をみたかい。きつすぎゃあしないかねえ。みんなで集まるのもいいし、ゲームも好きなんだけど……アーア、あの手のキツイ女にゃ我慢できないよ」。

単一の通りで、載冠式や戦勝記念祝賀会が催されることもある。村落なら村で載冠式のお祝いを主催し、大まかに言って全体まとまって一単位として動くことができないではない。都市では、市会が公園でお祭りの行事を組織し、労働者階級もそれに参加する。でも、労働者階級はそれが自分たちの祭りだとは決して思わない。それは組織の民主的行事の一つには違いないが、現実に共同体的行動にはならない。それを組織しようと思ったならば、人はこうした都市では、「通り」を単位にしてものを考えなければいけない。

まえに一べつした子供の眼を借りてあたりを眺めると風景の輪郭はより一層はっきりと見えてくるだろう。彼は、まあたとえば、十一歳ぐらいで、文房具屋でいつも買っている土曜日に出る雑誌、『ウィザード』か『ホッパー』を買いに行く途中、だとしようか。ここで、彼は一ペンスほどの砂糖菓子でも厭な顔をせず売ってくれる店を通りすぎ、ちょっといくと親爺の友達が、週末前の最後の交替勤務をおえてシャツ一枚になってドアのところで煙草をふかしている。もう少しいくと、いじめて遊ぶことのできる大きなクモの出てくる壊れた木の柵が横たわっている。その先には、誰かが小びんの酢でも買って出ていくとベルが鳴るようになっている酒類販売店がある。

かれらが体験する光の種類は変化に富んでいる。ひじょうに天気のいい午後には太陽の光が地階の窓にまでおりてくる。十一月には霧のかかったネズミ色の光が屋根のスレートや煙突の上をおおい、もやのかかった三月の夕方になると、腕白小僧どもがあわい黄色い光を投げるきずだらけのガス・ランプの下に集ってくる。匂いについても同じことが言える。土曜日の夜の男たちのビールとウッドバインの安タバコのまざった匂い[19]。大きくなった姉たちの安物パウダーとクリームの匂い。フィッシュ・アンド・チップスの匂い。聖霊降臨祭のとき買ってもらう新しい服の真新しいノリのにおい。いたるところに漂っている小便――犬、猫、人間の――のにおい。すべてのおうちで一番魅力のあるのは、騒音、光、匂い全部そなわった一風景――陽のよく照った日曜日の朝、十一時から十二時までの間だ。そのとき、すべてのドアはあけ放たれ、階段は人で埋まっている。ほとんどどの家からもロースト・ビーフのいいにおいが漂ってくるし、ラジオの騒音はたがいにまじり合い、家族が喋ったり、笑ったり、喧嘩したりするのが聞えてくる。しかし、喧嘩はこのときだけは、ほとんど起らない。ほとんどすべての人の上に、くつろいだ、慰安といい食事の出るのをまつゆったりした気分がひろがっている。

数年前は「ティングル・エアリイ」（"tingle-aireys"）（バレル・オルガンか街頭ピアノ）をみることができた。それは町の倉庫から、みすぼらしい恰好の老人が一日いくらで借りてくるもので、ラジオが軽音楽やラジオ・ルクセンブルグの放送を流すまでは、それが労働者階級の主婦たちに朝の音楽を提供していたのだ。かれらはそわそわした、明らかに気まぐれな演奏をする。メロディをきまった楽譜どおりにはやらずにドドドと段瀑のようにやったり急奏したりする。どの曲もガーガー、ピーピーと、浮気女がいちゃついているような、赤ん坊がゴロゴロいっているような、とくに節の最後はお転婆がはねまわるような調子に翻訳されてしまうのだ。私なぞは、いま「バレンシア」、「心をアバロンに残して」を聞くとすると、実際どんな風に演奏されているかにかかわりなく、皮肉なことにむかし聞いた街頭ピアノの演奏どおりに聞えてしまうのだ。街頭ピアノはなくなってしまった。だが小さな、荷車につんだ、手で動かす回転木馬は、いまでも大きなガランガラン鳴るべルをひびかせながらまわってくる。そしてボロ屋のオッサンたちはいまでも、古着、ジャムびんをお持ちの方には金魚をさし上げます、とどなっている。

味覚について言えば、男の子たちにはやや風がわりなお楽しみがある。それはふつうのタフィーでも煮つめた砂糖菓子でもなく、シャーベット、南京豆、アニスの実のたぐいでもない、つくる材料の秘密は各世代ごとに秘伝として伝えられるのだが――薬屋で仕入れる一ペニーほどの甘草のくきか肉桂ジュの根、二ペニーほどのくだいたニセアカシア、ジャガイモから上げ少々――「少し皮のついた奴をください」――、それをよく塩と酢につけて、端を新聞紙の切れはしで包み、そこをもってたべるのだ。夜、舗道をゆっくりと歩きながらこれをたべると、それはすてきにおいしかった。

そこには隣近所の動物の生活もある。家庭のペットどもがゴチャゴチャと集まっているのだ。一番面白いのは雑種犬であろうが、数では猫のほうが犬よりもずっと多い。椋鳥どもは町の公共建築を占領しているが、雀どもは住家のあたりに群がり、ときどきハトが舗道の上に進入している。共同のこやしの山にはネズミがいるし、裏庭のごみくずの間からはテントウムシが出てくる。庭のすみにはミカン箱があって数匹の兎とか、内に上手に段をつくって番いのセキセイインコがかってある。

たまには特別に昂奮するようなこと――その通りに葬式、結婚式があるとか、煙突から火が出るとか、石炭運び人の馬が氷った敷石につまずいてころぶ、台所のオーブンでのガス自殺未遂、通りの両側とも五、六軒離れていても聞える夫婦喧嘩とか――がおきる。なかでも男の子にとって一番面白いのは、村の草ッ原の木の代りに街灯柱を使ってする陣取り遊びだろう。五歳から十三歳のあいだ、大まかにいって、男は男の子とだけ、女は女の子とだけで遊ぶ。ゲームは季節の産物（たとえば糸につけたトチの実をぶつけ合うトチの実遊び）を追いながら変わってゆくこともあれば、また単に男の子自身の本能的なリズムにしたがって移りかわってゆくこともある。ひと時期は誰もかれも「おはじき」をして遊び、古さと倒敵力にしたがって偉い順序のちゃんとついたはじき玉を大事にしていた。全く突然におはじきは流行らなくなってしまい、だれもかれも豆鉄砲をほしがるようになる。

ときおり、三〇年代のヨーヨーのように、新しい遊びがパッと流行ることがある。が、ふつうそうした流行はほんの一時的なものでしかない。ゲームは通常、ボールとか棒以外の装備がいるようなものは駄目なのだ。なんでもすぐ手に入る材料が利用される——街灯柱、敷石、家の出っぱりの少ない角。フープと羽根つきとはほとんどなくなってしまったし、コマを鞭うってまわす遊びも、いまはあまり人気がない。しかし、「野球」、「クリケット」、敷石の上での石けり遊び、それから街灯柱のまわりをグルグルまわったり、押入れ、物置き場を出たり入ったりする遊び——「カウボーイとインディアン」のような——を含む数多くのゲームはいまでも人気がある。女の子たちはいまでもなわとびが好きで、ほとんど女の子にかぎられているのは、おしゃれゲーム——通りを大人の着古して捨てた着物や古いレースをつけて「結婚式」と称してねり歩く——である。ときどき男の子の一組が裏庭でなにやら働き出して一組みの厚板と車のとれた古い乳母車から「ボギー」車をつくる。それからかれらは舗道や滑走路に一番似ている道路を、電車線路に近づくと木のハンド・ブレーキを操作してとめながら、馳けくだるのだ。

ゲームにくっつけているリズムのついたはやし文句も残っている。「イーニイ——ミーニィ——ミニイ——モー」（'eeny-meeny-miny-mo'）、「ワン——ツウ——スリー——アレアリイ」（'one-two-three-a'lairy'）、「ティンカー——ティラー——ソールジャー——セイラー」。「私コーヒーが好き、私お茶が好き。私髪の黒お人の膝に座るのが好き」。ほかには、ごくかぎられたときに歌われるものが残っている——選挙の歌。「一票入れてください、投票してください、ミスター……をお願いします」。かがり火祭りの寄付集めの歌もときおり歌われる。詠唱も、家のドアのところでクリスマス祝歌がいくつか歌われたのち、低い調子で歌われることになっている。

クリスマスがやってくる。七面鳥も肥ってきた／どうか老人の帽子に一ペニー入れてください／一ペニーもなければ半ペニーでも結構です／半ペニーもお持ちでなければ
——神よお恵みあれ

または、

クリスマスおめでとう、クリスマスおめでとう／楽しいクリスマスと幸多い新年おめでとう

「外に出かけること」について言うこと、そこでほんの数ペンスの使いに出るものからホームグラウンドを離れて遠出するものまでひっくるめての、こうしたリクリエーションは、そのいつ、なにをする、といった順序は、ほとんど全く季節によって決められている。とげ魚や産卵期の鮭をとりに一マイルかそこら離れた汚れた川へ、ジャム・ジャー［自動車］で出かける外出もある。きいちごとりにもっとずっと遠い野原へ、くじらひげのアー

チのついた教会をすぎて「出かける」ときにも、ジャム・ジャーで行く。一番近くのだいおうやかぶらの畠、小鳥の巣をおそいに出かけることもある。数ペンス、おっ母さんからねだることのできる奴は公衆浴場にゆく。どうかすると電車にのって、子供の遊び場がひじょうにいいと言われている、どこか市のずっと離れたところにゆき、たくさんの似たような連中とまざって、サンドウィッチをすこしと炭酸水一びんで一日中過ごしてくる。秋になると、「お祭り」の準備を見ることで、何日もまるまる潰される。お祭りにいけるにはどうすればいいかと算段をめぐらしながら見ているのだ。こうして毎日毎日が、毎週毎週がどんどん過ぎてゆく、しばしば退くつで灰色な時間の移ろい、その流れがあらゆる種類の人を浮きうきさせるような行事ですくわれるのだ。そこには一種のリズム、といっても自然のではない人工の練瓦の世界のリズムがある。その世界では、季節や大きな宗教的お祭りといえども、ただ偶然的なもの、としてしか作用しない。毎週、週末になると、多分金曜日の夜ということになるが、母親と一緒に買物にいくことになる。買物の通りは喧騒と温かさにみち、金は気前よくパッパッと使われ、電車はガタガタと音をたてて、照明はたえず閃めいている。週末がまるごと前に控えている。土曜日には映画、日曜学校の部屋でのすてきな夕食つきのチャペル・コンサート、日曜日の朝御飯のベーコンと卵、豪勢な日曜日のお茶。それから、一年を通じて、いつも休みになるパンケーキ・チューズディ、投票日、十字架形つきの菓子パンの出る受苦日、秋の「お祭り」、ミスチーフ・ナイト、それから一週間かかって材料をねだったり、集めたりするかがり火夜祭り、がある。それは本当に都会の火、とでもいえばよいか、燃やす材料として純粋の木はほとんどなく、大かたは古いマットレスや椅子――クラブの順番がきて取りかえられたやつ、とか月賦で買った現代風のやつにおきかえられた馬の毛のソファーとかでなり立っている。火が燃えつきると、火の端のまわりで、ジャガイモをやくのだ。

いつの時代でも、そうした生活は、格別に人間をしっかり摑まえて離さないような全体性をもっているので、労働者階級の人間は二五歳をすぎると、別な種類の地域はもとより、たとえ同種類でも別な場所へ移り住むことは、とてもできないようになる。労働者階級の人びとがなかなか「団地」に適応しにくいことは、誰でも知っている。ほとんどの人間が、意識的に計画された集団活動に対しては、本能的に反撥するのだ。かれらは集団生活になれている。しかし、かれらのなじんでいる集団生活は家から出発し、ギッシリ詰まった隣近所の共同の必要と娯楽に対応して外へ拡がってゆくものなのだ。こうした団地、練瓦とコンクリートの荒地に入ると、労働者はあまりに裸にされるような気がして、まず最初に寒気を覚える。閉塞恐怖症におそわれるのだ。労働者にとっては「そこは家庭的」でもなければ「向う三軒両隣」といった感じもしないし、「なんでも遠くはなれている」――親類からも店からも。かれらは分割地を耕すことならしないでもないが、それもいつもするというわけでもないけれども、庭いじりといったことは大してやらない。かれらは「トリ小屋」をたてたいし、犬や猫もほしいのだが、団地ではそれができない。

この家庭、隣近所の感覚がどんなに強いかということは、その最も悲惨な形で、公共図書館支部分館の閲覧室を埋めている老人たちにあらわれている。かれらはひとりぼっちになってしまった人——家族のものは大きくなって親を捨てて出てしまったとか、妻君は死ぬか、ずっと寝たっきりだとかでもう働いてはいない人びと——が多い。自分たちの昔からの家に住んでいるとか、一人の息子、娘と暮しているとかいうのは、まだ運のいい方なのだ。大衆下宿屋に住み、年金にたよってカツカツやっているものもいれば、すたれさびれた区劃のアパートの一部屋に暮している老人もいる。自分の住みなれた地域に暮している老人でも、とくに仕事のあるふつうの日になると、通りは幼児たちと、いく分親切気があったとしても忙しい主婦たちに占められて、相手にしてくれる人がいなくなってしまう。老人たちは、若干精神に欠陥のある人と一緒に、しょっちゅう鉄道の駅にやってくる。多くの老人が毎日閲覧室にかよってくる。[20] そこは温かく、座席もあるからだ。すべてが、川の小さな岩屑が旅路の果てに流れつき、ブクブク泡出つ浮きくず——古い杖、ちぎれた紙の切れっぱし、潤んだ葉っぱ、マッチの箱——のなかにたまっているかくれた入江、を物悲しく思いおこさせる。しかも、閲覧室それ自体が、洗浄されたような、貧民授産所の空気(私が思い浮べているのは古いやつだが、その多くは残っている)を漂わせている。新聞紙類は壁のまわりに物さびしく拡げられ、どっしりつみ重ねてあるやつは破いて持ってゆくことのできないようにスポーツ頁は注意深くノリづけされている。雑誌類はうす黒いかしの机の上においてあり、それを横切って緑の傘のついた電燈がついているが、それはごく狭い範囲にしか光を投げないので、午後になるとひじの高さから上の部屋の全体が恒久的に影の下に入ってしまう。

この影は、壁に新聞と交互にはってある、白地に黒ぐろと書かれた、すべて禁止的でほとんどが命令形の、多くの注意書がくどくど述べていることを柔わらげる結果になっている。私が知っている一つの公共図書館には主な禁止命令だけでも八つあった。長さはいろいろで、高さ九インチ、横四インチの大文字で書いた「静粛」というのから「この部屋に外から読みものを持ちこんではならない。閲覧はここに展示してある出版物にかぎる」というのまで。文体もぶっきらぼうな「すべからず」からまわりくどい「してはいけません」までいろいろ列んでいる。しばらくいると、そこの雰囲気は物すごく気を滅入らせてしまうので、「人に聞こえるような会話はしてはいけません」という命令なぞは、冷たいお役所主義にこり固まったこの内にも温かい心がないわけではないことを示す事例なのかな、といった風に思えてくるほどだ。というのは、この禁令は、ひじょうに多くの常連がブツブツひとり言を言っているが、それを物わかりよく容認しているようにもとれるからだ。

ここは非適応者と棄民の、ほおのこけた、涙ぐんだ眼の、みすぼらしい身なりの、こそこそと悲し気(げ)な人たちの特別な避難場所である。自分の偏執狂的な儀式に没頭している男が、軍人恩給のおかげで結婚した妹のところに居候させてもらっている、もうやつれきった未婚の兄弟と、安下宿か、さもなければいつも古いお茶とフライパンの匂いのする家からやってきた年とった男やもめとの間に座わっている。かれらは、冷たい水道管の水で口をすすぎ、カラーなしの首によじれたスカーフをまきつけてから、通りをすぎて、図書館へやってくるのだ。かれらは、少しそこらを歩きまわり、どこかに属している、他の人たちがなにかやっているのを眺めてから、ここへやってくる。そして紙の散らかった広場のベンチに座わっているのが、あまりに寒ければ、ひとしきりいてから、かれらがはるばる求めてやってきた温い場所、この部屋へ入ってくる。セクト・ジャーナリズムのある項目をひっぱり出して、お気に入りの文章を果てもなく、繰返し読んでいく者もいれば、こずるそうな、見つかりやしないかとオドオドしながら、あるいは反対にすれっからした厚かましさで、賭けトランプに勝つための陰謀をめぐらしたり、粗末なサンドウィッチをモグモグたべている人びともいる。ただ当てもなく頁をめくっているのもいれば、無表情に同じ頁を十分間もにらみつけているのもいる。ただ座って、鼻クソをほじりながら、なんにも見ていない人もいる。かれらは、生活のはしっこのほう、こぼれ落ちる一歩手前のところで辛うじて生きており、毎日お互いに見知っているにもかかわらず、相互になんの接触もない。ほんのひとにぎりの着物しか持たず、食うとか寝るとかいったほんの少しの基本的欲求はなんとか満たせても、それ以上の欲求はいつも満たされない、そんな状態に還元されてしまうと、かれらはかつてはその一部分でありえた——意識されることなく自然に受け入れられていたのだが——自分たちが知っている唯一の生活から切り離されてしまうのだ。だから、かれらは他人と社会的に交渉する意識的技能をすべて失なってしまう。

この持たざる者のうば捨て山に、あたかもそこが保守党のクラブで、俺は古参の市参事会員だ、といった様子で入ってくる男が、ふつう一人ぐらいはいる。身なりはすりきれていても意気揚々として、彼はどこからも応答が返ってこないのがわかりきっているにもかかわらずちょっと頭を下げたり微笑をふりまいたりしながら、通路をくぐり抜けて自分のお気に入りの席に近づいてゆく。彼は自分の境遇がどうだろうと図太く振舞うんだと腹をきめ、自分では幸福な人間だ、と思っているに相違ない。ほとんどの人が内心では生活の夢——あったかい火、どっさりあってキチンキチンと出る食事、話を聞いてくれる女房、煙草とビールの金、ちょいとした「身分」、のある風景として描かれる——を追っている。閲覧室の参会者たちが、おのれの運命に服従する気になってしまうのも無理はない。降伏して自尊心をなくしてしまった人たちは、自分を恨んだり、自分を少しでも恰好よくみせようとする気もなくなってしまうのだ。

Ⅲ「やつら」と「おれたち」

A 「やつら」・「自尊心」

恐らくほとんどの集団がその力のなにほどかを、排他性から、集団の外には「おれたち」と違う人間どもがいるという感覚から、ひき出しているに違いない。この感じは労働者階級の人びとのなかでどう表現されているのか。私は前に家庭と隣近所との強力な作用を強調し、同時にその威力が、一部は、外の世界はよそよそしく、しばしばあてにならず、ほとんどのカードが向うのつごうのいいようにインチキに切ってあり、向うの条件で勝負すりゃ負けるにきまってるんだ、という感じから出てきていることも暗示しておいた。人はこのことを、労働者階級がふつう日常的に使っている言葉を借りて、「やつら」の世界とよんでもよい。「やつら」は複合された劇的な人間像、農村、むかしの百姓／大きな御屋敷の関係が現代都会版になったお話の主要登場人物なのだ。「やつら」の世界は、ボス

——私的な個人であれ、現在ではますます増えているように公企業の役人であれ——の世界である。「やつら」は、場合によっては、労働者が個人として知っているよその階級出身者よりも、よそからくる知らないやつ全部に対してつけられる。なんでも屋の開業医がいるとする。彼が患者によくつくして成功しているならば、医者としては、「やつら」の一人とはみられない。彼および彼の夫人の社会的あり方はそうであるとしても。牧師も、彼の行動しだいで、「やつら」の一人とみなされたり、みなされなかったりする。「やつら」には、警官、労働者階級が直接接触する公務員、地方公共団体の雇傭者——教師、学校関係者、「都市自治体」の職員、地方裁判所の関係者、がふくまれる。かつては、家計調査（失業手当を出すかどうかの）[訳注9]の役人、「貧民救済委員会」からくる男、職安の職員、がここでは目立つ存在だった。とくに、ひじょうに貧しい人びとにとって、かれらは、影のようにぼんやりした、だがほとんどの点でもかれらの生活を支配する、数の多い力強い集団として映っている。世界は「やつら」と「おれたち」に分けられる。「かれら」は「頭にいる連中」、「ずっと上のほうにいるやつら」、つまり失業救済金をくれ、よびつけ、戦争に行けといい、罰金をとり、三〇年代には失業手当をもらえる家計調査基準に合格するために家族を分裂させた連中、「ともかくそこから逃げられない奴」、「本気で信用できねえやつら」、「生意気な口をきき」、「ほんとうにみんなひねくれた野郎ども」、「決してほんとのことを教えない」（たとえば、病院に入っている親類について）、「有無を言わせず刑務所へほうりこむ」、「スキさえありゃあ、いつでも人をやっつける」、「お前を召喚する」、「みんなグルになってやがる」、「人をなんか汚ないもののように扱う」、連中なのだ。イギリス本土でも、とくに十九世紀の前半には、官憲による乱暴な行動はひじょうに多かった。しかし全体として、特に今世紀に入ってからは、労働者階級の「やつら」についての感じには、乱暴だとか苛酷だとかいったイメージはない。これはヨーロッパ諸国のプロレタリアートの「やつら」感、秘密警察、公然たる蛮行——突然消されてしまうといったことに色どられた——とは違う。しかしそれでも、労働者階級のあいだにはいくらか理由はなくもない、おれたちはいつも損な立場におかれている——あることでは法律はほかではそうでもないのにかれらにはすぐ適用される、小さい法律はほかの集団よりも、かれらをきつくしばっている——といった感情が流れている。よく言われるように町角での賭博行為は〝ヤバイ〟仕事なのだ。が、専門の「口銭問屋」をいれてやるならば、そうじゃない。なにか祝いごとがあってしこたま酒を呑むときには、かれらはパブリック・バーですることになる。がそうすれば、家でのむ男よりも、泥酔でひっぱられる危険が多くなるわけだ。かれらの警官との関係は、中産階級とは違ったものになりがちである。労働者と警官との関係は、むしろよいことのほうが多い。しかし、よくても悪くても、かれらはお巡りを、主としてかれらを看視している人間、かれらに目をつけている官権を代表している人間とみなしているので、警官は民衆を助け、保護する仕事についている公共サーヴィスのメンバーだ、などとはみていないのだ。かれらは警察と身近かに暮しているので、ときおりないではないちょっとした弱い者いじめ、ちっぽけな腐敗、を知っている。「おい、お巡りはいつもお互いに看視し合ってんのさ。やつらはたがいにだまし合ってるから陰気な面つきをしてやがんのよ。そいでも役人の野郎どもはいつもあいつらを信用してやがんだからな」、とかれらは長年いってきたし、これからも言い続けるだろう。

一般の「やつら」に対する主要な態度は、警察に対するのと同じように、怖れというよりは不信である。不信と一緒に、「やつら」が人にしてやることに、やるときの複雑なやり方に——明らかに不必要な複雑さで、「やつら」が接触するときに人の生活を規制する——ついてもなんの幻想もない。労働者階級は、職安で、開業医のところで、病院で、ずっと待たされてきた多年の経験をもっている。かれらはいつも、なにかうまくいかなかったときは、正当な根拠があろうとなかろうと、専門家を非難することで、なにがしかのうっぷんをはらす——「あの医者に手前のやってることがわかってりゃ、あの子を死なすこたあなかったんだ」。かれらは、公共サービスは、電話したり詰問の手紙を書いたりできる連中にあたえられるように準備よく、有効にあたえられてはいない、——おれたちは差をつけられている、と疑っているのだ。

かれらがよく接触するのは下っぱの役人、制服をきたより低い等級の、恩給のつく仕事をしている諸君が多いのだ。ここでも警察の場合と同じように、こうした小役人はほかの階級にとっては召使いでしかないだろう。が、労働者階級にとっては、かれらは「やつら」の手先にみえるのだ。だから、かれらがたとえ親切で、人当りよく機げんのいい場合でも、信用されることはない。もし虫のいどころでも悪ければ、かれらは労働者階級に小役人の横柄さ、下っぱ制服の木で鼻をくくったような態度をふんだんにみせつけることができる。かれらは「ボスの」さし向けた男、になりうるのだ。だから、労働者階級の人びとは、職制や下士官になれと言われると、しばしばためらいを見せるのだ。なってしまえば動機がなんであろうと、「やつら」の側の人間とみなされるからである。小役人のあるものは、二重の態度を使いわけてきた。かれらは、おれはあいつらとは違うんだということをもっとはっきりと実感したいので、労働者階級には辛く当りがちである。心の底では、自分とあいつらがほんの少ししか違わないことはわかっている。だからまたそこへ後もどりしたくない、と一生懸命に考えるわけなのだ。かれらの中産階級に対するうやうやしさは、一種のうらみを内にかくしている。連中の一員になりたいとは思うのだが、現実にそうじゃないということはよくわかっている。

こうしたことすべてひっくるめて、労働者階級の主婦はたやすく厭な思いをさせられる。だからふつう主婦のほうが亭主連中よりも、小役人に接するときは、うやうやしい態度をとるようになる。男の場合だと、小役人との応待はなにかと逆らいがちになり、逆らいかたはしばしば「柄の悪い」形をとる。追いつめられれば、「この野郎出てかねえと、叩き出すぜ」などといいかねない。

多分、北部の刑事裁判所法廷(1)ほど「やつら」と「おれたち」の区分をよくあらわしている場所は、ほかにないだろう。そこは、しばしば、気むずかしい、ごしごしと荒っぽく洗い上げたような、田舎のピューリタニズムと難行苦行といった雰囲気が漂っている。ドアを入ると向ってくる石炭酸のいやな臭い。まだ〝男性〟（'Maloes'）〝女性〟（'Females'）と標示してある便所を通りすぎると、高いところにある狭い窓からのあかりで照らされた大きな松脂のとれる松でつくったベンチがある。そんな雰囲気が多いのだ。警官たちもこうしたエライお役人の眼の光っているところでは、なんとなく落着かないようだ。が、かれらは、法廷の判事席前の一段低いところにいる労働者諸君からみると、雇われた脅し専門の人間――ヘルメットを脱いで、自分たちのグラウンドにいるのだからいつもより余計おそろしくみえる――法廷が象徴している匿名の権威の助手のようにみえるのだ。裁判所の書記は「人をちょっぴり追いかけまわす」のが好きな奴のようにみえ、法廷に座っている裁判官たちは、はるかに離れた、安定した中産階級、地方のエライ人の世界から、下界を眺めおろしているようにみえる。いくつかの事件の審理を傍聴したがそのたびに私は、法廷が、無能で、しばしばあいまい極まる労働者の証言から、事件のいかにも人間ならそう行動しそうな輪郭をひき出す手際のあざやかさに、感心させられた。かれらは大がいのことは大目にみてやらなければならない。と言うのは、事件に関連して出てくる労働者は自分たちに理解できない方法で自分たちを摑まえてしまった当局の巨大な装置のほかはほとんどなにも意識できずにポーッとして立っているからだ。

「やつら」に対する主要な態度は、こういったところだが、あと一つ二つ、小さいが繰返し出てくるのをつけ加えておこう。まず最初に「オーリック」精神。[2]「ごらんの通りあっしは紳士じゃねえんで」といった態度。つまりだらけた、寓話のいじわる犬のように自分の反応水準をこえるものはなんでも受けつけまいとする態度である。それは向上の意欲をもち、権威をつつましくそれなりに使おうとする試みを投げすて、ほかのものと同じ水準にまでひきさげてしまう。あるいは、労働者階級の「やつら」に対するうやうやしさのある形態をともなった特殊に卑しい形の「ごまかし」としてもあらわれる。それはほかの階級出の人間に、一種明らかに「調子を合わせること」で、いつでもすぐ、必要もないのに「旦那」と言ったりする態度なのだ。が、それは同時に、そういうときの態度があまりにも大っぴらで見えすいていることでもわかるように、すべてがバカバカしいゲームなんだということ、中産階級はゴタゴタが嫌いで、お世辞を使っておいたほうが欺しやすいから、ということを前提にしている。また、自尊心が低い場合に生じてくる、結果として一連の「やつらは――すべきだ」という発言になってあらわれてくる態度もそうである。原始部族の王様のように、「やつら」は雨が必要なときには雨を「降らせるべき」なのであって、いりもしないときに降ってくると非難されるのだ。結局、「やつらはそのためにいるんじゃねえか」、というわけだ。「やつら」は、なにか困ったときには面倒をみてくれる「べき」なので、「なにかしてくれる」、「そんなことがおこらねえように注意する」、「厄介なことにカギをかけてしまっておく」、べきなのだ。これは、どうしても仕様がない場合にだけ「やつら」を利用するという、労働者階級のなかにみられるもっとふつうの態度とは、ひときわ立ったコントラストを形づくっている。なにかがうまく行かなくなり、人びとはひしひしとそれを感ずる。が、じっと耐えるのだ。当局に頼っちゃいけない。どうしても助けがいるんなら、「おまえと同じ種類の連中だけを信用しろ」。

「やつら／おれたち」の態度が一番強いのは三五歳以上の人たち、三〇年代の失業と当時のすべての「やつらども」の記憶をもっている人たち、のように私には思われる。もっと若い人たちになると、組合で積極的に活動している諸君ではなくとも、かれらの親父さんたちが育ったときとは一種異質の雰囲気につつまれている。少くとも、その雰囲気は感情的温度が違うのだ。しかし、基底には差別はまだあるし、鋭さもほとんど変っていない。若い諸君は、ボス連の世界に以前ほど積極的な敵意、軽べつ、恐れを示さなくなってきている、といってもよいだろう。まえほど腰をかがめて卑屈になったりもしない。しかし、このことは、必ずしも、かれらがこの世界を両親たちよりもずっと巧く扱えるようになったからでもないし、両親たちができなかったなんらかのやり方でこの巨大な外部と協調できるようになったからでもない。しばしば、かれらはたんにその差別を無視し、それが大事なんだというどんな信念とも「契約解除」してしまっただけ、のようにもみえる。かれらは、いまや両親たちの知らなかった、より大きなお楽しみ、こびへつらいの設備、道具だての揃った自分たちの世界へ、入りこんでしまっている。かれらが、この他の世界と鋭くむき合わなければならなくなったとき、結婚すれば数多くあるにきまっているのだが、かれらは多く全力をあげてそれを無視しようと努めるだろう。が、そうできないときには、かれらの両親がとったのと同じような態度をもう一度手もとにたぐりよせるしかないだろう。幼児の無料診療所にいって、このサービスを全面的に利用する気になってやってくる労働者階級の母親はいまどのくらいいますか、と聞いてみるとよい。私は、その「そばにもよらない」、オレンジ・ジュースをのみにもよらない、という母親がいるのを知っている。かれらは当局が提供するものはなんであれ信用しないのだ。そして、むしろ高くついても町の薬屋をえらぶのである。

このすべての背後には、今日われわれ誰もが痛切に意識している問題――誰もが複眼をもたねばならないということ、一つは一個の人間としての義務をみつめ、もう一つの眼は民主主義のなかの一市民としての義務を見つめる――が横たわっている。多かれ少かれ知識人であるわれわれのほとんどの者にとっても、この世界を相互に関連づけることは決してやさしい仕事ではない。生活の根を家庭的なもの、個人的なもの、その土地に強くおろし、抽象的な思考訓練のほとんどない、労働者階級の人びとにとって、この二つの世界の焦点を合わせるようにすることはもっと大変な仕事に違いない。かれらは、もしそれについて考えたとしても、なんとなく落着きがなくなるだけだろう。この間接的で複雑な世界は簡単に劇化することもできず、余りにも広大で、あまりにもかれらを「超えて」いる。かれらはふつう単純化することで、なんとかその世界を自分の視界にあてはめようとする。入りきらないものについては、かれらの祖父母たちが言ったのと同じように、「世界がどうなってきているのやら、あたしゃさっぱり知らないね」と言い続けるだろう。

労働者階級の人びとが当局と交渉をもつ場合にみられる伝統的な吐け口の一つは、これよりもっと積極的な側面をもっている。私が意味しているのは、当局の価値を下げ、からかって逃げ出すために使う、正体をバクロするような技巧、アカンベエーをする態度のことである。お巡りさんも、ときには槍玉にあげられる。彼の靴にザレ歌を書かれたりするのだ。私の印象でいうと、こうした反応は以前よりも少し弱まっているようである。疑いもなくこの変化は、ある程度、社会における労働者階級の位置がずっと改善されたことによっている。それは、以前にのべた「契約解除」の、「おれたちはいまのまんまで結構ちゃんとやってんのさ」といった感情の、表現にもなりうる。おれたちは「やつら」になにも頼みやしないし、なんの恩義も感じない、というわけだ。そうした態度は、今日提供されるぼう大な量の娯楽によっても奨励されている。こうしたみなさんご承知の娯楽は、消費者をして伝統的な正体バクロの技巧にふくまれていた皮肉な、元気のいい抗議の仕方をよりやりにくくさせているようだ。

古い様式は、ある程度軍隊のなかに生き残っている。そこでは「やつら」と「おれたち」の区別がまだはっきりしており、公式のものになっている。そこで聞かれる実体バクロの歌のほとんどが、少くとも四〇年前から歌いつがれているものだ。私が思い浮べているのは、「出よう、出よう。除隊すりゃおれにはいい仕事が待っている」、「このバカらしい戦争が終ったら」、「人のいやがる軍隊に」、などの歌なのだ。

外側の世界のもろもろの圧力に対するこうした反応には、たんなる元気以上の明確な自己尊厳の意識がある。それは「自尊心を持ってなくちゃいけない」と熱心に表現されるような形をとる。そして、この「自尊」「自恃」の観念が胸に宿る瞬間から、それは溢れるように関連するほかの諸観念に拡がってゆく。まず第一に「尊敬すべき体面」という観念へ伸びる。それはなにかひ弱な形態からそれ自体の論理で外へ、上へ拡張してゆく。熟練した職工の誇りから、まわりの境遇に負けてひき倒されはしないぞという決意を固めているだけがとりえで実際になにものでもない連中のがんばりにいたるまで、それは拡がっている。その中心には、人は本当に誇りうるなにかに固執しなければならぬ、といった決意がひめられている。通り道に、つまづいて転ぶような障害物をやたらと置いてあるこの世界では、せめて「自恃」の精神ぐらいもっていなければ、どうにもならないのだ。「少くとも、おれは自尊心だけはもてるぜ」。そう言うことのできる権利は、それがどんなにつつましく言われようとも、かなり大したことなのだ。それは、「教区の貧民扶助を受ける」のを嫌うことの内に、病気の費用支払いに苦労することの内に、教区の費用で葬式を出してもらうようにならないために大きな保険に入ることの内に、節約と清潔崇拝の内に、たえず作用している。いま、労働者階級についてものを書く諸君のなかには、一つの傾向がある、と私は思う。かれらは、節約と清潔さを目指すこうした諸君のすべてを、中産下層の模倣者、ある意味では自分の階級への裏切者、自分の階級から脱け出したがっている奴、とみなすのだ。逆に、この努力をしない諸君は、する奴よりも正直で、より卑屈でない、と見なされる。しかし、きれい好き、節約、自尊心は、上の階級へ脱け出たいという願望からよりも、下へ落ちこまないようにしたい、環境に圧し潰されたくないという願いから、生ずるのだ。そして、こうした生活価値尺度を全く無視するもののあいだに見られるのは、抑制されることのない、寛大な、気苦労のない伸び伸びした精神がみなぎっているかと言えばそうではなく、むしろ、その家庭も習慣も、内部の集約力を欠いた、だらしのない、しまりのない状態でしかない。勉強して「出世しろ」と子供の尻を叩くこと、「本—勉強」の価値に対する尊敬も、第一義的にいえば、虚栄心から、ほかの階級にはい上らせたいという願いから出てくるのではない。それは、貧乏人がただ貧乏人であるというだけで出会わねばならない数多くの困難をともかく、減らしたいという考え、とずっと密接に結びついている。

わしは打ちのめされた男、たたきつけられた男を見てきた。おまえは本を読まなくちゃいけない。わしは強いられた苦しい労働から解放された男をみてきた。目を開いてよく見ろ。本に勝るものはありゃしない。

「すき間がどんなに狭く、チャンスがどんなに少なかろうと」、ひっくり返らないように篾をちゃんと浮べて、「人の顔を真正面からみる」ことができるようにならなければ駄目だ。そのためには、自分を尊敬することから生ずる自立の感覚をもつことが大事なのだ。それだけは誰であろうと物理的に取り上げることはできない。「おれは一生涯、せい一ぱい働いて来た」、と人びとはいう。「そして、誰の世話にもならなかった」と。かれらはなんの私有財産ももたない。もっていると言えば、がらくたの家具ぐらいのものである。が、かれらはそれ以上のものを持とうとは決して思わないのだ。そこから、とくにいま五〇歳以上の人びとにみられる、あらゆる種類のあからさまな変屈さが生き残ってくるのだ。私は、まだいまでも一シリング入れると電気がつく古い装置を使っている家族をいく組か知っている。そうすると金は余計かかるし、しばしば、誰も一シリング持っていない時には、暗いままでいなければならない破目に陥る。かれらはいまでもふつうの設備にして年四回の電気料をたやすく払えるだけの充分な金をかせいでいるのだ。が、かれらは一週間をこえる負債をもつという想念に耐えられないのである。(衣料品クラブの切符とか、雑貨屋のつけはしばしば別のカテゴリーに属するものとみなされる——かれらは「やつら」への借金を嫌っているようなのだ)

またここに、たとえどんな窮境に陥っても、人が「なにかちょっとしたもの」にしがみつくこと、の起源がある。それは、自分の趣味にふける時間、恰好をつける自由の象徴なのだ。疑いもなく事態はいまではずっと改善されているだろうが、私の子供のとき、われわれの地域全体が、ある貧民救済委員会からの探訪者の荒っぽさにショックを受けたときのことを忘れない。彼は、ある老婦人に、委員会の生活保護を受けているのだから、彼女が一度も使わないでただいつもかざっていただけのきれいな急須を売ったらどうか、と言ったのだ。「ちょっとした気晴しにすぎない」じゃないか、と人びとは言ってまわった。

それ以上の分析はいらないのだ。それだけで誰もが、その男は厚かましく人間の尊厳をきずつけるという罪を犯したのだ、ということがわかったのだ。……「おお、理屈はいらない……／自然が必要なもの以上をあたえるな／人の命はけだものと同じに安上り」[3]。われわれは、労働者階級の人びとが、なぜしばしば、ソーシャル・ワーカーのところへ「来たがら」ないか、調査されてもあいまいで、状態を明らかにするよりはむしろわからなくしてしまうような答え方をわざとするようにみえるのかを、理解することができよう。「ほっといてくれ」という宣言の背後には、誇りを傷つけられまいとする警戒心がひそんでいる。よその階級から来た訪問者に、人のおちいっている窮状のこまごましたことのすべてが理解できるとはとても信じにくい――人から保護されたくない、困っていることを「見せびらかし」たくない、という気づかいが、そこにはあるのだ。

いまでも、「手に職をつける」ことは大事なことだ、と思われている。それは単に、熟練した職人は、ごく最近までそうだが、ほとんどつねにふつうより余計金をかせぐことができたから、というわけではない。熟練した労働者は、未熟練労働者よりも自信をもって、「おれは誰にも負けねえ」と言えるからだ。彼は大きな労働力削減の波が来ても、最初にそれを受けることはない。彼は渡り職人の誇りを残している。彼は、よそへ移ろうかなと真面目に考えることはほとんどないだろう。が、彼の心の底には、俺は気に入らなきゃいつだって道具をまとめてオサラバする自由があるんだという思念がひそんでいる。男の子が「曲がったことはしねえで」暮せるようにと気づかう親父連は、いまでも子供を徒弟奉公に出そうとする。

B 「おれたち」――その一番いい奴と一番悪い奴

労働者階級の態度を論ずるどの場合でも、その集団感覚――「自分ひとりで出世してゆこう」としている個人であるよりも、みんながほぼ同じレベルでこれからも大体そうなりそうな集団の一員なのだという感じの強いことについては、多くのことが言われてきた。私はこの段階では「コミュニティ」といった用語を使うのは避けようと思う。その言葉の調子は、ただもうよいことづくめの感じをあたえ、労働者階級諸集団のなかにある苛酷な緊張や制裁を過小評価することになるからである。

確かに労働者階級に属する人びとは一つの集団のメンバーなのだという強い感覚をもっており、その感覚は、友情にみち、協調的で、近所づき合いのよいこと、が大事なのだといった大前提を含んでいることも、また同じように確かである。「おれたちはみんな同じボートにのってんのさ」、「おたがいに喧嘩したって何にもならねえ」には留らず、「団結こそ力」なのだ。そう聞けば自然に、人の心は前世紀の諸運動、何百という友愛団体、組合のかかげたモットー群にもどってゆく。エンジニア合同協会は「団結し、勤勉であれ」をかかげていたし、ガス労働[4]・一般労働者全国組合地方委員会が一九世紀九〇年代の終りにえらんだのは「愛、団結、誠実」だった。最初の「愛」というのは、この連帯感がキリスト教的背景から受けついでいる力を改めて思いおこさせる。

友情にみちた集団といった伝統は、いつも目の前にある事実、実際おれたちはみんな同じ状態にいるんだと否応なく思わせる、くっついた、ごちゃごちゃ混雑した、親密な、生活諸条件に裏づけられて出てくるのだ、と私には思える。おわかりになると思うが、たとえば共同の庭で便所を共有しているような人びととは、親密にならざるをえないようになっている。

あの、まだ一番ふつうのよびかけかた、「あんた」(‘luv’)というのは——自分と同じ階級の人をよぶとき使われるばかりでなく、電車やバスの車掌さん、小売店の主人などにも使うが——ふつうは習慣で自動的に使われている。が、いまでも、あるものをあらわしている。だれかを「近所づき合いがいい」とか「つき合いがいい」ということは、一種かなりの賞め言葉なのだ。クラブも、それが「ほんとにつき合いやすい場所」ということでほめられる。住居や海辺の「小屋」をすすめるとき、いち番大事なのはそこが「つき合いやすい」かどうか、ということなのだ。これが過度に混み合っていることよりも優先する。教会もちょうど同じような尺度で評価されがちである。「そうエルジーはオール・セインツで結婚したよ」、とかれらはいう。教区民でもないのに近くにあるいくつかの教会から、どうしてそこをえらんだのかというと、——「そこはとっても親しみやすい教会だからさ」、ということになる。地方のクリスマス・パーティの筋書きは、「すてきな晩でした。

誰もが本当に打ちとけることができましたで」で終ることになっている。よい隣近所のつき合いというのは、ただ「おたがい公平にふるまう」ことでなり立っているのではなく、相互にたよりあって、「たのんだり」、「いつもたよられるようにしておく」ことでできている。新しい地域の隣近所がまさにこの種のつき合いを欠いていると、新来のおかみさんは、あたしゃ「こんなとこに住めないよ」と言い出すのだ。

こうした集団のあたたかさの感じは、ひじょうに強い力をもっており、個人に金ができたり、もっと多くは地理的に移動して、労働者階級の外に出てしまってからでも続き、それがないと寂しくてたまらなくなる。私は、奮闘努力して一身代つくりいまは別荘に住んでいる男たち――成功して地方の店の小さなチェーン組織をもっている雑貨屋、請負いの建築屋で出世して、自分の「事務所」をもつようになった男――がフットボール試合の群衆にまざろうとしているのを見たことがある。かれらは、いまは車でやって来て、ケバ立った景気のよさそうなハリス・ツイードを着こんでいるのだが、その多くはいまでもスタンドへは行かないでテラスに陣どるのだ。私は、兵隊仲間のあたたかさを再現したくて、任命されたばかりの将校がふつう兵卒のバーで一緒にダンスしているように、つかの間の里帰りを楽しんでいるのだ、と想像する。

これはあまりはっきりした自覚のある、共同体感覚とはいえない。それは、ある社会的目標をもった運動のなかにある「一緒に奉仕しているものの仲間意識」といったものとは、かけはなれた別世界である。それは、おたがいの運命を協同して改善してゆく必要があるといった、協同組合運動のような組織を生み出した、信仰から主要な力をひき出しているのではない。どころか、実際それはそうした信仰より前にあり、もっと基本的なものだ。それは主として、ごちゃごちゃとくっついた生活から生まれ、人は逃がれようもなく集団の一部なんだということを知っていることから、そう知っていることがあたえてくれるあたたかさと安心感から、集団のなかに変化のないことから、サービスを買う金はそんなにないから、しょっちゅう「隣近所にたのみこむ」必要があることから、生じてくる。それは、人生はきびしく、「おれたちのたぐい」は、ふつうに「ステッキの汚れた端」をつかまされている、という実感から出発する。ほとんどの人びとの場合、それは「労働者階級運動」の一部なんだというはっきりした自覚にまで展開しない。「協同組合」はいまでは労働者階級の大多数にとってあまり典型的なものとはいえない。むしろ通り一つ二つをお客にする町角の個人経営の店のほうが人気があるだろう。この態度はひじょうに多くの公式的きまり文句に表現されている。「なんでも人と分けなきゃいけない、同じにな」。「おたがいトコトン助け合わなきゃ」。「足の悪い犬はたすけてやるものよ」、「なんでも一緒にやらなきゃあ」、「一蓮託生」。しかし、ほとんどのばあい、こうした言葉が実際に話されるのは、特別なとき、歌の文句、お祭、のときだけである。(5)

この団結は、個人的野心を伸ばす余地のないことによって支えられている。十一歳以後、試験に合格して奨学生男女がグラマー・スクールへいってしまうと、残りのものは、いよいよ外側の、十五歳から始まる現実の生活に向かいはじめる。その生活は、もっと年上の男と女の集団がつくっている世界であり、学校を出てから数年間は、それがもっとも強力な教育的力を発揮することを、かれらは知っている。仕事に入ったが最後、ほとんどの者にとって、キャリアーといった感覚、どんどん昇進してゆく可能性、といったものはなくなる。種々の職種はまわりに水平にバラまかれており、垂直に拡がっているのではない。人生は山登りのようにはみられないし、仕事が人生での主要関心にもならない。腕のいい職人は、いまでも尊敬されてはいる。しかし、隣りの椅子に座っている奴が、現実的にも可能性としても、自分の競争者とみなされることはない。だから、「ゆっくりやろうぜ――ほかの奴を仕事から押し出さねえようにな」の態度が色濃い実感をおびるわけは、わからないことはない。労働者階級は職業的態度のなかにある悪徳をいくつか数えあげるが、「元気のいいやつ」とか「活動家」、「都会によくあるニヤニヤ笑ってうまくやる」やつとかいうのは入ってこない。「きれるタイプ」は信用されない。

人はなにをしようと、地平線はかぎられがちである。どんなばあいでも、労働者階級の人びとは素速くつけ加える――金で人が幸福になるわけじゃないし、権力だってそうだ、と。「ほんと」にいるものは人間的で人づき合いのよいもの――家庭、家族の愛情、友情と「ゆっくりくつろいでくれ」といえること、なのだ。「金はほんとにいるものじゃないさ」とかれらは言う。「いつでも余分な金ほしさに汗水たらしてたんじゃ、生きてる甲斐がねえや」、と。労働者階級の歌は、しばしば愛、友達、いい家庭をもとめている。歌はいつでも、金は問題じゃないんだと主張している。

例外もある。マシュー・アーノルド(6)がからかったような——「ダンや、おまえはいつかはこの会社の支配人になれるように頑張るんだってことを、いつも忘れんじゃないぞ」、といったコースにしがみついているものもまだいないではない。ひどく格式ばった家では、こんなやり方で子供たちの「がんばり」をはげます。例えば奨学生試験に通れとか、オフィスの紳士方は「きれいな字」が好きだからもっと「ペン習字」に身を入れろとか、というように。それから、ほかの人間がちょっと気がふれていると見なしている目つきの鋭い小男、「一ペニーも絶対出さない」、という奴もいる。かれらは夜、週末にも余分の仕事をひき受け、いつも、ほかの連中が遊んでいるときに、余分の十シリングかそこらかせごうとしてやきもきしている連中だ。この諸君は、そうしてもふつうは、階級の上にも外にも出て行けない。かれらは、いつもそこらにころがっている何ということのないはした金をためこみながら、階級の内側をいらいらしながらかけまわっているのだ。

独身者に対する態度が、多分ほかのなによりも、集団内の、すでにそうしたものと認められている例外、にまで拡張されている寛容さ、を示すだろう。どの隣近所でもいわゆる独身者は、家で未亡人になった母親と一緒にいるか、結婚した姉妹の家庭に住んでいることが多い。そうした独身者は、ふつうほとんどの夜、その土地のパブかクラブのきまった片隅に座っている。かれは物静かで習慣がキチンときまっていることが多いのだ。恐らく、ある種の内気さがわざわいして、彼は独身でいるのだろう。彼はある意味では、はぐれ鳥なのであるが、孤独な、とよぶことはできない。彼は隣近所で尊敬されている。彼はだらしない人間——したがってドン・ジュアンになる可能性のある男、とは考えられていない。彼はむしろ、はっきりしない無害なおじさん、「いつも物ごしていねい」で「静かにしゃべる」人、母親や姉妹によくしていると評判される人、として思い描かれる。この態度にはちょっとしたからかいの調子がないでもない。誰それおじさんは、結婚するとしなくちゃいけない女との肉体関係が恐くて仕方なかったのさ、といった感じがその背後にはある。しかし、これは通常、軽べつの表現ではない。そうした独身者が我利我利亡者で、変てこな奴、反社会的人間、とみなされることもまずない。ある男たちは独身でいるように生まれついたのだ、と思われている。したがってかれらは隣近所のなくてはならない現実の構成部分なのである。

自分の階級的制約を自覚し、なんらかの教育的活動にとり組む——「自分の階級のために働く」ためであれ、「自分を改善する」ためであれ——少数者はなにかあやし気な奴とみなされがちである。「学者」(医者とか牧師のような)に対する尊敬は、まだある程度まで残っている。私は、奨学生試験に通ってからまだ余り日のたたないころ、労働者のクラブで、中年の、独身の鉱夫のとなりに座っていたときのことを思い出す。彼は自分のラムとホットミルクを買うたびに、おつりのなかから半クラウンを私にくれようとするのだった。「坊主とっておきな。お前の教育に使いなよ」、と彼は言うのだった。「おれはそこらの鉱夫たちと同じさ。おれは詰らねえものに金を使うだけよ」。しかし一方で、「本・学問」はしばしば不信の眼でみられている。それはお前にとって何の役に立つんだい？ おまえは事務員になったり、先生になったりしてちっとでもよくなる（＝より幸福の意）んかい？　いまではごく少いが、子供に奨学生試験を受けさせない両親は、かならずしも学校へやるとずっと長い期間くわせたり、着せたりしなければならないからということを考えてそうしているのではない。その背後にはこの漠然と形づくられた、しかし強烈な教育の価値に対する疑いがあるのだ。この疑問は、その力のなにほどかを、集団感覚それ自体からひき出している。集団はもとのままでいようとし、誰であれそのメンバーが変化し、集団を去り、違ったものになろうとする傾向を排除する。

集団は、私の暗示したように、変化の観念には反対する。ばかりか、それ以上のことをする。それはメンバーに広汎な、時には苛酷な画一性に同調させようとする圧力をおよぼすのだ。が、教育または、ほかの一、二の道をたどって別になってしまったものは、しばしば許されるし、私はべつに、集団、その態度からのどんな分離にも強い、自動的な敵意が働くのだということを言いたいわけではない。実際、労働者階級集団の一つのきわ立った特性は、あるものごとについてはきわめて寛大だ、ということだ。しかし、その寛容さは、主要なその階級の諸前提が共有されているかぎり、その枠内でのみ自由に動きうるのだ。

集団はぴったりとくっついている。もともと四〇マイルぐらい離れた町から来た誰かを、何年も「おれたちの一人じゃない」とみなすようなこともありがちである。私はそうした無意識の、心ない残酷さをながい間みてきたが——どうかするとかれらは多くのものごとで、たとえば外国人妻に対しては、親切であったりもするのだ。集団は、しばしば程度の低い非許容性、思いやりのない残酷さで、人を看視する。それが多くの不幸の種になる。「オヤ驚いた。彼女はあれで何がいいたいのかしら」、「オー、ものごとをよそにひろめるな」、「他人にたくさん知らしちゃ絶対いけねえ」、といったのがふつうに使われる文句だ。隣近所がどう言うかを気にやむことは、ほかと同じように、ここでもごくありふれたことになっている。おそらく、それなりの仕方でほかよりも、もっとありふれたことになっていよう。労働者階級の人びとは、地平線がかぎられているため、隣人のすることをしばしば間違って、次元の低いところで解釈する結果を招くようなやり方で、看視し、看視されている。一日中掃除して働いている、ある場所で「臨時雇」をしていることが知られているある労働者階級の女性がいるとする。夕方の終りに、雇主が車で彼女を家まで送って帰ろうとするならば、多分二、三つ手前の通りでおろしてくれと頼まれるだろう。彼女が男と一緒に家へ帰ってくるのを見たら、隣近所の連中がいったい何て言うだろう。

集団は、内部からおどかされたり、攻撃されたりするのを好まない。そこでは「ジョーンズに負けないように」競争する必要はほとんどなくとも、ごくわずかであるが、程度をさげても「アトキンス一家を追いこさない」ようにする圧力は中産階級のそれと同じように強力に働いている。そこから、ずっと前から広告屋たちがその価値を利用している、ふつうの極端でない平凡さへアピールする手法がよく使われることになる。「つつましい人は誰でも――」、「それは不自然です――」、「私はそれが好きだ。いつも変らないから」、といったたぐい。もしあなたが集団の一員になろうと思うならば「みんなのやり方をかえよう」としてはいけません。人とは違った風に行動してみんなのやり方を暗黙に批判したりするならば、嫌われるにきまってます。タブーを犯せば、評判をおとすにきまっている。

ご存知のように、世間なみの考え方といったものがあります。もしあなたが、隣りに坐っている男と全く同じように考えたとしたら万事オーケーです。しかし、あなたが本を持ちこんだり（仕事場へ）、なにかそれに似たようなことをするならば、そうはいきません。からかわれるのに耐えるのは大変難しい(7)。

すべての階級が、ある程度は画一的同調性を要請する。ここでそれがとくに強調されねばならないのは、上流、中産階級では同調性が強調され、労働者階級はそれからもっと自由だと主張する傾きがあるからだ。

集団の観念をのりこえて行動すること、「しゃれた恰好をする」、「勿体ぶること」、「お高くとまること」、「ふんぞりかえること」、「おれはお前たちより偉えんだ」、「生意気なこと」、「人を見下すこと」、「阿呆な貴夫人ぶること」――このすべてはひじょうに嫌われ、ひとまとめに扱われて相互にそう細かく区別されてはいない。本当の「トップ」は、五〇年前にそうだったように、どこか物めずらしく面白い人間としてみられる。そして、いわゆる「本当の紳士」（「わしはいまお前に話をしとるんだぞ」という調子で話しかける）は、明らかに「やつら」の一人なのだが、いまでも感心されやすい。「気どった」恰好をする人間ほど強い嫌悪感をひきおこす人間はいない。というのは連中はそうした恰好が労働者階級のふつうの態度よりずっとすぐれている、と考えているからだ。「さて、ところであなたが一番嫌いなものはなんですか」、とウィルフレッド・ピックルズがきく。「生意気な連中さ」。ごうごうたる拍手かっさい。「そうでしょう結構です。じゃなにが一番好きかを言ってくれますか？」「気のいいつき合いのいい連中さ」。もっと大きな拍手かっさい。「……そうそう、その通りです。彼女に賞金をあげてください」。

出身がどうであろうと、グレイシー・フィールズもウィルフレッド・ピックルズも、いまでは、労働者階級のメンバーだと限定するわけにはいかないだろう。だが、二人ともいまでも温かく「いい奴だ」で通っている。かれらは労働者階級の精神を残しており、しかもその労働者階級の機智と態度とで「金持ち階級」を征服したからだ。「ずっと南の方でもウィルフレッド・ピックルズは好かれてるぜ」といった風に労働者は話す。かれらと違う階級の人びとも彼を好いてるぜ、という意味なのだ。そこには、かれらの諸価値、荒削りの「一本気な」、がほかの階級からも評価されている、といったなにがしかの誇りがある。かれらの「マンガ」は、気どりの〝とりで〟を滅茶滅茶にやっつける。「連中にお恵みあれ！」

われわれはしばしばイギリスの労働者階級はおとなしい、ほとんどの他のどの国よりもおとなしい、いまは両親や祖父母のときよりもおとなしい、と言われるのを聞く。疑いなく、この過去五〇年間に都市での単なる野蛮さの量は減ってきている。ときには夜の街頭をかたちづくる粗野で野蛮なもの、とくに週末には避けて通らなければならない場所といったものは、衰えている。多くの町で、いくらかの地域では警官が二人で組になって仕事しなければならなかったほど不良少年団やヤクザ組織が横行する区域があったものだったが、いまはほとんどなくなってしまった。荒地のはしで素手のなぐり合いがあったとか、バーの内で叩き割ったビンでの決闘があったとか、市場でギャングが女の子をきまって襲う話とか、もう動物的に酔っぱらうとかいった話は、もはやごくたまにしか耳にすることがなくなった。

こうしたことのすべてがなくなってしまったのを嘆くのは欺まん的な、馬鹿気た古風尊重だろう。嘆く人は、そうしたものの減退は労働者階級に元気がなくなったことを意味すると思ったり、おとなしさというものを、単なる一種の受動性と考えるからなのだ。しかし、しばしば荒っぽく野蛮でもあったむかしの世代でも、同時におとなしくもありえたのだ。私はまた自分のおばあさんのことを考える。彼女は、いまならほとんどどの階級の女性でもショックを受けるに違いない数々の野獣性をみてきたし、自分もしばしば荒っぽく乱暴であった。しかし彼女は、同世代の多くのものと共通に、事がらによっては驚くほどのやさしさをみせたし、分別もしっかりしたものだった。おそらくわれわれが注目しているやさしさは、新しい特徴というよりも古い調子がもっとはっきりしてきたもの、今日では前からあった性質が表に出る余地がずっと大きくなっているもの、としてみたほうがよい。それはいまの形になるまでには何世代もかかり、人びとが何世紀ものお互いにかなりうまくつき合って来た結果出てくるものであり、かれらの上の諸権力からより暴力的に扱われてたえず苦しめられてきたということもなかったし、また、かれらをとりまく困難がどんなにきつくとも、法は比較的誰にでも分けへだてなく公正に適用され、当局も絶望的だというほど腐敗してはいなかったと感じているせいであろう。私はこの前の世紀の「飢餓の四〇年代」の経験を忘れているわけではない。私はむかしのロシアの農奴や、いまもあるイタリア人の行政官吏に対する態度とくらべて、言っているのだ。このすべては、疑いもなく、一種のものわかりのよい合理性、きわ立っておだやかな、暴力は最後の土壇場に追いつめられてからの話だといった前提をはぐくんだ。

そこで、私が労働者階級生活のなかに流れている粗野、感受性の鈍さの様式をもっと立ち入って検討してみようというのは、べつにほかの階級は独自の形態をもっていないといった結論をひっぱり出すためでもなければ、ふつうおとなしさについて言われていることをすべて否定しようとするためでもない。この二〇年間に失われがちな一種のバランスを回復するためなのだ。証拠をえらぶにはふつう以上に注意しなければならず、ただほかの階級の慣行からみて粗野にみえるというだけの習慣なぞを入れてはなるまい。こうして、会話での労働者階級の話し、しゃべりかたは、ほかの集団とくらべるとより唐突で、柔らかな文句に欠けている。かれらの議論は、しばしばひじょうに乱暴な形で行なわれるので、よそから来た知らない人は、このあと、最悪の場合には喧嘩が、よくてもつきあいが永久に終るのではないかと心配するだろう。私はいまになっても、自分のことはよくわかっているつもりだが、討論するさいの習い性[8]を若干修正しなければならない。「とげのある」やり方――本当は傷つけようなどという意図は毛頭ないのだが、出てうせろ式の短い、きつい言葉を投げつける――でやってしまうのだ。労働者階級の話しかたは、文句もリズムも、程度の差はあれほかの階級にはそれなりにある、緊張をほぐし、調子をやわらげるような性質をもたない。かれらの話しかたの型は、そのときにかれらが感じている情感の型にぴったり密接している。情感が喧嘩[9]のときのように、やけっぱちの気分であろうと、一日海辺に出かけている労働者階級の女房連がときおりあげる金切り声――ホテルのフロント・ガーデンに座っていらっしゃる方がたを困らせる――のような、陽気なはしゃいだ気分であろうと、情感の型と話しかたの型とはくっついている。勿論そこには、「ヅケヅケものを言う」一種のごう慢さ、がある。だから、労働者がほかの階級の人間と話すといつも、より乱暴な口のきき方をするようになるのだ。

しかし、どんなに変わろうとも、労働者階級の生活は、まだほかのほとんどの人びとよりも、ずっと大地に根ざしている。まんべんのないよごれ、家族生活のせせこましさと困難さ、について私は、すでに充分に描いてきた。と同時に、つぎのことも想い出してもらいたい。男性と若干の女性の労働生活の物理的諸条件は、しばしばやかましく、汚なく、悪臭につきまとわれている、ことを。誰でもこのことは頭じゃわかっているだろう。が、それを改めて肌で実感しようと思うならば、リーズの深いほら穴のような地帯を通りすぎるだけでよい。そこでは、エンジンがうなり、ハンマーが休みなくひびき、大きな通路から火花がとび散る。肩までまっ黒になって金属の熱した断片を持ちあげ変形させている男たちがみえる。ハルの大きな地域を通ってもよい。そこには魚を料理するときのような煙の恒常的なとばりが空をおおい、ぎっしり詰った家並みの間にしたたり落ちてくる。重い、荒っぽい、重荷をひく獣のするような労働が、だれかしなければいけないものとして、まだそこには残っている。労働者階級の人びとは、それをしているのだ。抑制された調子とか、なめらかな会話の様式とかを産み出すような条件ではないのだ。

こうして、どの労働者階級居住地域でも、そこの生活の一部になっていると言ってもよいような喧嘩が——そのために多くの労働者階級の家庭が簡単に誤解されてしまうのだが——おこってくる。喧嘩は暗黙のうちに隣近所の生活の一部になっている。狭い、テラス型の通り、うすい仕切り壁のところでは、極度に声をおし殺してでもしないかぎり、喧嘩はどうしてもその家かぎりのこととしてかくしておくわけにはいかない。しかも喧嘩は事実、そんなに静かに行なわれはしない。だから、たちまち隣近所の興味を集めるようになってしまう。子供たちは、「通りの上の誰かさんとこで、いま喧嘩してるぜ」と聞くや否や、集まって一団となり、できるだけ現場に近づこうとする。そして喧嘩が、隣りの家がもうとても我慢しきれないほど長く、やかましくなってくると、となりの連中はハンマーで壁を叩くか、暖炉の奥で火かき棒をガチャガチャ言わせて、意志表示をする。

こうしたことから、労働者階級の人びとは生来喧嘩っ早く、いつも喧嘩している、などと思いこむのは、間違っている。汚ならしく、気が滅入るような喧嘩もある。「いつも喧嘩している」ことで有名な家もある。そしてこうした家は、あまり「いい」家だとは思われていない。多くの家庭では——ほとんどといってもよいが——たまにしか喧嘩はおきない。喧嘩しても、そのこと自体で隣近所の評判が自動的に悪くなる、といったことはない。口論が——ふつうの例でいうと、酒代の額について、家事の分担についての女どもの争い、「ほかの女」について——その時その時におこりうるということ、しかもそれが元気のいい、素早い、やかましい戦争に転化するということ、は、まあ当り前のこととして認められている。私の経験からいうと、一番ふつうに多いのが酒代に関する奴で、一番少いのが「ほかの女」(または男)に関するやつ、である。

このあとの側面についてちょっと脱線するならば。こうした紛争は、私の知るかぎり、一般に問題になる男は、三〇代後半から四〇代初期、同じ種類の仕事をしていても、仲間たちよりはホンの少し小ぎれいな恰好をしている男、のようにみえる。彼の女房はとっくに肉体的魅力を失ってしまっており、だから彼はよそで相手を見つける、ということになる。にもかかわらず、彼が「連れてあるく」女性は、結婚しているか、大まかにいって自分の女房とほとんど同じくらいの年恰好——よその人からみれば肉体的にもちっとも魅力がない——であることが多い。二人はある特定の場所での飲み友達とでもいったところであろうか。男の女房にはなにがおこっているのかが、すぐわかり、猛烈な喧嘩が爆発する（私の記憶するかぎり、事態がもっと深刻な展開をとげたことも一度ならずある——朝早く、空地のすみで傷つけられた亭主が相手の男を「ひっぱたく」といった）ことになる。こうしたことすべてのうちで一番奇妙な特徴は、どうかすると二人の女は仲良しになり、しかも問題の亭主の相方との関係が切れないどころかかえって盛んになるような形で安定する、ことであろう。私の経験した喧嘩のほとんどが、べつにショッキングな事件だとは受けとられなかった。そのたぐいの喧嘩は、本当のスラム街ではおきないでもない。男同士の呑んだくれてのなぐり合い。もっと悪いばあいには、男と女との、最悪の場合には、女同士のなぐり合い。そうした事件がおきれば、ふつうの労働者階級地区はびっくり仰天するに違いない。

また私は、われわれの地域では自殺も、わりあい普通の出来事として受け取られていたことを、思い出す。誰それが「自分をやっちまった」とか「自分で始末しちまったぜ」、「ガス釜ん中へ頭をつっこんじまってよ」——ガス釜というのが、自殺の一番便利な方法だったから——、といったことはしょっちゅう聞かされてきた。私は、いま話しているような集団で自殺が、そうたとえば中産階級の集団におけるよりも、余計おきるのかどうか、それは知らない。自殺は、月に一回、季節ごとに一件、といった風にあったわけでもないし、すべての試みが成功したわけでもない。しかし、それは生活の型式の一部になるのに充分なほどは起きる。労働者階級のあいだでは、言うまでもなく、喧嘩がかくしておけないのと同じように、自殺もかくしおおせることはできない。誰もが、じきにそれを知ってしまう。私が強調したい事実は、自殺は単に、個人的な事柄、あるいは当事者の家族にだけかかわりのあること、としては思われていないのだ。それはふつうの人の生活諸条件ときり離しがたく結びついたもの、として実感されている。自殺の原因は、ある女の子が「厄介なことになってしまい」、なにかの理由でそれを乗り切ることができない場合、といったこともある。原因は大体似たようなことなのだ。というのは、ガス釜の内の枕に頭をのっける人びとにとって、要するに人生は耐えがたくなるのだ。病気になり、治療を受けてもよくなりそうもないと思う人びと。失業した人びと。なにをやっても、借金が増えてゆくような人びと。こうした事例は、そんなに以前のものではない。自殺が存在の秩序の一部として受けとられる――かわいそうにとは言われるが、非難めいたことはほとんど言われない――事実は、労働者の人生がどんなにきつく、余計なもののないムキ出しの基本的な要素だけで成り立っているかを示している。

このことで、たとえば、労働者階級の男どもの多くが、御婦人方のいないときに話す、はなし方、を全部説明できるかどうか。一部はできるだろう。しかし、ここで、用心深く特別の異議申立てをしておかなければなるまい。ジョージ・オーウェルは、労働者階級の男どもが生理的機能についてワイセツな単語を自由に使うことに注目して、かれらはわいせつではあるが不道徳ではない、と言っている。しかし、わいせつにもいろいろな程度や種類があり、この種の会話はしばしばわいせつ以外のなにものでもない――たいくつな、繰返しの多い、野蛮なしゃべり方で、わいせつさのためのわいせつといってもよい。しかも、そこにはある種、不道徳さもまじっている。そうした男どもは、セックスについて簡明、直截な言葉を使う。それは、キャバレー・ショウのほのめかしや技巧をこらした性文学をみたあとで御目にかかると、最初はなにか一種の解放感をあたえるだろう。が、かれらはもう無差別にこうした言葉を乱用し、セックスについて滅茶苦茶にしゃべりまくるので、しばしばその底には一種うすっぺらな感受性しかないことを曝露してしまうのだ。かれらが性の冒険やプランを話すのを聞いてみるとよい。あきあきするような動物性——路地でさかりのついている雑犬の話とでもいえばよいか——で窒息するような感じにおそわれるに違いない。そうした特性は、偽善性からの自由によるというよりは、より多く男女関係についての無感覚さに起因している。どの階級にもそれなりの残酷さと不潔さの特定の形態はある。労働者階級のそれは、ときとして、ただわけもなく品の悪いがさつさ、という形であらわれる。

C 「我慢すること」、「生きること、他人を大目に見ること」

私は、その主な道筋がほとんど予測できるような人生について、男にとっては大かた面白くもない仕事、女にとってはくる年もくる年も「やりくり」していくことについて、ほとんどの人間が、こうした生活の一般的型式になんらかの変化がおこりうる、あるいは本当に変るべきだ、といった感じが全然ないことについて、語ってきた。ぼつり、ぼつりというのが一番ピッタリしている感じであろうか。おれたちはこの世界で何か大きなことをやるように期待されている人間じゃないんだ。おれたちのたぐいの人生には華々しいことはほとんどないし、もっと目覚しいヒロイズムを発揮せよといったお声もかからない。その悲劇だって、ドラマチックな、美辞麗句にみちた種類のものじゃない。少くとも、これがこの世界がわれわれに受け入れなさいとすすめる種類のものの見方のようである。ごく短い距離だけに視界を固定して、より割の悪い仕事をやれ。

労働者がこうした状況の主要な要素について大したことはなにもできないと感じているにしても、かれらは必ずしも絶望し、失望落胆し、恨みをいだいているわけではなく、ただこれが人生の事実なんだ、として受取っている。かれらはその影の下でなんとかやってゆけるような状況、たえずより大きな状況が迫ってくるといったことのない生活をつくろうとする態度をとる。こうした態度は、状況の主要な要素を自然法則の、すでに与えられてある生地のままのほとんど無慈悲な、領域に、棚上げしてしまう。つまり材料はもうあたえられており、そこからどう生活を彫り上げるかだけが問題なのだ。そうした態度は――一番美化されないところでは一種の宿命論、あるいはあるものをあるがままに受け入れることでしかないが――ふつう悲劇の水準にまでは達しない。労働者には新兵と同じように選択の自由がまるっきりないからだ。しかしあるものはかれらなりの形態でではあるが、一種それなりの威厳をもって生きている。

最底辺には、人生は辛いもので、それを変えうることなどなにもできはしない、といった諦めがある。せいぜい我慢するしかない、動いたって状況を悪くするだけだ。「いまあるものは、これからもあるに決ってる」。「もし気に入らなきゃ、がまんするしかねえさ」。「もの事はそうなってんのさ」。「針を蹴とばしたって仕様がねえ」。「なおせねえものは、それで間に合わしてゆくしかねえ」。「なんでも来るものは拒まずさ——夜が明け、日が暮れる」。これらの多くには、一種気だるい宿命論のひびきが漂っている。人生なんていつも、俺たちのような人間にとっちゃそんなものさ。しかし、こうした本当にまじりけなしの平板なやつは少数で、多くの文句は大まかにいって複合した同族対格型が多い。ほとんどの場合、忍耐するにしても陽気にやれというのが基調なのだ。「来るものは拒まずじゃなきゃいけねえ」、そうだ、しかし同時に、「そいつをできるかぎりうまく利用しなきゃいけねえ」。「ニヤリと笑ってがまんするさ」。「そうさね、一番文句（おんな）を言わなきゃ一番早くなおしてくれるさ」。「オー、そいつはこれから百年たったたって同じだろうよ」。「そうしたことはみんな、おれたちをためすために送られてくんのさ」（ここでは、ほかのあるものと同じように、宗教との関連は明白である）。「六時はいつも暗いってわけじゃない」。「分相応のものしか身につかねえ」。「海の上じゃもっと悪いことがおきるぜ」。「そうそう、俺たちは希望をもって生きなきゃあ」。人生はすべてが、上り・下り、固いのと柔かいの、ぐるぐるまわりと振子運動、でできているのだ。「嘆いたって仕方ねえさ」。「最大限に利用しろ……くらいつけ……うまくサボれ……」。「困難には正面から向き合え」。おまえさんは棚からぼた餅が落ちてくるとか、突然、不思議なおくり物がころがりこまないかな、と夢みていてもよい。が本当にそう思っちゃいけない。おまえはふつうにやってゆき、「自分の生活をつくらなきゃいけない」。「自分で仕末をつけなくちゃ」。「人生は自分でつくるものさ」。つまりなにか寝ころがっていたようなところから叩きおこされ、一番いやな状況にほうりこまれたとき兵隊たちがそうするように――「やりくりしてなんとか間に合わせろ」、そうすりゃおまえは「合格」ってことになる、というわけだ。

これは、上唇をキュッとしめた、疑うことのない、ある程度ストイックな、ある程度〝人生をあるがままにとる〟、いわゆる絵にかいたような「下層階級」の陽気さ、とは違っている。T・S・エリオットはどこかで、禁欲主義は一種の傲慢さ、神の前にぬかずくのを拒否することにもなりうる、と言っている。労働者階級のはむしろ、他人の前に全面的にひざまずかせられないようにするための、一種の自己防禦である。お前が人生でやれることは、ごく少ないだろう。が、とにかく、なにかやれることはあるわけだ。労働者階級の主婦は、もし一期間、家計から週に一シリングだけ浮かせてまさかの場合のときにとっておくことができれば、それだけで私は「とっても幸福だわ」と言うことができるのだ。副詞は形容詞をかえることはないが、それを動かしがたいものにすることはできる。

同じことが寛容について、「生きるってことと人を大目にみてやること」にも言える。その一種の寛容さは、みんな社会の下のほうに一緒にいるんじゃないかというあわれみから、そうした状況がつくり出す幅の広い非・観念主義とから育てられる。期待がすくないということは、道徳的に憤激したりすることを少くする。結局、新しく問題をこしらえたりするのは、よくないことなのだ。そうでなくても、問題は現実にたくさんあるのだから。「なにはともあれ、静かに暮そうじゃないか」。寛容さは、すでに叙述した保守主義、画一主義とくっついて存在している。それらが衝突することは滅多にない。それらは、それぞれ違う時期、異なった目的のために出て来ているにもかかわらず共存し、民衆はどの時にはどれがいいのかという使いわけを本能的に知っている。矛盾などとんでもない話で、こうしてお互いに補強し合っているのだ。

寛容への強調は、それから、主に、期待をもたない、狂信的でない、観念的でない集団感覚と、ほとんどの人がかれらの人生の大枠をそのまま基本的に受入れていることからくる。労働者階級の人びとは一般に、実行に移されない前の抽象的原則に対しては猜疑的である(もっとはっきり言うと、これはときには核心を突き刺すような「現実主義」、それは実際は自分で調べていやな目に合いたくないという気持ちをかくす自己合理化なのだが――「仕事を続けようぜ、こんな理論はみんなどこへ連れてってくれるかわかりゃしねえ」)。ほとんどの人間が、失望させたり傷つけたりするよりはウソをつくほうがまだましだ、と思っているようにみえる。そこで人は原則に反して暮してゆく。なんにしても原則なんてものは、生身の、いま、ここにいる人間の外側にあるものなのだ。お前はいまここにいる連中とうまくやっていかなければならない、「肩をこすりあって暮してゆく」、そして他人にもそう望むように、お前は「自分の頭の蠅を追わなければならない」。人生は決して完全なものじゃない。極端に走ってはいけない。ほとんどのことは「ある程度までは正しい」か「あまり先へつっ走らなければ正しい」のだ。そしてすべてが条件つき「それは……しだい」ということになる。見解を持ってもいい。が、決してそれを無理に「人の口に押しこん」ではならない。見解だけでは充分ではない。人はやってみなければならないのだ。君は規則ではなく事実で、信条ではなく言う人の性格で、ことを判断すべきなのだ。「人間性をかえるわけにはいかないさ」。「世間にはいろんな人間がいなけりゃ駄目」。「人をあるがままにとらなくちゃ」。「どこにでも、いいことも悪いこともある」。「どこへ行ったって人間は同じ」。「どこへ行こうが男は男」。「誰だって生きる権利はある」。このすべてが、一般的な愛国心の欠如、公的あるいはお役所的なものの不信を支えている。「自由からの逃走」は、中産階級を全体主義にさそいこむかも知れないが、労働者階級には別に作用する。かれらはまだ心の奥底では、公的な一般化された生活といったものは悪いものだ、と感じているのだ。この初歩的なインターナショナリズムは、反ユダヤ主義とも、ローマ・カトリック（「最悪」の形で権威主義をあらわしているとされる）をきらう強い感情とも共存しうる。しかし、そうした不寛容はときたまあらわれるだけで、二つの世界は滅多に出会わない。われわれは、画一化させようとする圧力は、人に世間のしきたりを厳格に守らせようとする観念というより、偏見の複雑なネットワークとして表現されていることを、知っている。それは、かつて労働者階級をひじょうに強くとらえていたピユーリタニズムの残存物から力をえている。ピューリタニズムはまだ一定度、かなりきびしく労働者階級の生活を支配している。大まかに言ってピューリタニズムは、労働者階級の生活諸条件のきびしい事実に対する防壁となってきたのだが、それはいまでもある効果、ある程度はもっと寛容の幅を広く認める人びとの生活にも作用している。このことは酒を呑むことに対する態度をみて行けば、もっとよくわかるだろうし、性に対する態度を検討すれば、充分に納得がいくであろう。

一方では、飲酒はふつうの日常生活の、少くとも喫煙と同じようにふつうの男の生活の一部として受取られている。「男がいるものは一ぱいのビール」。それは人生の生き甲斐をつくる。もし人がこんなちょっとしたお楽しみも許されないとしたら、いったいなんのために生きてるんだい? 男がビールが好きなのは「当たりまえ」なのだ。女の人たちもいまは、一世代まえよりも気安く呑むようになっているようだ。私が大人になったころでも「ジンとイット」の女は、ほとんど「水商売」の女にみなされかねないほどだったが。

しかしそれでも、子供が生まれると婦人諸君はふつう、余り呑まなくなる。せいぜい週末に大いに「一ぱいやりにいく」ぐらいだ。男の場合、このぐらい呑むならば非難されないで済むという限界許容量はどのくらいかというと、それは彼の境遇に応じていろいろである。許容度をはかる物差しは、綿密にできている。やもめはふつうの人よりも余計に呑んでもいいことになっている。彼に女房はいないし帰っても居心地のよい家庭はないのだから。子供のいない夫婦は毎日呑んでもなんとも言われない。呑んだって子供の口からパンを取上げることにはならないし、子供のいない家庭はあんまり魅力のあるものでもないから。家族もちの亭主は、「ほどほどに」吞まなければいけない。というのは、自分でもうこれで沢山だという限度をわきまえ、いつもなにかあったときに「用意して」なきゃいけない、ということだ。なにか事があったとき——お祭り、お祝い、優勝試合、旅行——には誰でもタラフク吞むことになっている。ある状況では、「誰でも吞まずにゃいられない」ようになるのもわからないではない。全体として、この強調は二重の意味をもっている。飲むことそれ自体の正当さと、にもかかわらず、一度「酒に吞まれてしまった」が最後、完全な崩壊——家具が売り払られるといった形でほとんど文字通りの意味で家庭破壊——がまっているという実感とである。

前世紀の、今世紀に入っても一時代かそこらは続いた、飲酒反対運動にあれほどの力をあたえたのは、明らかにこの後の側面である。望むだけのよい食事をし、その上少しは余分の貯えもできた家族が、いったん「酒吞みの悪魔」にとりつかれたが最後、わずか一月ぐらいのうちに、みかん箱の上で申し訳に薄くバタを塗ったパンをたべる状態に落ちこんでしまうのだ。それはよくわかる。経済的に言えば労働者階級の家庭は、これまでもずっとそして、いまでも大部分は、社会の荒海に浮かぶいかだのようなものである。そこに節酒運動がなお近年、少くとも三〇年代初期まで強力に続けられる根拠がある。そのころ私は一年かそこらの間に二回ほど誓約書にサインしたから。私はそのころ、十—十二歳ぐらいで、日曜学校のほかの仲間たちと一緒に署名したのだった。われわれは、それが聖霊降臨祭の「慰安会」によばれる資格審査と関係があるのかなと漠然と感じてはいた。私には、優に前世紀の七〇年代にまでさかのぼる系譜の末えいといってもよい、呑んだくれの叔父がいたし、われわれのまわりの多くの家庭にも、同種の連中がいた。ぼくらはそのころでも、「お父さんにもうお酒を売らないで」、「お父さん、ぼくのお父さん、ぼくと一緒に家に帰ろうよ」、また私のお気に入りだった「私の飲物は澄みきった水」(それはこうした調子で進む。「ディック坊や、おまえもじきにわかるだろう/ジャクソン・ロウに住んでみれば/私の飲物は澄みきった水/私の飲物は澄みきった水/水晶のような泉からもってくる」)といった歌はうたわなかった。そうした歌は年輩者が子供のときならったのを、面白半分にうたうのしか聞いたことはない。しかし、歌が目指しているポイントはわかっていた。われわれは、呑みすぎることは――それがふつうの家計支出を週三シリング上まわるほどの少額でも――急激な貧困化、「アッ」というまにふくれ上り、ついには行くところまで行く、着る物は急速に目にみえて悪くなり、母親は絶望的にやきもきし、仕事はなくなり、暴力行為はひどく、ひんぱんになる、結果をまねくということをよく知っていた。「ありがたいことに、うちの人は呑んだくれじゃないよ」、とかみさん連は、いまでも、挨拶のように言っている。いまでは、滅茶苦茶な呑んだくれ[10]はほとんどいないし、なんによらず飲む分量も前よりは少くなっていよう。が、いまでもそれは労働者階級の亭主族にとって主要な落し穴とみなされていることにかわりはない。そこで、飲むことは、ほどほどにするという条件つきで「オールライト」であり「当り前」でありうるのだ。ひとたび境界――家庭の種類によって違うけれども――を越えれば、災難がふりかかってくる。一方では、全然呑まない男はちいと変っている、ということになる。ほとんどの労働者は、飲むことの危険がどうであろうとも、呑まない人間が多くなっては困るのだ。

近くの通りからくる私の友達の一人は、ひとりっ子で親父はいないようにみえた。彼の母親は洋服の仕立工だということで、いつも子供に小ざっぱりした身なりをさせ、彼はほかの子供よりも小遣いを余計もっていた。彼は週に二度ぐらいは映画にいったし、いつでもなにかのチップに一ペニーぐらいは出すことができた。私は十代になってからやっと、彼の母親が、市の中心部でかせいでいる、売春婦であることを知った。彼女は仕立工のもらう金では子供を育てるのに足りなかったのだろう。(彼女の夫は、ただいなくなってしまっただけだったのだろう、と思うが)。彼女がもっと気にしていたのは、息子が「おやじがうしろにいない」ということで「いじめられ」やしないか、ということだったろう。そうされない方法は、彼女の想像するところでは、息子にほかの子供よりも余計に金をもたせることだったに違いない。事実小遣いの額は男の子の間では大きく物を言う。いままで言ってきたことの多くが、なぜ彼女が自分の肉体を売るということを大したことだと思わないかという理由を、ある方向で説明するだろう。私がここでとくに関心をもっていることは、彼女が村八分にされなかったという事実なのだ。「通りの評判が悪くなる」といった風に言う人間もいないではなかったが。ほとんどの人が――決して売春にたよったりしたこともなく、自分で売春すると考えただけでも鳥肌が立つぐらいだったろうが——、他の人にするのと同じように、彼女に会釈し、話しかけていた。「なんてったって、彼女は生きなきゃならないのよ」、ときまって言われていた。かれらには、状況の圧力と、ある人間がどうしてこの解決に導かれるのかということも、理解することができた。かれらは、そのことで「あいつらに背を向け」たりはしなかった。私はかれらが他人のある行為にみだらだとか汚ないとかいった判断を下すのをよく聞いたが、にもかかわらず、この女についての道徳的判断がくだされるのは、聞いた覚えがない。

数年後彼女には、同じ地域を「巡回する」もう一人のお仲間ができた。父親が女房が死んでから男手一つで育ててきた六人兄弟姉妹の若い娘である。かれらは第一の女からさほど遠くないところに住んでいたが、しばしば逆の、悪い評判を受けていた。しかし、それは娘の一人を売春に出しているということよりも、親父が、たしかに彼の境遇が大変なことはよくわかるが、隣近所がそのくらいはできると思っている程度に、子供たちに着せも食べさせてもいないという事実によるところが多かったのだ。

のちになって私は、家から通り二つ三つ離れたところに住んでいた若者からひきついで、ある長距離運送会社に、発送事務員として徹夜の交替勤務についたことがある。ひとばんに四回、大きな貨物自動車がニューカッスルからトレーラーをひっぱってやってきて、いくらかの荷物をおろし、道路が「ガタガタ」なときには荷物をつみなおして、ロンドンへ向っていった。夜勤の残りの間、私は市の中心部の裏通りにたった一人でいた。お巡りさん、夜警、ときどきは出番のおそい売春婦たち、を除いては。ひきつぐとき、前任者は、ときどき大体十一時すぎごろ、イレーヌとよばれている娼婦が訪ねてくる、一ぱいお茶をのませてくれというのさ、と話してくれた。そいつはタチのいい奴で、どうかしてひどく疲れていないときだと、うしろの荷物台の上で「一発やらしてくれる」、という話だった。私は彼女にたったいっぺんだけ会った。が、ほとんどの時間彼女は足が痛い、という話ばかりしていた。イレーヌはほとんど完全に自分の職業を意識していないようだった。彼女に言わせると、それはごく当り前の、詰らないことだったので、紙を売るのと同じようなことだったのだろう。私の必死になって崖をよじ登っているような苦学生面が、彼女を追い払ってしまったのだろうと思う。イレーヌは「やらせてやろうか」とも言わなかったし、私がそこにいる間はもう戻ってこなかったから。あとになって、私はときおり夜中に町を通り抜けると、よく彼女が角の安ピカ店のウインドウをのぞいているのを見かけた。その貧しい女の子はお得意をもっていたに違いない――もっとよい地域からくる若い伊達男、商用でこの土地を訪ねてくる旅行者、自分が大人だということを証明しようとする学生、打ちひしがれたセールスマン、金を持ち、エールをひっかけた若い労働者、または大きな仕事を追いかけて町から町へ移ってゆく家のない肉体労働者――が私は彼女が誰かと一緒にいるのを見たことがなかった。私は、彼女が舞台に出ている妹の話をしたのを思い出す――「妹はそりゃもう、とっても可愛いいのよ」。ちょっと顔形のいい労働者階級の女の子が、旅回りのレビュー一座に、たえずすいとられてゆくわけがわかるように思う。

私は、こうした出来事を話すことで、労働者階級はほかの階級よりもずっと性的にダラシがないことを、ほのめかしているわけではない。そうかどうかは大いに疑わしい。だが、性的事象がより表に近く出ていること、そして労働者階級のなかでは性的経験が、ほかの社会集団よりも、より容易に、より早く、えられるということは確かだろう。表面へ近いということは、ソーシャル・ワーカー(11)がときおり指摘しているように、性のある側面に関してはひじょうに内気さをみせること——「あからさまに」性について論ずること、裸をみられるのをいやがること、たとえ性行為のときでも着物を脱ぐのをみられること、性行動での技巧をこらすこと、について——をともなっている。今日でも、子供に性についてなにか話してやる労働者階級の両親は、ほとんどいないようにみえる。かれらは、子供たちがじきにそのすべてを町角から拾い集めてくることを、よく知っているのだ。しかし、かれらは、町のヨタ者が教えてくれるから教えなくてもいいんだということで、性の話を棚上げにしているわけではない。実際、かれらは、自分の子供たちが「きたない」ことをしゃべったり、したりしているのを見つけると、びっくり仰天することが多い。かれらがそれを棚上げにしておく理由は、一部はかれらは真相暴露になれてもいないし、好きでもない、要するによい教師じゃないということで、格言とかことわざで、知識が自然に入ってゆくほうをえらぶためだ、と思う。そして一部は、この性を意識の、「あからさま」な次元に持ち出すことを恥ずかしがる性質によっている。このことは、完全に「汚ない言葉を使わない」——女房だけに言えることではなく、男にも——気楽なところでは、仲間と自由にセックスについてしゃべる――あてはまる。

しかし、子供は十歳をすぎると、とくに男の子は初めは集団の年上の子から、あとになると仕事のなかまから、性の知識を学んでゆく。男の子にとって、力点は不可避的に二つのこと、性的経験の楽しさと、その恐ろしい、ゾクゾクするような危険、とにかけられている。とくに初期の段階ではマスターベーションの快楽と危険。多くのものにとって、すぐなにか実際の異性経験がマスターベーションにとってかわる。明らかにここで、性生活における労働者階級少年の型が、ほかと、たとえば十八になるまで主として男の子ばかりの共同体で暮さねばならない公立学校の生徒などと、違うところだろう。十三歳をすぎるころから、労働者階級少年たちの話には、性の冒険――なになにという女の子は簡単に「感じちゃう」んだとか、「参っちゃうんだ」とかいったたぐい――がひじょうにしばしば登場してくる。十八歳にでもなると、そうしたいと思う奴は、かなりの性的経験をつむことができる。私が大学の夏休みに労働者としてアルバイトした煉瓦積み職人の一団は、じきに私が童貞だという情報をかぎ出し、それからは私を、一種の親しみをこめてではあるが、男にはなれない人間、宗教のかわりに本に身を捧げている一種の坊主、と見なしていた。連中はみんな「ちゃんといつもやってんだ」と称していた。かなり誇張があったことは確かなのだが。結婚した男たちも、残りのものと同じように気軽に、ひんぱんに行なわれるセックス談義に仲間入りし、きまって、そう期待されている通りの形で、失われた自由を嘆いてみせていた。

人は、一般にこうした男たちの不正規の性経験に対する態度を、どう要約すればよいのだろう。もちろん、以上述べてきたことがあてはまらない多くの人びとがいることも、私はつけ加えておくべきだろう。かれらは自分の性生活との関連で良心の苛責を感じるとか、罪の意識になやむとかいったことは、ほとんどない。かれらはセックスを大いに利用する。がよく言われるように巨大な都市大衆のなかで自分を見失い、匿名の大波に呑みこまれてしまっているからではない。それは、他の種類の人びとの態度をかれらに押しつけるものである。かれらは、二〇年代のある集団が行動合理化にさんざんやっていたような不道徳性を誇示すること、に熱中しているわけではない。しかし、かれらは「科学的発見」が、そのすべてを、安い避妊薬がそれを容易にしたのと同じように、より正当化していることを、漠然とではあるが強く感じている。かれらはメルヴィルのマルケサスが夢にも思わなかったような貧民街で遊んでいる幸福な無・道徳な原始人などではない。かれらは自分たちの性生活をきわめて安易に受けとっている。が、ふざけまわっているわけではない。T・F・ポーウィの田舎者の態度『リンゴは熟れた』の都会版でもなければ、過去の著名な伊達男の現代版でもない。かれらの無差別性行動への態度のある側面は、もっとずっと古いところから来ている。しかしかれらにとって、そのすべてはむしろ片隅でゴソゴソはいまわるようなこと、生活のごく一部でしかないのだ。ほとんどの場合、そうした行動は結婚後まで続けられることもないようだし、結婚してからありそうなことにも思えない。

私の印象でいえば、ロマンチックな間違いを犯しているのかも知れないが、この苦い、無差別性経験を全くまぬがれるのは男の子より、女の子のほうがずっと多いようである。すぐに「落っこちる」ということで話の種になる女の子の名前はきまっている。そうした女の子は、じきみんなにわかってしまう。もちろん、このゲームで失うものは女の子のほうがずっと大きい。「とりこ」になりやすいから。私が驚いていることは、多くの女の子がこうした影響を全然受けないでいられるということだ。彼女らは、性の事実についてなにも知らないし、こうした全雰囲気に、あたかも十九世紀中葉の中産階級ヤング・レディにふさわしいような不可侵の態度を保っている。なんとも不思議なことに、どうしてかはわからないが、女の子の多くは、乙にすましたり、はっきり喧嘩したりすることもなく、土地の悪童連からのセックス・アプローチの横行する野獣の谷間を無事通り抜け、多分仕事場でのセックス談義の波をもくぐり、結婚しようとしている男の子のところへ、精神的にも肉体的にも全く無垢のまま辿りつくのだ。彼女らの導きの光は、誰でもいつかは結婚するんだという暗黙の了解と、「自分を一人の男のためにとっておく」ことであり、それは単にそのほうが得になるといった計算づくの意図から出ているのではない。

で、私の経験からいえば、ほとんどの女の子は、男から男へ渡り歩き道の中途で断片的な経験を拾い集めるといったことをしないが、早くから求婚活動を始め、着実に早い結婚まで漕ぎつけてしまう。十五歳をすぎても「トラブルをひきおこす」ものはいるが、かれらは例外だ。多くのものが結婚まえになんらかの性経験をもつことになるが、通常そのうちに結婚することになる男の子が相手なのだ。無差別に関係はもたない。かといって、彼女らは箱入り娘風に保護されているわけではない。彼女らは十六歳からは、ほとんどの点で大人とみなされる。彼女らは「好きになる」男の子に出会い、求婚を開始する。彼女らはほとんどセックスの実際についてはなにも知っていないようだ。彼女らは男の子にロマンチックに接近する。彼は迫る。と、結婚まで待つなどということがそんなに大事だとは思われていないので、彼女らは要求にしたがう。彼は予防措置を講ずるかも知れないが、一定度の男どもは準備していないか、不なれなために、それができない。もし妊娠すると、結婚はずっと繰上げられる。が、その女の子は失敗してつかまってしまったとは考えないようである。私の印象でいえば、結婚前に処女を失うほとんどの女の子がこうしたコースで処女をなくす——時機が熟したとき、本当に好きな男の子と——のであり、ただ「面白いから」、意識的に男から男へと渡り歩く結果、ではない。

全体として、ひとたびことが「着実に運び始める」と、誠実さが双方に要請され、それが破られることは滅多にない。女の子らは、かならず結婚してくれといった自分たちの態度をべつにタチが悪いとも思っていないようだ。彼女らは、じき、母親たちと同じ態度、習慣をもった「つつましい」、労働者階級の主婦にたどりつくコースをたどっているのだ。ここしばらくのあいだ、人はそれを許容すべきだろう。「それは誰も傷つけないし、ごく自然なことじゃないのかい」。

Ⅳ　民衆の「本当の」世界

A　個人的で具体的なもの

「おれたち」と「やつら」を鋭くわけてしまう世界に執着していることは、一面からみると、ほとんどの労働者階級の人びとの外部生活をいろどる、より重要で一般的なある特徴の一部分だ、ともいえる。「やつら」の世界に親しむことは、結局、すべての種類の政治的、社会的問題を内に含むことになるし、そこから当然、政治、社会哲学といったものをこえて形而上学にまで行きつくことになる。どのように「やつら」（「やつら」が誰であれ）に向き合うか、という問題は、とどのつまり、眼に見えず、日常よく知っている地方、宇宙にないすべてのものに対して、どんな関係を結ぶかということになる。世界を「おれたち」と「やつら」にひき裂く労働者階級的やり方は、この面からは、かれらが抽象的、一般的な諸問題に立ち向いがたい、ということの一徴候である。

かれらは、観念を操作したり、分析したりする訓練をほとんど、あるいは全くもっていない。そうした活動への才能を示すものは、この四〇年間にますます増える一方だが、かれらの階級から抜き取られてしまう。こうした理由よりももっと大事なのは、つぎのことだろう。事実、ほとんどの人びとは、社会的階級がなんであるかにかかわりなく、気安くいつでも、一般的観念に興味をもったりはしない。だが、労働者階級では、この多数派が――金もうけとか、仕事の必要からひきおこされる知的な活動とかいったものでもよいけれども、ほかに大きく興味を惹きつけるものがなにもないために――集団の伝統にしがみついているということなのだ。それが、個人的、地方的な伝統なのである。

それで、政治に関していうと、かれらは一種のせまく限定されたリアリズムをもつことになる。そのお告げによると、かれらの見通しうるかぎりでは、政治のなかにかれらにとっての「未来はない」。「政治は誰にとっても、どんないいことも、しなかった」、とかれらはつけ加えるだろう。そこから労働者階級は、もっと上等な仮定をひき出しもするが、リアリズムを見境いなしにあまりにも広くあてはめてしまうのだ。もちろん、個人的な例外はあるし、時どき、多数派のあいだにも政治的関心の濃度が増大することはある。しかし一般的に、ほとんどの労働者階級は、その人生観で非政治的であり、非形而上学的である。人生における大事なことは、かれらが見渡せるかぎりでは、別なことなのだ。労働者は一般的な事柄にも――宗教について、政治について、などなど――意見をもっているようにもみえる。しかし、よくみると、これらの意見はふつう、多くが吟味されない、口伝えのきまり文句、御神体風におかざりにされた一般化、偏見、半面だけの真理、警句仕立てで格言にまでたかめられたもの、の束でしかないことがわかるだろう。前に言ったように、こうしたきまり文句はしばしば相互に矛盾する。それらは考えぬかれたものでもないし、知的に検討されたものでもない。が、より攻撃しにくいクラッカー・モットーの、眠り薬のような断片的効果、啓示された真理のようなひびきをもっている。

「やつらがしてんのはおしゃべりばっかしだ――やつらはこれまで一日も仕事なんてしたことがない」
「もちろん、政治なんてものはなんだってひん曲がっている」
「イギリスでつくったものよりよいものはありゃしない」
「世の中はたえず進歩する」
「アメリカ人はみんな威ばりくさっている」
「近づきになればイギリス人は最上」
「イギリスは世界で最も重要な国」
「法律は金持ちのためにだけある――」
「やつらの（政党）あいだに選ぶものなんてありゃしない（みんな同じ）」

これら、そのほか数多くの警句が、過去なん世代ものあいだそうであったように、疑われることもなく、毎日繰り返されている。これらの、イギリスの優越性を主張するものは、どんな意味でも、「愛国的」なのではない。伝統的に受けつがれてきた国民的優越性という仮定を表現しているにすぎない。イギリスの国際的地位の変化について、とくにこの十二年の間、くりかえし言われているにもかかわらず、労働者階級の大部分はそのことを理解してはいない。またかれらは、この二〇年間におこった空間、時間関係における巨大な変化についても、はっきりと気づいてはいないのだ。たえず要求されている「複眼」を伸ばせということへのかれらの反応は、そうした一大発展への適応というよりは、それに対する防禦なのだ。適応させることができ、かれら自身の用語にほん訳されるものは、適応させられ、ほん訳される。できないものは、無視され、そのぽっかり空いた空間は重宝な格言で埋められる。ほかの階級にも、かれら自身の逃避の形態がある。私は、労働者階級だけにこの問題があり、かれらだけがそれをごま化している、と言っているのではない。

労働者階級は抽象の大群に襲われている。かれらは「国家の必要に」、「社会の必要」に答えること、「よき市民たること」を学び、「共同の利益」を念頭におくことを求められる。多くの場合、こうした訴えはなにものをも意味しない、ただ多くの言葉が並んでいるだけ、ということになる。労働者たちはそうした、義務、犠牲、個人的努力への一般的なよびかけが、自分たちに関係があるとは考えない。が、かれら自身が社会の土台であることを、労働者階級は知っている。より大きな世界、社会、「やつら」の世界が民衆の大群を必要とするとき、そのときにこそ、とかれらは感じるのだが、かれらはどこへ行き、なにをするかを具体的にすばやく語られるだろう、と。そのほかは、ローカルな、具体的な世界だけが、理解し、操作し、信頼することができる、と。

すべてのものに手でさわり、歩いて
行くことのできる谷間のローカルな
必要に身をあわせ、
かれらの眼は無限の空間をのぞいて
みたこともない。(1)

外部の世界がより一層流線型になってゆくにつれて、家族と隣近所とが、以前にも増して、真実ではっきりそれとつかまえうるなにものか、として尊重されるようになってくる。現代生活の集中化を過大評価することは難しく、これまでほとんどの個人をおとずれているあの匿名の感覚を過大評価するのは容易(たやす)い。家庭は、巨大な抽象の影の下で一部だけ切り開かれている。山のような土くれの下にいる穴ぐまと同じように、家庭にいれば人はもはや、これら外部の力を気にしなくともよい。それはかつてそうであったのと同じように人を安心させるし、ローカルな知っている集団のところへもどり、「おれたちの一人」に出会うことは、多分もっと、人を安心させることであろう。

ほかの人びとは、「儲けて、使う」生活を生き、「文学的生活」、「精神的生活」、または

「均衡のとれた生活」、そんなものがあるとすればの話だが、をおくるだろう。もしわれわれが労働者階級の生活の精髄をそうした文句でとらえようとするならば、「濃密な、具体的な生活」――その主な力点は親密なもの、感覚的なもの、こまごまとした細部、人間的なもの、にある――と言わなければなるまい。このことは疑いもなく、世界のどこの労働者階級集団にも妥当しよう。私はイタリアで、素敵な全盛期のオペラ・スターと友達になった背の低いパッとしないイギリスの一兵卒を覚えている。彼は、じきに毎晩その家でめしを食うようになり、より純粋な郷土の料理にくわしくなり、それを好むようになっていった。彼女は、たまたまよい声をもって生まれた、同じ労働者階級の少女だったのだ。彼は、彼女のくつろいだ家庭へ、自分もその家のものであるかのように、入っていったのだ。彼もちろん、彼にとっては、自分の国の士官達の会食室よりも、そこのほうがよりピッタリしていた、というわけだ。このことは、また再び、激烈な都市化によってこれまで労働者階級の態度にひきおこされてきた変化を吟味しようとするさいに、注意しなければならないことを暗示している。イタリアの家族はまだ四分の三が農民であるが、イギリス人は多くの点で、徹底した都会人種になってしまっている。

工場のきまりきった仕事についている少女たちのあいだで、機械の騒音をぬって交されるつながった、たえまのない会話は、大そうローカルで、大そうパーソナルで、大そう親密であり、それによって彼女らは緊密な、肩を抱き合うような集団を形づくる。それはほとんど常に本質的であり、時として粗野、またしばしば寛大でもある。その主なテーマは存在の偉大なる主題のなかから――結婚、子供、他人との関係、性――とられてくる。当然だが、男の作業集団でもほとんど事情は同様である。かれらはみんな、労働者階級の人びとがいつもしていること――どこであれ自分のいるところを、その置かれた状況がどんなに見込みのないところであろうと、つよい伝統的な衝動をかつて、生活を極度に人間的にし、なにものにもましてそれを人間化することで生活を単に耐えられるものにするばかりではなく、積極的に面白くしようとする――をしている。ある程度まで、このことはどの階級に属していようと多くの人にあてはまるが、それはとくに労働者階級の生活の本性によって強められている。労使者階級の人びとは、理論とか運動とかにはごくまれにしか興味をいだかない。かれらは自分の人生が、地位がだんだんよくなっていったり、なにか金が増えて行くといった目標につながっているとは、ふつう考えない。かれらはもう途方もなく人びとに興味をもつ。かれらは個人の行動や関係に、小説家のようにうっとりと魅せられるのだ――それらを型にはめるためにではなく、それ自身のために。「彼女はおかしくないかしら」、「あんなこと言うなんて」、「彼女はそれでなにをいいたいんだと思う」、かれらはいう。最も単純な逸話でさえ、修辞的な問いかけ、補足的な説明、意味ありげな休止、声の高低変化、をふんだんに入れて、ドラマチックに語られる。

にもかかわらず、労働者階級の人びとはある事柄について結論に達するのに、かれらなりのやり方ででではあるが、かなり著しい感度をもっている。労働者は、人びとにたえずあらっぽい、でき合いの判断をくだしている。その判断は外の典拠からもってこられた概念からひき出されるのではなく、人間には、多くはないにしても確固とした、大事な、望ましい性質がある、という仮定にもとづいているのだ。その性質とは、つぎのような成句に体現されているようなもの、「人間はあるがままにとれ」、「人の本性はわかる」、「彼は言うことと、することが違う人間じゃあない」、友情にあつく、やさしい心を持っていること、つきあい方が率直で開けっぴろげなこと、などの性質である。

ある特定の領域内部では、こうした直観的判断力がとてもよく発達している。ここでは、個人についてであろうと、関係についてであろうと、労働者階級の人びとは、まだしばしば鋭く、ピリッとした説明をする。かれらはそうした特性を、本から習ったわけではなく、ほとんど全く「実地で」身につけてきたのだ。かれらは顔つきを読みとる鋭い眼、声の調子を聞きわける鋭敏な耳をもっている。そうした眼や耳は時として、読書や討論で知覚にフィルターをつけてしまった人びとにはない、より新鮮なより真実に迫る力をもっているものだ。かれらは、眼や耳で、「人を計る」のが好きだ。「ああ、あの女を好いちゃいけねえ」、とかれらは言う。「あいつはインチキな声をしてやがる」。また、「あいつは人を見すかすような眼をしてやがる」、というのは相手を物としか見ない眼、率直さとか友愛とかいった価値を無視してしまう人間を意味している。

私は、このよき直観的判断力の内味を慎重にあとづけてきた。がそうするとどうしても、またぞろ例の聖なる蛮人、単純、無垢な労働の子——立派な感覚識別能力を充分に備えた（少なくとも物を考えるようなくたびれたソフィスティケートされた人たちよりも古風な、堕落していない）――の亡霊にとりつかれるという危険を冒すことになる。労働者階級の人びとはある領域内では、大変熟練した素速い印象的判断を下すことができる。だが、その範囲外のことになると、あるいは、一見正しくみえるような旗の下でそれらしくよそおわれて近づかれると、かれらはまるで赤ん坊も同然になってしまう。ひとは労働者階級の人びとがとくにだまされて行く、そうした活動に「無心なるもののてん落」といった題をつけてもよい。かれらは、ただ単にかれらが日常身をさらしている、その線にそって近寄られた、つまり個人的な、なれなれしい、家族的な様式でいい寄られたということだけでだまされてしまうのだ。この事例は、労働者向けのなん千もの宣伝文、労働者向け新聞、雑誌の論説、人気のある星占い屋の語調にいくらもみることができる。余り名のとおっていない洋服クラブは、取引の各段階をこの強い個人的特質でアヤをつけると、かなり遠くまでいけることを知っている。一軒一軒まわってつまらない取引をして歩くしがないセールスマンも同じことをしている。そしてここでは、けばけばしい家具屋が格別興味をひく。それは明らかに矛盾した相ぼうを示すから。一見したところ、これらは、現代型の店のうちでも確かに最も厭になるほど趣味のない店なのだ。装飾ということについての既成の価値観念はすべて投げ捨てられている。はっきりしたデザインとか型といったものはない。色彩はお互にせめぎ合っている。なんであれ新しいものがただ新らしいというだけの理由で投げ散らされている。裸の照明がシャンデリアのイミテーションと並び、プラスチック、木ガラスが膠づけでとめられ、一緒くたにハエが卵を生んだようにまき散らされている。

はり札、燃えるようなはり札があとからあとからウインクし、輝き、まばゆく顔を赤らめている。家庭的な環境などといえた義理ではない。またドアの通路の内側に立って、ハンカチをそで口からひき出してみたり、ネクタイを直してみたり交互にしている、表面エレガントな男たちも、「おれたち」に属しているようにはみえないのだ。かれらはそう見えてはかえって困るのだ。かれらは小ぎれいな既製服、安くてもピカピカにみがかれた靴、ふんだんにクリームをつけた頭、でき合いの微笑で一種のエトスをあらわすように仕立てられ(同じように繰返しおそって人を困らせる、よりけばけばしい自動車セールスマン氏のように)ているのだ。人は家具と一緒に教養や優雅さの暗示をも買うのだ。

が、もしこれがすべてだとしたら、かれらは労働者階級を相手にしてほとんど成功する見こみはない。強い印象をあたえることはできるだろうがそれは同時に「冷淡にして追いはらってしまう」ことにもなるのだ。たしかにかれらは明らかに大変スマートで「本当に学がある」ようにみせ、どの若妻でも「マダム」とよぶように仕つけられてはいるが、同時に――これがかれらの最も効果のあるやり口なのだが――「いつも親切でなれなれしい」のでもある。ある意味では、たしかに店番というものはほとんどすべてが陽気で、うやうやしく、仲間らしくふるまおうと心がけている。だがこの場合にはそれをこえたなにものかがあるのだ。そこでは例の個人的で家庭的なアプローチが一貫して、力強く使われており、それはすてきな紳士から予想もされないものだけに、より一層巧妙に働くのである。経営者たちは、商品の豊かさと派手な陳列にげんわくされた労働者階級の人びとが、それに惹きつけられはするが、少しばかり近寄りがたい恐れをおぼえることをよく理解している。それゆえ、かれらのセールスマンの語り口はふつう、思いやりのある話しかけスタイルをとる。市場のセールスマン式の「さて奥さん」とは言わずに「それがどんなものかはよく知っていますが奥さん」とか、「つい先週、ちょうど貴方と同じような若夫婦に会いましたが」、という風にやるのだ。万事、出世し、学のあるようになった思いやりのある息子の口調でやるわけだ。そうとられては困るが、すべてが慎重に仕組まれ、意識的に行なわれているわけではない。またこれは全く新しいものでも、このタイプの店にかぎられることでもない。しかし、このタイプの店——とくに労働者階級の顧客目当てのバカでかい、きらびやかな物品を扱う——はこうしたアプローチにたけている。こうした店を運営している連中は、ロンドンのような大都会への労働者階級のなかにある畏怖とあこがれとを、そして温かい、友だちづき合いのやり方でかれらに近づけることを感じとっている。労働者階級は個人的なものに固執する、それは理解できるから。ここでかれらはその外の世界へ入りこむトロイの木馬を金を払って手に入れることになるのだ。

この一般的傾向は、二つの機構——プロ・スポーツと王室——によってより一層明らかにすることができる。というのは二つとも外の世界に属するものではあるが、たやすく個人的な具体的な用語にほん訳できるため、労働者階級の人びとの興味を広汎にひきつけているものだから。

仕事中の会話の種としては、スポーツ(2)がセックスと競いあっている。大衆的な日曜新聞が読まれるのは、その週の犯罪記事のためでもあるが、同時にスポーツ報道がふんだんにのっているせいでもある。スポーツについての会話は具体的な人間についての話から始まる。しばしば姓といっしょに名前もつけて「ジム・モッツスン」とか「アーサー・ジョウンズ」「ウィル・トムスン」について始まるのだ。しばしばかれらは驚くべき記憶力で数シーズン前もの試合の歴史を覚えていたりするが、それをひき合いに出しながらプレーの細かなテクニックが論じられる。人びとはかれらの知っている、少くともフィールドで見たことのある、かれらが尊敬したり感心したりできる性質をひき出せる情況にある個人について話す。かれらの態度は、「健康な身体に宿る清潔な精神」といった文句で示されるようなものではない。青年へのすすめといった本から取ったこうした文句は、かれらの世界にとって縁がない。かれらはふつう見物人であって参加者ではないから。

あなたの身体をエンジンだと思いなさい――どんな人間のつくったものよりもはるかにおどろくべき――そうすればあなたはそれをきれいに洗ったり、それに燃料を入れたり、油を差したり、テストしたりすることから、それを実際に運転するのと同じように、無限の楽しみをひき出すことができるでしょう。(3)

労働者階級のスポーツ愛好者が感心するのは狩人、闘士、向う見ずの性質――力と筋肉、スピードと勇敢さ、熟練と老かいさ、のあらわれである。偉大なボクサー、フットボール選手、オートバイ競争の選手は自然に英雄群像――たん練を重ねた天性の肉体的素質とそれを使うさいの巧妙さとをかね備えた、大変現代的に変形してはいるが伝説武勇譚の英雄たち――になる。

これで一般にある審判への不信をある程度説明していいかどうかはわからない。がそうした不信感は少くとも、ラグビーの試合場では一般にある。私は単に、試合の成り行きがうまくいかなかったときよく出る、審判が「やつらに味方しているからだ」というたぐいの仮定を意味しているのではない。私が言いたいのは、審判は一種の校長、あるいは日曜学校の教師風の矯正者――小ざっぱりしたショーツとブレザーでホイッスルをピッピッと吹いたりピーと吹いたりしてかけまわる、奴だという深くしみこんだ感情のことである。これは漠然たる意識されない感じ以上のものではないようにみえる。それはふつう、「審判、かまうな」、「選手にしたいようにさせろ、なんだお前は」といった憤激の叫び声以上の積極的な反応をうみ出すことはない。しかし、その感じは一般にゆきわたっている。

こうした地域、とくにラグビー・リーグが行なわれるところでは、ホーム・チームがまたその地方の集団生活での一つの重要な要素となる。かれらはまじり気なしの誇りをもって、「おれたちの若い奴」として話される。かれらの多くがその地方の出身――大柄な元鉱夫か目方の重い鉄鋼労働者、であることもたしかだ。私はハンスレット・ラグビー・チームが、なん年か前、(訳注10)ウェンブレーから優勝カップをふるさとの町へ持って帰ってきたときのことを憶えている。選手たちは市の駅からその地域の中心部まで、大型遊覧バスの屋根にのってねり歩いた。チームの選手たちは、土地の英雄を一目見たいという昂奮にかられて、寝る時間をとっくに過ぎているにもかかわらず、叱られるのを覚悟で出歩いている少年の大群をゾロゾロおともにつれて、そのあたりの主な通りのすべてのパブからパブへ、どこでもただで呑みたいだけ呑みながら、まわって歩いたのだ。

ありとあらゆるPRが洪水のように王制をとりまいているいま、労働者階級の王制に対する態度をさぐろうとすることは、ふつうかなり困難になっている。労働者階級の人びとは、よく知られているように、決して格別愛国的ではない。かれらには、フランス嫌いとかアメリカ嫌いとかいったように、島国根性の傾向がある。が、ほかの国はみんな嫌いなのかと正面きってきけば、すぐにいや、労働者階級は世界中どこでも同じなんだ、と答えるにきまっている。かれらはいまも断固たる反・軍国主義者である。兄弟たちが仕事がないために、またはなにか厄介なトラブルから脱れるため軍隊に入ったこと、しかも入ったが最後相当の犠牲を払わされたこと、徴兵が始まれば、もう死ぬ覚悟をしなければならなかったこと、といった古い記憶がそうさせるのだ。そして徴兵制度がしかれるようなそんな時代からもう十七年もたっているが、それでもまだふつうは、家族の誰かが兵役に服している。

貴族もいまでは、労働者階級のフォークロアのなかでは、ほとんど問題にならない。貴族はもはや敵意をよびおこすほどの力ももたない。まだ労働者階級の若干の女性にとっては虚栄心をくすぐる側面がないでもないが。しかし、全体として、労働者階級の人びと、とくに男は、いまではもうアッサリとこの「上っ皮」を自分たちの生活の画像のなかに含めていない。かれらのほとんどは、貴族のすることを読んだりすると――慣習的な活動のことであるが、まだいくらかは興味をひく「華やかで若わかしいこと」の話ではない――こう言うだろう。おれたちあ「そんなことで時間潰ししてられねえよ」。

　では、王制についてはどうなのか。同じように、労働者階級は、機構としての王制は、ほとんど考えない。かれらは原則からいって王党派ではない。が、かといって王制にひそかに敵意をいだいている、というわけでもない。要するにほとんど熱がないのだ。かれらは王制を無視しているし、興味をもつとしても、対象は具体的な人間にほん訳できるものにかぎられる。かれらは「個別人間主義者」でもあり劇作家でもあるので、どちらかといえば議会・政党政府の有名人よりは王室の数人の個別メンバーに余計興味をもっている。

　私は、ふつう思春期にありがちな、女の子が王室に映画スターへの憧れと同質の、素敵だわ、といった感情をいだく時期のことを考えているわけではない。特別な儀式、事件のさいのロンドン群衆の熱狂も考慮に入れていない。私は主に二五歳以上の、地方の労働者階級女性を、頭においている。男の連中は王に全く関心を示さないか、さもなければ漠然とした形ではあれ敵対的な感情をいだいている。王制はかれらに軍隊の閲兵式の世界、「気をつけ、頭（かしら）右っ」を連想させるから。労働者階級の女どもも、半面、王室のことを、貴族のやることについて話すのと同じ調子でしゃべる。王室の人間はうんざりするほど握手したり、なにやかや面倒なこともするだろう。が、連中はなにからなにまで面倒をみてもらってるんだ。わたしたちのように金の苦労なんてありゃしない。くたびれきってしまっているときでも、餓鬼の面倒をみる必要もありゃしない。連中は「頭のてっぺんから足のつま先までかしづかれてんのさ」。この側面は、間の抜けた新聞発表やコラムニストのお話――A王女は夫君の靴下を全部御繕いになる、D王女様は御自分で赤ちゃんE王子をお育てになる――に出会うと、なに言ってやがんだいという反応になってあらわれる。この点で、いつでもなにか大きな王室シーズンがあると、このたぐいのことがしょっ中あるのだが、女たちの反応は簡単明瞭に正体をバクロする。「そうそう、そうでしょうよ」。同時に、かれらはしばしば王室を、その助言者たち、政府から、残りの貴族から、区別する。大きな機械にからめとられ、「やつら」に操作され、「本当の家庭生活」も満足にできないでいる――そうした具体的人間としてかれらは王室メンバーを考える。労働者階級の女たちの多くが、今日王制にある種の好感をもっているのはこのためであり、だからほかの階級の女性として、そのより「家庭的」な活動に関心が集中する。「損な仕事だねえ」と人びとはいう。「おれたちと同じようにあっちこっちひっぱりまわされるんだから」。そこからかれらは君主に負わされている責任の大きさに大いに同情し、女王と夫とは最大限の好意をよせられなければ可愛想だと感じるのだ。「女王は素敵なべっぴんだぜ」と連中はつけ加える。王室のほかのメンバーも、面白い小説本の登場人物のように、それぞれの役割をもっている――「彼女はくせが悪いって話だぜ」、「彼は彼女にひどい暮しをさせてるって言うぜ」、「彼女はちょっとおどけたいんだってさ。やってるだろう」。かれらはそれを欲する。だから雑誌は気前よく、王室・家庭生活のこまごましたことを十二分に供給する、というわけだ。『銀の星』[4]誌にのった、子供たちの女王によせる詩の一節を借りれば、「あたたかい、家庭的なやり方で」、ということになるか。

B 始源的宗教

実際に人口のかなりの部分が、いまだに国教会や非国教の会堂に出席している労働者階級居住地域は、あまり多くない。しかし、そこでは、ぼう大な群小の宗派が、ほかよりも繁昌しているようにみえる。安定度はさまざまだが、福音伝導所で、トロリー・バスの道筋にある改宗した店で、それらは人を集めている。とくに言っておけば、わかるような気もするが、中年の寡婦をひきつけるようにみえる「スピリチュアリズム」のいくつかの形態もそこにはある。こうした宗派はしばしば、その信者でもありながら同時に、正式の国教会、またはもっと大きい非国教徒の団体に属している人びと、をも含んでいる。

それで、ほとんどの家庭、言葉の広い意味でだが、では少くともメンバーの一人は――多分両親ではないにしても、おばさんとか、お嫁にいかないで売れ残った従姉妹とか――国教・非国教の教会の常連だ、ということが多い。教会はいまでも隣近所の生活の一部だと感じられている。人びとはいまでも「おれたちの教会」という風に話すし、ふだん出てゆかないものの多くも、隣近所で「事件」がおきるとやっぱりそう思い、そして年に一度のお勤め、バザー、コンサート、聖霊降臨祭の始まり、クリスマスのパントマイムなどには、出かけて行くのである。クリスマスのパントマイムについて言えば、「これ以上のものは王立劇場だって見られやしないぜ」といったいい方を、私は耳にタコができるほど聞かされてきた。

全般的にはそうなのだが、私の印象でいえば、知っている地域のほとんどで、こうした限られた意味での宗教帰属ですらも、弱まりつつある。今日、ほとんどの労働者階級の人びとは、親が日曜学校に行けと言わなくなってからあとは、特別な家庭の「出来事」があるときを除くと、国教会にも非国教の教会にも、行きはしない。ある土地では、男の子が長ズボンをはくとか、女の子ならメーキャップが許されるとかいった、外からはっきりわかる大人になったことのしるしの一つは、この日曜学校に行かずともよく、家にいて親父と同じように『ニューズ・オブ・ザ・ワールド』紙を読んでいてもいい[5]、ということである。大人になってから、またそれぞれの道を通って教会へもどってゆくということは、ほとんどないようにみえる。一度古い紐帯が切れてしまうと、なかなかもとにはもどらないようだ。

ではあるが、大人は一般に神に祈るどんな場所にも、日常的には顔を出さないと言えるにもかかわらず、かれらは意識的には少しも反聖職的ではない。牧師に対するかれらの態度は、ちょっぴりシニカルである。牧師はボスたちの仲間だから。しかしそれは、からかい半分の明るいシニシズムであって、うしろに敵意がこもっているといった積極的なものではない。(6)「うまく調子を合わせてゆけるなら、いい商売さ」「連中にお恵みあれ」、といった風にかれらは言う。一皮むけば、おれたちはみんな悪い奴なんだというのが前提で、たしかに機会というのは素晴しいもの。おれだってチャンスさえありゃ、同じようにやってるさ、というところか。

そんなことを言いながら、かれらは相変わらず、教会（非国教のも含めて）で結婚し、教会に埋められ、子供をそこで洗礼し、日曜学校にやっている。それは、たんに大勢順応のしきたりに従っているだけなのか。またかれらはいつもそうなのだが教会のせまっくるしい片隅で祈るときでも、困った時の神だのみなのか。あるいはいつも潜在している迷信に強くつき動かされてなのか。部分的には、疑いもなくそうだろう。だが、すべてではない。ほかの階級と同じように、労働者階級もかれらなりに、宗教の教理なしでも済ませるようにみえる、いろんな観念の影響を受けている。しかも、かれらの経験は、宗教の「お話」はしばしば「実際の」人生で全然役に立たないこと、しばしば不可避的なジャングルの弱肉強食をおおいかくすのに使われてきていること、を暗示する。それでも、人生のなにか大事な時、または個人的な危機に直面して宗教的施設にやってくるとき、かれらはただ単に手間ひまかからないしきたりに従っているだけではない。かれらは、やはり心の底では、なんらかの形で、神を信じているのだ。少くとも中年の人びとはそうである。ここで私は主として、かれらのことを考えているのだ。

かれらは、まずなによりも、人生に目的のあることを信じている。人生は意味がある、意味をもたねばならない。だからといって、その意味を定義したり、そうした結論から導き出される人生の本質、含蓄いかんといった抽象的な問題を追求したりして、大仰に悩んだりすることはない。そんなことをしなくとも、明らかに人生には意味があるのだ。かれらは、「おれたちは、なにかのために生きてんのさ」とか、「この世にはなにか目的があんのさ、でなきゃ、おれたちがここにいるわけがねえ」、とそれを表現する。つまり、なにか目的があるということは、神が存在するに違いないことを前提にしている。かれらはG・K・チェスタートンが「物言わぬ存在の確実さ」といったようなもの、ラインホルド・ニーバーを借りれば「始源的な宗教」といったものを信じている。同じように単純に、かれらは、ジョージ・オーウェルのいう「理屈をこねて誰がなんと言おうと、こうした事柄（自由意志、個人の存在）は、現にある」ことも信じている。

ちょうど同じように、人が死んでからの生活も、ふつうに「あの世の生活」といわれているように、確実に実感されている。地方紙の「死亡広告」欄を眺めてみるとよい。どんなにひんぱんに「あの世の生」が述べられ、死が「ここ現世」でのきつい仕事からの釈放とみなされ、もっと楽な幸福な世界への到着とみなされていることか。とき放たれて「幸福な旅立ち」「恵深き解放」「よりよき世界へ」といった文句が続いている。つけ加えれば「前にいった」とか「先にいった」とかいった文句も。ふつう死亡広告の文言は、新聞社にきまり文句を印刷したいく組かのカードがあり、そこから一枚えらぶだけの話だから、これとても、感傷性をあつらえるコマーシャリズムのもう一つの事例以上のものではない、と言えるかも知れぬ。が、カードにある文句は、お客の要求にしたがっており、それはある一定の順序でしか続かないし、それはただセンチメンタルな感じがするからとか、習慣でそうなっているとかいうだけのものではない。

労働者階級の母親たちは、天国を慰め、報酬、なにか報いのある場所、としてみがちである。罪への罰のくだる場所としては、ほとんど考えられない。この現世で、彼女らのたぐいは、ずっとカツカツの暮しを送ってきたからだ。かれらは、いつも「いいことをしてきた」わけでもないが、この状況では許されるに違いない。彼女らは、ただ「公平さ」だけを求め、期待しているのだ。

そうした母親にとって天国での生活は、家庭生活のより幸福な側面の再生として思い描かれる。神は彼女の「おとうちゃん」(もし彼が〝いいおやじ〟だったならば)の拡大延長として。しかも、このおとうちゃんは、もっとずっとものごとをちゃんとする能力があり、コントロールできない家庭の外の諸力によって困らされることもない。とりわけ、天国は「間違っていることをなおす」、憩いの場所なのだ。もの事はそこではずっと楽になる。腰かけてゆっくり休む時間もある。そこでは、おだやかで理解のゆきとどいたものではあれ、たとえば彼女をダンスにさそって誘惑した「悪い奴」には、一種の「お仕置き」もあるだろう。そこでは、ずっと前にこの世を去り、それからいつも惜しまれている人びとか、十九で死んでしまったひょろひょろした息子にも会えるのだ。

ととも、また一緒になれるだろう。工場で病気を重くされ結核で死んでしまった陽気な妹とか、十九で死んでしまったひょろひょろした息子にも会えるのだ。

ここから、かれらの「相応のキチンとした葬式」、「品のある埋葬」「死者を立派に送ってやること」の強調、「不自然だ」として火葬を嫌うこと、などがでてくる。重い保険金が、家族の上等な葬式、親類の葬式に着てゆく喪服、の費用をカバーしてくれる。用心深い家庭では、生まれたときから少しずつ保険金を積み立てている。私はいまでも埋葬保険料として一週間に一ペニー払い込んでいる。私の母親が生まれるとすぐ掛けてくれたものだ。それは私の葬式の頃には、約十五ポンドほどになろうか。場合によって保険は一種の銀行にもなり、親類の死がある一定の幅をもってきまって行なわれる衣装棚を全面的に更新する機会の一つになったりもするのだ。「品のいい」葬式という言葉の裏には、自分たちをかざりたてて隣近所に見せびらかしてはいけない、この重大で公の機会に、得意満面でそうしてはいけない、という願いがこめられている。また同時に、その裏には、死体も、参列者も、生涯ずっとふつうに着ていたおんぼろの恰好で埋葬にいってはならないということも前提にされている。それは、冗談ではなく、関係者すべてにとって最大の聖霊降臨祭なのだ。ほかの多くの老女と同じように、私の祖母も死んだときのために仕立てた素敵なガウンとシーツを用意しており、彼女の人生も終りに近づくころになると定期的にそれがどこにしまってあるかを私たちに教えていた。しかし、この特徴は、多分彼女の農村的背景の直接の遺物に違いない。

同じように、「みんなと一緒にほうむる」、葬式のとき、豪勢な食事を出す習慣も、ごっそり保険料が入ったからという申訳のためだけではない。それが、一度もかけもへりもしないで、家族全員が集まるという滅多にない機会に事を運ぶにふさわしいやり方だと考えられているからだ。お茶の時間の雰囲気が明るいことをみたり、延々と続くゴシップに耳を傾けていたりすると、これは葬式なんかじゃなくてただ大会食をめぐって家族の噂話に打ち興ずるための集りにすぎないじゃないか、とも思いたくなろう。噂は結婚式のときそうであるようにかならず立つ豪華な食事とたくさんの人を集めて。しかし、葬式の集りの外面的特徴が多くの点で結婚式と似ているからといって、そうした類似は全然たいしたことではない。

労働者階級の人びとが教会での結婚式や葬式に固執するときには、信仰にたよっているのだ。それは、熟考されたなどということはほとんどないにせよ、ほとんどの場合確実にそこにあることはあるのである。こうした信仰、基本的なキリスト教教理のいくらか、をかれらは内面にもっている。が吟味したりはしない。ばかりか、しばしばそれが毎日の暮しの仕事と大して関係があるとも思っていない。暮しの仕事は、なにか全く次元の違う事として考えられている。固く、非観念的なものごと、として。もし、お前さんが「宗教にしたがって生きよう」とするならやってみるがいい。お前さんはすぐにそれが「阿呆のするこった」であることがわかるか、じき「やられてダメになっちゃうか」どちらかさというわけだ。かれらは自分も他の奴もちょいちょい悪いことをするのを知っている。しかし、かれらのいう悪いこととは他人によくない行動をすることなのだ。罪の、原罪の意識、といったものは全体として、かれらに無縁である。仲間のだれかが宗教の教義にひどく目覚しい影響を受けたとする。と、かれらはすぐ「オー、奴は信心病にかかりやがったぜ」という風に言い、彼を無害な変人、半気狂い扱いにするだろう。無論いつもではないが、そういう場合もある。そしてかれらはここではほとんど目立たない。かれらは、特有の熱心さで、自分の信仰を倫理的に肉体で実践しようとしている宗教的人間に対しては、前から大変寛大である。救世軍は民衆のあいだでは、少しウスノロが入るものだと見なされている。だが貧民援助計画など「連中はたくさんいいことをしてるぜ」というわけで、尊敬もされてはいる。『ときの声』はいまでも、パブで売っている。

かれらの考える範囲では、キリスト教は一種倫理の体系として考えられている。関心はもっぱら道徳にあるので、形而上学にあるのではない[7]。ふつうに使われる文句「私はそう信じない」、でいえば、「信ずる」という動詞が、つねに「賛成する」とか「同意見だ」とかの代りに使われる。というのは問題になる論点のほとんどがつねに倫理的にとらえられているからだ。ともかく、かれらは断固として、キリスト教がいろいろな倫理のなかで最上の形態だと思っている。かれらは、矛盾しているという感じなしに、科学が宗教にとってかわったなどと言う。しかし、にもかかわらず、われわれはみんな「キリストの教えに従って生きる」よう努める義務があるのだ。ある側面、かれらは、宇宙について「科学者」の言うことを、なんでも受け入れてしまうようにもみえる。しかし、かれらは、科学者は発見したものの応用に対してなんの道義的責任も負わないといった観念には、正当に、それを受け入れることを拒否するだろう。恐怖の瞬間——たとえば水爆の力でもよいが——かれらは他の多くの人びと同様、科学者を処罰しようと思うだろう、といったことを私は考えているのではない。私が考えているのは、どんなに科学的発明が進展し、科学者がどんな権威——ほとんど魔力にひとしいような——をもとうと労働者階級の人びとがそうした発明に従事するにしろ、応用するにしろ、どちらにも、簡明直截な道義的責任があるのだ、と頑強に考える、そのすじ道のことである。

以上暗示してきたように、かれらがキリスト教から主として理解するものはこうした道徳的義務の感覚なのである。キリスト教は道徳なのだ。

すぐ前に使った文句「キリストの教え」、は宗教について好意的な話が交されているときには、ふつうにもっとよく聞く文句の一つなのだ。キリストは「人、いかに生くべきか」の最上の手本を示した人間であった。人はいまじゃ、そんな風に生きようたって、そうはできない。でも、手本はそこにあるのだ。かれらは「実際的キリスト教」についてよく話す。

力点はつねに、かれらにとってなにをするのが正しいのか、実際できる範囲で、人間として、ということにおかれている。ふつうの人間、「この教義のすべて」のふつうの論点はわかりもしないが、集団のなかでたえず他人とつき合って行かねばならぬ人間。協同することを学ばねばならぬ、相互交際の上で暮さなければならぬ、やったり、とったりすることを学ばねばならぬ人間、として。他人に親切にするという扱い方の背後にある仮定は、おれたちはみんな神の子だからというのよりも(そのことも背景に部分的にはあるが)、おれたちはみんな「同じボートに一緒に乗っている」ということだろう。グレアム・グリーンの『ブライトン・ロック』に出てくる酒場の女イダと同じように、かれらは罪と恩寵、善と悪といったことについては大して考えない。しかし、正しいことと、間違ったことが違うということは確固として信じている。私は、そうした立場に限界のあることはわかる。が、グレアム・グリーンのようにそれが悲惨な状態を示しているとは感じない。まわりの状況しだいでは、かれらは、もっと感心しないいくつかの態度もとらないではないだろうが。

この宗教感覚――それはわれわれの他人への義務を示すガイドであり、共同生活をするためのよい規則の貯蔵所としての――のまわり、ここには、古い慣用句がむらがっている。誰でもいいから五、六人の労働者に、宗教とはなにかと聞いてみるとよい[8]。ひじょうに手軽に、しかし、意味を考えもせずというのでもなく、聞かれた奴は次の文句のどれかで答えるだろう。

「いいことをすることさ」
「ふつうに行儀よくするってことよ」
「困ってる奴を助けるってこと」

「親切にしろってこと」
「自分もしてもらいたいように他人にも振るまえ」
「おれたちは助け合ってくってこと」
「隣人を助ける」
「いいことと、悪いこととを知る」
「つつましく暮すってことさ」

これが、子供たちを日曜学校に行かせる慣習が続いている主な理由である。おまけの理由はとくに言うまでもないだろうが、両親は日曜の午後自分たちだけでゆっくりしたいからで、ときとしては、もっと拡大すると学校が終ってからお茶の時間まで散歩にいってこいと子供たちを追い払ってしまうのもいるほどなのだから。お母さんは朝じゅうご飯つくりで動きまわり疲れきってしまうから。おやじは日曜新聞を眺めたあとひる寝がしたいから。しかし、こうしたことすべての背後には、やはり日曜学校は子供の行儀をよくする、子供たちが「わるいことを覚えない」ようにする、という想念があるのだ。

わかりきったことだが、非国教徒の教会が伸びているのも、この同じ倫理気質に負うところがおおい。国教の教会は、特権と、上流階級と、儀式と結びついている。が、非国教徒の教会には、オックスフォード大学なぞで養成されたのではない牧師がいるし、素人の説教師――かれらの宗教もふつうの人と同じように、トコトン徹底した道徳御説教であることが多い――も広汎につかわれている。連中は、「おれたちの一人」なのだ。賞める奴が言えば「弁舌の才能」、けなす奴が言えば「おしゃべりのたち」で、そうなっているだけなのだ。説教者も会衆も、儀式や、ほとんどなんであれ「形式」に多くの時間をかける余裕はない。かざりつけは、軍隊と同じように、むかし牧師と信者とのあいだに定められたように、単純、率直でなければならない。こうしたことのすべてにあらわれている自派の宗教に対する熱情はもうずっと以前に死んでしまっている。しかし、今日でも労働者階級の多くは、場合によれば、昔の猛火のゆらめき位は生み出すことができる。かれらは、時おり、ローマ・カトリック教会にはなにかあやし気なところがある、といった疑いに耽けるのが好きだ。「香をたきこめて聖歌を歌ったり、あかあかとロウソクをともしたり、ゴテゴテ物を並べたり」することは、邪悪な旧教会と関係なくもない、とかれらは感ずるのだ。

「たくさんお祈りをしたって、なにもいいことはない」(年とった人びと、とくに女性のなかには、教会には行かないにしても、いまでも定時的にお祈りをしている人があるが)。あなたは、自分なりのやり方で、教区教師なぞを「いつも追いまわしている」連中よりも、ずっと神に近づくことができる。「どんな形でもいい」ので、キリスト教徒になるには、かならずしも教会にゆく必要はない。「おれは教会には行かないけんど、お前と同じようにいいクリスチャンだぜ」、といったいい方をかれらはする。しばしば、その裏には逆の意味があるが。「お前は教会には行ってるけど、おれと同じように悪い奴さ」。定期的に教会に行く人間は、絶対一度も行かない人間のある者よりも、ずっと程度が落ちる、とみなされている。もしかれがキチンと定期的に教会にゆき、教会でちょっとした顔にでもなっていれば、その男はちょっぴり偽善者だとみなされる。そんなに信心しているふりをしなくとも、自分なりにせい一ぱいやっている人間のほうが、ずっと本来のクリスチャンらしい、とみなされるのだ。結局、「ふつうの柄のいい人間」になるよう全力を尽すこと――それが本当にキリスト教の意味するものなんだ。

そのために全力をつくせ、しかし外の「現実の世界」、仕事と借金の世界、を忘れるな。人生は、この世のものをなんでも利用してゆくことであり、できるだけ「なんとか遣り繰り」してゆくことである。「キリストの教え」とやらを、どこか頭のうしろのほうにしまいこんでおくことはできるだろう。お前はそれをおぼえておくことはできるし、ときどきなら考えたり、感心したりすることもできるだろう。だが、本当に人生を生きるってことになれば、「先刻御存知のように……」というわけだ。どっちにしても、こうした「深刻な問題」は、時間と金のある、そうしたい奴にまかせておけばいいのさ、と。

それゆえ、ほとんどの労働者階級は、「非」狂信的であるばかりでなく、「非」観念的にみえる。が、かれらはかれらなりの信仰箇条をもっている。ただそれを生のままであらわしたがらないだけだ。ほとんどの場合、かれらの近づき方は経験的である。かれらは慣習的なプラグマティストなのだ。そうした態度は、そうすれば能率がよいからということからではなく、個人の地平線はせまく限られているからという感覚、大きなことを望んでも無駄だという感覚から導かれる。抽象的な原理からひき出されてくるものでは毛頭ない。「まあ、公正な取引さね」というのは、宇宙とか、かえりみてやましくない「義人」になろうとするには、不充分な道案内かも知れないが、苦しい生活を送ってきた中年の男が真面目にいうときには、それは困難な環境に立ち向って、かなりな勝利をおさめてきたことをあらわしている。

C 通俗大衆芸術からの例証――ペグの新聞

なににもまして、人間の条件のこまごました細部について興味をもつこと、これが労働者階級の芸術を理解するにあたっての最初の方向指示器である。まず始めに言っておかなければならないのは、労働者階級の芸術は本質的に「ショウ」(「探求」というよりは)であること、すでに知られているものを展示するものなのだ。それは、人間の生活はそれ自体で人をひきつける魅力がある、という前提から出発する。それは人間生活の外からはっきりみえるところを扱い、それがどんなに空想的にみえようとも、まず写真のようにありのままを写し取ってゆくところから始める。それはいくつかの簡単だが、確固たる道徳的ルールによって、タガをはめられねばならない。

ここに、綿密で細かなところまで家庭的な『トムソンズ・ウィークリー・ニューズ』(9)のに人びとに親しまれ人気があるのは、このためである。知ったかぶりの代用になるということよりも、それが毎日の生活のこまごましたことを日ごとに反映してくれるからだ。ほとんどの大衆新聞のニュース報道様式が、いまだに低い次元の想像的、フィクション的書き方を続けているのも、このことのためでもある。労働者階級の格別のお気に入りである、日曜「ゴシップとセンセーション」の新聞[10]、自由な日の新聞、は、ほとんど労働者階級全成人人口のために、イギリス列島中をかけまわって適当な材料を丹念に拾い集めてくる。かれらの興味が、ニュース報道であろうとフィクションであろうと、いわゆる「アッ、ウーン」といった要素——ごく「ふつう」の少女が男に殴り倒された、ところがそいつは映画スターだったというような——で増加させられるのは、本当だ。若い魅力のある未亡人が、実は前の二人の夫を砒素で殺し、死体を台所の敷石の下にかくしていたのがわかったとか——大衆文学なんてのは、みんな「アッ、ウーン」式のやつさ、と言ってしまえば事は簡単だが。まず、写真的に外側からこまかに各様相をみてゆかなければなるまい。こうしたかわった材料は、日常生活からの逃避を暗示しているのではなく、かえってふつうの日常生活が本質的に本当に面白いのだということを前提にしている。犯罪やセックスや豪華さによる「味つけ」のあるなしにかかわらず、本質的に肝心なのは人間的で、こまかい、ということなのだ。ド・ルージュモンは「ロマンチックな雰囲気、そのかすみのなかでは情熱が最高のテストであるような、を呼吸している」数百万の人びと（彼が思い描いているのはとくに中産階級であろうが)、について語っている。[11] あとでわかるように、労働者階級の文学にも、この見解を支持するようなものは、たくさんある。しかし、それはいま残っているもっと本式の労働者階級出版物について、最初に言うべきことではない。そこでは情熱よりも堅実な家庭生活のほうが、より興味をもたれている。

BBCプログラムのあるものが、この点を、はっきりさせている。「家庭」番組がどんなに人気があるかに注目してもらいたい。単に「家庭のお好み」(「よき隣人のために」)といったものとか、「デール夫人の日記」「アーチャー一家」「ユゲット一家」「デビスンたち」「グローブ・ファミリー」「ハーグリーブス」とかいったホーム・ドラマ、フィーチャー・プログラム、だけのことではない。もっと本当にふつうの家庭番組、しばしば、旧式の新聞がやっていたように、たくさんの小さな事柄をただそれらがみんなふつうの人のふつうの生活を扱っているという共通項だけでつないでゆく構成をとるもののことである。私が念頭においているのは、ウィルフレッド・ピックルズの[訳注11]「いってみよう」とかリチャード・ディムブルビイの[訳注12]「道ばたで」のようなものだ。それらは、きまった形をもっていない。それらは「芸術」をつくろうとしてもいないし、ミュージック・ホールの意味での娯楽を提供しようとも思っていない。ただ「人びとを人びとにみせる」だけで、またそのために好かれている。それで、いまだにミュージック・ホールの「コミック」[訳注13]のやり方で労働者階級の生活を扱う手法を利用した番組、ノーマン・エヴァンズの「庭の垣根をこえて」、アル・リードのとびきり豪勢なスケッチのような番組、が出てくるのだ。番組が一定の専門的な芸術水準にあるかどうかといったことは、成功する、しないに大して関係ない。番組の内味が本当に家庭的で日常平凡でありさえすれば、面白がられ人気が出るにきまっているのだ。

私が前に暗示しておいたように、ある種の雑誌――たとえば、圧倒的に労働者階級の女性に読まれ[12]、ふつう「ペグの新聞とかそういったたぐい」として語られるもの――はうすめられない幻想とセンセーションをあたえているだけなのだ、とふつう思われている。ところが、そうではない。ある側面では、こうしたもっと生粋の労働者階級雑誌のほうが、新しいスタイルの雑誌よりもいいところがあるのだ。古い雑誌は、たしかにある側面粗野ではある。がしばしば、それ以上のものがそこにはある。古い雑誌はまだ、かれらが迎合している集団のなかの生活についての一種実感的な感触をもっているのだ。私は以降それらを、「ペグの新聞」の伝統をひき、労働者階級生活のより古い形態を反映していることからして、「古い雑誌」とよぶことにしよう。実際、そのほとんどが、現在の誌名で十―二〇年のあいだ続いているのである[13]。

ほとんどすべてが、三つの巨大商業組織から生産される[14]。「アマルガメイティド・プレス」、「ニューンズ・グループ」、「トムソン・アンド・レング」。が、著者やイラストレーターたちは、読者の生活や態度をよく知っているようだ。発行者たちがむかしノッティンガムのストッキング製造業者がやっていたように、その材料の多くを少しずつ外部から仕入れているのかどうかは疑わしい。素材のほとんどはありきたりのものである。であるだけにそれは労働者階級の態度を鏡に写しているのだ。しかも、こうした態度は、決して、人が最初にそう考えたくなるように、コッケイなものではない。こうした週刊誌とくらべると、このごろ前面に出てきた新しいやつは、頭のまわりの速い、最新流行の意見をつめこんだスマートな若い息子で、センチメンタルで迷信深い、旧式の母親と並んでいる、といったところか。

こうした古いタイプの雑誌は、大かた使っている紙をみればわかる。目の粗い新聞印刷用紙で、一種の匂い――いまでも私にはすごく刺激的な、なぜかといえば、古い少年雑誌やマンガの紙も同じ匂いがしたから――なにかちょっとしけった、かびのような匂い、がする。内のレイアウトでもわかる。活字はわずか五、六種類しか使われていない。カバーでもわかる。それはふつう「濃淡の差がなく平べったい感じ」であり、かぎられた範囲ではあるが、ドギツイ色――ほとんどが黒と濃紺、赤、黄色、中間色はごくわずかしかない――が使われている。ふつう、一部三ペンスで売られ、題名は、『秘密』、『週刊赤い星』、『幸運の星』(いまや、これが『ペグの新聞』を合併した)、『奇蹟』、『予告』、『魅力』、『赤い文字』、『銀の星』(訳注14)、などである。狙っているのは、明らかに成人の女の子、とくに若い女房族である。それで、『赤い文字』の読者の三分の二は三五歳以下なのだ。もっと年とった読者向けの記事もないわけではない。読者の総数は、それぞれ、百万の三分の一から四分の三ぐらい、ほとんどのものが五〇万はこえている。多くの読者が相互に重なっているに違いないので、全体としての読者の数は大変なものになる。そのほとんど全部が労働者階級なのだ。

内の構成は、みんなひじょうによく似ている。広告は大変多い。小さくかこまれて全体に散らばり、裏表紙と、本文の最後の数ページとは、大半が広告で埋まる。表紙と本文の最初の頁には、ふつう広告はのらない。色刷りの表紙をめくると、内側には一般に、きまった論説風のものがのっている。主な続きものや、その週の「ドラマチックな長篇読切小説」がそこから始まることもある。広告は、全種類の雑誌にきまって繰返しくりかえしのっているが、扱っている商品の範囲は狭い。ある化粧品は、なんとか子爵の御夫人が舞踏会用の盛装をなすった写真などをのせていまでも〝貴族的アピール〟を使っている。応急治療法の広告には、同じ病気がなんども出てくるので、せっかちな人は、イギリスの労働者階級は生来、便秘がちで「いらいらしている」のだ、と結論を下すかも知れない。女の子を、ダンスの相手のいない「壁の花」にしがちな欠陥をなおすと称する薬の広告もやたらとある。「科学者の言う所によると」という語り口が使われているが、その前身である「むかしジプシーが教えてくれたのだが」という語り口も、まだ残っている。それで時おりは、次のような調子で秘教的なインドの治療法なるものも登場する。「ジョンソン夫人はこの秘密を、ずっと前ボンベイにいたとき、あるインド人の乳母から教わったのです。それ以来、彼女のやり方に信頼して頼ったおかげで、何千人もの人びとが感謝していますす」。既婚婦人には洗い粉の宣伝があり、頭痛薬とか、子供用にはカリフォルニア産いちじくシロップの広告がある。しかし、一般的にいって、既婚婦人読者もまだまだ若い気で化粧品やヘア・シャンプーを使って未婚婦人に負けない気でいる、というのが大前提なのだ。メイル・オーダーの会社は、おもちゃのようなくさび型の靴、ナイロンの下着などを――私の想定では――若いご婦人がたに、もっと年配者にはコルセットを宣伝している。すべてのグループに、しかしとくにちょっと余分の小遣いをもっている若い既婚婦人が御目あてらしく思えるが、大きな着物月賦販売、信販組合の勧誘員にならないか、という大きな広告(こうした雑誌では一番大きな種類だろう)もある。そうした組織は、主としてマンチェスター地域を中心に繁昌しているようだが、ふつう勧誘員には一ポンドの契約につき二シリング、と分厚いカタログ、手帳などをくれているようである。

ストーリーが本文の基本部分を構成しているが、あいだに定期、不定期のフィーチャーがまざっている。そこには、政治もなく、社会問題もなく、芸術についての言及もまるっきりない。ここは、毎日の事件を報道しようとする大衆新聞の世界とも、時おりは「文化」についておしゃべりをする婦人雑誌の世界とも違うのだ。そこには、大変有名な映画スターの署名をつけた美しくなるヒント、ひじょうにぬかみそくさい家事のやり方についてのヒントがあり個人的問題についての、半ページの「おばさん」、乳母からの身の上相談欄――「マギーおばさんの御忠告」として笑われるたぐいのやつ――がある。実際、それはふつうきわめて行きとどいている。それはそうなのだが、道徳的でないものは少しも入る余地がない、と言っているわけではない。しかし、アドヴァイスの一般的傾向は、現実的で健全であり、担当ジャーナリストの手にあまる問題が出たときには、質問者は医者のところか、またはそれぞれの専門機関にゆくように教えられる。そこには、星、生年月日にもとづいた運勢占いの欄もある。

ストーリーは、続きもの、その週の読みきり長篇、短篇（一ページぐらいのながさ）に分けられる。長篇や続きものには、しばしばアット驚くようなドンデン返しがついている。青年が本当は大金持だったとか、それまではいつも平凡なジェーンだと自分で思っていた女の子が、思いがけなく美人コンテストに入選するとか。とくに続きものはそうで、それは「ドラマチック」で、一週ごとにもり上げてきたサスペンスをパッと爆発させる、必要があるからだろう。そこで続きものは、いわゆる荒々しい情熱、殺人を扱いがちになる。そこには、ふつうラッフエなどと名づけられる、いい男だが少しだらしのないのが出てくる。しかし、もっと面白いのは、言葉をかえれば明らかにもっと恐れられているのは、映画の予告篇がいうところの男をまよわせる「いかす女」聖書のジェゼベルども、である。彼女らはどこか地方の町におちつき、何百マイルも離れたくる前に住んでいた故郷に「恐ろしい過去」をもっているとか「恐ろしい秘密」があることを感ずかれてしまう。彼女らはかわいい若い女の子が追いかけていた男を横どりしてしまい、漕いでいるボートからつきおとしたり、縛って旅行トランクのなかに押しこんだりする。または電気湯わかし器を致命傷をあたえる武器に転化したりする。「彼女は邪悪なようにはみえなかった――が、彼女がいること自体が一つの呪いであった」、「彼女は悪魔それ自身によって、もっとも美しい天使にかたどられた女だった」。

この種の文学に反対する批判はよく知られている。私はその反対根拠を軽視するもので はない。それは、忘れないでもらいたいが、すべての階級の通俗大衆文学に当てはまる。もし、これらの文学のあるものが、よこしまな邪悪なスリルを供給すると認めた場合、人はそれから先をどういえばいいのか。この種の通俗的書きもの一般と、どこで区別するのか。デニス・ド・ルージュモンがこの型のストーリーについて指摘しているところによると、とくに中産階級向けのものは、ふつう二側面からみられるようになっている。つまり、悪い奴は絶対現実的には勝たないことにはなっているが、感情的には悪い奴が勝つようになっている、と。まあだから、たとえば姦通的恋愛が主題だとすると、こうしたストーリーは感情的な裏切りを内包する。それらは「恋愛の鎖が打ちやぶりがたいものであることを主張し、「精神的」観点から愛人が妻より勝っていることをほのめかす」。「それゆえ」とド・ルージュモン氏は続ける、「結婚という制度はむしろ悪く扱われている、しかしそれは問題ではない――というのは中産階級（とくに大陸の）は、この制度がもはや道徳にも宗教にも根ざしておらず、ただ確固として金銭的な土台にだけのっかっていることを、すでによく知っているからだ[15]」。ド・ルージュモン氏は同時に、愛＝死のテーマ――姦通は場合によってはただ死によってのみ解決されるから――の魅力をも強調している。

私のみるところでは、こうした中産階級用のものと、ここで論じている「古い」雑誌の「ハラハラさせる」ストーリーとは、違っている。表向きに書かれてある前提を、内面の感情が裏切るといったことは、ここではほとんどないように思う。ここでのスリルは、悪い奴が、まだ心の奥では大事だと感じられていること、個人的な熱情関係よりも、家庭と結婚生活がよいのだという感覚、をこわそうとする――「ないがしろにする」、ところから出てくるのだ。そこから、そこでは愛＝死のテーマなど必要ない。それは積極的で現実的な家庭＝結婚のテーマを全く殺してしまうからだ。姦通的関係をむすぼうと誘惑する悪い奴が、興味深くみえるのは、禁止されてはいるが内心望まれてもいる関係をもつ楽しみを代行しているからではなく、彼がひじょうに大事なことだと実感されていることに、おどろくべき攻撃を加えるからなのだ。彼は、姿をかえた英雄ではなく、一種のお化けなのだ。彼はふつう、私がド・ルージュモン氏の描写を借りてかいたもっと洒落た文学のワルとは違って、感情的にも勝利しない。これは、本当に、徹底して複雑でない文学なのだ。

こうしたストーリーは、ほかの多くの〝性と暴力〟のお話しの現代的変形――日曜新聞のあるものが続きものにしている――、とはもっとはっきり違っている。そこでは、著者は、暴行、暴力行為が行なわれているあいだはわりとおだやかなスリルをあたえようと努め、それが終ると、すべてを空ぞらしい道徳的陳腐さでひっくるんでしまう。労働者階級の「古い」雑誌のストーリーは、最近の二シリングの性・暴力三文小説類とは、もっと違っている。性的昂奮は全くないし、それをよびおこすことを狙った描写もない。これは、女性は男性よりもそうした種類の刺激に反応しないからというよりも、こうしたストーリーが現代風三文小説とは全く違った世界に属しているからだ、と私は思う。労働者階級の女性雑誌のストーリーは、中産階級の世界にも、より現代的な日曜新聞の世界にも、最近の安小説の世界にも、属していない。別にいえば、違法な関係が「よいお楽しみ」だとか「スマート」だとか「進歩的」だとか話されるような環境とは縁がないのだ。そこでは、もし娘っ子が処女を失い、人妻が姦通したとすれば、つぎのように言われる。「そしてその夜私は堕落した」、「私は大きな罪を犯した」、と。そしてそこには大きなスリルもあるわけだが、あなたは同時にそこに堕落や罪の感覚も実在することがわかるだろう。

　こうしたストーリー類をたくさん読んだあとで人が受ける最も強い印象は、そうしたお話しが、それを読んでいる読者の生活のこまごました細部に、物すごく忠実だ、ということである。とくに、続きものや長篇と同じくらいのスペースをとっている短篇は、主にふつうの生活の、面白いことや困ったこと、こまかな出来事の、忠実な写本といってもよいだろう。続きものは、いまでも「イギリスの威厳のある家庭」などとよばれている、アッとおどろくような優雅な世界へ突然場面転換したり、インドの王さまやアラビアの王様を出してきたりする。しかし、そこに描かれる世界は大かたは、細かなところまでかなり正確に写した読者自身の住んでいる世界である。そこにかかれる犯罪のかなりの部分も、またその世界のもの――トムスン夫人が万引の疑いをかけられたときの困惑、といったたぐいのもの、なのだ。私は『銀の星』誌を開いてみる。内側の第一頁に、読み切り長篇「恥の証書」がのっている。書出しに。

「ステラ・ケイが十五号室の門の錠をあけたとき、玄関のドアがあいて母親がのぞき、いらいらした様子で手招きした。

「お前、どうしてこんなにおそくなったんだい」、と彼女はささやいた。「ソーセージは忘れなかっただろうね。おお、そうかい、いい子だ」

ステラは母のぽっと赤らんだ顔と、母が一番いい花模様のエプロンをつけているのを見た。お客さんだ！　かけこんでいってみんなに、彼女のニュースをブチまけてやりたい。いや、それは秘密にしておかなければ(16)」

『秘密』誌のある典型的な号は、その週間の詩として「母親の夜の終り(17)」、おやじとお袋が週に一度映画をみにゆくことについて、というのをのせている。「それは月曜日の夜のこと、三号室で／お袋と親父は急いでお茶を呑む／実際、哀れな親父がまだ終らないうちに、お袋がせきたてる。「サア、フレッド、いきましょう」」。

『予告(18)』誌のうしろにある短篇「英雄、故郷に帰る」は、つぎのように始まる。「ローパー道路の角にある小さななんでも屋で買い物をする女たちのほとんどが、ボルサム夫人の息子の話には、いいかげんうんざりしていた。だが、彼女は非常に親切で、何か事ある時にはかけつけてくれる便利な人だったから、まさか面と向ってそういうわけにもいかなかった」。『幸運の星(19)』誌の典型的な一ページ・ストーリーの、書き出しは、「リリアン・ウエストは台所の壁にかかっている時計をチラリとみた。「おや、おや」、と彼女は思う」。「このごろ、あたしゃ、なんて早く家事を片づけちまうんだろう！」。それは続けて、どうして一度は厄介ものだと思われたくないため結婚した子供から離れてひとりで暮そうと決心した彼女が、まだ子供たちの夫婦のためにも充分役に立つことがわかって、新たな幸福を味わうにいたるかを、物語ってゆく。「メアリーは、とある工場でふつうの仕事をしているふつうの女の子だった」、とべつの話は始まる。そして、ふと、ふつうの人間すべてにとっての運命のわかれ道の縮図を描いてゆく。

そのさし画も、同じような雰囲気をつくるのに役立っている。いくらかの新しい雑誌はうそいつわりのないカメラ、といったたぐいの写真的なイラストを専門にしている。が、「古い」雑誌は、まだいまでも、あまり洗練されていない黒・白の画を使っている。もっと洒落れた黒・白の線画なら、とくにもっとモダンな出版物にも、使われてはいる。がそうしたシャレた画とくらべると、地方の人が書いている地方紙のいくつかにまだある漫画は、三〇年ぐらい前の種類だ、といってもよい。ここで言っているさし画(続きものの主なさし画、読みきり長篇小説はそうでもないが)も、大かた似たようなものである。その様式はぶこつで、ディテールは全く「非」ローマン化されている。ふつう女の子たちはきれいに可愛くかかれている(きれいでない平凡な女の子でもよい夫を見つけることはできる、という限定つきではあるが)。しかしそのきれいさは、輝くような派手なスタイルで、の可愛さなのではなく、現実の労働者階級の女の子が実際そうみえるようなスタイルでかかれている。着ているものは、ブラウスかスカートつきのジャンパー、または一つしかないダンス・ドレス。一方の角には工場の煙突がそそり立ち、後ろには一定の間かくで街燈のたっている家並が拡がっている。バスやバイクが走り、土地のダンス・ホールや映画館がみえる。

ストーリーの中味、風景が、読者の生活のディテールにそんなにも近接しているのは、ただ単に、その世界の誰かにおこりうる、おどろくべき出来事についての読者の願望を充たしてくれるようなストーリーへ遠足するための、序幕にすぎないからかも知れない。時おりは、そうでもある。時には話のなかで登場人物が社会階層的階段を一段一段のぼってゆく筋書きもある。それにつれて読者は、別荘、上流階級の家集団のメンバーになることがどんなに素晴しいかを味わうことができるわけだ。しかし、多くの場合、起ることは誰にでもおこりそうなこと、つまり環境はほとんどの読者と同じものである。

これらのストーリー群をもっと細かに見てゆくと、われわれはすぐに、そこには「型にはまった反応[20]」が満ちみちていることに気がつく。どんな行動も、見本どおりの固定した応答をひき出す。私が裁判の描写に出会うとする。当事者の口は準備をととのえて「キッと結ばれ」、い並ぶ顔は「昂奮で緊張し」、おののきが背筋を走る。主人公は「鋼鉄のような自制力」を示し、彼の捕護者たちは「石のように冷酷な顔つき」をしている。ハラハラしながら見守っている彼のガール・フレンドは「あたりの空気にサスペンスがたかまる」につれ「苦悩するハート」にさいなまれる。しかし、これは、なにを指示しているのか。著者がきまり文句を使い、読者もきまり文句を欲しているようにみえる、ということは、著者も読者も未知の経験を探求しているのではなく、ただ言語によってでき合いの経験を再現しているだけだからなのか。それはその通りだ。しかし、こうしたストーリーは、もう一度繰返すが、まず第一に、公式の声明書のようなものなのだ。すでに知られていることの絵解き。こうしたものの読者が、真面目な文学といっていいようなものに取組む、といったことは、まずありそうもない。しかし、とくに今日では、これよりももっと悪い種類の読みものが出てきている。もしわれわれが、こうしたものを、その形態、内包する価値がよく知られているふつうの生活の、忠実な、しかしいく分劇化された、表現としてみるならば、それが体現している価値はなんなのか、と聞いたほうが、より有益である。こうしたものを、ただ笑いのめしても、なんにもならない。まず第一に、こうしたストーリー群がそのすべてのきまりきった陳腐さも含めて、ある堅実な、それなりにまっとうな暮し方を代弁していることを評価しなければなるまい。それはクリスマスや誕生日のお祝いカードの詩句[21]の陳腐さと同じものである。だから、これらのカードが、ふつうにその文句が「可愛らしい」とか「まっとうだ」とかいうことで、慎重にえらび出されるのだ。こうしたストーリーが表現している世界は、社会的に受け入れられ、ずっと以前から定着しているいくつかの価値にもとづいた、ある限られた、単純明快な世界なのだ。それはしばしば子供っぽい、けばけばしい世界であり、そこでは感情の泉はドッとほとばしり出る。それでも、その世界は、それなりに動いている。それは腐敗してもいないし、ぎまんに満ちた世界でもない。そこでは、もっと洗練された読者相手の作家ならばいまではまず使いにくいような、また高級作家でなくとも知りすぎたほかの多くの物書きも、まず使わないような言葉が、大胆に使われている。そこでは、べつの文脈で指摘しておいたように、「罪」「恥」「罪悪」「悪」といった言葉が、いままで通り充分の意味をこめて、使われている。それは、諸関連の結節点として、愛、誠実、と陽気さの上にきづかれた結婚と家庭が、女の人生の正当な目的なのだとする観念を、完全に承認している。ある女の子が「罪を犯した」という表現があったとすると、それが暗示しているのは――これは私が前にいった労働者の信仰内容における倫理的側面の強調の傍証にもなるが――ほかのレベルの作家ならそう表現するだろうが「彼女自身(彼女の良心)に対してやましいことをした」とか、彼女が他人との人間的、社会的関係で失敗したとか、いうことではなく、つつましい家庭と家族をもつチャンスを駄目にしてしまったということなのだ。この種の続きものの、もっともありふれた結末の一つは、「罪を犯した」女の子がもういっぺん、べつの責任ある男を見つけ、結婚することで結ぶか、すべてを知りながら、彼女と結婚し、罪の結果である子供の父親となって母子とも愛してゆくというべつの男が出てきて、終りになる。人は、そこに出てくる「ほかの女」、聖書のジェゼベル、家庭破壊者、すでにある、あるいはこれから出発しようとしている「結婚」を打ちこわす女、に対するすさまじい不信感をみてとらなければならない。浮気ものの男でも、もし結婚破壊に動くならば死刑執行はまぬがれない。懺悔のためのちょっとの猶予期間ぐらいはあたえられるが。人の結婚をこわすのでなければ、彼にはだらしのない女よりも、もっと多くの自由が認められている。ハラハラさせた上でホッと安心させる筋書きは、この基本的な型の上で行なわれる。スリルはその大地にわかちがたく結ばれているのだ。私は、読者がこうしたスリルを真似ようとしたり、病的なやり方でそれを夢想したりすることは、ないように思う。かれらはタコがあげられている共通の、固い平原からはなれないのと同じように、自分たちの生活としっかり結びついている。ふつうの生活のこの基本型が、すべての雑誌の続きもの、短篇を織り上げている。それはつぎのような大前提の上に立つ型、といってもよいか。

「友、汝を去ればとてなげき怒りて今日の日をそこなうな。汝、神がうばいたまいしすべてについて口にしうるや。人の世は、怒りなげきて時をすごすには、あまりに短し……」

または

「この世の幸福は／無数の小さな物事からできている／多く気づかれずに過ぎてゆく……[22]」

外観からみてゆくと、ここはまだ実質的に、ヘンリー・ウッド夫人（『イースト・リン』、『ダネスブリイ家』、『ヘイルバートン夫人の困った事』）、フレーレンス・L・バークレイ（その『ローザリイ』は百万部も売れた）、マリイ・コレリイ（『悪魔の嘆き』――私の叔母の「古典[23]」）、サイラス・K・ホッキング（『アイヴィ』、『ハー・ベニー』、『ヒズ・ファーザー』）、アニー・S・スワン（『バラバラになった家』）、ルース・ラム（『気ままな見張り人』、『奥様らしからぬ』、『おさな妻』、『かしこいジョーの話、どうしてそうよばれるようになるか』)、など、などしばしば宗教パンフレット発行協会から出され、日曜学校の上級でごほうびとして呉れるもの、の世界である。それらは今や、より新しい種類の雑誌によって、追い払われつつある。ついでに言っておけば、スコットランドでは古い雑誌がもっと残っているのではないか。そこではきわめて素ぼくな、しかし魅力のある三ペニーの週刊誌『民衆の友』がまだ出ている。シェフィールドから出ていた同じような雑誌『ウィークリー・テレグラフ』は、数年前になくなってしまった、と思われる。いくらかの「古い」雑誌は、なんとか新しい雑誌の魅力をまねて生きのびようとしている。といっても多くは古いスリルを水増しするだけのことに終っているが。キビキビした新しい続きものがプラカードで、古いスタイルのありきたりと、新しいスタイルのクローズアップをまぜこぜにした大きなイラストつきで、広告されている。

しかし、新しい雑誌も、これまでに達成した記録的に巨大な発行部数を、これ以上伸ばし続けられるところは、ごくわずかしかないだろう。多くの点でかれらも、あまりに多くの読者層を目指しているため、一つの社会階級とうまく同一化することはできないが、こうした「古い」雑誌と同質の態度を体現している。新しい雑誌はプレゼンテーションがずっとスマートで、そしておそらく古い雑誌よりも、家庭問題に関してはずっと親切ていねいになっている。「古い」雑誌には、粗野な乱暴さがあった。それはなくなっても少しも惜しくない。私は、労働者階級の生活と結びつくよい側面に関心をもっていたので、この悪い側面は強調してこなかった。しかし、新しい雑誌のスマートさが、私はそうなると思うが、労働者の態度に拡張された場合、その変化はかならずしもいいことばかりではない。スマートさはたやすく小器用さに転化する。そこでは、お金・威光の強調（給料の額、もうけ高がニュースに出てくる人の名前の下のカッコのなかにあげられる）、がみられ、産業王の陽気な女房連とかラジオ、映画のスター連とかいった公的パーソナリティ物に「熱っぽい」注意が払われる。そこには小ねこがじゃれているような気ままな家庭生活と圧倒的にふざけた、気まぐれな生活様式とがある。「スベスベ族」（"glossies"）は、スマートになり流行におくれまいとする若い御婦人がた——古くさいと思われたくない——を狙い、成功しているようだ。「古い」雑誌は、多分、この「スベスベ族」になんとか追いついてゆこうとするだろう。しかし、それはひじょうに高くつく。おそらく、古いままの形で出しても、やっていけるほどまだ読者は充分沢山いることはいる、と思われる。古いままで出し続けるのでなければ、「古い」雑誌は「スベスベ族」が示している方向に、本当に根本的に変るか、死滅するか、以外の道は残されていない。私はそう思っている。

V　充実した豊かな生活

おれたちの階級には、なにをしててもたった一つだけ同じ気持があるのさ――パンを買い税金を払う金をかせいじまったあとは、好きなように生きようってこと――

（マキシム・ゴーリキー『フォマ・ゴルジェーフ』）

A　じかに手のとどくもの、ただいま現在、陽気なこと。宿命とつきのよさ

具体的で個人的なものから、じかに手のとどく直接の、いまの、陽気な、ことへ。「明るく陽気にふるまう」ことが必要だ、という強調は、前にみてきたように、人生はどうしようもなく物質的にむくわれること少く、難儀に満ちているという大仮定からひき出されてくる。ここでこの態度の説明を止めてしまえば、それはなんともフニャフニャで弱よわしい態度にみえてしまうだろう。労働者階級の諸君は、多くの点でセンチメンタルではある。が、このかれらの陽気さは、主としてかれらのセンチメンタルでないほうの性質から

由来する。連中は〝大部隊〟の指導者を信用せず、ふつう、かれらとかれらのタテマエには一種ユーモラスな懐疑主義をもって相対している。つまるところ、「おれたちにゃわかってんのさ」、とかれらは言う。あっけらかんと陽気にふるまいながらも、大部隊の指導者とかれらのデッカイ言葉には用心深いのだ。かれらの言いまわしだと「俺はそれにゃのらないぜ」というのだが、だからといって実際に「かれらに断固として反対する」こともない。かれらはしばしば、「外」の世界にはからかい半分でつきあって、そのユーモアは、ほとんどいつも仮面をひっぱがすたぐいのユーモアなのである。かれらの陽気さは感傷的でない非同調性に基礎づけられているのと同じように、「せめて気分だけでも陽気にして元気をつけなきゃ」、ということにも基礎をおいている。その態度は、生活の難局を切り抜けてゆくのを助ける。しかもある種の威厳をもって。またそれは、ユーモアの感覚を第一の美徳にたかめると誰でもそうなるように、内と外の両方の世界の出来事にピンピン、キリキリと反応しなくても済むようになる。それはかれらを、思いやりぶかく、頼りがいのある、どっしりとした、サンチョ・パンサ式の、危機にもたじろがない人間にする。もとより、反対物との緊張がゆるむとき、この特性のすべてはそっくり欠点にも転化する。

いつでもいたわけだが、いまでも労働者階級にはしまりやが多い。しかし、一般に、労働者階級生活のこの直接の、現在中心的性格は、いま快楽を享受することに拍車をかけ、将来のある目標、あるいはなにかの理想のために計画するといったことをさせにくくしている。「人生はバラの寝床じゃないんだ」とかれらは考える。が、「明日は明日の風が吹く」。この側面で労働者階級はずっと前の時代から、陽気な「実存主義者」であった。ふつう以上に、物ごとの進み方、「どうなっちゃうのか」を気にして時間を潰す男にしても、彼の人生は、ほかの階級ではめったに見つからないほどの程度で、直接の現在だけからなり立っている、といってよかろう。

おかみさんたちはいまでも、多くの日、四時半ごろ御茶のためのなにかを買いに、財布をもって「ちょっと出かける」。棚の上に買いおきはほとんどないし、あったとしてもなにか特別な行事用にとってあるものだ。が、このことは必ずしも、貧困さをあらわすカツカツのその日暮しをしていることを意味しない。まして、かみさん連中が怠けているからとか忘れっぽいから、といったことではない。それは生活の雰囲気の一部なのだ。人は一般に一つのものから一つのものへ丹念に動いてゆく。給料袋は一週間ごとに入って来、内味はその週に出ていってしまう。そこには公債とか株、社債券、有価証券、不動産、商売の資産とかいったものは、ない。なにもかもひっくるめて四、五百ポンドも残せば、それでもう「金持ちだ」といわれる。家具のうしろに散らばっている支払い帳もまた一週単位にくぎられており、大かた「支払い済」になっている。まえの週の借りは全部支払われる——使った衣料切符の支払いとか、まえの週の家賃とか。少しずつ、貯める＝支払う、といった形態は、伝統的に、まえにいった死んだとき、病気のときの保険のように、ごく特殊な場合にしかとられない。あったとしても、クリスマスや休日のための積立金払いこみといった毎年やっているものでなければ、ごく短い期間にかぎられる。もっと一般的な形の貯金に対する不信感は、まだ全く普通にみられる。「明日くたばっちまう」かも知れないのに、「爪に火をとぼしてケチにして」金をためたって、一体なんになるんだい、というわけだ。この表現のなかに、貯金への不信とその結果として出てくる宵越しのゼニは持たねえ、ということの本当の理由を、みてとることができる。もし労働者諸君が無駄遣いを一切せず、慎重に家計を計算して生活したならば、かなりの額を貯めることも可能だろう。そのうち、かれらはそうするかも知れない。だが、どうであろうか。それには規律が必要だが、ほとんどの諸君はそれを守るに値しない、と考えるだろう。それはムキ出しの寒ざむとした、オートミールをすすって暮すような生活、しかも人生の終りにも大してなにも残らない生活、を意味するだろう。そんな人生は「生きてる価値がねえ」。

このことが、ほかの階級メンバーにとってとくに評価しにくい、労働者階級の金の使い方にみられる二つの特色を、説明しやすくする。一つは、労働者階級が、とりあえず必要なものを払ってしまうと、残りの大部分を「ぜいたく」に使ってしまうこと。これはしばしば、過去なん年になく、またこれから先数カ月もそんなことはないような、めったにないくたくさんの金が入ったとき、でもそうなのだ。第二に、外部の人間をびっくり仰天させたり途方にくれさせたりするのだが、労働者階級が収入を必要なものにしたがって順位をつけ配分してゆくとすると、習慣的なその順位のつけ方、である。

つまり、必要な家屋の調度品をとりかえるといったことは、中産階級とくらべてみると、かれらの順位尺度ではずっと下のほうに位置づけられるのだ。しばしばシーツはすり切れ、繕いが多く、タオルは数が足りない。これは単に金が足りなくてそうなっているのではない。戸棚の上の写真に立派な額を買ったり、新しい装飾品を買ったりはしているのだ。その金をまわせば余分のタオルなど幾組も買えるだろう。そして、「いい食事を用意する」ということは、とくに家の頭である男性のために、ふつう肉のいっぱい入っためしをつくることを意味している。亭主が重労働をしていようが軽労働をしていようが、これがまだふつうに行なわれている慣習である。私は、家へ帰って、羊肉が二つではなく、一つしかないと、「がっくりする」労働者を多く知っている。もし、コールド・ボイルド・ハムだったら、四分の一ポンドぐらいなければ承知しないだろう。「お楽しみ」——たとえば、喫煙とか飲酒も、同じように高い順位をあたえられている。それはほかのたくさんのしなければならないことが終ってから許されるものではなくて、「御楽しみ」が生活の中心部分なのだ。このあらっぽい財政支出の各項目の重要性は、もとより家庭ごとに違ってくる。が、この型それ自体をひっくりかえすことは、ふつうの人間ではできない。

生活はこの日からあの日へ、この週からあの週へと過ぎてゆく。季節は移り変る。それは休みとかビーンフィースト（雇主が使用人に年に一度する供応）とかいった大きなお祭りや、家族の結婚、遊覧バスの旅行、お葬式、聖餐式とかいったときどきの特別な行事で区切られる。それには、いく分計画を立てなければならない。プレゼントとかその他のために週間積立をするクリスマス・クラブ、聖霊降臨祭用のための衣裳クラブも多分、分割払いだし、そのほかある場合には、休みのときのために金をためておくということが行なわれる。しかし、一般的にいって、もっとも目覚しい特徴は、生活の無計画性、そのときそのときに、困難に出会い、楽しみを享受する、計画のなさである。予定を立てるとしても、たいがい短期間のことである。

社交面からいっても、どの日もどの週も、ほとんどなんのプランもない。そこには日記もないし、約束の手帳もないし、手紙をやったり、とったりすることも、ほとんどない。家族のメンバーが遠くへ行っていたりすると、一週間の手紙がいく分いやいや日曜日にまとめられる。遠くへ移り住んで離れてしまった親類とかごく親しい友人とかでも、なにか特別の家庭の「事件」でもないかぎり、クリスマス・カードを送ってよこすぐらいのものである。が、もしかれらが元の地域にもどってきたとすれば、その関係はいっぺんも中断されたことがなかったかのように前と同じように復活する。だから、もし一時ごく近所に住んでいた者どうしが偶然町で再会したりすると、まるで昨日の続きだといった具合の噂話が始められるだろう。「ふらりと立ち寄る」関係のごく僅かな訪問客に、会見の日時を約束するといったことはありそうにない。しょっ中来ているお客が帰るときに、火曜日に会おうと言ったとする。それはその時かれらを訪問するという約束とはとられないで、むしろそのころまで、かれは立ちよれないと言っているのだ。でなくとも、「ふらりと立ち寄る」関係にある連中がいつ現われるかは、たいがい衛星と同じように予測可能なのだ。

すべてこうしたことは、労働者階級の人生観に、ある角度からみれば一種の快楽主義とでもいえるような色どりをそえる。それは、さしあたって大きな悩み（借金、呑んだくれ、病気）がなく、相応の「くつろいだ時間」をもてる見通しがあれば、人生満更でもない、といったたぐいの快楽主義なのだ。しかし、それはつつましい快楽主義である。心の奥底から、大きな、遠い所をみたって俺たちへの報酬はありゃしない、という声が聞えてくる。最初に聞くと、「なにをアクセクするんだい」は、つまらない態度をあらわしているようにみえるだろう。だが、くよくよアクセクしなければならないことを沢山もっている人間だけが、こうした文句をつくり、それをひんぱんに使っているのだ。こうした型のほかの文句も、みんなそうなのだ。「いいとこだけ見るようにしようぜ」、「いつもニコニコ」、「ちょっぴり空想するのも悪くない」、「なんかちょっとした楽しみがなきゃ、人間生きてたって仕様がねえ」。「毎日を大事に」、「おれたち金はないけど、人生をちゃんと見てるぜ」。逆に、いやしさ、ケチはきらわれる。「おれはいやしいハゲタカ野郎は大嫌いさ」、「あいつは汚ない馬糞野郎だ」、といった具合に。

ここから、陽気な男、機智のある男、「おかしな奴」、がいまでもひじょうに高く評価されることになる。そいつが仕事中に冗談をとばすと、時間が倍も早くすぎてしまう。そいつは「おまえを笑わせる」。そいつは「とびきり面白い」。そいつは市場でものを売っている。みんなそいつがちょっぴりペテン師だということは知っている、でも「笑わずにゃいられない」、というわけだ。そいつは、お粗末なマンガや絵葉書に出てくる大きな、太った、まんまるい顔をして一ぱいのエールをもった中年の男、である。彼こそが、真の労働者階級の英雄、ロマンチックじゃないが、陽気な英雄なのだ。年のころは四〇をこえたぐらい、これまでにいく度か失敗し、それにどう耐えればいいのかを知っている。若いハンサムな男なんかではない。労働者階級は、いつも、その最大のミュージック・ホールの名前が示しているように、「コミック」なものを愛してきた。かれらは、バカ気きったおかしさにみちた「もっともらしいアイルランド人」のたぐいの男、とめようもおさえようもなく俗悪な、故ネリー・ウォラスのような女、を愛するのだ。

いくつかのもっと荒っぽい調子の文章も、まだ廃れてはいない。私は最近、ハルの街路で、反対側の地域にある、ある都市で印刷された、『ビリーの週間ウソツキ』(二〇版)と題する二ペンスのパンフレットを買った。それはマンガ絵葉書と同じ世界の遺物であることがわかる。ニセの「求む……」広告は、つぎのように書いてある。

「デ・ラックスな下宿(売春宿の意もある)」

本当の家のなかの家――スプリングのわるい寝台、おまけの大きな部屋つき(一週ごとに空ければいいだけ)、シャンとしたシーツと毛布……

もう一つの奴をあげると、

「求む」

わが研究実験場で下剤をテストする男。坐ってできる仕事で労働は簡単、生産物にはボーナスもつく……

もう一つ洗浄剤へのいたずらは、
汚ごれ、しみ、色のあと、ボタンから着物までみんな一緒に消えてなくなってしまいます！　臭いもあなたを仰天させるでしょう、丁度新しくかり取ったまぐさと同じ臭いです――馬の腹の内からでてきたあとですから。

新聞全体の旗印のモットーは「微笑で微笑をやっつけろ」。「笑え、笑えば、世界も笑っちゃう」。エラ・ウィーラー・ウィルコックスの詩の一節が、かぞえきれないほど多くの労働者階級の居間の壁にかけられているが、彼女が伝えたいと思っている意味で受けとられているのではなくて、それが今だに強力な一群の態度を代弁しているからである。

労働者階級の諸君は、よく知られているように、賭けごとが好きだ[1]。これは主に、なんとか「追いついて」ゆかねばならないきつさからの反動なのか、物事を少しずつ変えようと努力しても大したことにはならない、ということがよくわかっているせいか、パッと金持ちになりたいという欲望のせいか、たいくつな仕事からの自由を求めてなのか、それとも何にもならないことになにかをかける気質によるのか。一定度のなれと技術のいる種類の賭けごとだと、ある著者たちが示唆しているように、それが、利用できる数少ない自己表現の吐け口を求める楽しみをあたえている、という事情もあるだろう。「かけトランプ」

や競馬をするのに自分独自のやり方、「システム」をもっている男は尊敬される――彼の「システム」の結果がよく当るかどうかといったことは、ほとんど問題にされない。彼は、むしろいいフットボールの選手がそういう賞められ方をするように、「それを科学的にやっている」から賞められるのである。技巧がいろうがいるまいが、賭けごとのすべての形態の背後にあるものは、ただ、運をためしてみる単純なスリルなのだ。そこでの力点は、勝つかどうかを気にするというより、それ以前の「面白さ」――勝ち負けよりも、「さあ、やるぞ」のほうにおかれている。私がこのことを強調するのは、労働者階級は実際以上に、賭けごとに感情的に夢中になっている、と思われやすいからだ。すっかり夢中になってしまう場合もないことはないが、時おり行なわれる賭けごと（過去二世代、賭けトランプは大流行りで、少くとも一週に一度は行なわれたが）の大半は、そんなに真面目に考えられていない。統計数字でほとんどすべての労働者階級の家庭は一週ごとに「賭けトランプ」に勝とうとする神経症的な欲望にかきみだされている、といった結論をひっぱり出すことはたやすい。水曜日の夜、新聞の散らかった居間のテーブルは熱烈な活動の舞台となり、週の残りは勝ったらその金でどうしようかなどという空想に耽ることで過ぎ、負けを支払うので土曜日にはどうかすると絶望につきおとされ、だがじきに来週はうまくやってやるぞといった希望をとりもどす。とんでもない虚像。

まず第一に、すでに前にのべた、宿命、さだめについての何世紀にもわたる古い信仰を思い出してもらいたい。運命信仰は、星の予言といった報道、それはおどろくほど現代的な新聞の大事な売りものでもあるが、に残っているし、大きな町の定期市に店をはる占い師に、海辺にすえてある電気運勢判断機械に、どこの地域にも若干はいるお茶の葉や手相で運命を占う人びとに、フルシャムの『夢暦』に、広く広告までされている四ツ葉クローバーの信仰に、「ジョアン・ザ・ウォッド」、コーンウォールのよう精、そのおともである鬼火を信ずることに、生き残っている。

宿命への信仰は『ムアー老の暦』にのこっている。それは「ふつうの年間純売上げ三百万部」と称し、「一六九九―一九五六」年まで続いてきた、といっている。「予言風、象形文字風の版画」をこれみよがしにしている、カバラの秘教的な表紙、はなん世紀か前の最初に出されたものとほとんど変っていないようにみえる。もっともいまではフットボールの賭け予測なども入ってはいるが。内を開くと、日づけ、誕生日、星占い、ごとの数かぎりない予言がびっしり印刷されてあり、たとえばアイゼンハワー大統領といった有名人の運勢判断がくっついている。

経験のこの部分で繰返される言葉、ひじょうによく使われているのは、「運がいい」という言葉だ。運のよさは信じられ、あがめられる。おまえは生まれたときから運がいいのか、見放されているか、どっちかだ。それは頭のよさや眼のよさと同じように生まれつきの性質なのだ。もちろん、ラッキーな出来事、とか特徴とかはある。道で黒猫に出会うとか、黒い髪をもっているとか。幸運はめぐってもくる。しかし、基本的な前提として、幸運はなにか生まれつきのものなのだ。「金持ちに生まれつくより、運よく生まれついたほうがいい」と労働者階級の人びと（富くじに当った男について）はいう。「もちろん、あいつは運がいいのさ」というのは、生来そうした特性をもっている、という意味なのだ。とはいえ、生まれつき「運のいい奴」ではない人間でも、時どきは、「初心者の幸運」、幸運にめぐり会うつきが「まわってくる」、ことはある。労働者階級の人びとにとって、運のいい人間というのは、堅実な努力、頭のよさ、美しさと同じように大事で、自然なことなのだ。それは受け入れねばならない本質的な属性だ、といってもよい。かれらは、ほかの性質にも感心するけれども、ただ運がいいというだけのことも、ひじょうに大事だと考えている。それは、一部分は、前に使った用語――物質的にひじょうにかぎられたかれらの生活で、人は天から突然チャンスが降ってくるといったことを願わざるをえなくなる――事実に関連させて説明することもできる。しかし、それは同時に、なん世紀もこえて生き残っている例の一種の超自然主義にも根をおろしており、それは今でも、まだやってこない報酬の代用品としてではなく、人生を面白くするからこそ、行なわれている。

ここに賭けごとや大さわぎの血液過多症のおきる原因がある。どのグループの労働者階級のポケットやハンドバッグにも、いろんな種類の幸運のくじ引きの切符、職場のとみくじ、大レースのノミ屋馬券、クラブの宝くじ、が入っている。ほとんどなににについてでも賭けが組織できる。そしてほとんど誰でも入らないかとさそわれる。ふつう、賭けに道徳的に反対したりする「おかしな奴」はさそわれない。が、それは一般に「寛容」の原則を信じているからといったことからではなく、誰でも内心では「おかしな奴」と同じように思っているからだ。それはごく自然にそうなっている。そんな奴は滅多にいないから。賭けの音頭とりが反対する人間にいう言葉は、「なんだって、一丁やるかという気にならねえんだい。ただ面白いからやるだけじゃねえか」、「スポーツなんだよ」とかいう。そういい方でかれらは、反対者が反対している側面とは違う、かれら自身にとってはそれと同じように大事な側面を指し示しているのだ。ケチから入らないのだと思われる連中については、「あいつはスポーツ向きじゃねえ。野郎は金をなくすのがこわいのさ」といった悪態が吐かれる。

懸賞会社の一つの広告は、絵、家の内部の描き方からみて明らかに労働者階級を対象にしているのだが、他の奴らの車にのってブーッと出かける女の子から肱てつを喰った若い男を出す。二コマと三コマ目で、その男は享楽を軽べつし毎日せっせと単調な仕事にはげんでいる学者の卵でもあるかのように、一生懸命「懸賞」用紙に書きこみ、それを郵送している様子が描かれる。四コマ目では、いまや数千ポンドを手に入れた彼が、最初のコマに出てきた女の子をそばにのせてサッソウと洒落れたスポーツカーで町角をまがり、ほかの若者がみじめったらしくトボトボと舗道を歩いている。懸賞に応募しようかと思うお客のなにがしかは、この型の接近法で影響を受けるだろう、とは思う。しかし、多くのものには、このすべてはむしろバカ気(げ)てみえるだろう。それは全面的に競争社会の広告であり、そこでは「金」の関係がなによりも大事なものとされている。とはいえ、こうした賭けごとにおける新しい特徴は——定期的繰返し、集中化、提供金額の巨大さ、高圧力のパブリシティによる維持と拡大によって——しだいにこれまでの伝統的態度をかえてゆくかも知れない。こうした賭けに勝って大金を手にした人間がどうなるか、また隣近所はどういう態度を示すのか、は私に個人的経験がないのでわからない。いまのところ、私の知っているほとんどの人間は、一種運だめしの投企、ジェスチャーとして賭けをやっている。うまくもうかれば、それは「素敵だ」し「ちょぴりいい」し「面白え」し、「期待するのは悪いことじゃない」。それで人はふつうでは考えもしなかった——本当に休みの日を楽しくすごすことができるとか、電気洗濯機を買う、まだ嫁にいかない娘をかざりたてる、といったたぐい——物が買えるし、なにかしたいことをすることができるのだ。いつも空想していたぜいたくが、ちょっぴり味わえる。しかし、そうしたチャンスの御到来を、毎週胸をわくわくさせて憧れているわけではない。

B 「世界で一番大きな葉蘭」——「バロック」[2]への旅

よい生活とは単に息せき切って「物事に追いついてゆく」ことでも「うまく立ちまわる」ことでもなく、「ちょっと余計なもの」——それが本当に「人生」の内味になる——をもつ余裕のある暮しのことなのだ。ほとんどの労働者階級の人びとは、上へのぼろうと努力はしない。かれらの一般的水準と喧嘩しようとはしない。かれらは、ほんのちょっとしたおまけを求めているだけなのだ。かれらはこのことの重要性を、ごく早い時間から教わる。前に言ったように、いくらかの金をかせぐ労働者階級の子供は、ふつう、それを家計を助けるため親にわたさなくてもよいことになっている。それはたいがい、「あいつらの余分の小遣い」になっている。大人へのおまけは、なかなか大事なのだが、ごくたまに、ほんのちょぴりしかない。たとえば週半ばの晩ご飯につくフイッシュ・アンド・チップスのたぐい。それは生活に、変化というか色どりというか、ある種の華やかさをそえるのだ。それらは、外から強制されたきまりきった軌道――時計に合わせて出勤し、仕事を終え、あるいは家庭の主婦だと食事の仕度、洗たく、つくろいものをする、しきたり――にはまった生活のなかで、自分たちで自由に育てることのできるものなのだ。仕事のきまりきった日常は滅多に変わらず、しかもそれがほとんど全く外側から課せられてくるところでは、自由で個人の自発的な行動を志向する態度は、一種特別な趣きを呈する。

そこから、「ちょぴり空想してみるのはいいことさ」、「出かけるときには、面白くやらなきゃあ」、「ほんの少しでも本当の人生がほしいのさ」、「なにかやりたいもんさ」、といったいい方がでてくる。今日でもまだ多く使われているこうしたすべての言い方には、バースの女房(『カンタベリー物語』)からこのかたイギリス労働者階級の生活にずっと消えることのなかった一種の音色がひびいている。それは、シェークスピアの道化たちにも出てくるし、クイックリーのおかみ(『ヘンリー四世』)、ジュリエットの乳母、モル・フランダース(デフォー『モル・フランダース』)、十九世紀のミュージック・ホール、に顔を出している。それは今では古い性質のいく分かを失ってしまったが、ふつうに考えられているよりはずっと多くひからびた、土の香りを残している。

私自身の体験から、この古い精神の残っている一番いい例証をあげるとすれば、私が四〇年代の後半に知っていた一人の日雇い雑役のおばさんがいる。彼女は、いってみればもっと粗っぽい「ブラウンのおっ母さん、膝をあげ――」といった型の女性を代表していた。彼女の着ているものは、あたかも一つずつ古着屋から拾い上げてきたといった按配で、お世辞にも身ぎれいだ、とは言えなかった。すりきれた、古い、きたならしいブラウスとスカートの上に、彼女は道を歩くときには兵隊用の短外套をひっかけていた。そこから、『マクベス』に出てくる魔女の一人とでもいえばよいような頭がつき出ている。年は四〇代の半ばぐらいだったに違いない。だから顔つきは、もうお義理にも若いとはいえなかった。が、まだ年とっている、「すべてを通りすぎた」、ほどではなかった。彼女は彫の深い整った顔だちで、やつれてはいなかった。激しい労働とよく手入れをしないため、顔にはいくつもシワがよっていたが、それは「頑ばってどうにか間に合わせてきた」こと、頑強さ、自分が生きてゆくため奮闘していること、人をはねのけるような空元気、をあらわしている。彼女の左眼は大分やぶにらみで、下唇は少し右のほうにさがっていたので、全体として空威ばりをしているような感じが強くなったのだ。しかし、それは、彼女が一番くつろいでご機嫌でいるときにもみられる、一種「交際ぎらいの」コケおどし、であった。かみの毛は汚れたねずみ色で、そのもつれ合った房は、ギュッと、不恰好にかぶっているフェルト帽の両側にたれている。その帽子は先の鈍いところに小銭の頭をほった大きなピン――私は、海で生活していたころの名ごりだと思うが……でとめられている。靴は破れ、すりへって、全然みがいていない。綿糸の靴下は膝の下で輪になってタレ下がっている。声はしゃがれて、多年にわたる空地や裏庭での「よび売り」（àはShallのàと同じように発音される）や「口論」できたえ上げられている。彼女は、ちょっと知っている程度の人間が思っていたように、未亡人ではなかった。彼女の夫は、ほぼ十二年ほども精神病院に入っていたのだ。そのあいだ中、彼女は女手一つで家族を養ってきたのだ。彼女の実質的な結婚生活は、結婚して家で三日間休みをとってから始まり、五、六年たって「やつらが亭主を連れてっちまった」とき、終ってしまった。そうして彼女は五人の家族を養って、四〇いくつまで暮してきたのだ。もっと正確にいえば、十八になった長男は兵隊にいっているから四人。十四歳の「明るい」、奨学生試験を通って地方のグラマー・スクールにかよっている女の子、姉さんと同じようになりそうな十歳の男の子、病気がちであまり身体のよくない七つの女の子、もう青白くいつも風邪をひいている四つの女の子、である。

かれらはみんな母親のうしろにガッチリと肩をくんで、彼女と同じように、底抜けに陽気にくらしている。彼女は酒を呑む。私はこれをアバズレだ、と彼女をけなすつもりでいっているのではない。彼女は激しく働らき、たえまなく子供の面倒をみ、ときどき子供たちにかんしゃくをおこして当たり散らすことはあっても、決して「くじけなかった」。彼女は誰にも屈従もしなければ、尊敬もしない。あわれみを買おうという気もない。子供の将来に関する多くのことに無関心で、くよくよ気にしようとはしない、というか人生を深刻にとろうとはしない。彼女はお節介する雇主に「ひとさまの知ったことじゃないよ」と答える。他人にものをねだらず、人からものをもらったとしても、やった方でもっとものをやりたくなるように、喜んで受けとったりはしない。だれかが彼女のドレスかなにか食物をやったとする。彼女は短かいお礼の言葉を言ってそれを受けとる。そして、それで全部終りなのだ。もとより彼女でも、雇主たちが持っているような余分な金があったらな、と、ときどき思わないことはないだろう。が、明らかに彼女は、かれらの生活様式なぞ羨みはしない。彼女が雇われて、乱暴滅茶苦茶なドタバタ様式、とまではいかなくとも手荒く片づけている重労働をしてやっている、若い中産階級の主婦たちは、じきに、どんな社会的なお体裁も、被護してやろうとするふりも、場違いだということをさとる。本当のことをいえば、彼女のほうが、使用者のあるものよりも、ずっと充実した生活を送っているのだ。こうして、一日休みがあると、彼女はひきつれてゆける家族の全員をつれて余りはなれていない海辺へ出かけることのほかなにも考えない。そこでにぎやかで愉快な一日をすごし、フィッシュ・アンド・チップスをみんなに買ってやって一日終わるのだ。

私は少し彼女をロマン化しすぎたかも知れない。しかも彼女は典型とはいえないだろう。しかし、彼女は、ここで私が漫画の手法と同じように、実際生活よりも大仰に描こうとしている労働者階級特性のあるもの——外からは変えられない、とるにせよとらないにせよ、自分の意志で、自分なりのやり方でやる能力——を、体現している。あたりの状況が並以上に危くみえるときでも、ある位置を要求するとき、あるいは伝統的な娯楽やレクリエーションを楽しむときにもみせる、かれらのあのエネルギー。

この態度は、遊びのタネになるものごと、——装飾芸術、歌謡曲、「自由」演劇——にふんぞりかえった、極度にかざりの多い、ロココ風のぜいたくさ、を要求する。それは、ランバード嬢とマルクス嬢が例証したような意味で、「バロック」風を愛すること、とよんでもいいだろう（かならずしも歴史的関連づけをしようというわけではないが）。それは豊穣の角、大らかで伸びのびと拡がっているすべてのものを愛する。それはもうただ沢山あって、色がやたらと使ってあるだけで豪華さと富を暗示するもの、とされるのだ。それは東方を愛する。東方はエキゾチックで素晴しいから。香料はオリエントから来なければならない。教会はもうずっと何年も、「手作り品販売」といわないで「バザー」とよぶことになっている（すなわち、最近のポスターではこうなる。「希望と節制連盟のハル周辺地区バンド——メー・デーのお祭り——オリエンタルな舞台装置——五月の女王、シリア・ピッグマイア嬢」）。映画も時には劇場にならって、ぼんやりと「東方的」にみえる題名をつける。そして一般に、内味が東方的であろうと西方的であろうと、豪華さを暗示し、臆面もなく決して照れたりはしない。両方の下足番、モギリは、ルリタニア国の将軍のような恰好をしている。イタリア宮殿風に形づくられた、宮殿風の、アラビア土侯風の、王侯の、大使風の、国王風の、入口が目貫き通りにそってひしめき合っている。通俗雑誌ストーリーの洪水も、この同じ琴線に触れている。東方の王侯貴族は大変に愛されている。私はいまや以前に挙げた一論点に立ちもどって、それにもっと鋭い定義をあたえよう。家の内、家の基本的な設備調度は、その主な魅力がドギツイ色と豪華さを暗示することにある品物で圧倒的に占められる。「古い」形のものは、しばしばグロテスクで、「新しい」種類のものは、品がない。しかし、伝統は破られていない。壁紙は、「最近流行の様式」にしたがって、店で切符で買われる。が、それでもそれは大胆な型と色をもっている。マントルピースの上から、古いスタイルの花びんや装飾した貝殻は消え去りつつあり、また暖炉の前の強烈な敷物をほしがる若い夫婦は、ごくごく少いだろう。しかし、そのかわりに置かれるものも、同じようにドギツイ感じのするものなのだ。かれらは、想像にかたくないが、実用新案の家具とか、ネオンのついた店で売っているピカピカのきれいな品物[3]とかを買う必要がなくなれば、じき古い様式に回帰してしまうだろう。すでにみてきたように、しおれたときにはアスピリンや薄いお茶をかけてまでして育てられた、あの青あおとした鉢に入った水みずしい葉蘭は、もう姿を消してしまった。が、その窓辺の後継ぎたちも、同じ情感的言語を語っている。そして、外の花壇にある花は、いまでも一番よく「ちょっと色どりをそえる」種類のものになっている。プラスチックの安ぴかもの、田舎の丸木小屋のように形づくられた茶びんが、ごちゃごちゃしたレース紙でできた卓上小敷布、ごちゃごちゃしたレースの半カーテン、クロース織りのテーブルかけ、誕生日やクリスマスのお祝いカード、やなぎ細工の買物かご、お茶のための「ちょっとしたもの」(おかしな形の色のついた小さなケーキ)、と気安く雑然と釣り合っている。
より古い労働者階級「ご道楽」の多くも、似たような特徴をもっている。なにか物をつくる場合だと、関心は、色が周囲と調和するかどうかとか、デザインが統一されているかといったことにはない。ただもう精巧さのための精巧さに関心は集中される。というかむしろ、手のこんだ精巧さは豊かさと、一つの対象になん度も繰返されることで、たしかな腕前とを暗示するからだ。雷文細工の荒あらしいグロテスクさ、マッチ棒でつくった国会議事堂、公爵夫人人形とか、またはクリスマス・プレゼントとして交換されるお茶びんの保温カバー、焼絵のことを、思い浮べてみるとよい。

戸外に目を転じよう。すると、とくに都市のより「公」の部分では、郵便局、公衆電話ボックス、バスの停留場などが、いかにも二〇世紀らしいスマートなスタイルで展開している。しかし、労働者階級の買い物や娯楽地域では古い慣用様式が——現代的スタイルをまとってではあるが——残っている。それはたとえば、大きな家具店に、けばけばしい映画館、安い衣料品屋や運動具店の窓かざりの様式に、残っている。中産階級にもあるように、労働者階級にも、かれらにとっての都市の中心といったものがある。それらは地理的には結びあわさり、重なり合い、中産階級と労働者階級はそこでは共存している。が、同時にはっきり違った雰囲気も、もっているのだ。中心部はすべての集団に共有されているが、各集団はそこから好きなところを取り、そうして自分の中心部をつくるのだ。お気に入りの通り、人気のある店（「ウーリーの」とよばれる「ウールワース百貨店」は、明らかに労働者階級のお気に入り）、電車の停留所、市場の一部、娯楽設備の場所、一ぱいお茶を呑むところ。労働者階級だけの地域についていえば、このデコボコの丸石を敷いた通りには、ごく最近まで自動車は、ほとんど入ってこなかったし、その世界はまだ五〇年前と変わらない。それは乱雑な、むさくるしい、バロック風の、ただし全体として単調なバロックの世界である。一つ一ペニーか半ペニーのガラクタ安物を無差別につみ上げた店の窓。カウンターと上のほうのあいているところにはどこにでも、常備薬のカードが吊るされている。外側の壁は、あらゆる色の小さな広告で埋めつくされる。それは、ちゃんとしたのからボロボロになったものまで、何百となく貼られており、前の広告の上へ上へと貼られて、厚さが四分の一インチ近くなっているのもある。そうした様相がまだ保たれているこうした町だと、電車は、「高級住宅地」を走るときよりも、労働者地域を走るほうがずっと似合っている。その不恰好な「アリ」型の形、二台か三台続けて走るとちょっとした復活祭の市場のようなさわぎになるすさまじい音、その内にぐるっと貼られている小っぽけな広告、夜になるとつけられる素敵な二重の首輪のような照明――すべてが電車を労働者階級の代表的な乗り物、民衆のゴンドラたらしめている。

このすべてが、バロック風に生きることの特別舞台の背景となる。労働者階級娯楽のほとんどが、大勢でする娯楽、滅茶苦茶に混み合って押し合いへし合いするようなお楽しみ、になりがちである。誰もかれもが同じ時間に楽しみたい、と思うのだ。汽笛は続けて鳴らさなきゃならないから。特別なときも――結婚、パントマイムをみにゆく、お祭りにゆく、遊覧バスでのお出かけ――このことを前提にし、同時にそのときには特別豪勢にやらなければいけないのだ、と思われている。結婚式は、一度だけ、上流階級の生活といった観念と結びついた豪華さを実現するときだ、と思われていることも多い。それには、デッカイケーキでももちろん「いい」のだが、それよりも本当は数百ギニーもするようなきれいな純白のドレスとベールのまがいもの、が用意される。花嫁は、小さな腕にまくバンドから、長い網目の手袋、大きな帽子にいたるまで、みんな同じようにかざられる。しかし衣装をととのえれば、仕上げ終りというわけではない。酒を、いい酒をなん種類か、とくにポートをどんどん呑ませなければ、終らないのだ。

復活祭の市場は、家具と同じように、極度に意識的に現代風をよそおうようになってきている。可愛くかざられた馬は姿を消してしまったし[4]、同じように幻想的な機械オルガンもなくなってしまった。毎年月賦販売の勧誘が盛んになり、コニーアイランド式の色つき照明がおおくなってきている。しかし、ここでも新しい材料は、色、音、動きが複雑にエキゾチックにからみ合ったもの、への古い要求に適応している。同じ要求は、長い休みのキャンプ場でも満たされている。そこにある大きな公会堂のなかを、よくみるとよい。モダンなスチールの大梁や屋根の波型がみえるだろう。が、それは人工の木、イミテーションの梁、すごくギラギラ光るシャンデリアのごたまぜを通してでなければ、見えないのだ。

すべてをもっともよくあらわしているのは、「遊覧」旅行の習慣だろう。というのは、

「遊覧バス」による日帰りの旅行は、とくに労働者階級によってずっと行なわれ、それはかれらに特有の——言葉を変えれば特徴的な——お楽しみの種類になっているからである。このやり方で、つぎつぎとあちこちに出かけて週の休みを過すことにしている連中すらいる。そのケバケバしさと陽気さからいって、「遊覧」旅行は、いまでも、次の歌のもつ雰囲気を物語っている。

〝オー、おれは海辺にいくのが真底好きなんだ〟

こうしたバスは、大きな町のたくさんあるうちから借りられることもあるが、多くはその土地の人間で一、二台もっているといったところから借り出される。それらはハイウエイのデラックスな映画館だ。バスは、とくにそれが労働者相手の日帰り旅行専門の小企業のものだと、座席はピカピカのビロードばりで、内も外もぎょうぎょうしくかざりつけてある。クローム色の小道具がたくさんつき、屋根には小さな旗、洒落た名前、がんがん鳴るラジオ、がついている。夏になると毎日、大きな都市の外側にある幹線道路は、ブーブーと海へ向ってゆくバスで混雑する。これはとくにちょっとした中休みと多勢の仲間のほしいおっ母さんたちに魅力のある娯楽なので、バスはしばしば、パブに、クラブに、通りの散歩に出かけるときに着るもののうちで一番いいドレスを着た中年の主婦で一ぱいになる。髪は前の晩に髪結いさんのところへ行ってととのえられ、ふだんはつけもしないキーキーいうコルセットをつけ、花模様の夏のドレスをつけ、おしゃれ靴をはいている。ある年は、私の憶えているかぎり、ほんとうに暑い日をのぞいて、毛布でフチどりをしたブーツ——全体にはそんなについていないが、上の端に厚く毛皮をまいてあるたぐい——が流行だった。かれらは、労働者階級の婦人が盛装したときに受ける、どこか散らばった、かざりすぎた印象をあたえる理由になるこまごました小道具——くびのまわりにかけるもの、宝石のはいった特製品、胸のまん中にピンでとめるブローチとかカメオとかいったもの、ピッチリとじたハンドバッグ——を一切合財みにつけている。

「遊覧」はゴロゴロと出発し、荒地を横ぎり、一行によってらっしゃいとさそうような宿屋を通りすぎて海へ向う。運転手は、どこの宿屋にコーヒーとビスケットがあり、どこにはベーコンと卵つきのたっぷりした朝食があるかを、よく知っている。朝食は軽くそこらで済ませ、着いてからたっぷり昼食をたべる。それから三々五々ブラブラ歩きに出かける。が、お互い遠く離れてしまうことは滅多にない。というのは、かれらは町の自分たちの部分、浜辺の自分たちの場所——そこでならゆっくりくつろげる——をよく知っているからだ。かれらはスカーバラでは、浜の北側を下層中産階級のために残しておいてやる。連中は、何百となくある小さな赤い別荘に部屋をとって、一週間か二週間滞在することになっている。またエドワード王朝期の優雅さがまだ半ば残っている南の端（そこにはとにかく浜辺はない。海を眺めるのによい散歩道とか崖で仕きられた庭とかがあるだけ）は、中年の職業人、自分の自動車でやってくる羽振りのいいウエスト・ライディングのビジネスマンにとっておかれる。労働者階級は、ウェストバラをくだって、半マイルほどの長さの、港のまわりの中心部に歩いてゆく。そこでは、その季節に、ケバケバしくかざり立てた、衣類や食品をつんだ荷車をひいてリーズからくるユダヤ人たちが、手洗いつきの、フィッシュ・アンド・チップスを売る安食堂（「フィッシュ・アンド・チップス、お茶、パンとバター――三シリング。お茶だけはお断り」）とともにひしめきあっている。ここでも、あの同じさわぎ、バーソロミュー市場式のごったかえし、がみられる。どころか、日常的な買物地域のそれよりも、もっとにぎやかで、色どりあざやかな所、といったほうがよいだろう。かれらは店をひやかしながら、素敵な散歩をする。多分、一ぱいひっかけて。デッキチェアに腰かけて、アイスクリームをたべたり、ミント・ハンバーグをかじったりする。ジョンスン夫人がブルーマーに押しこんであるドレスをパドルだと言いはったとか、ヘンダーソン夫人が一緒にデッキチェアに坐っていた人を「知らない」ようなふりをしたとか、婦人便所に列ができていたことについて、などに大笑いをする。それから家族へのプレゼントを買い、肉料理つきのお茶をのみ、それから帰りがけに、途中でちょっと一ぱいひっかける。もしそこに男がまざっているか、または男の連中のお出かけならば、バスは、一度では済まずになん度もとまることになろうし、バスの後部には動いている間に呑むために、ビールの一箱か二箱がおいてある。男たちだけの一行だと、どこか荒野のまん中あたりで、滅茶苦茶なバカ騒ぎとか小便がもれそうだといったさわがしい冗談を言い合いながら、みんなバスからころがり出る破目になる。運転手は、この温かい、ムッとする熱気のこもった、歌う共同体を町へつれて帰るときに、彼になにが期待されているかを正確に知っている。そのかわりに彼は、あと数マイルで町の通りに着くというところに走っているバスのなかで集められる、たくさんのチップをもらうのだ。

こうしたすべての行動で、人は「一丁やるぞ」、突進し、エィッと大さわぎしてみる。大さわぎは長くは続かない。が、それでもとてもいいものだ。生活の残りのほとんどは単調で、統制されているのだから。人はときどきそうした一種の恰好（ジェスチャー）をしてみる必要がある。合理的に考えれば生活費に大分ひびくとしても。こうした恰好は、つまるところ、そのまわりに富と豪華さを暗示する雰囲気をもたねばならぬ——遊覧バスは「デラックスな貴族の馬車」のようなフリをしなければならない。だから、パントマイムは「豪華けんらん」が大好きなのだ。「ベラ棒に素敵な」とか「恰好をつけてやる」といった文句も——恰好をつけるとは、優雅な人びとがそんなやり方で毎日をお過しになっていると漠然と想像されている形のこと——同じところをついている。私はこれがド・ルージュモン言うところの「豊かな環境とエキゾチックな冒険への茫漠たる憧れ」によるものとは思わない。というよりもそれは、一時的にもせよ、本当に豊かな環境らしくみえるものを徹底して楽しむこと、もっと言えば、大して憧れることなく、それが一時的なものでしかないことを知っているからこそ、徹底して享楽されるのだ。それは重々しく物質的な、持ち物に押しつぶされるような生活をしたいという欲望の表現なのではなく、かれらの考えるよりよく、より充実した生活の基本的な、比喩的な、簡略化した表現なのである。道具立ては粗野で肉体的であるが、目指している外観はそれほど物質的なものではない。ほかの諸階級は、この過去五〇年間に、その趣味の外的表現形態を変化させてきたが、全体として労働者階級は、ほとんど影響を受けていない。かれらはスカンジナビア式の単純簡素には全然縁がない。[5] かれらは、いまのデコレーションにある外交官風の格式ばった、ケバケバしくない、品がよくてどっしりとしたスタイルに感心はする――がちょっと冷たくて、きつすぎるな、とも考えるのだ。いまの中産階級のスタイルのうちで、労働者のエトスにもっとも近いものは、中産上層の郊外生活を扱うお茶の間ドラマにふつうあらわされているようなもの――花模様のさらさ木綿とぴかぴか光るしんちゅう製品、といったところか。ともかく、かれらはなによりも、裕福だった十九世紀中産階級のスタイルに近いのだ。がらくたの沢山あることや、金ピカのかざりもの、彫刻で、その裕福さをかくしもせずに誇示していた、あの十九世紀の中産階級に。念入りに仕上げられた色どりあざやかなものが沢山あるという感覚を統一原理にした一種雑多な集合体。

C　大衆芸術からの例証――クラブでの歌いかた

労働者階級のあいだでうたわれている歌やその歌い方のある特徴は、ほかのなによりも、かれらの古い伝統との接続と、内面の確立された関心枠に応じて、新しい素材を同化、変形してゆく能力とを例証する。というと、ここで、労働者の有名なブラス、シルバー・バンド、地区バンド、職場バンド、その年に一度のお祭りとコンクール、について大いにしゃべりたい気もする。今日、そうしたバンドを維持してゆくことは、かなり難かしいようである。が、それでも、全国には約十五万人の演奏家がおり、北西部、主としてランカシアー周辺だけでも二〇〇をこえるバンドが存在する。また、ウェスト・ライディングのあの素晴らしいコーラス協会のことを語ってもよいだろうし、それ以上に、およそ一〇〇年ほどの歴史をもち、いまでも生き生きとしている教会堂でのオラトリオの伝統について話してもよいだろう。クリスマスの何週間もまえから、われわれは日曜学校——私のはもっとも素ぼくなメソジスト教会だったが——から選抜され、一番人気のある「メシア」のコーラス練習をさせられる。われわれが、日曜学校が終ってからお茶の時間のために家に帰るまでのきまった時間に通りを歩いてゆくと、三つ向うの通りにある同じウエズレー派教会のムキ出しの煉瓦でできた玄関には、かれらもまた「メシア」をやるのだという予告がはってあった。「荒地」の向う側にあるふつうのメソジスト信者は、交わりに「ユダ・マカベウス」を練習している、といった具合だった。そのどれにも主なパートの担当として二、三人のプロ、セミ・プロが、場合によっては高い金を払って、入っていた。その壮厳な助奏で都市じゅうに有名だったあるトランペット奏者などは、奪い合いだった。しかし、全演奏の核心はふつうの教会メンバーで——小さな子供から、巨大な胸をしたオバチャン、おっかないおじいさんまで、なん列にも並んで行なわれる合唱であった。かれらは、全身で歌う伝統で何年もきたえ上げられたもののもつあの確実さと威力をこめて、「ハレルヤ・コーラス」をほえるように歌っていた。私はかつて日曜学校グループの一員としてうしろにいたときのことを想い出す。子供たちはいつも落着かず、ソワソワばかりしていたのだが、一度だけびっくりして静かにさせられたことがある。もう多分八〇に近かったろう、霊感を受けた族長のように歌う一人のおじいさんがいたが、彼は熱中のあまり二度いえばよい「ハレルヤ」を何度もひとりで歌ってしまう。彼の声は教会堂のなかにとどろいた。彼の恥しさと困りようも大変なものだった。年月がすぎると、子供たちのあるものは、またこの伝統のなかに入ってゆく。いまでも、たとえば君がハンスレットの労働者居住地区のかなりの人混みのなかでなら、どこででも「ハレルヤ合唱」をできる人間を五〇人ぐらいはすぐみつけることができるだろう、と私は思っている。

しかし、大衆的な世俗の音楽のほうが、こうしたバンドやオラトリオ・コーラスよりも、もっと広く労働者階級の趣味をあらわしている。したがって、ここでの主要な例証の素材はそれになる。私は、この過去三世代ほどのあいだに顔を出してきたジャズやその変種を考えているのではない。私がここのところで考えているのは、そのどれも私が抽出しようとしている諸要素を純粋な形でもっているわけではないのだが、売店で売られたりウールワース(「マックグレモンのレコード歌謡曲集——一九〇版」、「ヒット・ソング雑誌」、「抒情三〇曲選」、「ヒット・パレード」、「ロレンス・ライトの特選一〇〇曲」)で出している歌謡曲集にのっているたぐいのもの、なのだ。(6) それらは、古いのも新しいのも全部ひっくるめて二〇―一〇〇ぐらいの歌の歌詞をのせているが、音譜はついていない。「私で我慢して」のあとには、イギリスについての古めかしい叙情詩が続き、それから「歌を忘れたカナリヤ」、そのあとには新しい恋唄か、ロンドンの目貫き、チェアリング・クロス・ロードの子供たち、またはアメリカからきたなにか、そうたとえば「ぼくはママがサンタクロースにキスしてるのを見た」、が続くといった具合になっている。私はまた「ワーカーズ・プレイタイム」、「ワークス・ワンダーズ」にあらわれているようないくらかの特質も念頭においている。しかし、だらだらして終りのない、「ぶどう糖と水のまざった」ような生ぬるい、労働者向けと称している、ラジオのほかの音楽番組は頭においていない。それは民衆のものではなく、そのためになにかしてやるんだと称する連中の世界に属している。とくに私は、ときおりパブやクラブで歌われる歌、演奏される曲のことを考えている。しかし、クラブで歌われる歌を論ずることに限定しよう。というのは、パブで陽気にみんなで歌う合唱については、ほかで充分に書いたし、いまではその本当の反応をビール屋の広告が人工的につくり出そうとしているものと、切り離すのが難しいから。労働者のクラブでは、まだ古い慣習(7)が、広告屋が儲けるためにつくり上げる神話的人間像――いい奴・労働者はあたたかく常識があり、一ぱいの酒でご気げん――づくりに利用されつくさず残っている。

こうしたクラブ(8)はそれぞれ自主的に運営されているが、同時に、ほぼ一〇〇年ほど前、労働者のため、娯楽、しゃべったり読んだり、若干の教育をあたえる場所を提供することを目指して創立された、「労働者クラブ連合協会」に、加盟してもいる。そう大したことはないが、教育機関としての側面も、形式的にはまだ生きている。クラブは生活改善運動めいたこともやっているし、回復期の病人のための保養所ももっている。が今日では、大多数の労働者諸君にとって、それは「パブ兼クラブ」といったところだろう。ふつうに考えられている以上に、労働者はずっとクラブ・人種である。今、全国に労働者階級のクラブは三千以上あり、総メンバーは二〇〇万以上、その中約二〇万が女性、である。加盟費は年十シリング、管理権は選挙される委員会にあり、日々の運営は、それ専業で給料をもらっている世話係がしている。メンバーは、自分たちのクラブが、「金儲けするやつの利益のため」に運営されているのではないことを、誇っている。

労働者は、一ぱい呑むためにクラブへ出かける。ふつうそこのビールはパブよりも、少しばかり安い。が、酒が安いから行くわけでもない。彼はしばしば夕べをそこで過すが、とくに週半ばには、ほとんど金を使わない。彼はしゃべったり、投げ矢、球つき、トランプ、ドミノなどのゲームをして遊んだり、「富くじ」をひいたりする。半パイントか一パイント呑むこともある。自然、週末の夜はもっと呑むことになる。しかも、そこでの夜には、「たのしくやろうじゃないか」の空気がみなぎっており、クラブは演奏会を開いたりもするのだ。週末、とくに日曜日のコンサートには、多くのかみさん連中も、ふつうお客として出席する。クラブは「つき合いいいところ」なのだ。

メンバーの大多数は世帯持ちのようにみえる。ほとんどみんな二五をずっとすぎた、というより明らかに多くの人は、もっとずっと年をとっている。しかし、このことが、クラブは掌握力を失い、過去の世代にだけ魅力をのこしていることを暗示するのか、どうか。むしろ、そのことは、クラブが過去もずっとそうだったし、いまでも年とった集団――求婚と結婚初期をすぎた――のものなのだ、ということを暗示している。若い男も多勢メンバーに入ってはいるし、その中のいく人かは常連でもある。しかし、十八―二〇代初期にかけての年頃は、クラブの外で女の子を追っかけまわしているか、「ジャズのたぐい」に熱中しており、たまに立ちよるとしても、クラブをちょっと時代おくれ、とみなしているようである。結婚しても最初の四、五年間、とくに子供が生まれない前とか女房が働きにいっているとかの場合、夫婦はしょっ中映画をみに出かけている。映画をみにいくことは、求婚する場合、重要な役割を演ずるし、それはまだいままでも、ポケットに金のある現代若者に一番似合った最新の娯楽だ、という感じをもたれている。それとくらべると、クラブはいささかくすんでみえる。古い地域にある多くのクラブは、建物も貧弱で、内部はパブほどにも改装されない。若し夫婦に子供でも生まれて結婚生活がドッシリと安定してしまうころになると、亭主はクラブの常連になりやすい。一緒に映画に行くことも続いているだろう。が回数はずっと減る。間もなく、この夫婦も、ほかの同年代の多くの夫婦と同じようになるのだ。かれらは、ほとんど少しも変わらずに、かれらのコミュニティの同年代に見合った伝統にそって暮すようになる。なにが変ろうと、まだほとんどの夫婦が、結婚して数年たつと、こうしてドッかと腰をすえてしまう。今日、腰をすえるまでの年月は伸びているかも知れないが、ふつうはこうした伝統的特性を保持した安定の仕方をしている。週末のコンサートは、ひじょうに簡単なのから、劇場のバラエティ・ショウを思わせる「番組」のあるものまで、いろいろある。様式はより古い環境に属している。いまでは最新の低音で歌う流行歌手（あるタイプの）式の歌い方もないわけではないが、一般的にいえばコンサートは「バライエティ・ホールーピエロ・ショウーコンサート・パーティ時代」の雰囲気をもっている。そこにはセミ・プロの娯楽芸人たちの大きな影の世界がある。そうした芸人諸君は男も女も、正規の勤めの賃金以外に定期的にクラブに出演し、都市のクラブからクラブを演奏してあるくことで、かなりの金をかせいでいる。もし名が売れると、とくに有名なばあいには、周囲三〇マイル一帯の工業都市を巡業してまわることにもなる。典型的な「番組」の宣伝は、つぎのようになる。

フレディ・イームズ（シエフィールド）　バリトン
ビル・ウィルスン（ドンカスター）　ピアノ
なつかしのメロディー――
アイリーン・ジョンスン（リーズ）　オキャンな娘役

それには喜劇役者も入り、ときには腹話術師もいる。が、眼目は、ひとりずつ歌おうと一座全体による合唱であろうと、歌にある。こうしたコンサートの金をもらってするセミ・プロ、スターの背景には、とくに「無礼講・自由とび入り歓迎」の夜に必要なのだが、一曲ひいてもらうとか、一曲歌ってもらいたいとか頼める人がいる。かれらは金をもらわず、慣例によって、家であるいは、彼に「ごちそうする」、「送っておごる」メンバーによって一ぱい飲ましてもらうことになっている。ほとんどのクラブが、よい声をもち、頼むと「やってくれる」アア、あの人といったメンバーを一人か二人もっている。メンバーのなかにピアニストがいないばあいには、五―六シリングと一ぱい飲ませるだけでほとんど一晩ひいてくれる人間が、いつでもみつけられる。ほとんどの時間、音楽は、一曲、また一曲ときれ目なしに流れる。ピアニストは譜なしで耳でひいているのだが、間違えたりして、ひきやめることはめったにない。そのあいだに、話し、笑い、叫び声、グラスのカチンカチンという音がひびく。ピアノの音楽は結局、このすべてに一種似合いの背景をつくる。ときには多分友人たちにせかされて誰かが立ち上り、ピアノの方へ歩いてゆく。と、「しずかに、静かに」というしっかりした叫び声がおきる。給仕人たちはカタカタ音をたてるのを止め、一同は静まりかえってピアノのほうをみる……と、そこで歌い手が歌い出す。

歌い方は伝統的できまった特徴がある。個人の感情を濃厚にこめた歌い方、だが最新流行の低音スタイルよりもずっと自己中心的でなく、「中程度の低さ」で歌われる。それは心の奥底で感じられた情感（たとえば、愛する人の裏切り）を暗示することを狙っている。

が、その情感は最近の低音流行歌手たちがやるように、内の肉にくいこんだ性質のものではない。流行歌手たち、とくにアメリカからくる最近の特別スタイルの代表者たちは、人を私だけの夢魔の世界へひき込んでしまう。ここでは、まだ個人的経験からくる深い情感は、どこかみんなの経験とつながるところがあり、したがって共有できるという前提がある。それで、歌い方の様式は、もっと「開かれている」。が他方では、それはまだパントマイムの歌い手——三幕の終りで、全スポットライトを一身に浴びながら「彼女が手に入れたすべて」を「しっと」にくれてやる、を歌う——の公式の歌い方とはいえない。彼女の様式は情感的ではあるのだが、そこの状況——巨大な聴衆席、何百人もが列んでいる——は、きわめて大まかな整え方、単純化して感情的な打撃を大胆に誇張する、ことを要求する。そこから例の「詠嘆教徒」式の歌い方、大きな公共の場所でひとりで歌う労働者階級相手の芸人の様式、が出てくる。ここでは声は、派手な感情旅行の道筋を辿るのに物すごく急上昇し、急降下する。こうしたことすべてのなにがしかは、クラブ・パブでの歌い方の形式にもあるが、場所の大きさに応じて度合いは薄められ、もっと家庭的な調子になっている。ふつうの大きさの部屋に合うように作りかえられた「詠嘆教徒」スタイル。感動的な文句はどれもひきのばされ、展開される。それはロックで身体をゆするのを言葉でやっているのだ。そこでは甘く、ねばつくような一節はおどろくほどの長さにひき伸ばされ、かこわれる。感動的な文句が終ると、ちょっと間がおかれ、それからまたぐっと高まって、頂点へもってゆく。全体の効果は、一種鼻にかかるような歌い方——ふつう流行歌手が使うほどではないが――でたかめられる。一番じきにわかる特徴は感情的に大事なところを「エー」（ēr）と伸ばすことだ。[9]私はそれは、一部、リズムのスイングから感情の最後の一滴まで絞りだす必要があることと、一部は感情表現の型にアンダーラインをひきたいという欲望の結果、出てくるものだと思う。結果はつぎのようになる。

あなたわ――、わたし――にとって、たったひとり――の人
わたしと――、一緒に夢みて――、くれる人は誰もいない――
（ピアノはつぎの大きなひと弾きに入る前、ふるえるようにちょっと止まる）
ひとは――、言うけれど――

そして合唱部分にさしかかると、歌い方が「開いている」と名づけたように、聞いている連中は、今日行なわれている共同合唱のほかの形よりも、ずっと無意識に歌い出すようになりやすい。歌い終ってから、そうした感じがどんなに速く消えてしまおうとも、かれらは歌っているその時には温かい、人間愛を共有している感じにとらえられている。同じような考慮が、無意識のうちにピアニストをも導いている。もしもういっぺんひいてくれと頼まれるとすると、そして好きなだけそうできるのだがビールのコップをピアノの上におくとき、彼はひき方の正確な慣用句を知っていなければならない。ということは、これまでの普及した歌を知り、そのひき方を知っているということだけではなく、新しい

歌のどれが人気がありそうかを知っていることも含まれる。もっと大事なのは、新しい歌を、その主な節まわしはそのままにしておいて、これまで受け入れられてきた「慣用句」に転化するようにひかなければならないのだ。この転化の仕事が仕上がれば、新しいものと古いものとは仲よく一緒にやってゆく。新しい歌は、それ独自の貢献はする。が、それは五〇年ほど前から以降のあらゆる歌を包みこんでいる感情的に統一した全体の一部になってしまうのだ。ピアニストは、メロディーを一連の単純な音節に区切るやり方、センチメンタルなリズムを強く印象づけるある型への転化法、長い節まわしをぐずぐずひっぱる方法、各部の終りをもっ体ぶって軽くふるわせる方法（歌い手が次の節にいくのを「サッと追いかける」やり方も）、楽譜の要求に合わせてというより、感情の地底の泉をからさないための高音、低音のペダルをどう操作するか、を覚えなければならない。彼は、せんさい微妙さといったものを叩き出し、大まかな強いビートを出すようにしなければならない。これは、どうも私は音楽のことはそれほど確かには知らないのだが、昔風のワルツのビートと共通性をもっているように思われる。ひゆ的に言えば、それはあたたかく和やかな感情、強度のノスタルジアからくる「甘いすすり泣き」のビートといえばよいか。その様式は、私の考えでは、二〇年代のジャズのリズムの影響を受けてある程度まで、場所によってはかなりの程度、変わってきた。それからあとのスタイルから影響を受けたかどうかは、かなり疑わしい。それをちょっと聞くと、あたかも「スウィング」が支配してしまったかのようにみえるが、これは誤った解釈だろう。スウィングで体現される感情の型は、この古い、ワルツから由来するスタイルに酷似している。実際に、「スウィング」は適応し、同化されてしまったのだ。現代風の「スウィング」と古めかしいワルツの調べとは、気楽に共存している。ずっと現代風のパブでよく使われている型式は例外である。それらは、「現代風様式」での音楽を提供することで、若いカップルをひきつけようとしているからだ。しかし、多くの場所では、ずっと保たれてきた昔ながらの型式が、ほとんど少しも変わることなく続いている。わずか四、五カ月前、私は今度はウェスト・ライディングの工場町のパブで、一人の盲目のピアニストがひくのを聞いた。彼は片隈で、文字通り休みなしに何時間も、酒場のさわぎに伴奏しているかのように、ピアノをひいていた。ときおり、彼の手は、みんなが彼のためにビールのコップをおいてくれるピアノの上にひとりでに伸びていた。彼は七〇年前に歌われた歌をひき、それから続けて最新のアメリカ・ミュージカルからきたヒット・ソングをひいたが、ひき方が一瞬にもせよこわれるという感じはなかった。疑いもなく、彼は自分でもひくことを楽しんでいたのだ。が、誰も彼を孤立した人間、独立した演奏者だとは思わなかった。むしろ、彼はグループ活動への一人の参加者——尊敬される大事な参加者、とみなされていた。全場景のうしろはるかに、人は、もうなくなってしまった民衆合唱、民衆音楽家の各世代の輪郭をかいま見ることができた。そして、そうでもなければ沈黙しているに違いない、その盲目の男は、求められている音楽を洪水のように吐き出し、あたりは現代風のピカピカしたかざりものに満ちているにもかかわらず、その場の経験にどこか移ろいやすい、古風な特質をあたえていた。

イギリスの都会ポピュラー・ソングの黄金時代[10]は、一八八〇―一九一〇年のあいだだったようにみえる。そのころ、偉大なるミュージック・ホールのスターたちは、小僧から子爵にいたるまで、その十八番の歌を歌わせていたものだった。労働者階級に属さないほかの多くの人びとも、いまでもこれらの歌をおぼえている。が、ふつうちょっと古めかしくおかしいもの、と感じている。かれらは、よくこの時期のつくり声をしてみたりするが、それで、ノスタルジックな、コミックな、おかしいほど古風なお遊びに参加しているような気になっているのだ。

しかし、こうした歌のあるものは、いまだに、意識的ないたずらっ気なしに、労働者階級のクラブで歌われている。それらは明らかに古めかしいものだ、ということにはなっている。が、同時に「それが乗っているときには、古い歌でも叩き出すわけにはいかない」という反省をよびおこす。それは本当なのだ。どの時期にも当てはまるが、大したことのない歌の大群は忘れられても、少数のいい歌は残る、というのもまた本当なのだ。それらと共に、全部ごちゃまぜになって、同じ時期のアメリカからきた歌（「キャサリン、おまえを家につれて帰るよ」、スティーブン・フォスターの「美わしの夢見る人」のたぐい）、第一次大戦の歌、二〇年代の歌、がある。ひと晩の演奏曲目は、大多数の歌がこの二〇年間に歌われたもの（きまった慣用句に入れられて）からなり立っているが、もっと前の曲をかなりバラまいていることもある。

こうしたかなり前の曲目は、かなり簡単に二つの主要グループに分けることができる。おっそろしく生真面目に情感的なものと、おどけたザレ歌とに。前者のほうが、いまではより強く人をとらえているようにみえる。こうした歌はいまでも聞き手の心をゆさぶり、御婦人方に涙を流させたりもする。センチメンタルな民謡（年代はいろいろだが）、たとえば、「もし君が世界でただ一人の女の子だったら」、「すいかずらと蜂」、「金のなかの銀の糸」、「あなたの髪の毛が白くなるとき」、「古い時代のために」、「昔なじみのご親友」、「小さな人形のもの想い」、「籠の鳥」、「うす明りの歌」、「ラギューナの百合」、「ピカルディーのバラ」、「ダニー・ボーイ」、「全世界にバラはない」、「昔なじみのオランダ人」、「鉱夫の故郷の夢」、「あなたが私に愛を教えたの」、「この唇に話すことができれば」。

もしこの唇に話すことができれば
もしこの眼に見ることができれば
もしこの金色の巻髪が本当にここにあったら
あなたが私の名前をとったときにしたように
この手をとることができれば
だが、それは美しい絵にすぎない
きれいな金色の額ぶちに入った(11)

小生意気な、鼻に指をあててからかうような、人生は楽しいじゃねえか、エエ、といったような歌も労働者階級のものだ。かれらは、ただ労働者階級だということだけでガックリしちゃいられねえぞ、というとき、しゃがれ声で俺は自信満まんだ、というとき、にそれを歌う。そこには陽気な「女たらし」の歌、「ハロー、ハロー、あんたの御婦人のお友だちは誰だい」(「そいつはお前がブライトンで一緒にいた女の子とは違ってるぜ……」)、「きのうの晩はだれと一緒にいたの」(「オー、オー、オー、全くあなたには驚ろいた……」)、「おれを女どものなかにほうり込んでくれ」(「おれを可愛がってくれよ、な……」)、「さわらないで、このいたずらっ子」、といったたぐいがある。そして、陽気で、あらっぽく、こわれたような古いタイプとしては、「二つの可愛い黒目」、「俺はクロムウエルが打ちこわしてあるいた廃墟の一つ」、「おまえはどこでその帽子を手に入れたんだ」、「おれんちの年寄りが「先鋒万才」といった」、「どんな古鉄でも」、「私のちっちゃな一番の下のひき出し」、「オー、オー、アントニオ」、がある。あるいはナンセンスな歌としては、ただ単にみんなで集まってワーッとさわぐときのかけ声のかわりのような「タ・ラ・ラ・ブーン・デ・アイ」とか、「そう、おれたちはバナナを持たない」、「フェリックス」、「馬っ子よ、尻尾をあげろ」、がある。この二〇年か三〇年のあいだに、このグループにつけ加わった新しい歌としては、「おれは六ペンスもらった」、「タルを転がせ」、「ランベス散歩」、「走れ、兎ちゃん、走れ」(第二次大戦から)、「おいぼれたメス馬」(「メス馬はからす麦をたべる」)、「ココアナッツの一房」がある。

こうして労働者階級のグループは、まだ、かれらの祖父母たちが歌っていた歌を、うたっている。その前のものは、もう一つも歌われない。カーンにのっている一番古い作品は、あの都会ミュージック・センター最盛期ごろからのものだ。かれらは「私のボニーは波の上に」とか、「ジョニーは市場へいきっきり」を歌っても、余り面白くはなさそうで、「小さな褐色のジョッキ」、「町の居酒屋」は、ボーイスカウトや学生しか歌わないことになっている。私の知り合いが、「恋に破れた道化者」を歌った男に一ぱいおごり、みんなで「クレメンタイン」を歌うようにひいてくれといったとき、あたかも警察のスパイが二人ニュッと顔を出したかのような冷たい敵意がバー中に拡がったのを、私はよくおぼえている。時がたつにつれて、ある歌は失われてゆく、が、かなりの古い歌はレパートリーのなかに残っている。新しい歌と古い歌との割合いがどのくらいかは、いろいろである。「ときどきは古いやつを聞かなくちゃ」、というぐらいのところもあるし、夕べの歌謡曲大会をやると四分の一ぐらいが古い歌だ、というところもある。しかし、新しい歌がほとんどどこでも多数派を占めているとはいえ、そのどれでも、人びとにうたわれるようになるには、メロディーと感情のある一般的な必要条件を満たしていなければならない。二つともなければいけないのだが、どういうメロディー、節まわしが条件に適っているのか、といわれると、ちょっと言いにくい。何百という歌の抒情はごくごくありふれたものなのだが、それでももし節まわしにどこか人をひきつけるところがあれば、流行する。この二つの条件が満たされていれば、歌の文句は最も単純でかまわない、というか、単純でなければいけないのだ。

こうした必要条件をみたさない歌は、どんなにティン・パン・アレー（本来はニューヨーク、流行歌発生・出版地域）があとおししても、大かた流行らない。ときには、ものすごく宣伝、広告すると、さもなければ全く無視されたに違いない歌に、一、二週間かそこらは、少し注目を集めることもできないではない。が、あと押しの努力がゆるめば――歌謡曲産業のいまの状態からいえばそれを長く続けることはできない――その歌はたちまち視界から消えてしまう。大きな公共的事件――戦争とか戴冠式とかがあると、作詩・作曲家たちは懸命にそれに関連する歌をつくろうとする。戦時中の歌の本は、いまは全く忘れさられた悲憤慷慨調の愛国歌曲にみちている。作った諸君はもう一つの「かれらこそ常にイギリスそのもの」を目指したのだろうが。もっと重要でない公の事件のときには、陽気な、にぎやかな歌、あるいはナンセンス歌謡の系列のものがつくられる。この過去十年間の歌曲集をほこりを払ってとり出してみるならば、君はそこに徴兵制度とか歩行者優先横断歩道とかについての小さな愉快な歌が埋葬されているのを、見つけるだろう。そうした歌は、いわば最初から死んでいた、といってもよい。それらは成功を保障するメロディーも、広汎な普遍的情感ももっていなかったから。

アメリカの諸君は、「天国では歌い鳥がほしかった、それで神はカルーソーをつれ去り給う」、「今宵は天に新星がみえる」（ルドルフ・バレンチノが死んだとき）、のようなタイトルの歌をつくる。アメリカで人気があるのかどうかは知らないが、ここでそのたぐいは、労働者階級にはほとんど受けない。私の推定では、これは単にメロディーがよくないというだけではなく、充分に一般化された情感をもっていないからである。それらの感情表現の形式はごくありきたりのものである。アメリカの歌だがここイギリスでも非常に人気のあった「ソニー・ボーイ」だと、ひじょうにさびしいので、天使たちが一人の小ちゃな少年をつれ去ってゆくアイデアをひっぱり出す。しかし、「ソニー・ボーイ」はべつに特別な子供ではない。それは象徴的な少年――なん年か前に「車掌さん、ぼくを電車からおろさないでおくれよ」と哀願していた少年たちの一人、ついこの間まで「あの窓の中の犬ころはいくら」(少くとも、イギリスの人びとはかたくなにこの発言は子供がいっているのだととっている。全体の文句からみれば、西部、カリフォルニアへ行こうとしているアメリカの大人がしゃべっているのだが)と叫んでいた子供の一人――なのだ。

これを書いているときだと、「あの窓の中の犬ころはいくら」と「オー・マイパパ」(スイスのオペレッタからつくられ、とくに明るいトランペット・ソロで演奏される)が、この歌の「正典」のなかに完全に入った一番新しいやつだった。かれらは、過去二〇年か三〇年のあいだに生き残った、「丘の羊飼い」、「アーチの下で」、「牧場のわが家」、「また逢う日まで」、「傷心の道化役」、「ホワイト・クリスマス」、「しっと」、「あなたがオルガンをひいて私がロザリオを歌ったとき」、「妹と私」、「愛は終った、チェリイよ」(この節まわしと情感はひじょうに気持よくできているので、これだと国籍は問題にならない)、「ミュージック、マエストロ、プリーズ」、「晩さんへどうぞジェームスさん」(ここでも、この二つは節と情感とがよいので、どの社会階級でも歌われる)、「形見の品」、「サヨウナラ」、「サヨナラと手を振るとき私のしあわせを祈ってね」、「あざむく心」(ある現代歌手のこの歌のレコードは、物すごく流行した。そのわけは、それがあの荒っぽい「詠嘆教徒」風の要素と、より親密な現代低音歌手風とを結合したことにある、と私は思う)、「紙のお人形[12]」、などと一緒になっている。私が最初に聞いたとき「紙のお人形」は、アメリカのスター・クルーナーのやり方、「最新」式で歌われていた。それはイギリス北部に植えかえるには、全くむかないようにみえた。しかし、二年か三年たって、私がとあるハルのパブでその土地のアマチュアが歌うのを聞いてみると、それはみごとにほん訳されていた。「おれはおれのものだと言える紙の人形をもっていたほうがましだ/現実の、生きてはいるがなんにもならない女の子をもっているよりも」という文句は、アメリカ式だと物すごい早さでひっぱたくように歌われ、最後の「女の子」は、力をこめて打ち叩くように長くのばされていた。ヨークシャーでは、全体のスピードが半分ぐらいになり、リズムはふつうの上がり・下がりする型にひきのばさ」れ、「女の子」は典型的な北部イギリスの嘆きの結び、「女のこ――」にかえられていた。

「私はサンタ・クロースに手紙を出す」、時おりグレイシー・フィールズが歌う、は、こうしたうまく改良されてもっている歌の典型として、とくに一度聞いてみる価値がある。メロディーもテーマと同じように、よく伝統とつり合っている。クラブのピアニストのひき方は、例のお気に入りのセンテンスの終りごとに、ふるわせたり、パッと上昇したりする技巧にみちている。

こうした歌が、固い、かぎられた慣習のかたまりの枠内で歌われていることは、明らかである。それはすでによく知られているから、装置や属性の慣習はわきにのけておくことにしよう。もっと重要なのは、メロディーの動きのなかにある「きまり文句」である。たとえば、失恋の歌のひどく悲しい部分にさしかかってきたのだぞ、といったことを知らせるきまった調子、といったものである。また抒情詩の行間で——ある調子で演ぜられる——六ツぐらいの音をあげてもよい。それは、君がちょうどその時クラブに入ったばかりだとしても、ああ、あれは子供時代についての歌だな、とわかるようなやつである。

こうした特質は、職業的機械的な歌の作者たちの想像力が貧困だ、という以上のことを示している。それは『秘密』や『グラマー』のストーリーにかんして前に論じたのと同じ特質が、この歌の聴衆にもあることをあらわしている。これらは、厳密な意味できまりきった慣習的な歌なのだ。その目的は聞き手に、できるだけ直接に、すでに知られている情感の型を提示することにある。それらは、独自の創造というよりも、それぞれの感情帯を開く慣習的な記号の組合わせ、にしかすぎない。比喩も、複雑な暗示で色どられてはいない。それは固定した、客観的な流通価値の一部なのだ。枠内でのいくらか大きな変動はあっても、本質的にはほとんど変わらない。こうした歌には、われわれがエリザベス時代の歌のいくつかに見出すような、せんさいな、成熟した態度はみられない。たしかに、前代の農民聴衆は、みごとな反応をみせたといってもよい。だが、いまの労働者階級の聴衆だって、それからほとんど一世紀以上も辛い、醜い都市生活を送らされたにもかかわらず、まだ、どんなに単純に理解されていようとも、決して悪くはないテーマに執着しているということは、なかなかのことではないだろうか。「舞踊会が終ってから」はメロドラマの歌である。それは民謡のように民衆がつくった歌ではない。が、かれらが奪い取ったコマーシャル・ソングなのだ。かれらは自分たちの言葉に合わせて、それをつくりかえる。だから、それは一見そうみえるほどかれらにとっては貧しいものではない。

テーマもまた慣習的であり、その根っこは愛と家庭と友情である。愛は、まず温かく、個人的なものとして、この世の財貨にかわるものとして、ほかにはいろいろ困難があるとしても「同じように」やってゆけるものとして、一人との「本当の愛」はお金よりも、多くの恋人よりもよいもの（すなわち、「籠の鳥」）、としてあらわれる。恋の詭計にも強い関心がもたれている。しっとでこわれる愛、不実な恋人に捨てられた孤独な人間（「傷心の道化役」、「愛は終った、チェリイよ」、「しっと」、それから準古典、パグリアッチイからとった「道化とともに」）。家庭の力をテーマにしたもの（「キャサリンよ、お前を家につれて帰ろう」、「ふるさと」——「たとえ運命に見放されようとも／美わしき夢つねにわれを包む………ホーム」[13]）については、もうこれ以上言うことはない。それとからまり合っているのが、母の面影である（「金のなかの銀の糸」、「おっ母さんは古風な人だった」、

「おれの昔気質のおふくろ」、「あの人が私のお母さん」）――家に坐り、家庭のもっているすべてを体現し、または死んではしまったが、いつくしみ深く愛する子供たちを見守っている母親。そうして人は、外国またはなにかで家から離れている少年たち、みなし児、センチメンタルな状況におかれている子供たちに手をさしのべるのだ（「妹と私」、「私はサンタ・クロースに手紙を出す」）。

友情は、隣り近所のつき合い、忠誠、ともに年をとってゆく同志を包みこみ、やはりこれらが、愛と同じように、金銭や名誉よりもいいものだ、と主張する。ボーア戦争期の流行歌だった、「同志」[14]は、まだどうかすると歌われている。

同志よ、同志よ、おれたちは子供のときから
悲しみをわかち合い、喜びをわかち合い
大人になりかかったときも
なにが起ろうと変ることなく
年老いてわが身おびやかさるるとも
同志はつねにわがそばにあり

それと一緒に「古き時代のために」、「なつかしい昔なじみ」、そして（妻のためには、妻であると共に同志として）「私の古い女房」が歌われる。友情は富に勝さるというテー

マから、比較的新しい「小さな幸福をまきちらせ」のように、たとえ貧しくとも、しあわせで陽気なほうがいいんだというテーマは、すぐひき出される。そうして、歌の第二の主要類型、小生意気でナンセンスな歌のすべてが流れこんでくる。

大多数の歌はセンチメンタルで、とくに悲しく、ノスタルジックである。「おかしいわ、安っぽい音楽にどうしてこんなに力があるのかしら」と、ノエル・カワードの『私生活』[15]に出てくるアマンダは、エリオットにいっている。が、本当にそれはそうなのだし、労働者階級にかぎっての話ではない。そのメロディーには素敵なものもあり、歌うときにあまりねじまげられていなければ、ちょうど豪勢なイタリア・オペラのアリアと同じように、聞く者の心を動かすものもある。こうしたオペラと同じように、こうした歌も、かぎられているとはいえ大胆な感情表現の道具立てをもっている。せん細さはない。が心の泉は湧き出すのだ。それらを、ただ単に、セシル・シャープ[16]をひいて言えば「有害な雑草――下品な連中の堕落した街頭音楽」として一蹴してしまっては、なんにもならない。たしかに品は悪い。それは本当だ。が、ふつうインチキの安ぴかものではない。ただ感情表現の大きな状況だけを扱っているのだ。がいして、人を寛大で、大らかにする。背後にある道徳的態度は、卑しくも、計算高くも、「ゆるゆる」でもない。まだ、より古く、より優雅な文化とちょっと手をにぎったぐらいのところなのだ。シニカルではないし、神経症的でもない。しばしば感情に溺れはする、が感情をあらわに出すことを恥じてはいないし、お上品ぶってスマートにしようなどとも思っていない。なぜ多くの古い歌がいまだに愛着をもたれているかといえば、私はこれがその理由の一つだと思う。こうした歌は、まだ感情の解放がもっとたやすくできた時期から来ているのだ。

この感情表現の統一があるから、違ったタイプの歌のあいだを自由に動きまわることができるのだ。こうして宗教的——あるいは宗教的と考えられている——な歌も流行歌になり、歌手は、自分も聞き手も少しも矛盾しているなどとは感じないで、愛の歌から宗教的な歌へ、それからいわゆる「古典的」な歌へと移ってゆく。感情的な雰囲気がすべてを包みこむ統一性をあたえるのだ。これを「グレイシー・フィールズ的スウィッチの切かえ」と称してもいいだろう。フィールズ女史が、その一番有名な実行者だから。彼女は裏庭のコミック・ソングから「古典的」、「古典・宗教的」歌にスラスラと移っていくことができる。[17]「古典的」、「古典・宗教的」な歌とは「失くなったコード」（ある日、オルガンの上に腰かけて／私は物うく、落着かず……）、「この家に恵みあれ」[18]（そこに家あり／神結び給う——〝この家に恵みあれ、われら祈る／昼も夜も守りたまえ……燃え立ついろり恵みあれ／祈りのごとく立ち昇る煙〟）などから「聖なる都市」、「アベ・マリア」、「主の祈り」などのことである。[19]あとのカテゴリーに入るものは「オー・鳩の翼もて」（そのボーイ・ソプラノで歌われたレコードはひじょうな人気がある）、「夜を通して」、「古いじょうぶな十字架」、などであり、なににもまして労働者階級のものだと言える讃美歌は「神とともにいまして」だろう。それはフットボールの試合でも、大きな公的行事のときにも、歌われるし、労働者階級の母親たちの多くは、葬式のときはそれだけ歌ってくれと注文する。私の母親もそうだったし、数年後に死んだ祖母もそうだった。どちらにも、それはおやじとしての神、家庭としての天国、彼女らの全生涯がそうだった長い労働の日々が、終りに近づいているということ、を途方もなくどっしりと暗示するものだったから。

この種の音楽は、私の親類の言葉を借りていえば、「あり金を全部くれてやる気になる音楽」（できのよい、労働者階級の機智――彼女は余分な金など一文ももっていなかったが）なのだ。しかし、彼女はそうした御気に入りのグループのなかに、「ダニー・ボーイ」、彼女がたまたま聞いたことのあるチャイコフスキーのほんのちょっとのメロディー、それから多分「時は来れり」のような（世俗的な歌なのだが、重々しい疑似宗教的情念をこめて歌われる）歌のいくつか、を入れていた。宗教的な歌は、ほかの歌ではできない一種の情念、ばくぜんとはしているが強い、高められる感じ、聖なるものの感じ、をあたえる。しかし、これは宗教的な歌がほかのすべての眼に涙を浮べさせるようセンチメンタルな歌と共有している主な一般的情感へのおそなえものでしかない。同じ種類の情感は、すべてに貫流している。映画の空にまい上るような、たくさんの弦楽器を使う音楽、天使団のように円天井の高い所に陣どってやる大コーラス――「いつもそばを歩む」、「ひとりぼっちじゃない」、「私は信ずる」、「吾が友」、「私はあとをついてゆく」――がたやすく受け入れられるわけは理解に困難ではない。また、音響反響室の流行もよくわかる。それは、なにかこの世界をこえた感じをあたえ、歌声を低音で反響させることで、みんなに俺たちの声はすばらしいじゃないかと感じさせるからだ。同じように、統一と友情を暗示する「緊密なハーモニイ」に、なぜ人気があるかも明らかである。と同時にもっとねばっこい現代型の歌い方が、私が前にいった感情的な「身体ゆすり」の容易な継承者であることも明らかである。歌い方の古い伝統は、疑いもなく弱められつつある。が、それはいまのところまだ、古い様式がただ残っているという以上のものであり、いまだに新しい歌から欲しいものを積極的にとりこみながら、自己改造を続けている。

しかし、労働者階級は、このたぐいの歌を、どんなやり方で受け入れ、「信じている」といえるのだろうか。私は、感情的降伏を大きく書きすぎ、かれらが歌の文句を直接まるごと信じているかのように暗示し、誰もが眼に涙を浮べてつっ立ち、涙で連帯しているグループのように描きすぎたかも知れない。

だとすると、余りにも単純化しすぎた画像である。ある意味では、歌は真面目に受けとられている、といっても間違いではない。真面目にというのが、意識的に「からかった」り、奇妙に時代おくれのものとして楽しんでいるのではない、という意味なら。「この唇に話すことができれば」はひじょうにいい歌で、私の想像では、お祖父さんたちのときとほぼ同じように享受されている。その歌は、愛とか家庭とかがもっとたやすくそれぞれの感情領域表出ができた時期のことを語っているので、そこには多分ノスタルジアもつけ加わっていよう。それは意識表層下にある、堂々たる老人――「あっ、今はもうあんな人たちはいなくなっちまったな」といわれるような――をみると誰しも感ずるある感じを暗示している。一方、信仰といい、真面目にとるといっても、無条件ではない。それは、こうした歌は、古かろうと新らしかろうと、そもそも「ひどくセンチメンタル」なものなんだ、という自覚と一緒に存続している。そうした自覚は、センチメンタリティをケナしつける一連の歌に顔を出している。ある種のコミック・ソングだと、労働者階級は、ふだんは受け入れている情感を意識的にやっつけている。「そこにおれはいた、教会のところで待っていた」を一つの典型だとすると、「おれはあんなにわめいたことはない」がもう一つの典型、といっていいか。この型の別の歌は、ふつうの感情の動きを動員し、大部分を費して、見すてられた家庭と女房とを描く。そして、最後になって、亭主は自発的に家出したのであって、家に帰ろうなどとは夢にも思っていないことが、明らかになる。しかし、この限界は本能的にきめられている。私はかつてある若い男が、人気のあるセンチメンタルな歌をからかう自作の替歌をうたうのを聞いた。ところが、一座を笑わせるのに失敗したばかりか、かれらの内に、面と向って言われはしなかったが、趣味に反するフテエ野郎だ、といった強い感じをよびおこしたのだ。彼は、実際、品がないというよりは、安っぽいことをしたのだ。彼は、そうした情念をあたたかく笑いのめすというよりは、それらを滅してしまったからだ。

「感じやすい心」はしばしば柔かくて、センチメンタルである。が、嘲弄されはしない。こうした歌の大半は、メロディーで、文句で、歌われるべき様式で、「感じやすい心」を表現している。それらは古い心の琴線に触れるのだ。それらは、民衆がまだあたためておきたいと思っている価値を暗示する。外の人生、月曜日の朝の人生は、むっつりしたロクでもないものに決っている。そうである間は、こうした感傷は正しいのだ。人びとは感動する。「仕事にかからなきゃいけねえ」ときまでは。歌はその時も人を温ため、元気づける。ばかりか、そうした情感は、センチメンタルでない単調平凡なその週の労働日の間じゅう記憶のどこかに残っているに違いない。

第二部　新しい態度に席をゆずる過程

Ⅵ　行動の源泉をゆがめること

「こうした諸手段で、一種それなりの徳をそなえた物質主義が、究極的には、この世界に確立されることになるだろう。その物質主義は、魂を腐敗させはしないが衰弱させ、しかも音もなく、行動の源泉を歪めてしまうだろう」

（ド・トックヴィル『アメリカの民主主義』）

A　まえおき

ここまで、私は主として、若干の古い要素が労働者階級の生活に頑強に残っている、その残り方に目を向けてきた。そして、もっとも目ざましい特徴は、いまや、ほかの領域からこれだけありとあらゆるアッピールが労働者階級の人びとに向けられているにもかかわらず、いいにせよ悪いにせよ、より古い態度群がなんとか生き残っている、その範囲の広さであろう。もう一度、ウィルフレッド・ピックルズ氏の大成功を思い出していただくだけでよい。彼の身ごなし物いいは、私の好みからいえば、あまりにも「ザックバラン」、あまりにもアケスケに「みんな一緒に」「ウワべは荒削りのダイヤモンドだが、心は金」を売ものにしすぎる。彼は、北部の労働者階級を、当意即妙のかけ合いと気取らない実直な智慧では俺たちは誰にも負けやしない、という北部の連中の自負を繰返すことで、甘やかしているようにみえる。だが、彼の成功の大部分は、ピックルズの番組「いってみよう」が、労働者がいまだに大事にしている諸価値を表現し、賞め上げる演壇にしている、という事実から来ているのだ。こうしたことは、くり返せば、単純なあるかぎられた意味しか持ちえない。が、そうした番組が奨励する傾きのある勿体ぶった気取りにもかかわらず、古い諸価値に拍手かっさいしている人びとにとっては、意味が無くはないのである。「率直なつき合い」「近所づき合いのいいこと」「明るい面を見ること」「開けっぴろげさ」「困っている者を助けること」「いばりかえったり、ゴマスリ野郎にはならないこと」「忠誠」。すべてのこうした古い諸価値は、いまの商業的な諸価値——高慢さ、野心、知りあいを追い抜くこと。それ自体が目的になった外観をかざること、顕示的消費——今日では労働者階級の人びとも身につけるようにたえずさそわれている、よりもずっと健康である。しかも、古いものは、単に表向きのものとして、また、頭の中にだけ残っているのではない。

いまや私は、労働者階級の人びとに、これまでと違った態度を採用するか、さもなければ古い態度を修正するようにすすめているようにみえる、現代生活の若干の特徴に向き合うことになる。出版物や娯楽の特定の展開傾向からおこりうべき効果について注意を集中するためには、社会的、政治的、経済的変動の交互作用が行なわれているなかから、ほんの一構成部分だけを切りはなして扱わねばならぬ。すべてが態度をかえることをうながしており、あるものは、疑いもなくよりよいほうへ変えようとしている。私はとくに、変化のよくない側面にかかわろうと思う。私が検討しつつあるこの領域では、悪いほうがより顕著であり、より重要であるからだ。

とはいえ、全体を通じて、第一部の証拠を——必要な場合にはそうするつもりだが——思いおこしておいていただけると有難い。というのは、これまで「より古い」態度とよんで来たものも、これから検討しようとしている「より新しい」態度も、同じ時、同じ人びとのなかに共存しているからだ。態度の変化は、社会生活の多くの側面を通って、じょじょに、じわじわと浸透してゆく。新しいものは既存の態度群に組みこまれ、しばしばちょっと見ると、こうした「より古い」態度群を新しい形にして提示したものに過ぎないかのようにみえる。諸個人は、それゆえ、緊張を意識することなく、一つ以上の「精神的風土」に居住しているのだ。「より古い」秩序の本質は、より直接には、中年層にはっきりと出ているけれども、より新しいアッピールがかれらに働きかけていることも、また事実なのだ。逆に、一見ほとんど完璧にこの世紀後半の典型とみなされる若い男が、彼の曽祖父を想い出させるような態度をフトみせたりすることもある。そのことからいえば、昔のものよりずっと威力のある現代のいろいろなアプローチが成功するかどうかは、ある程度、そうした現代風アプローチが「より古い」態度群と、どのくらい同一化してみせるかによって決められる、といってもよいだろう。

現代生活にふさわしい若干の特徴を細かく検討する前に、この「精神的風土」から二、三の要素を選んで、それらがずっと以前から定着し、しばしば意義のある大前提群とどこまで結びつくことができるのか、あるいは結びついているように見せかけることができるのか、探っておくのがよいだろう。よりよい「寛容」と「自由」の観念の現代的形態とのあいだに、より古い集団・感覚と現代の民主的平等主義とのあいだに、（初めは逆説的にみえるだろうが）より古い、現在に生きることが必要だという感覚とより新しい「進歩主義」とのあいだに、いったいどんな関係があるのか。どんなやり方で「寛容」は、新しい娯楽提供者たちの活動を手伝っているのか。どんな方法で、懐疑主義と非同調性が、錆びついた幽霊に仕立て上げられるのか。どうして、生活は苦しいから「できるあいだにせいぜい楽しむことさ」が、やわな大衆的・快楽主義に道を開くことができるのか。集団の感覚は、傲慢でもっともらしい画一主義に転換できるのか。こうした伝統的諸徳をより多く意識することが、破滅的な自己ついしょうに展開できるのか。この探求は、あとでおわかりになると思うが、主として、いわゆる自分を甘やかすことへの御招待といったことを、問題にすることになる。一種のシニシズムへ向う傾向についても若干の考慮が払われるだろう。シニシズムに関連したものに一種の喪失感——これはごくごく少数の人にしか信用されていないのかも知れないが——がある。しかし少数派は重要なのだ。だから、私はその喪失感、とくに「根こぎにされた者」に作用しているその実感を、別にとり出して語ろうと思う。

ある観点からいえば、自由、平等、進歩という密接に関連し合った三つの観念が、いまなお、労働者階級であろうとなかろうとかかわりなく民衆大多数の大前提の根元にある。そうした観念は二〇世紀のわれわれよりも、十九世紀の知識人の意見となら、もっとしっくりいっていただろうけれども。たとえば、進歩の観念によって、今日労働者階級の人びとに行なわれる、アッピールの本質はなんだろうか。ほかの階級での状況はどうであろうと、労働者階級の経験のなかには――とくにこの半世紀間の――進歩はいまなお、否定しようもなく正当な根拠をもった想念だ、ということを保障するおおくのものがある。大前提としての進歩は、労働者階級の人びとにある伝統的なプラグマチズム式希望と、たやすく結びつく。もっと特定していえば、社会的、政治的、物質的進歩の諸効果は、労働者階級にとって、中産階級よりもかなりあとになってから、目にみえるように明らかになってきたのだ。こうした変化の効果が労働者階級の人びとの胸中にいやでもわかるように最初に入ってきたのは、前世紀の後半から今世紀の開幕期のことであった。選挙権の拡大、かつて知られなかったほどの物的豊かさを手に入れる可能性、普通教育法の効力、など。ひき続く各時代に、労働者階級の人びとの生活水準は、本当に、重要な諸点で改善されてゆく。私の祖母も母も、二〇世紀の半ごろに家族を育てているならば、あんな苦労はしなくてもすんだだろう。一生涯祖母も母も必要としていたものは、ほんとに単純なことなのだが、基本的な生活物品、サービスが、もう少し余計にないかな、ということだったから。

かれらのことを考えると、私は、進歩に対する労働者階級の態度を、若干の物書き諸君がいっているように、ただたんに物質主義の一形態にすぎない、などとよぶことは、とてもできない。それは労働者階級のなかの進歩の観念をしばしば過小評価することになる。かれらが、こうしたモノやサービスを欲しがったのは、ただもう所有したいというどん欲さのためでもなければ、技術社会のピカピカする製品に自分の手をのせてみたいという欲求からでもない。それがなければ、かれらが言うところの「ちゃんとした」生活を続けてゆくことがひじょうに難かしかったから、そうしたモノやサービスがなければ、暮しはきびしく、経済的にも精神的にも「頭を水の上に出しておく」だけのためにたえず闘って行かねばならなかったからである。だから、洗たくするのにもっといい場所ができ、設備もよくなって始めて、家族を「ちゃんとしてる」といえるほど、きれいにしておくことが可能になるのだ。労働者階級の人群みのなかに入ると、ツンと鼻を刺す臭いがする、といった話はもう聞かれない。本当の進歩は、明らかにやれば、できたし、またやる価値のある目標でもあった。

こうして、進歩の観念は、いまでも労働者階級の人びとの公式の日常話法のうしろにどっさり残っている。しかし、民衆伝道者たちはこの観念を、どんな意味でも妥当する範囲をこえて度外れに推し進めつつある。はっきりわかる多くの理由から民衆伝道者たちは、進歩の想念をこれまでもずっと——多分これからもそうだろうが——肌に合ったつごうのいいものとみなしてきた。進歩の観念は、今日の複雑でゴチャゴチャした商業的生活の圧力に押されて拡大され、ほとんど無制約の、モノの「進歩主義」にまで伸びきってしまっている。

「時は前進し……」と映画解説者のキーキーした熱っぽい声は語り、ドラムのひびき、高く鳴りひびくトランペットは、そのこと自体がもういいことなのだ、ということをあらわに示す。「変化の鳴りひびく水路をとおして、この偉大なる世界を永劫に進ませよ」、とインスピレイションの頂点にある広告のコピイ・ライターは、このテニスンの比喩が、自分がもっともしばしば受け手にひきおこしたいと願っているムードを最高に表現するものだと思って、叫び立てる。大衆新聞の論説記者は、地平線、新しい夜明け、ひろびろと一直線にのびたハイウェイ、前進する運動（行進と氾濫）、前をみる人、が大のお気に入りだ。

ある時代は、一人の創造的な思想家の諸観念によって直接影響されるのではなく、その観念が単純化し歪曲するザルを通ってからカキ集められたものによって、もっとも影響を受けるのだ、といわれている。私が、この観察に最初に出会ったのは、マキャベリの諸観念がエリザベス〔一世〕時代のイギリスにおよぼした影響を論じたあるエッセイのなかだった、と記憶する。こうしたことは、いまの時代にもっと広くあてはまるだろう。大衆的な受け手は、その当時の知的な受け手よりもずっと多く、しかもたえずザルでこしたたぐいの情報を供給されているのだから。とはいえ、つぎのことを思い出しておくことが肝心だ。観念が労働者階級の人びとに作用するといっても、通常観念として作用するのではない、つまり知的レベルで受けとられ、吟味されるのではない。このことは、昨今のように、誰もが「見解」をもつことを期待されているような時でも、真実あてはまるのだ。観念はいうなればきまり文句として、受け取られるよりは、採用される（「いまじゃ、なんだって相対的だってよ」、「なんだっておまえの好みの問題さ」）、より古いきまり文句（「ああ、なんでも運の問題さ」、「まあ、いまあるものは、これからもあるだろうて」）と同じように馴れきってしまうまで保持されてゆく。

民衆宣伝家たちが一番よく使うのが、こうした、受け手を彼のアプローチに対して受け入れやすい状態に保っておく、諸観念なのだ。この章で論じられている三つの観念のどれもが、その正統な側面で、それをギリギリのところで必要としてきた労働者階級の運命を改善することに、大きく貢献してきた。そうした改善は、まえに言ったように、物質的理由だけではなく精神的理由からも望まれ、願われてきたものだった。こうした観念が、誤用され、いまや肉体的、物質的に解放された労働者階級をさそって、大きく物質的な欲望だけを表に出した顔つきをさせるにいたっていることは、現状のイロニーというほかはない。

こうしたおさそい、とくに大衆的出版物にあらわれているやつは、「おのれ」の欲望充足に、いわゆる「快楽主義的・集団・個人主義」とでもいえばよいような志向の充足に向けられている。私は、そうした傾向が、全く新しいものだ、と言おうとしているのではない。こうした諸力は、われわれみんながきつい道よりも楽な道をえらび、きびしい事実にぐっと緊張して立ち向わず、おどろき、気落ちして尻ごみしてしまう弱さを正当化する、あのなんでも平準化してしまう半理性にかたむかなければ、決して成功することはなかっただろう。にもかかわらず、現代社会は、特別な技能で、相互甘やかし、「平凡さ」で満足するテクニックを発達させた。伝統的な慣習の禁令が取除かれ、あるいは一般に信じられているように、不適当なことが証明されてゆくにつれて、巨大な新説得機械をもった通俗化の使徒たちが広びろと開けはなたれた無人の平原を占拠してゆく。かれらのお客は、どの階級のなかにもいた。このことをあまり誇大に強調することは許されない。つぎの、ジュリアン・パンダからの一節が、さしあたり必要な注意点をはっきりさせてくれる。

われわれは、「民主的」社会の悪い趣味について語る。[1]「民主的」社会ということで意味しているのは、その趣味が民衆の、または少くともわれわれがふつう民衆はこうなのだと思っている（すなわち、知的な価値、無関心な情念の宗教にひたされた）想念の民衆でできている社会のことなのだ。そういったからとて、われわれは、なにか特定の政治体制を呪うつもりも、御世辞をいうつもりもない。われわれは、十八世紀のある婦人と一緒に進んでつぎのように言ってもよいだろう、「私が「民衆」とよぶのは、ありきたりの、低俗な考え方をする人のすべてです。宮廷はそうした方がたで満ちている」ともかく、ある側面、労働者階級の人びとが、他の集団よりも、通俗化の使徒たちの攻撃から最悪の結果を受けやすい、ということはあるだろう。今日、かなりのふるい分けを経て、教育システムで上の方へまで運ばれて来た諸君は、それ自体としては面白くもなく、しかも批判的、知的能力もごく少ししかいらない、ぼう大な仕事をこなしている。かれらは政治的にも、経済的にもかつてなく自由なのだ。かれらはかつてなく沢山の使える金を持っている。かれらに、反応の最低公分母的次元のものを供給できる人びとも、かつてないほど沢山いる。生活の多くの側面で、大量生産はよい結果をもたらした。文化的には、量産された悪いものが、いいものをいいものとして承認すること自体を、ひどく難かしくしている。「ギリギリの必要」、労働生活の人を圧し潰すようなきつさは、大幅に軽減されてきた。勤労民衆は、より自由になった。が同時に、その自由は気ままな欲望充足を叫び立てる、広大な虚栄の市の自由でもある。そうした混雑を脱け出す道をみつけることは、難かしい。とくに、娯楽供給者たちが、この混雑の外に、他の、ずっと静かな地帯があるという叛乱的思いをけなしおとしめるのに熟達しているから。

しかし、多くの重要な側面で、こうした諸傾向は、抵抗に出会いつつある。生活の私的な領域では、人びとはまだかなり広汎に、より古いせりふづけにしたがっており、その能力は、外がわからの無数のよびかけへの反応の仕方にも働いている。私はやや勝手に、つぎに続く各章の頭に、私と同じようなおどろきを表現している古い時期の文章——いくらかは百年以上も前の——をひいておいた。そうした引用があたえる慰めは、たやすく誇張される。そして、そこからこうしたすべての外部の諸力は、内的な効果を生じさせることはないし、したがって私の論じている主要点も過小評価してもよいのだと思われるとすれば、それは危険な誤りである。しかし、こうした古い警告は、破滅が急激におそってくるものではないことを、われわれに教える。そして一部でははげましてもくれる、というか、どの階級でも人びとは生活の大きな部分を、外側からの解体させる力にほとんど直接関係させないで暮してゆこうとすること、解体の過程は一見そうみえるよりも、ずっとゆるやかに進行することをあらわしている。

B　寛容と自由

それ故にすべての人ではなくても大部分の人びとにとつては、多くの意見を、それ等が真理であるといふ確実な疑ふことの出来ない証拠なしに、持つといふことは不可避的なことであるから、私の考では、様々な意見を持ちながら平和を維持し、人道と友愛といふ共通の務を果たすことがすべての人にとつて適はしいことであらう。……われわれは充分に、お互の無智を憐み、すべての優しい順当な知らせ方でそれを除くように努め、他の人びとが、かれら自身の意見を否認してわれわれ自身の意見を承認しようとしないからといつて、直ちにかれらを頑固で片意地であるとして、ひどい取扱いをしないやうにせねばならぬ。

（ジョン・ロック『人間悟性論』下巻、一八八―八九頁、加藤卯一郎訳、岩波文庫）

寛容は不寛容と「相反するもの」ではなくその「模造物」なので、いずれも圧制であることには変りがない。一方は良心の自由を拒む権利を、いま一方はこれを与える権利を勝手にわがものとする。

（トム・ペイン『人間の権利』、西川正身訳、岩波文庫）

まず最初に、これまで触れてきた一群の態度――観念的でない寛容さ、一種のプラグマチズム、人生をあるがままのものとして受入れること、一種の善意・ヒューマニズム、「原則」（はっきりした、具体的によくわかる「人間的」理由ではなく）にもとづいて反対することへの嫌悪、をふくむ――を想い出していただけるとありがたい。つつましい人間が決してしないことがあるのだ、とそう仮定されている。しかもそれがなにかということは、かなり誰にでもたやすくわかることなんだ、とされている。だから、もっと立ち入って、どうなのか判断をくだせよ、と言われそうになると、「お説教」への疑い（これは明らかに健康な特色にもなりうるが）が働き出し、一面適切で、一面あいまいな例のきまり文句的言い方へ、パッとスイッチが切り換えられる。「お前さんも生きなきゃならんのだし、まあやってくがいいや」。ほとんどなんだって、「場合によれば正しいんだ」。「心がまっすぐでさえありゃ、おまえがどんなことを信じようと、かまやしないよ」。「みんなが同じように考えなきゃならねえって法はないだろう」。

ここで問題にしたいことは、ほとんど無制約の内面の自由という概念が、時期とともに底の浅くなる水路で労働者階級に伝えられるにつれて、相対的に古い寛容の観念にドンドン流れこみ、それを吸収し、まえよりもずっと遠くへその観念を押し流してしまっている、ということだ。私は、労働者階級の人びとが今日持っている社会的自由の感覚のことを言っているのではない。その感覚は、真面目に、貴族階級は大したものだ、と思う感じがもうないこと、たとえ、どうかすると工場よりもずっと条件がいい場合でも、労働者階級の少女が家事サービス業につかないこと、でよくあらわされている。私は、ますます増大しつつある正当な、政治的、経済的自由の気分感情について話しているのでもない。このどれもが私の思い浮べていることに関連することはするのだが。私が考えているのは、自由の概念が伝達されてきた様式、ごちゃごちゃしているが、にもかかわらず強力な世間通念――古い制裁は最終的にとり除かれたのだ、「科学」はすでに宗教の主張を一掃してしまった、心理学は、最高に、「なんでも受け入れる広い心」をもつことが一番いいんだと証明した、といったたぐい――についてなのだと言ったほうがよい。

お世辞たらたらの感傷的な話で、通俗化の使徒たちが、「科学者のいうところによれば」とか「禁止することはよくないことです」といったおまけをつけた昔ながらの文句、「とにかくそりゃ人間的なことじゃないか」、を補強している。自然に自由なものは自然に善いのだと考えることは、いつでも気持ちがよい。いまや、おわかりだろう。このことは、もうじきに、正当化としての自由の観念といったものになってしまう。それはいつでも

「……からの自由」であり、決して「……への自由」にはならない。単に、他の基準によって生きようと努力するさいの根拠なのではなく、それ自体が善なのだ。かつてはそんなに自由だと感じたことの絶対にない階級に、この観念がどんなに拡がりやすいか、とくに説明する必要もないだろう。同時に、自由は絶対ではない、「存在」ではなく、ただ「存在の根拠」なのだといった瞬間に出会う反撥の強さも、理解していただけることと思う。大衆娯楽機関の利益のためにも、この態度は維持されるべきなのだ。

こうして自由の概念は拡張し、ついには全くなにものにも「なら」ない自由、同じように全くなにものにもほとんど反対しない自由になってしまう。あれかこれか選ばないことで人は自由なのだ。しかし、誰かが多数派とは違って、彼の自由を選ぶことに使ったとすれば、そいつは「心がせまく」、「頑固」で、「独断的」、「不寛容」であり、「でしゃばり」、「非民主的」、とよばれることになりやすい。「比較考量」に固執する男ほど嫌われるやつはいない。彼は党の精神を台無しにしてしまうから。大衆的プレスは――安全な、あるいは擬似論争を専門にしているけれど――本当の論争を憎んでいる。本当の論争は大衆的受け手、購売者たちを離間し、分割し、バラバラに切り離してしまうから。

そこで、おこってくるのは、非政治的であることの自由主張でも、単なるその行使、失望と困惑のなかから、今日誰もを襲っているあの叫び声、一般的なお話と「契約解除する」といったことでもない。生活のごく小さい知っている範囲以外のことには一切かかわるまいとする根深い拒否の態度である。おれは知らない「なんだってなるようになれ」は、人間「生きなくっちゃ……」とつながっているが、事態をもっと遠くまで連れ去ってゆく。開かれた心は、一種大きく口をあけた深淵と化してしまう。寛容は、人間の弱さ、日常生活の難かしさ、を思いやりをもって許すことではなくなって、一種の弱点、じかに、手で触れる軌道の外にある物ごとに「決定をくだす意志」をたえまなく流し出してしまうことになってしまう。いまでも、人びとが持ち出してくる寛容についての古い格言[2]を聞いてみるがよい。古いのと一緒に、新しいのも若干つけ加わっている。新しい格言の促進するものは、思いやりというより、なにについてであれ誰についても——自分自身も入っている——なにかの判断をくだすことを拒否する態度なのだ。「だれだって自分の意見をもつ資格はある」——はそれ自体としては強さをも弱さをもあらわしている。が、今日のように、いつでも「開いた心」、「広い心」——開いていること自体が目的になり、誰かに反対して不愉快な事態をひきおこすことの絶体ない広さ——をすすめるアッピールに取りまかれていると、こういった言い方の力点がどこに落着くかは、いうまでもあるまい。なにほどかの力をもち、必要とあらばその力を現実に使う用意のある人間の寛容さには意味がある。筋肉がダラリとし、ウジウジした精神をもった人間の寛容さは、たんに大人の約束ごととして「俺を打たないでくれ」という看板をブラ下げて歩いているのと同じである。本来の寛容は、活力、信念、真理に到達するのは難しいという感覚、他者の尊重から生まれる。新しい寛容は、弱さと不決断、恐れと挑戦をいやがる心からできている。

　この状態では、人びとは、ほとんどなにごとでも、反対することなく受け入れてしまう。

センセーショナルな出版物の最近の動向への反応を考えてみるとよい。どうかすると、人びとは、それをみてゆるいショックを受ける。「オー、今日び連中はなんだってやっちまうんだな」、と人びとはやや困ったような微笑を浮べて言う。その言い方は非難しているのではなく、その存在を認め、受け入れているのだ。これは、自由は決して攻撃さるべきではないという大前提のおかげで、多くの人びとに宿りついている、道徳的意志の麻痺をあらわす文句の一例である。その背後には、「結局、実害はないからな」、「あいつの立場になりゃ同じことをするだろうよ」、「人間は生きてかなくっちゃならねえから」、「まあ、金になるからさ、いいじゃないか」、「まあ、とにかく笑ってられるからいいじゃないか」、「なにを一体望んでんだい――連中だって喰うためにかせいでるだけじゃねえか」、といったのがひかえている。「やりすぎさえしなけりゃ、なんだって正しいさ」、というのが「時間があってその気がありゃ、なにやったってかまわねえよ」になり、「心が正しけりゃ、なに信じたって構わないよ」、にもっとずっと射程の拡がった「なにしようとかまわないよ、問題はやり方さ」、がくっついてくる。寛容な文句には同じような装いをこらした異質の文句がどんどんまざってくる。新しいものは古いものの価値を下落させ、一緒に、自由にはそれ自体の諸罰則があることを認めたがらない一種共有された儀式用の制服になってゆく。なにがあってもよく、秤はまったくない。

C 「いまじゃ誰だってやってるぜ」あるいは、「連中はみんなここにいるぜ」
——集団の感覚と民主的平等主義

みてきたように、労働者階級の人びとのあいだでの集団の感覚は、画一化への要請として自らを表現するほどに強い。集団は温かく、友情にみちている。それは、かなりの程度、生活を愉快にし、なんとかやっていけるものにしている。しかし、集団は、その内部にあって、大勢に同調せず自分で価値を決めようとする人たちには、きびしい措置をとる。

私が言おうとしているのは、この、集団が大事だ、集団は圧倒的に正しいという感覚が、本当に民衆的な宣伝家たちの活動にとって必要な土台となっている、あの青臭い民主的平等主義に連結され、ますますそれを促進しつつあるのではないだろうか、ということだ。たしかな話、どの階級にも、かれらの商売をなりたたせておくために不可欠の個人主義の網状に枝分れした形態を売りつける強大な圧力——とくに広告のコピーライターから——が働いている。つまり、ほかの他人をみんな追い抜いて、「もっとよくなろう」、「うまくやろう」、「いつも油断なく」といった素質をすすめられている。しかし、私の目に入るかぎり、こうしたおすすめが労働者階級のあいだで相当の成果をあげているという証拠は、これまでのところほとんど見当らない。どうかすると、広告のコピーライターが目測を間違えて、大多数の労働者階級用につくったつもりでいながら（むしろ少数派には大変きくとしても）、その実ほかの階級に特徴的な大前提にアッピールしているようなコピーを生産してしまうこともあるだろう。が、全体として、広告主の目標設定の正確さには、おどろくべきものがある。広告主は、いまや多くの実行経験をつみ、年ごとに、確実性を増している。

今日のこの現象を指摘するからといって、そこに人間性にとってなにか新しいものがつけ加わりつつあることは事実だとしても、われわれみんながどうかすると、またある諸君は大部分の時間、われわれは世間が歩いているのと同じ道を通っており、われわれの行動は世間一般の承認によって支持されている、と感じたいと思っていることを、なにか新しい発見でもあるかのように言いたてたいわけではない[3]。また、西ヨーロッパにおける平等の観念の、立派な系譜を忘れているわけでもない。しかし、この共通の願い、拍車をかけられたように前進する平等主義によって補強される、は、この六、七〇年のあいだに、とくに字の読める労働者階級を目当てにした雑誌や新聞で、人を動かし、説得するためにますます利用されるようになってきた。

そのとき以降、ますます巧妙に仕上げられてゆくが、あまりにもよく知られている例の「ふつうの人」の偽善的な言葉づかいが発展してくる。グロテスクで危険なおべっかだ。そこでは自分も対象も、もっともふつうの、あるいはありきたりの人間としてとらえられるから。「民衆に頼れ」。みんな同じなんだ、みんな一票ずつもっている。みんな「ほかの奴とおんなじ」なんだ。「民の声は神の声」（古めかしい形を思い出せば）。だから、どんなものごとでも、君の態度は、ほかの誰もの態度と同じようにいいんだ、と大衆啓蒙家はおっしゃる。君は大多数の諸君と意見を同じくしているのだから、へんなアウトサイダーより、君のほうがずっと正しいのだ。大衆新聞は、たえず自分を「民衆」と同一化し、読者のあいだで、このことについては人気投票を、あのことについては質問紙調査を行ない、頭数を数えることを判断のかわりにもち上げてしまう。

これらすべての背後に、いつも労働者階級の人びとにとって核心的なものであった、一つの重要な根元的原則への訴求が行なわれていることを見落してはならない。「おれだっておまえと同じ人間さ」といういい方の背後には、人間基本的には平等なんだということを守ってゆずらない、精神の独立の主張がある。それは優越した人間といった虚偽を許さず、しかも今日、底の底では、「民主主義についてありとあらゆることが言われている」けれども、「ふつうの人びと」は、ほとんど問題にならない、「数の中に入っていない」のじゃないかという疑いで強められている。しかし、適切な正自恃の感覚をこめた「おれだっておまえと同じ人間さ」も、無愛想な「おまえがおれよりいいってこたあないぜ」にかわりうる。そちらは、つまらぬ自分に固執する俗物の、トゲある叫び声であり、自分にとっての挑戦、あるいは具合の悪い事例があるのではないかということすら認めたがらないのだ。それは、頭脳であれ性格であれどんな種類の分化でも認めない、全くの独断に転化しうる。その形態の一つが、若干の通俗出版物で行なわれている、より新しい種類の競技によくあらわれている。そこでは正確に到達する過程は、全くの偶然にゆだねられている。

頭のよしあし、払う努力で有利になるといったことは全くないようになっているのだ。しかも、競技のもっと進んだ形態になると、誰もがなにがしかの賞品をもらえるようになっている。誰もが勝つ。「競技者」は参加するときに、もらうことになっている賞品代金をカバーするだけのものを払い、だれもが他人よりすぐれていると感じないような仕組みになっている。(4)

なんであれ、あるものは正しい——もし人びとがそれを信じているならば。「小さな人間」も大きくみえてくる。すべてのものが彼の背丈に合わせて低められるから。

彼の反応、彼のヴィジョンの限界が、世間一般の限界として承認されるのだ。こうして、もしある作家が読者にすぐ、しかもふつう最初いいかげんに読んでいるうちに、なにかを訴えるのに成功しなければ、そいつが悪いんだということになり、決して読者が悪いのだということにはならないのだ。直接のコミュニケーションとしての文学という観念がもう圧倒的に支配している。媒介環はなにもない。作者は自分の経験の前に立ちふさがって自分で直接話すことはできない、だから言葉の群列のなかでその経験を再創造しようと試みている——だから読者は、書き手そのものと直接にというより、言葉を通して間接に、その複合性に応じて、書き手の経験を理解するように努めなければならないのだ。複合された——つまり、自ら探求せねばならず、それなりに読み手に一定の義務を負わせる——文学は、それゆえ、お払い箱になる。今日、よい文章は大衆的になりえないし、大衆的な文章は本当の意味で経験を探求することができない。

「この国の運命を決定するのは、内閣の閣僚などではない。それは貴方、ふつうの人びとなのだ」。このいい方には真理が含まれている、といってもよいが、たえざるその意味のインフレーションは、この名文句をほとんどウソにひとしいものにしてしまう。漫画でも、雑誌のショート・ストーリーでも、新聞の親しみやすいゴシップ欄でも、ヒーローは小さい男である。歌の文句にあるように「正直者のジョー」。主人公の小さい男は、勇敢でもなければ、美しくもなく、べつに才能もない。が、にもかかわらずと言うより、それだからこそみんなから愛されるのだ。「わたし、あなたを愛してる……」と少女は最後の章で、圧倒されて物もいえない若い男にいう、私はずっとそうだったのだけど、あなたはそれがわからなかったのよ、「……あなたはふつうの人だったから」。二つの、続けて読んだ女性雑誌で、私は三つの、オー・ヘンリー以来のどんでん返し短篇をみつけた。そのどれもが、最後の章で、彼または彼女は、とんと「利口」でもなく、「ハイ・ブロウ」でもなく、結局ただのつつましいふつうの人間であることがわかるという幸福な啓示で終るのだ。日曜日になると、ジャーナリストたち、とくにそれらしく民主的な筆名を使っている諸君が、ふつうの人間のコモンセンスを代弁している——そっちのほうが、「観念を抱いて」いる知識人のせん細微妙さを全部あわせたよりもましなのだ——というストレートな誇りで、それぞれのコラムを鳴りひびかせる。われわれはある感覚、それぞれの人間の尊厳についての実感ではなく、一種新しい貴族制、もっとも均一な顔つきの恐るべき連隊、への感覚を奨励しつつある。

ほかでもそうだろうが、ラジオの「ソープ・オペラ」が労働者階級の婦人たちのあいだで成功している理由の一端は、この種の態度促進へ、極限にいたるまで全努力を傾けていること、つまり、全くふつうの、目立たないぐっと押えた提示方法を意図的にとっていること、にある。漫画だと、なん日もなん日も、学校の料理コンテストに娘が出られるかどうかを気に病んでいる、「小さな男」をみるがいい。ここでは、そもそもの尺度が、キーツの「なべての裂け目に黄金をつめよ」のちょうど正反対になっている。漫画家は、成功するためには、読者をおどろかせたり、困らせたり、さもなければひきのばしたりすることなく、重要でもなく、意味もない平板な出来事を、毎日の仕事として紡ぎ出してゆかねばならない。漫画のなかの小さな男は、もはや、ボスのこけおどしをへこませるのに、ボスのなにかほんとうにバカ気(げ)たところを指摘してやっつけたり、あるいは、ちょっと耳をかき、それから黙って仕事を続けたりして、ボス連中をひどく困らせたり、大さわぎをさせたりはしそうもない。それは喜劇的芸術になりえたし、だからこそ結末は真面目なものになった。いまや、小さな男はバカげた理由でボスをやっつけるか、さもなければ、彼が小さな男であるということだけでボスよりすぐれていると主張するのだ。しかも、彼の成功は、いつも、我慢のできないほど小さな成功なのだ。しかし、小さな男は結局最後には勝つ。小さな男の価値体系がいつも、この「われわれの偉大な大きいだらだらした古い世界」では物を言うのだから。民主主義的平等主義は、逆説的に、若干貧弱な形態になった「やつら」と「われわれ」の観念が継続することを必要とする。

週刊誌は、読者に、短文寄稿の形で文章を書いてくれるようますます懸命にさそっている。そのほうが安上りだし、お客もそれが好きなのだろう。その小話は、面白いか変っているか、どちらかでなければ駄目なのだ。「彼女は求婚し、ヨークシャー・プティングで彼を射とめた」――でも「あなたにだっておこっていたかもしれませんよ」。そうした記事は、同時に、おれたちゃみんな小さい男なんだというおれ‐お前の仲間感情と、それでも「おれたちゃ本当の人生を見てるんだ」という気持ちとを促進する。

よく指摘されていることだが、大衆的ジャーナリストは、ある重要人物を描くさいに、彼と「ふつうの民衆」との違いを暗示してからからかう手法をとる。この背後にある衝動は、健全だ。民衆は、かれらの生活を組織することに従事している連中にも、なにか「人間的なもの」を感じとりたい、と願う。この態度は、おそらく、重要な公的パーソナリティを民衆から遠くはなれた、神のような存在として描くよりは、健康なものだろう。いつもと同じように、問題は度合いであって、彼を規定する他人との現実の諸関係をとり結ぶときには価値のあるものとして作用するこの態度が、どうして、それだけ孤立させて強調させられると弱味に転化するのかを見究めることにある。アメリカでは、あるハーバード大学前学長が、生得的能力の差違がはっきり承認されるのは、スポーツだけだ、といっている。イギリスでは、事態は、まだそれほど遠くへはいっていない。知的能力なんて大したことじゃないんだ、とは思われているけれども、どの金持ちの少女でも、一皮むけば、ほかのわれわれと同じように、本当に、家庭を持ちたいなと思っているだけの、小さな少女なのだ。どの大社長、将軍、わが政党の主要政治家でも、真底はふつうで、「くつろいだ」人間なのだ。自分のパイプ、暖炉の前の自分の椅子、フットボールの試合見物にいくのが好きで、「残りの俺たちとまざってしまえば」見分けのつかない人間。デューイの言葉でいえば、

われわれが、わが国のもっとも成功した諸君をほめるばあいにも、かれらの情容しゃのない、どんどん前進してゆく自己中心的なエネルギーをほめるのではなく、連中が花や子供や犬を愛し、年とった親類に親切だ、といったことを賞めるのだ。(5)

地位の高い官僚、しかし匿名で無色透明の人物については、とりたててこうしたおかしな賞める側面をさがし出す必要もない。偉いお役人はみんな、お茶のみの「ガヤガヤいっている連中」で、融通のきかない、怠け者だということになる。釣合いをとるために、こうした仕事をしている諸君について書かれたオーデンの詩をひいておこう。

どんな微笑も忘れさすことのできぬ難問題から(6)/顔もあげずに。……(かれらが疲れる理由があるのだ)/だれかのせいにする、その人物を求める/弱い者、不注意なものがいるのだ

「高級な連中を憎むこと」、暗黙の批判への恐れから育てられた一種の怒りは、労働者階級の人びとのあいだでは、そんなに強くない。しかし、「ふつうの人間」を度外れに栄光で包むことは、明らかに、「ハイ・ブロウ狩り」が拡張されてゆくのに恰好の土台をしつらえる。そして、大衆的ジャーナリストの多くが、労働者階級のお得意を、このスポーツにさそい込もうとしているのだ。この部分を書いているあいだ、私はある大衆紙の、そのとき出まわっていた号に、目を走らせてみた。と、あるコラムニストが、ある「あごひげを生やした、鼻もちならない芸術家気取りの小僧ども」とたまたま出会った話を書いている。私の印象だと、この種の攻撃は、これまでのところ余り成功していない。労働者階級の人びとは、全体として、ただもう、芸術家とか知識人とかに興味をもっていないのだ。芸術家のたぐいが存在していることは知っている。だが、自分たちの生活軌道の圏内では、カタツムリをくうフランス人と同じように、めったに御目にかかれないおかしな連中、とみなしているのだ。そのあいだ、なんであれ知的で真面目なものに嫌悪の念を抱いている若干のジャーナリスト諸君は、自分たちの嫌悪と恐れを発射するためにコラムを使い続ける。英国文化振興会年次報告の出版は、毎年、軟弱な若いやつらが高級なお遊びに多額の公金を浪費してしまうことについて弾劾演説を一席やる恰好の口実にされる。同性愛の事件は、堕落したボヘミアンどもの世界を攻撃するのに絶好の跳躍台として使われる。現代芸術は、誰かが風変わりなものをこきおろす口実がいるときにだけ、ちょっと触れられる。芸術協会は、平凡なイギリス人の娯楽を軽べつする「女の子野郎」どもの「ムダ使い」で、

ＢＢＣも似たようなところである。大学公開講座の講師はだれであれ、たいくつな「いいカッコする奴」で、その生徒は、ソバカスだらけの、血の気の薄い奴、ということにされる。誰であろうと、どんないい方であろうと、われわれの現在の娯楽形態、あるいは大衆の公の大前提にはなにか疑わしいところがある、などとほのめかす奴は、座を白けさせる、つむじ曲りなのだ。

ここから、多くのコラムニストや論説記者たちの侵略的な「平凡な人間」、喧嘩腰の低俗調が発生する。映画批評家たちの倒錯した俗物性も同じことだ。かれらは、自分たちは「単純で、ふつうの庶民」なので、ただ楽しませてもらえればそれでいいんだ、もっと知的な「気取りは他の方がた」におまかせするさ、と言いはっている。あるいは、ラジオ番組に数かぎりなくある、聴取者が質問を応募し、専門解答団に答えさせる式の、人気のあるいくつかの「クエスチョン・アンサー」にあらわれるロウ・ブロウな俗物性をみるがよい。こうした番組では、広範囲だがバラバラの意見を求める民主的欲望が、物を知っている人びとに対して残っているかすかな畏れ、またはかすかな口惜しさ、とが結びつけられている。あとのほうの気持ちは専門家が間違えるのを聞くと満足させられるわけだ。そうしたとき、その番組からは、ギルバート・ハーディング氏が「闘牛場や熊いじめの穴にはかかせないにおい」(7)と記述したようなものが立ちのぼる。

こうした低いところへ平準化されていく過程の進行は、大衆的コラムニスト自身のあいだでさえ見てとれるような気がする。ほんの数年前まで、コラムニストは、真底平凡な人間であるかのようなスタイルで書いていたけれども、ふつうは、彼の読者の大半よりも、ずっと広い視野をもった諸君だった。しかし、最近では、その扱う主題が――しばしばスタイルもそうなのだが――ごくちっぽけなことしか反映していないコラムニストがあらわれている。かれらとくらべれば、『デイリー・ミラー』紙のカッサンドラのコラムは、生命力に、教養に、知性に満ち溢れていた。彼の書くものの背後には、つぎの前提がひそんでいた。われわれみんなが頭の回転が速く、精力的で、しかも多くの主題に興味をもって追求する、といったことはありようがないけれども（もちろん、そのこと自体が悪いわけではない）、にもかかわらず、そうした性質は価値があり、ひじょうに面白い読み物に仕立てられる、という前提だ。より新しいジャーナリストのいくらかの諸君は最低のレベルの反応と興味とが、ただもう絶対の基準なのだという平板な仮定しかもっていない。こうした人びとが「評価の確立した作家の見解」とか「古典」について、まるでなにか奇妙な世界について話すように語り、系列化された平々凡々さを数百万人に供給している。こうした諸君が「平均的人間」の気持を察してかゆい所をかいてやるのであり、「のろわれ、密集した多数派」から拍手かっさいされる指導者なので、かれらが欠陥のある議論をうまく取りつくろい、勉強しない怠け者のごまかしや、わざとコッケイなものに仕立て上げることで思想のほこ先を鈍らせてしまうのだ。かれらは、どんな種類の権威をも見つけしだい嘲弄することで、心の奥底にひそんでいる劣等感や動揺に訴え、それを鎮めなければならない。そうしようと思っても恰好の事例があまりないときには、ふつう、ウォリントンか、ダービイか、イエオヴィルの、校長か女校長の学校の制服についての決定とか、訓話日の「若い世代」についての発言とかを取上げれば、自由でまっとうな考えの両親を代弁すると称して、いわば国民的なけん責を加えることができるのだ。

みなさん、家庭サーヴィス・タイプらしく、みんなでくつろごうじゃないですか。それがわれわれの家庭番組の特徴だと思うんですよ。平凡な気取らない民衆のくつろぎってやつ。われわれには大衆的な軽番組のように、たえずキラキラと光ったり、断固たる高揚した精神なんてものは必要じゃない。第三放送のように美学的価値だとか、こうるさいアクセントもいりはしない。ガラガラした下層大衆と、舌足らずな上流階級とのあいだには大きな断層があります。中間層、心の広い人びとの出番です。あなたも私も、われわれらしい家庭的なやり方で、この断層をきれいに埋めてみせようじゃありませんか。[8]そうすりゃ、みんな一緒にくつろげます。こけもののパイプについて話しましょう。私はこれが――地方によってよび方が違うかも知れませんが――世界最上のパイプだと思います。

これは中産階級、「中ぐらいの人びと」あての文章である。が、いろんなことをはっきりさせてくれるので、省略するわけにはいかない。調子は、自然に、労働者階級目当てに書いている諸君とは、どこかいく分違っている。ごらんになればおわかりのように、この文章の背後には、労働者階級を目当てにした同じような文章の背後にあるのと同じように、一つのアッピールが——まっとうに考える、バランスのとれた人間すべてへのよびかけ——貴重な、そしていまだに力を持っている理想への訴えがある。その理想は、しかつめらしさなしに真面目になれ、はしゃいでも安っぽくならず、家庭にも国家にもするべきことはちゃんとし、ものの扱いは堅実で、健全な感覚をもっている全体的な人間、という理想である。しかし、このアッピールは、多くのばあい、行きすぎて、そうなると実際にでてくるのは一種保護者然とした態度、どうかすると読者を内心軽べつしきっている、になってしまうのだ。一種の貴族のお遊び、[9]「バカも仲間に入れようよ」という叫び声。

なん度もくり返し、大衆的人気ライターは読者に向かって、自分自身にということも多いが、おれたちは、「まるっきり真面目」なんだ、ということを保証してみせなければならない。人気作家たちは、「ふつうの民衆をだますことはできない」といいはり、「おまえは作家としての自分に自信をもつ」べきだとのたまう。しかし、別なところでは、同じ諸君が、「民衆の支持のあてにならないこと」について話したがったり、「群衆はにぎやかなバンドのあとにしたがう」ことを認めたりするのだ。

いいにせよ悪いにせよ（先にひいた文章でデューイは悪いのだけあげていたが）、人並以上にすぐれている人間をそうさせているすべての特質は、もう始めから無いことにされてしまうか、なんとか扱いうる風変り、ということに還元されてしまう。教授はみんなぼんやりしており、現実の役に立たない。すべての科学者は物狂いで、眼鏡をかけている。

承認できる世界に入ってくるには、神秘的人物に仕立上げられねばならない。実際、風がわりだとか、特異体質だというのが、個人性あるいは例外性のごくわずかの承認される形態の一つなのだ。ものの見方はほとんどわれわれと同じなのだが、ひどく目立つ個人的な癖をもっている人間が、性格に根ざした本当の人並はずれた特質をもっている人の代わりをつとめる。だから、人気のあるコラムニストはわれわれの仲間として話さなければならないのだけれども、と同時に、おれはちょっとトゲがあるよ、とにもかくにも個性的だよ、ということを読者に印象づけなければならないのだ。そのことが、多くのジャーナリストが限度をこえてパーソナリティの露出をしたがるのかを説明する。労働者階級の人びと、とほかの多くの人びとにとって、ラジオのクイズ番組で典型的にズケズケものを言う人間[10]は、古いスタイルでいう「たいした奴」とその現代版アレゴリカルな人間像「特異体質的ヒーロー」の両方を、あらわしている。この態度は、社会における「自由」を度外れにほめ上げることから力を増やしている。その社会はますます不自由になっているようにみえるのに。われわれは、われわれみんなが嫌っていることを活字の上で熱烈にやっつけることで、われわれの劣等感、幻滅感を解き放ってくれる人を、いいやつだと思うに決っている。見解の述べ方が特異であればあるほど（見解それ自体の価値は問題にならない）、われわれは彼が——しかもそれゆえ、代行的に、われわれ自身——自由自在に「おれたちの言いたいことを言って」くれているのだと思いこむ。ここでは、もう全く、「おまえがなにをしようと勝手だよ、ただおまえのやり方が問題さ」、「なにを言おうとかまやしないさ、いい方が問題だよ」。

政治制度としての民主主義にとって、この種の、頭隠して尻かくさずの行為は、ひじょうに困ったものとなる。それは敵どもを過小評価させ、権力を求めて相争う危険な現実のある側面について人を盲目にしてしまう。

ある国ぐに、ほかの諸要因が指導者崇拝を助言しているところでは、この偉大なものをひきさげること自体が、ある種の補強作用を果している。権力の座についている男は、ふつうの人間に想像もされない領域で、自分の計画を推進している。ふつうの人間は、そのあいだ、権力者が、年とった農婦にわかってる、わかってるといいたげに微笑んでいたり、鉄鋼労働者のまるまるした赤ん坊をあやしていたり、大衆的なバラエティ・ショウをみて笑っていたりする官製絵葉書を、幸福そうにじっとみつめていることになる。

一方、この態度は、社会に恩恵をもたらすことになるかも知れない意味のある特性を無視してしまう傾向を奨励する。それは、知的な才能をみごとに適用することの価値、センチメンタルでない、人気のない決定をくだす勇気、自分を自ら規律すること、を軽視する。たとえば、「規律」といった言葉は、大衆的な書きものでは、非難の意味で使われたばあいを除いては、ほとんど使われていない。それは「人びとの尻を叩いて前進させること」、軍隊の勤務、なにか「やらされる」ことを暗示し、もう即座に拒否されてしまうのだ。こうした性質を身につけるよう訓練された人びとは、民衆から掲示されなくてもかまわないし、そんなことはどうでもいいよ、といった顔をしていなければならない。残念なことに、こうした見方は、人を柔弱にしてしまう。

　これらは格別に危険な非理性のお慰み、ある種のデモクラシーに特有な、といってもよい。ほかの多くのものごとと同じように、ここでも、労働している男は、私生活でも公生活でも、やや異った状況におかれているようにみえる。労働者が本当によく知っている世界で、仕事をしているときには、いまでも、「いいボス」の価値と尊重すべき性質とを、承認してはいる。いいボスとは、甘やかすボスではなく、「頭をまっとうに留めている奴」であり、いいと言ったら本当にいい、だめだといったら絶対に許さない、そんな男なのだ。住んでいる地域では、まだ、ほめられる「いい男」、頼りになり、献身的で、独立自尊の精神をもった男がいる。その外側では、どろどろのオートミールのような巨大な海が彼を待っている。そこでは、すべての大事な特徴が、危険なえささ入れも導きの糸となる特色も、ひとしなみに消滅してしまっている。海に浮んで横ぎるのに必要なもの一切は、「心をちゃんと据えておくこと」、ユーモアの感覚——それがあれば人の楽しみを邪魔する不愉快な人間にならずにすむし、なんであれおかしなものにはアハハと笑うことができる、——それから、つつましい、合理的人間には欠くべからざる「どのあたりまで行くのか」を見きわめておくセンス、なのだ、と暗示されるのだ。ボーイスカウトが歌ったといわれるある歌は、やや特殊な傾りをおびているが、その調子は、こうした大衆的コラムニストの言説と密接に関連している。

彼は恐れず行く手の流木をみつめる
　酒、女、高級インテリども。
地面をはなれてかけまわろうとはせず、
決められた自分の仕事をちゃんとやる
ほほ笑みを浮べながら……(11)

なんと第二行目の素晴しいこと――口をキュッと結び、陽気さもふんだんにととのえておいて、審美的ゴルゴンをにらみ倒すとは。

すべてのこうしたやり方で、「ふつう一般の意見と一致しているのをよろこぶ」ことができるという事実、主流の群れの一人だと感ずることのできる事実が、粗大な鈍感さへの言いわけに使われる。その鈍感さは自らの誇り、「ふつうの奴」の「傲慢」さ、を養分にして肥大してゆく。より以上に、労働者階級の人びとには、この種のアッピールを受け入れやすい素地がある。かれらは伝統的に集団の一メンバーだと感じることが好きで、集団と一致しているのはいいことなんだと簡単に思いこむところがあるせいでもあるが、そうしたことよりも正確にいえば、公的な世界には彼を途方に暮れさせるものがたくさんあるからだ。あなたでもなにかの大衆行動に参加しているときには、その活動がどんなに機械的なものであろうと、おれはほかの誰もと一緒にいるんだという感情には、なにか心あたたまるものがあるだろう。私のかつての経験によると、人びとは、なぜラジオの人気番組を聞くのかと問われると、番組が面白いからじゃない、それが、仕事をしているときほかの誰とも「話し合えるなにかをくれる」からだ、といっていた。広告主たちは、このことに感づいている。その証拠に、「みんながテレビでみた大試合について話しているとき、あなたは黙っていられますか?」そこには「ジョーンズに負けるな」以上のものがある。集団のなかに溶けこまねばならないのだ。ラジオで、休日に一千人もの労働者が「おまえが世界でただ一人の女の子ならば」と歌っているワーッという声を聞いている孤独な人びとは、通りのすべてのラジオが隣近所をつなぎ、一種の交感状態をつくっているという事実から、なにがしかの慰めをひき出すことはできるだろう。あたたかく、暗い映画館では、映画を見るほかもう一つの楽しみがつけ加わる。つまり、そこでおだてられ、笑わせられ、お世辞を言われているのは、ただたんに個人の「あなた」なのではなく、平凡なふつうの民衆のなかの大きな複合された「あなた」なのだから。熱いプールのなかの小魚の群れ。同じ種類のことが、ときには、毎夜テレビの前に座って、もう無差別に見ることにもあらわれている。どんな番組でも、ほとんどなんだって受入れられる。番組自体の内的な面白さと同じように大事なのが、君が眼前でくりひろげられる世界（事件や人物の世界）をみいっている大集団の一人なんだと感じることなのだから。こうした傾向が進めば、私の考えでは、いつの日かほかの集団全部をあわせたのと同じぐらい大きな一文化集団が出現することになるだろう。しかし、その集団は、そのメンバーが受容性を共有しているという意味でだけ集団であるにすぎない。かれらの大多数のものにとって、仕事は退くつで、野心のもちようもない。が、夜になれば、死んだように眼を下に向けて、かれらは偉大なる母とつながることができる。かれらは日中は百個ものテレビ受像器に一ダースほどねじをしめる仕事をしていたのかも知れない。しかし、夜は一台の前に座って過すことができる。眼はなにが映っているのかを識別はしているだろう。が、神経に、心に、頭につながっていない。楽しみをわかち合っているという感覚にはつながっているとしても。その楽しみは、対象を結びつけるものを共有しているというだけであって、対象そのものを共有しているわけではないのだ。

D　現在に生きることと「進歩主義」

そうした民衆のあいだで、肉体的な満足を求める志向が、教育や自由な制度を運用する経験よりも、ずっと素速く増大してしまったとき、人びとは、いままさに摑めそうな新しい所有物をみた途端、自制心を失い、押し流されてしまう時が来るのではなかろうか。

（ド・トックヴィル）

貴族的国家は、人間がどこまで完全になりうるかという見通しを、せまくせまく押えてしまいがちである。民主的国家は、その範囲を度外れに拡大する。

（ド・トックヴィル）

現在に生きること、現在のためにだけ生きることが必要なんだという感覚、「いい時を過ごし」たいという欲求に高い価値をおくことが、今日人びとがあんなにもさそわれている、もっと広く自分を満足させようという志向を助けていることを見てとるのは、難かしいことではない。ここで私のいいたいことは、ほとんどの人びとが、いまあるものは、それが広く世間に受け入れられ、面白いものとされているかぎり、正しいのだ、と思いこむように、ずっとひき続きますますひどくなるご招待の爆撃を受けて、屈服しそうになっているのではないか、ということだ。このことと、「できるあいだに楽しんでおくこと」が肝心さといったより古い感覚とが結びつけられている。これに、第三の要素が、相対的に自立してつきしたがう。「進歩主義」がそれだ。「進歩主義」は、過去を否認して、現在に生きるところになり立つ。しかし、現在は、ただ単に、現在である、もっとも最近の、時代おくれの過去ではない、というだけの理由で享受されているのだ。だから、新しい「現在」がやってくるたびに、ほかのものはお払い箱になってしまう。「進歩主義」は、ますます「いい時代」になってゆくという無限の展望をかきたてる——テクニカラーのテレビ、においを出すテレビ、触感のあるテレビ、味のあるテレビ。「進歩主義」はふつう、物的なモノの「進歩主義」として出発するが、そこだけではとまらない。あやしげな類推で、不可避的にモノを超えて展開される。

前に書いておいたように、無制限の進歩という観念は、無制約の自由という概念と同じように、この半世紀の出来事からほとんど言うに足る影響も受けないで、大衆的な宣伝者たちに生きのびている。[12] この側面では、モダンだなどとはいえた義理ではなく、まだ一八五一年万国博覧会の環境に属しているのだ。進歩的であること、「前をみること」、「明日のようにモダン」なことは、いまでも、望ましい、それ自体で目的であるものの一つなのだ。最後にひいた文句はアメリカの広告からのもので、——ここで論じているほかの多くの事例と同様に進歩主義の受容には、大衆的宣伝家たちと同じようにアメリカの映画が大きな役割を果していることを思い出さしてくれよう。私にとって、労働者階級のアメリカに対する態度でもっともおどろくべき特色は、疑いでもなく——しばしばそれはあるけれども——、「ボス然とした威ばり方」への怒りでもなく、よろこんで受け入れようという気持ちが広汎にみられることなのだ。これは、主として、ほとんどの物事でアメリカ人は、現在的であることについて「一つか二つのことは教えてくれる」はずだという確信からきている。現在的なことが大事なんだと思われているあいだ、アメリカは指導者なのだ。そして、現在的であることが、ひじょうに大事なことであるかのように、つくられている。

この特定の思いこみの型は、とくに労働者階級の人びとのあいだでは、かれらが実質的に過去の感覚をもっていないという事実によって、補強されている。労働者階級の受ける教育は、どんな歴史的なパノラマも、どんな持続している伝統といった観念も残していいそうにない。このことは、若い世代よりも、年とった人びとによけい当てはまるだろう。この分野の教え方では、この二〇年間にかなりのことが改善された[13]。私は、先生方の努力に恣意的な攻撃を加えるつもりはない。が、教える時間はかぎられ、生徒の数は余りにも多い（生徒の生活は、私が描いてきたようなものであるし、智的な適性もかぎられている）。教師たちの最善の努力も、「一方の耳から入って、他方の耳から出ていってしまう」ことになりがちだろう。だから、ひじょうに多くの人びとは、バラバラの情報はかなりの量おぼえているとしても、歴史的な、あるいはイデオロギー的な型とか、過程の観念をほとんどもっていない。

かれらの心は、自分たちの祖父母の時代より前には、ほとんどもどることがない。その前は暗黒で、そこからは、一つか二つの事柄が――ふつう正確な順序も、まわりの背景の理解もなしに――浮び上ってくる。ガイ・フォークス、旧教徒火薬陰謀事件、フランス革命、ケベックのウォルフ、アルフレッド大王とスコットランド。知的な、あるいは文化的な装備もほとんどないし、理性といまある判断に照らして対立する見解を吟味してゆく訓練もほとんどないので、判断はふつう、最初に浮んでくる集団についての格言の助けにしたがってくだされる。集団の外観が、つつましい生活様式を助けるような種類の格言か、さまたげる種類のものを使うかを決定する。

同じように、未来についての現実の感覚もほとんどありようがない。未来は、家族の内のことで考えれば世代から世代へ移っていっても、孫か、せいぜい曽孫のあたりでとまってしまう。そのあとには、もう一つの闇黒が、おそらく摩天楼とか、ネオンの輝きとか、宇宙船といった話でみちている闇黒が拡がっている。そうした精神は、とくにたえず現在に暮しましょうという誘惑にかかり易い、と私は考える。そうした誘惑が成功したならば、時間の全く無い状態におちこんでしまうだろう。にもかかわらず、時はやっぱり支配する。というのは、現在はたえず変わり、しかも、はっきりそれとわかるような映像を残さないでカチャリ、カチャリとかわる幻燈のスライドのように、意味も無く変化してゆくから。なんでも改新は、ただあとにきたというだけで、前のものよりはよいことにされる。どんな変化でも、それが時間的継起にしたがっておきるかぎり、いい方へ変わることなのだ。ニューマンの書いた一節は、いま夜毎に、最新、最大の、一番ギリギリに現在的な、豪華映画風スペクタクルがあばかれているのを見守っている多くの人びとの陥っている状態を、おどろくほどはっきりと予告している。

かれらは巨大な都市や未開な地方の幻影をみる。商業中心地のただなかに、南の島のど真中におかれる。ポンペイ廃墟の柱やアンデス山脈をじっと見つめたりする。だが、かれらに出会うなにものも、それ以上前にも、後ろにも、それ自体を超えたどんな観念にも連れてゆかない。どこかへ押し流す力もなければ関係もなく、歴史もなければ、約束もない。すべてのものが、それ自身で切りはなされて立ち、順番(おんな)にしたがって入ったり出たりする。つぎつぎと移りかわってゆく見世物のシーンと同じで、見物人は元のま

ま、少しも変わらない。(14)

世界はたえまなく変化するものと考えられ、そこでは未来が、過去のすべてを自動的に押しのけ、そんなものよりも未来のほうがいいんだということになっているところでは、過去は、笑うべきもの、風変わりなもの、になってしまう。「古めかしい」ことは、非難さるべきなのだ。例外もないではない。より古い価値を体現する、若干の古めかしいものは、古風な趣きがあって、素敵だ、といわれる。「昔気質のおっ母さんたち」は、本当に大事なことにも効き目があり、定期的にそこ、ここで歌われている。それらと、柳模様(白地にあい色のデザイン)の陶磁器のようにそういうものとされている多様な諸属性が結びついている。ほら吹きは古めかしいほうがよく、薬草屋はいまでも、古めかしい田舎の薬で結構商売になっている。

「おれの親爺は貧乏だった――だけどいつでもウソを嫌っていた」、といった風に、労働者階級の人びとはいうだろう。あるいは、「おれのお袋はいつも言っていた――いいことはいい、悪いことは悪い」、「なんだってやったり言われたりしてきたんだから、これ以上むかしよりよくはできないさ」。そうした文句の使われ方は、モダニズムのうすっぺらな側面に対する、意義のある抵抗をあらわしているように、私には思える。

しかし、多くの人びと、とくに若い人びとは、ますます古めかしいものはほとんどすべて気づまりな古くさいもの、多分に笑うべきもの、とみなすようになってきている。これには、未来に目を向けること、古い連中のノロくささと後向き根性に我慢できないこと、つまりいつの時代でもエネルギーに溢れた若い諸君の特徴であったこと、それだけでは済まない、より以上のなにかがある。自分たちの前の時代はすべて、わからないし、古いし、とりすましている、とかれらは思っている。ノロノロしており、退くつで、いまの言葉でいえば「つまらねえ」のだ。「古めかしいよ」、「流行ってないよ」という言い方が、ドレスであれ、身ごなしであれ、ダンスの様式であれ、道徳的態度（すなわち、「すりきれた信仰」、「時代おくれの信条」）であれ、ひとしなみにやっつけるのに使われる。「流行にあっている」、「最新のものを持っている」ことが、したがって一番いいものを持っていることになる。「それは新しい――それは違っています」。だからそれは、よりいいに決っている。そして、未来は、それよりも、もっとよくなるだろう、と。

このことに、青年を栄光で包みほめ上げること、が関連する。最新のものが最上ならば、若者は年寄りよりも、ずっと幸運なわけだ。青年はモダンで、現在的であり、もっとモダンな未来へ向っている。ジャーナリスト諸君は、とりわけ「若い世代……」によびかける。「……若い世代は素速く動き……活力に溢れ……なににでも感覚が鋭く……前をみつめ……元気いっぱいで……独立している……」――しかも、これから先、大事な潜在的市場にもなっている。

もうすでに青年たちの買うことのできる商品をつくっている広告主たちの若干は、アメリカからどんどん輸入されてくる小っぽけな神話群――イギリスの趣味に合うようにいく分つくりかえて——を使って、同じ種類のアッピールを行なっている。これが、スウィングやブギウギの好きな、にもかかわらず健康で無邪気な、形式ばらないクリネックス・スウェーターを着、スラックスをはき、陽気さ一ぱい、やる気十分、なんであれ、味気なく、詰らないことの正反対、といった十代の「連中」についての神話なのだ。

このたぐいのケバケバしい野蛮人趣味が、ここでは若干の成功を収めている。そして労働者階級相手に成功しているところでは、多分に、より古い、より堅実な、「若い時は一度しきゃない。できるうちに遊びなよ」をひっかけることで力をえているように、思われる。新しい浅薄さが、より古く、より真面目だった実用主義にくっつき、それをも堕落させている。役に立ち、人を楽しませることを意図してつくられ、年ごとに数を増し精巧になってゆく、ぼう大な物的商品にとりまかれてはいるが、こうした商品群が何世紀ものあいだ除じょに獲得されてきた知識と熟練の結果できたもの——多くのばあいは些細なものであるが——だという感覚は、ほとんどない。実際、どの前の世代よりも、ほしいと思えば手に入るモノに取まかれて、人びとはほとんど不可避的に、それはもうあるのが当然なんだと思いこみ、お伽話に出てくる玩具が木からぶら下っていたり、道ばたに棒アメがあったりする、子供のようなやり方で、そうしたモノを使うようになる。説得活動のひじょうに大きな比重は、こうした習慣を養うことに向けられているようだ。つまるところ、「どうして、そうしちゃいけないのかね」。

すべてのこうした手段によって、楽隊についてゆく心理、大勢順応の心理が誘導される。

だれであれ同じ車にのらない奴は嘲笑されるが、自分自身も、選ぶという個人的責任をどこかに忘れてきてしまう。そうして、不思議の国の野蛮人諸君を満載した車は、抗うものもなく、前方へ進んでゆく。どこかへ行くための前進ではなく、ただ前進のための前進。前のほうの、どこかには科学者たち（「それは新しく——それは科学的です」）がいて、動きをコントロールしている。「民主的な国民は、かつてあったことにほとんど関心をもたない。かれらは来るべきものの幻影にうなされている[15]」、とトックヴィルは言った。「コピーライターは、自分たちの提案のより楽しい側面を強調しなければなりません。いつも読者をよろこばせようとしなければ駄目です」、と広告の専門家が書いている。「これからいい時代がやってくる」と車にのった群衆は歌っている。

幸いなことに、「進歩主義」の成功は、まだ、かなり限定されている。一度は鎮圧されたかも知れないがずっと続いている科学への不信は、もっとも最近に科学の人間に害をおよぼす力があきらかになったことで強められている。ときには、科学に対する反対は、いわゆる、進歩のある特定の側面の管理を間違えること、あるいは進歩の度はずれなスピード、に向けられていることもある。ここでは、底に流れている「進歩主義」を受け入れること自体は、べつに影響を受けていない。その見解では、むしろ進歩し続けてゆくことは、ひじょうにいいんだ、ということになる。ただ、「連中」が、おれたちを目まいがするほどの速さで運ばないよう注意してくれさえすりゃいいんだ、と。

しかし、いまでも、人は「進歩主義」への深い不信の念、「進歩主義」の価値を信用しないことをあらわしている文句を、よく聞く。「モノはたしかにピカピカにみえるさ。だからってって、前のようによくできてるとはかぎらねえよ」、と人びとはいう。しかも、もっと肝心なことは、「……なんでもかんでも発明だ。だけどそいつらはおまえをどこへつれてってくれるんだい」。

E 無関心主義、「人間化」と「断片化」

寛容がよいことであり、集団と見解を同じくすることがよいことであり、「できるあいだに人生を楽しむ」のがよいことであるとすれば、どうなるのか。おまけに、人間はみんな自由で平等で、しかも生活はたえず変化し、進歩しつつある。とすれば、そこには当然にも、秩序の感覚、価値の感覚、こえてはならない限界の感覚がなくなってしまう。もし、終りのない直線のなかの一番新しいところ、しかも最大多数の要望に答えるものが、いいのならば、量が質になり、われわれはすさまじい、目のくらむような万物無差別の世界に到達する。この種の無差別主義は、一世紀も前にマシュー・アーノルドが指摘したように、「無関心主義」に、導かれる。そこでは、ほかと区別のつかない、価値のないものが無限にみち溢れ、その世界では、どんなたぐいの活動も、究極的には、頭数を数えることに還元されて、無意味にされてしまう。

いまはやらされている「真面目さ」、自己目的と化した真面目さへのご愛好は、この反動、しのびよる空しさからのがれようとする努力、のように私の眼にはうつる。ここで思い浮ぶのは、労働者階級の、あの広範囲な、より古い心のひろさ、とその抽象不信（「おまえの心がまっとうでありゃ、なにをしようと構わないさ」）への関連である。今日、この態度はますます多く表現されるようになっている。まさにそれが、ほかのやり方ではひじょうに見つけにくい、この世界で暮すのに必要な、ある種の尺度をあたえているからだ。「まあ、とにかく、あいつはうまく言ったぜ。それだけでもういいじゃないか」、という言い方が、道徳的決定をくだそうにも、なんの自信もないことをカバーするために使われる。真面目さだけでは充分じゃないことはわかっている。だけど、ほかになにもなければ、仕様がないじゃないか。

そこから広汎な逃げ口上が流れ出し、「つまるところ、それもまあ当り前じゃないか」、「まあ、誰にも害はねえさ」、「どっちみち悪いこたあねえだろう。そういうことになってるぜ」といった文句が、ますます使われるようになる。あるいは、「正統性」とか「権威」とかをいわば自動的に詰らぬものにしてしまう言葉の上の逃避が行なわれる。トランプで賭けることを「投資」と言う具合に。観念の社会的重要さの歴史は、こうした単語・転用の過程で跡づけることができよう。なにごとでも「好みの問題」であり、「甲の薬は、乙の毒」なのだ。ふつうは、規定されてはいないが、一般に認められている外側の境界があることを示す追加条項がある。「いっておくがね、おれは……はしないよ」というやつ。

そして、そこから、どこかに、秩序はあるんだということを、なにかの形で保障してしまう。もし、このまま前へ進んで、日常生活で自分を験(ため)してゆく問題にぶつかるとすれば、ショックはひじょうに大きいだろう。しかし、日々の個人的生活では、初期の禁令がまだかなり広範囲に支配している。にもかかわらず、こうした分割は健康でもなければ、究極ながい眼でみて暫定的なものでしかない。

状況は、権威が正当化できるとは思われていないにもかかわらず、ますます権威を頼りにする気持がふえているという事実によって、もっと悪くなっている。「やつらは、それについてなにかすべきなんだ」とか、「やつらは、俺たちをここから脱け出さして呉れなきゃ」とか、「やつらは保健医療サーヴィスについちゃコレをすべきだし、学校についちゃアレをすべきだ」といった文句の使い方がこの章で描いてきた背景の下では、ずっと安易になる。間もなく、われわれは、寝ころがって口をあけ、パイプラインから養ってもらう、そして権利でもあるかのように、匿名の「やつら」によって操作される底無しの角型容器から補給してもらうような位置に自らを押しこめてしまうことになりかねない。権威への嫌悪が、自分の足でしゃんと立ちたいということを意味する、もっと積極的なものであれば、人はずっと幸福になるだろう。しかし、それはしばしば、俺たちにはわからないが、外側のなにか、誰かが権威をつくってくれているのだという暗黙の大前提と共存している権威の観念をふり捨ててしまうことにもなりうるのだ。こうした二つの態度のもたらす効果が合わさると、自分たちの個人的な、家庭的な生活の範囲をこえた外側からのよびかけに対する、多くの人びとのあの特有の無感動、無反応さを増大させることになるのだ。われわれは、アレック・コンフォートの言葉を借りれば「無責任な服従者ども」の世界へ向いつつある。「責任ある不服従者」がもっと多いほうが、まだましなのだが。

こうして、同調性への志向が強まってゆく。「ただ結びつけなさい」、と内面生活の要請と外部生活の要請とのあいだの闘いを考えていたE・M・フォスターは言った。「ただ同調すりゃいいんですよ」、といま支配的な風は囁く。どっちにしたって大して関係ない。が、多数派が多分正しいんだろう。だから、おまえは連中と一緒に行きゃいいのさ。ほかの連中が信じることを信じてりゃ間違いない。ほかと違ったようにすることは、生活の法則に反する一種の罪なのだ。もしどっちにせよ価値なんてものが存在しないとすれば、常道からそれる理由もないわけで、唯一の義務は、ひしめき合った道路の真中からはずれないように心がけていればいいわけだ。「千万の民衆――千三百万の読者、視聴者――が間違っていることは、ありえない」。

そうして、音もなく「行動の源泉の歪曲」は進行し、増大する。そうして、ついには、暮してゆくことの緊張感、それと一緒に暮しにつきまといういろいろな挑戦へのどんな現実的な感度も消滅してしまうに違いない。本当の享楽の威力は、いま滅多やたらに提供されているお楽しみの類ですらも、同じように衰退してしまうに決っている。「楽しい思いをする」ことが、ほとんどほかのすべての要請をしのぐほど大事なものになってゆくようだ。だが、そこまで押し上げられたとき、いい思いをすることは大部分、日常茶飯のきまりきったこと、になってしまう。現代の大衆娯楽に反対する最強の議論は、それが趣味を堕落させるから——堕落とは生き生きとした能動的なものでありうる——というのではなく、大衆娯楽が感度を過度に昂奮させ、ついにはそれを鈍くし、究極的には感性自体を殺してしまうから、というものだ。ド・トックヴィルの文句で言えば「腐敗させる」というより「衰弱させる」のだ。中枢神経を殺してしまうのだ。にもかかわらず、受け手はひじょうに巧妙にだまされ、説得されているので、キッと首を上げて、「なんだ、このケーキはカンナくずでできてんじゃないか」と言うことが、ほとんど全くできないようになっている。まだ、われわれは、この段階にはいっていない。が、その線へ向って進みつつはある。

過度に昂奮させ、その結果反応を殺してしまうことは、大衆的書きものの二大特徴、「個人化」と「断片化」を、取出して検討してみれば一番はっきりする。二つとも、新しい型式の出版物にあるのと同じように、より古いのにもあった。しかし、その違い、提供方法と操作法の技巧がおそろしく広汎に増大したこと、にはおどろくべきものがある。今日の大衆紙にみられる濃密な人間的興味にいかがわしいものを嗅ぎつけているからと言って、私は、ほとんどだれもが「よい人間的な話」に興味をもち、ずっと昔からいつもそうだったということを、いま突如発見し、厭な感じにおそわれている、というわけではない。「いい人殺しの話を読むのが大好きさ」という文句でさえ、少くとも百年ぐらい昔からある。前世期の「低級」文学のぼう大な部分は、殺人、処刑、人殺しの最後の告白の記述に満ちている。「なんてったって、つまるところ、度胆を抜くようないい人殺しの話ほどあたるものはありゃしねえよ」とニュース・バラッドや一枚絵をよび売りして歩く香具師の一人は言っていた。しかし、私は人間的要素があまりにも強く過度に使われ、それをいい表わすのに別な文句がいるほどだということを指摘したいのだ。「個人的で親密なものに興味をもつ」とか「いい話が好き」といった文句のようにいい意味あいのないやつを。現代のずっと見っともない名詞の動詞化した言葉のなかの一つ、「個人化する」といったのが必要なのかも知れぬ。

　労働者階級の人びとを対象にした新聞にみられる、全く常軌を逸した「個人化」は、すぐわかるように、ほかの人びとのこまごました生活を知りたいという人間共通のヒューマン・インタレストから来ているのではなく、労働者階級が、具体的なこと、感情表現が大きくよくわかること、地方的で特定のものに強く執着することに由来している。ここだと、労働者階級はいつでも、反応することができ、しかもしばしば知慧と理解をもって、対応することができた。初期の大衆紙はこのことを知っており、その手法を始めたのだが、それが今日では進みすぎ、個人的色合いを合理的な限度をこえて拡大しつつある。それはたんに、たえず競争紙より一歩先んじていなければならないという新聞の運命、その内的動力によってそうなるのだというよりも、読者のなかにある個人的なものへの要望が、現代の諸条件によって補強されていることによるのではないだろうか。私が前にちょっと言ったように、今日労働者階級の人びとは、以前にはほとんど考えられなかったほど、社会生活のより大きい、公的な側面を意識しないで済ますわけにはいかない。かれらは、自分たちが疑いもなく一部を担っている生活のある領域のことを意識はしている。しかし、そこのところは、よくわからないことが多いのだ。労働者は自然、自分たちが知り、行動し、苦しみ、ほめる個人的で地方的な生活に関連させることで外側の生活をよりよく理解しようと試みるのだ。そうした状態では、地方的で個人的な価値が大事なんだということ、「ちゃんとした」ということが万人共通であるように、ある感情は誰でも理解でき評価できるんだということ、を保証してもらいたいという願いがより強くなる。巨大な外側の世界からの声が、自分たちのアクセントを使えば、労働者は喜ぶのだ。多くの政治家はこのことを知っており、王室についてのフィーチャーを書く大半のジャーナリストも、このことを知っている。休日キャンプ経営者のいくらかも、このことを知っている。かれらのキャンプは広びろとし、キンキラキンにかざりつけてある。が、応援団長はだれもかれもを「仲間」グループに入らせようとし、W・Cは「男の子」、「娘っこ」などと標示される。フットボール試合の賭けをプロモートする連中もこのことを知っており、「ギャング」に、「サークル」に、「グループ」に入らないか、と呼びかけるのだ。人工的に親密さをつくり上げるのを専門にしているラジオの「ディスク・ジョッキー」や、「常設」番組の製作者たちは、ことを知っている。ラジオ・バラエティ、テレビ・キャバレー番組のスターもこのこれを知っている。広告放送の諸君もこれを知っている。かれらは、「あなたのお隣りの放送局、ラジオ――」からお送りします、とアナウンスする。そしてプログラムには、「隣近所のお好み」、「友達づきあいの余興」といったタイトルをつけるのだ。私は、ごたごたしたヨークシャーのサナトリウムに入っていた、ある結核を患っていた紡績工女のことを覚えている。彼女は、ディスク・ジョッキーが、彼女のお気に入りの歌、「あなたのための曲」をやったのに、ひじょうに感動して、それからずっと、ディスク・ジョッキーのサインした写真をロッカーに貼っていた。これがインチキなすべてに「属している」感覚であり、これがこの公的に雑然とした時代の公衆の仲間によって提供されるものだ。ひとりで誰にも知られずにいる、と感じたほうがずっとましだろう。そうであれば、人は事態を改善するのに役に立つ、なにかの行動をおこすことになる。

それにしても、この欲望の強さを評価しないことは間違っていよう。人びとの出している問い――「これは、おれたちが知っている人間の生活とその問題にどんな結びつきがあるんだい」、はいい質問である。商業的出版物の圧力と、自由を除くほとんどすべての許可のいる事項が崩壊してしまったので(「公衆が欲するものを公衆にあたえる」)、人びとが欲する用語で答えをあたえようと用意してまっている傾向が、その答えが妥当しないところ、妥当すると考えるのが危険なところへでもすぐ回答をあたえてしまう地点にまで進んでいる。シェピーロフ氏が会議のテーブルに馬のいたずら書きをすることを知っても、シェピーロフ氏についてなにかを学んだとはお義理にもいえない。本当の問題は逃げていってしまうだけだ。「個人化」の手法が年ごとに機械の部品のように定型化してくるにつれて、よい本能は元の形からひきずり出され、過度の単純化、ぐにゃぐにゃしたごまかし、危険きわまる歪曲に使われてゆく。われわれは、もっともっと、意識されることのない、親密な夢の世界に沈みつつある。そこでは、猫が王を見すえるだけではなく、王様も一皮むけば本当は猫なのであり、どんな偉大な権力者でも、本心は「正直者のジョー」とおんなじになる。その重要な機構を扱うことを専門に没頭している人びとですら、そのごくわずかな部分を理解できるかどうか、というほど複雑な世界が、新聞がたたきの上にポトンと落ちるときには、なんとかもっともらしく扱える「やあ、どうも」の風景に縮少してしまっている。

鉄のカーテンの端っこにある国ぐにで奇妙な動きがおきている。植民地がさわがしくなってきた。アメリカが水爆使用について新しい声明を出した。こうしたことは、ハリファックスのおかしな牧師についての話と同じように「個人化」できるならば、新聞で重要な位置を占めることになる。そうできなければ、フロント・ページ、主な見出しを以下のものにゆずって、その次の位置に甘んじなければならない。

みんなぼくをいじめるんだ、と男やもめ
イブニング・ドレスを着て山に登った女
この日、メリーはそこにいない
気の狂った牧師すべてを告白
会議に出ていた彼の猫
慈善箱を守る三人の牧師

ローラースケートで御出勤
そのすべてに悩む私

それでも個人的なものに見えないなら、しだいに流行っている「ノー・ナンセンス」、「おしゃべりをやめろ」、「やっつけろ」式のアプローチになる。

やつらにそれを詰めさせろ
相棒、しっかり見張れ
バカバカしい規則にも黙って従え
トンプソン氏、返してください
亭主たちよ、馬鹿にされるな
みなさん、あとの祭り

これは擁護者たちが「いたずらっぽい」、「陽気な」ジャーナリズムといっているものである。ふつう、その陽気さ、茶目ッ気は、仲間を面白がらせようとして、お巡りのうしろ、しかも安全な距離から、おかしな顔をしてみせる男の子と同じ水準にしかない。成功する「個人化」の対は、たえざるしかもかなりな程度の単純化である。読者は彼に提供されている夢と緊密に一体だと感じるようにならなければならず、そうなるには、単語の重みを考えたり、ニュアンスに首をひねったり、ささやかなものであれ文章の構造を辿ろうと努力してはならないのだ。こうした性質は、主題の複雑さを表現しようとする努力の結果であるから、毎日もっとも単純な言語で開展される人間ドラマは、また感情的にも、知的にも、もっとも簡単な様式で考えられることになる。しかし、「ふつうの読者」（大量販売を目指す宣伝家にとっては、最も単純なところで、三つか四つのキー反応で構成される仮説的像でしかありえない）は決して、なにかおかしいな、と感ずる必要がないのだ。

雑誌は、ストーリーを「ショート・ショート・ストーリー」、「一分間ストーリー」にしてしまったが、そのもっともおどろくべき特徴は、短さではなく、話がスーッと滑ってゆくように仕つらえる、その技巧だろう。なんでも流れをさまたげてはいけないので、読者がちょっと摑まったり、創造していると思っている世界になんであれリアルなところがあってはならないのだ。続けて、二〇か三〇ほどお読みになるとよい。まやかしのひねった結末にうんざりするだけでなく、なんとまあ、ノッペリとして空虚な操り人形の世界につき合ってきたことか、という想いでガックリしてしまうに違いない。

こうして、大衆紙はますます読まれるものの提示法をこまぎれにし、こうして読まれるものは、しだいに見られるものに追い出されている。「マンガ」は洪水のように、アッという間に新聞の一番うしろの頁から、内のすべての頁に拡がり、マンガ専用の頁すらできるようになって、まだ、あちこちに侵出している。人物の動きについての言葉の説明は若干ある。が、記述的な説明は最小限にされている。目的は、すべて必要な背景の情報は、諸登場人物の口からアワの吐き出される会話にふくまれるようにするためだ。この理由は疑いなく大衆作家が一般的記述を避けてすぐ対話に入ってゆくのと同じことだ。対話では、人びとはわれわれに語りかける。記述だと、われわれは、ひとりで、頁の上の言葉とつき合わねばならない。

最低のレベルでは、このすべてが、ここではアメリカの、あるいはアメリカ式のマンガ、シリーズ本の売れ行きではっきり示される。[16] そうしたマンガ本では、どの頁を開いても、腿も胸も大きい火星から来た女の子が宇宙船から降りようとしているところとか、ギャングの情婦が悲鳴をあげながら高性能のセダンで連れ去られるところ、がでてくる。兵隊の読むものをいくらかでも見たことのある人は誰でも、アメリカやイギリスの子供向きマンガ本（もっとホットなやつの供給がなくなったときには、より雑なイギリスのマンガが代りをつとめる）の人気について、こうしたことのすべてについてなにほどか知っているはずだ。とくにかなりな数の青年にとって、この過程は続いてゆく。ひじょうに低い精神年齢にあわされた、できの悪い大衆芸術の受動的な、視覚的摂取。

若干当っているとは思うが、いまはみんながなんにでも意見をもつ「意見化」の時代だ、といわれている。どんな問題でも苦労して徹底的に理解しようと努める人はごく僅かしかいないのだけれども、ひじょうに多くの人びとが、ほとんどどんな一般的なイシューについてでも、自分たちの意見がなんらかの重味をもつ、またほとんどのイシューがほとんど知識のない人、あるいは怠け者にも、簡単に説明できるし、またはそうであるべきだ、と思いこんでいる。われわれは、なによりもまず、時代におくれないようにしなければならない。フルシチョフが昨日言ったこととか、チトーが今日したことを知っていなければならないのだ。トルストイの作中人物レーヴィン[17]は、このタイプにすでに気づいていた。このタイプはもっと普通になって来ている。——「なぜ、おおどうして、彼はポーランドの分割問題に興味をもつんです。……なんにも言うことなんてないじゃないですか。ただそれが「起った」という事実以外に、なんにも興味をひくことなぞありゃしない」。しかし、「意見化」は、弱みとして心配するほどには、労働者階級の人びとに広まっていない。一般的な問題についての関心のなさが、その展開を阻んでいるのだろう。しかし、なにはともあれ、労働者の興味の型式と、時代の諸力とが、かれらを、「断片化」のお楽しみへ、「洗たく棒でかきまぜたような」、どれもが砂糖の小っちゃい心のように「ヒューマン・インタレスト」をもっているおかしな切れはしや、関連のない断片的事実を、常食のようにあてがわれることへ、招きよせている。さもなければ、かれらは、ことのついでに若干の情報の切れはしは含んでいるけれども、短いあいだにゴチャゴチャと進行する、けいれんするようにつぎつぎと現われては消えるパーソナリティ群の衝突、きしみ合いを主な売りものにしているラジオの番組[18]（戦争からずっと数が増えたようだ）を聞いている。そのほとんどが、「おなじみのタレントを繰りひろげる」スタイルか、「議論のための議論」（「まあ、とにかく刺激があるよな」）の変奏曲といってよい。

このすべてから判断すると、息ながくじっくり読む気分は増えているどころか、二ないし三シラブルの単語と一文七語のレベルに押しとどめられているようだ。べつに新しいことではない。こうした断片的雑誌のほとんどが、四〇年から六〇年前から続いているから。どの雑誌も、独自のスタイルを発展させている。これは圧倒的に家庭誌、これは懸賞が売りもの、この雑誌は、歴史、地理、人類学の「かわったこと」に強く、これは格別視覚的につくられている、とか。どれもが、読者は息が短いんだという仮定では共通している。すべてが、誰れをも退屈させず、なにも支払わせず、関連させようとか比較しようとかいった気をおこさせないように、素材をあらかじめかみくだいてバラバラにしてしまっている。だから、ごくごく気楽に読めるというか、もっと言えば、スーッと車にのっているような調子で読めてしまうのだ。どんな長さでも、前後連関した筋立てといったものはない。なんでも面白く、ただ短くて、小むずかしい関連がなく、元気づけるものでありさえすれば、ただもうずっと面白ければよいのだ。無差別の逸話の雨が洪水のように降ってくる。二つの頭をもった牝鶏がボルトン（ランカシャー）で生まれた、政治家が自殺した、エドモントン（アルバータ、カンタベリー）である母親が三組目の三ツ子を生んだ。レミング（北地産のねずみに似た小動物）はどんな奇妙な習性をもっているか、サンダーランドで自転車にのっていた人が気まぐれな風で道路から吹きあげられてとばされた。そうした誌面は読むわけではない。「眺める」のだ。

広告のコピー・ライターは、次のような手法を続け、発展させている。

あなたは、そのとき、読者の注意力が一分間以上続くと思ってはいけません。読者にわからせようと思うことを、一分間以内につかめるようにするのです。レイアウトではあなたが決めたとおりの道にそって読者の眼が動くようにすべての要素をデザインしなさい。途中で妙にひっかかるものをおかないこと。文字や単語はすくなくまとめる。サット見るときには、五字、六字が限度です。どんなものでも単位がそれ以上長いと読者は不快になり、そうなれば、あなたは読者を失ってしまうのです。

ともかく、もし三シラブル以上の単語を使わねばならぬときには、ジャーナリスト諸君はふつうその言葉を斜体にして「親しみやすい」説明――「それはおれたちの仲間じゃ」――を意味するをつける。

「短く、関連がなく、景気のいいもの」。三番目の特質は、最初の二つから導かれる。ずっとオードブルだけ出すことになれば、どの新しい品も、少くともその前のと同じぐらいのピリッとした味を含んでいなければならない。この「景気づけ」の探求が、いまでは以前よりずっと遠くまでいってしまっている。『スウィーニー・トッド』と『マリア・マルテン』(19)は、同じようにセンセーショナリズムで組み立てられ、なにかしらセンセーショナルなところがあり、なが年人気のある読物だった。今日では、毎日一ダースもの新しいセンセーションが必要なのだ。そこから、不断の緊張、実際は詰らぬ食物を、強力な滋養の多いものに見せかける大量の手品、小さなものを巨大にみせるためのとめどのないアングルの膨脹と歪曲が生じることになる。ハツカネズミが下から映され、その巨大な影が本物の恐怖として通用する。このたぐいのものは、メロドラマが『マクベス』とはなれているのと同じくらい『マリア・マルテン』からかけ離れている。

この章全体を通じて描いてきたたぐいのアッピールを製造して暮しを立てている諸君の、攻撃されているとわかったときの防禦の段どりは、私がかれらの営為の深部にあるに違いないと仮定してさきに分析して来た前提の正しさを、はっきり確証してくれる。かれらは、自己正当化の怒りに燃え、自分たちの受け手に効くに違いないことを知っている、こうした接近法（実際にその攻撃がそういうケースに該当するかどうか、ということは大して考慮に入らない）を駆使して、襲いかかる。諸君は、自分たちの告発者を「反動的」、「抑圧的」だとして逆に告発するのだ。連中は、自由だけでは充分ではない、と言っている、と。もっと昂進すると、反対者を「俗物的」だ、と告発する。連中は、すべての人間は本来善良ではない、と言いたいにきまってる、と。連中は、それが有効なときにはいつでも、反対者の年齢を明記する。「七二歳のＢ氏」とか、「七五歳の老人Ｃ氏」とかいった風に。民主主義は若わかしく、前を向いているものなのだ。こうすれば、反対者が年とった時代おくれの連中だということがはっきりする。かれらは告発者たちを、「尊大に人を見くだし」ているとか、ひとりよがりだとか、「偽善的」だ、といって逆に告発する。その推論過程は、以下のようなものだろう。(1)唯一の価値は自由である。(2)したがって、開かれた心をもつことが、要請される唯一、確実な基本線である。しかるに(3)これらの諸氏は、自由のある種の使い方が間違っているのではないかなどと言っている。道徳的な基準でものをみているのだ。そして、それゆえ、(4)かれらは偽善者に違いない。なにかを隠している。かれらは自分たちのためにだけ自由を欲し、他人に使わせようとはしない。これが、表に「誠実」と書いてある銅貨の裏側である。トータルな自由を認めるならば結構、だが自分のどんな「方針」もいいはらないこと。そうすればほめられるようになるに違いない。君は、自分の「方針」がないからアッチへいったり、コッチへ来たりするだろうが、そのことが君は「ともかく、まじめなんだ」という証しになる。ルールがあるじゃないか、といったことをほのめかしてみたまえ。君は新しいカタログ中の最大の罪、「偽善」についての悪口を頭からひっかぶることになる。弁護する諸君は、このすべてを、率直な男同士の話(結局、最上の弁護は、そういうあなたも、われわれの書いたものを読んでるじゃないですかということと、偉大なるイギリスの公衆は、まさに、どんなものであれ邪悪なものや堕落したものは読むわけがないのだ、ということに尽きる)、といった例の語り口で、かざり立てるのだ。最後の切り札は、「やることじゃなくて、やり方が問題だ」という言い方の変奏曲である。無制限の自由の世界では、われわれがなにをしようと問題ではない。[20]なんでも恰好をつけてやればいいのだ。とりわけ、われわれは退屈させられてはならない。「私どもは、なんであれ面白くないものは一つもないように、全力を揮っております」。決して「もったいぶらず」に、いつも「面白く」するよう努めなければならぬ。大変結構な目標である。すでにあらまし述べて来たような大衆出版物のもろもろの圧力がなく、もっと大事な原則が追放されていなければ。この情況では、こうした目標は、笑わせることの合理化、どんな犠牲を払っても、とにかく景気をつけること、にしかならない。「すべてが笑いの種」。話の筋がねじ曲げられ、言葉や感情が、もて遊ばれくすぐられるだけのただのモノになってしまおうと、かまやしない。少くとも、読者は退屈しないでいる。貴方も、私の書くものが、詰らないと非難することはできません。そして、最後に、成功すれば、すべてが許される。

私は、大衆新聞の論説にあらわれる頻度から、新しい戒律で徳と悪徳とを指示する形容語句リストを編纂してみた。悪いほうは、

ひとりよがり、気の弱い、退屈な、あいまいな、俗物的、誠意のない言葉づかい、口先のうまい、きまりきった、偽善的な、重苦しい、もったいぶった、山師的な、役人風。それから言うまでもなく、あきあきさせる。

これらが、したたかなこの諸君の十四の大罪である。みんな、なんと似ていることか。いい方は、

新しい、これまでと違った、非正統的、率直な、生意気な、はっきりものを言う、抜け目のない、生き生きとした、元気活潑な、熱心な、キビキビした、陽気な、じょうぶな、進取の気象に富んだ、熱中する、十字軍的な、いたずら小僧風の、腹蔵のない、大胆な、若わかしい、真面目な。

ここでは、基準が先生に反抗する青年の行動律、学校の生徒の薄っぺらな無遠慮さにおかれているようだ。

Ⅶ

わた菓子の世界への誘い――より新しい大衆芸術

というのは、前の時代には知られていなかった沢山の原因が今や、一つの結び合わされた力となって作用し、精神の識別力をにぶらせ、それをあらゆる自発的な努力に不向きなものとして、人間の精神をほとんど野蛮人にひとしい無感覚の状態におとしめているのだ。

(ワーズワス『抒情民謡集』)

沢山の人びとが大衆――かれらはそう呼ぶ――に自分たちがふさわしいと思うやりかたで、準備され、適合させられた知的な栄養を与えようとする。

(アーノルド『教養と無秩序』一章)

ああ――俺が一冊の本を読んだあの日!

……

いつか――また俺は本を読んでやるぞ。

(〝シュノツル〟デュラント氏の歌)

そうです、私たちはかれらを働かせるようにしなければいけません。ですが空いている閑な時間には、かれらの生活をちょうど子供が遊んでいるようにしてやらなければいけません。……そうそう、私たちは連中に罪を犯すことさえ許してやらなきゃいけませんよ。連中はか弱くって自分じゃどうすることもできないんですから。かれらは罪を犯すことさえ許してくれたということで、私どもを子供のように愛するに違いありません。そう言っておけばいいんです、どんな罪でも償われる、もしそれが私たちの許可をえて犯されたものならば。しかも、私たちが罪を犯すのを許しているのは、君たちを愛しているからだ、などと言っておけば……連中は私たちからかくれてこっそりなにかをするといったことはないでしょう。かれらは、良心の最も恐ろしい秘密でもなんでも、みんな私たちに差出し、私たちはどんな問いにだって答えられるわけです。かれらはその答えを喜んで信じるに違いありません。連中はそれを信じさえすれば、自分たち自身で自由な決断をくだしているいま、耐え忍んでいるあの途方もない不安と恐るべき苦悩とから救われるのですから。

（ドストエフスキー『カラマーゾフの兄弟』）

A　プロデューサーたち

おれが成功したのは、人びとが欲しいってものをやったからさ。おれはお高くとまった俗物じゃないよ。

（あるポピュラー音楽家）

現代の娯楽文学の異常な技術的な巧さを考えるとき、われわれは以下の二つの点を強調しすぎるという誤りに陥りやすい。娯楽文学を、わずか二、三ダースの作家で代表させて考え、かれらを週刊誌の書評に最もよく出てくる二ダースほどの真面目な（他にうまい言葉がみつからないので）現代作家の日常的通俗対応版としてとらえ、これらの作家と作品とをくっつけすぎて考察することである。しかも、これら作家の作品に対する態度は全く商業的でシニカルだとしばしば単純に思いこんでしまう。

文学の百貨店と言ってもよい、大成功をおさめた大衆作家たちは、圧倒的な力をもちそれなりに魅力ある人物である。秘書、速記者、テープレコーダー、すみっこには「ゴースト・ライター」、いくつかのメディア系列に同時に流される原稿、「全体にせよ部分にせよ複製を不許」、どこか暖い南部の大きな古い家にある、複雑で能率のいい「夢の言葉の工場」。そこからは週刊誌に、アメリカ市場に、さらに遠くの連邦諸国にまで工場支配者から最新の幻想、巧妙なお世辞の断片が送られていく、といった図柄をひとは思い描くだろう。

しかしこういう人たちは、どんなにその組織を機械化しても、でまわっている膨大な量の大衆文学に、責任をもとうにももてるものではない。年にざっと一万八千の本がイギリスでは出版されており、しかも多くは娯楽小説である。それに、聞いたこともないような出版社から流れ出し、文房具屋、新しい雑誌専門店、駅の新聞雑誌販売店のウィンドーにぎっしりと飾られるペーパーバックについてはどうだろうか。これらは、多分いくつものペンネームをもち、なんでも書いて年に四―十二冊の本をつくり、多くは千語いくらのこまぎれ原稿料をもらう作家たちのものである。市場競争がひじょうに激しいので、成功するには――必ずしも全国的に有名にはならなくともかなり収入を手にすることができるようになること――大衆が何を望んでいるかを鋭く感じとる必要がある。こうして、かれらの一人の話だと、ぼくの二つの経験則は、絶対「退屈な叙述」をしないこと（二行以上のどんな描写も退屈になるらしい）および、確実に第一頁目から会話を出すことだといっている。大衆の望むものを供給できる者に結構な生活があたえられる。しかもほとんど完全に匿名でいられるのだ。

民主国家では、作家は大して費用をかけないでちょっとした評判と大きな財産をつくれるんだとうぬぼれる。この目的のためなら彼は賞讃される必要はないのであって、好かれるだけで十分だ。たえず増大する読者群と、その何か新しいものを求めてやまない願いとが、誰も大して尊重しない本でもどんどん売れるようにしているのだから。

誰もそういう本を大して尊重しないのだが、「尊重する」は価値判断の動詞である。ところが、ド・トックヴィルが示しているように、好かれるということは価値評価の入らないテストでしかない。

こういう作家たちは有能で、確かに、その豊富なテクニックをもって意識的に大衆の望むものを与えようとしている。だが、かれらが成功のためのすべての要素を目的意識的に計り正確にまぜ合わせていると考えることは、多くの他のことならいざしらず、かれらを知的に大かた過大評価することになる。一連の安っぽいロマンスを読めば、描かれた世界が慎重に外から熟考された結果描かれているとは信じにくい。読者の望むものに対する感覚という点では首尾一貫し、別に誤ってもいない、このような書き方は、決して知的に構成されるものではない。必ずしも、普通諸作品に現われる才能によって構成されてもいないのである。それらはむしろ、読者よりもなんらかの才能をよけいにもった、しかし読者と同じエトスの人たちによって生みだされる。「すべての文化はその空想の内部で生きる」[1]。かれらはその文化の普遍的な空想を共有しているのである。まじめな作家のように経験の蓄積とその結果としての表現様式の変化をひきおこすことなく、膨大な量をくる年もくる年も出版できる。というのもかれらは半ば機械的に書くからである。このことはまた、多くの大衆的なジャーナリストたちについてもいえる。大衆ジャーナリズムについての伝記のたぐいはいつも「君の受け手についての本能的な感覚」[2]「自分に自信をもつこと」「完璧な誠実さ」の重要性を強調する。だが「誠実さ」を語ることは「徹底したシニシズム」[3]を語るのと同じことだ。明らかに一人の人間が、意識的な操作者で同時に文学的成功を狙うということはありえない。意識されたレベルでは、大衆文学を読んでみればはっきりするように、ハード・ボイルド・シニシズムか「人民」を救済するという熱烈な使命感かが、かれら作家の本音なのだ。さらによくあることだが、読者は、論理的には不可能だが実際にはできなくもない、両者の混在を見出す。こうしてA・P・ライアンの『ノースクリフ卿』のダスト・ジャケットの大げさな宣伝には、ノースクリフが「真面目だがずるい、誠実だがシニカルだという、奇妙な混合物」として描かれる。

多くの流行歌手の歌い方も必ずしも不誠実だというわけではない。ベティ・ドライヴァー嬢のモットーは「誰もが心に歌をもっている」。ヴェラ・リン嬢の場合は、これがリンの歌なんだと思われるために強調しなければならない諸要素についての健全な考えをもっている。つまり、単純化されるが力強い感動的なパターン、複雑な強弱の変化、フィーリングをものにするための、声の響きの微妙なコントロール、これらは聴衆の望むものであり、だからこそかれらの特別の幻想の世界を呼び起してくれるのである。しかしそれは同時に、リン嬢の幻想の世界、実際歌っているときに自然にいる世界でもあると私は思う。

彼女のことを大げさに書き立てる者が「彼女の名声の、評判の純粋さ」を云々するとき、それはおそらく、当らずとも遠からずであろう。彼女は、誰かがいったように、女工が自分の歌に聞きほれるように歌うのである。

同様の真理は次の一文の簡単な、誇張した表現のうちにみてとることができる。

私はかつて映画『老母リリー』の台本製作会議に出席したことがある。私はこの種の当ったシリーズのシニカルな商業主義を軽蔑する諸君に重味をこめて断言するが、会議室は創造への陶酔感に満ち満ちていた。老母リリーが何度、階下あるいは水中に突き落されることにするかを決めたときに、涙のまじった疲れきった笑いが集ったビジネスマンをおそった[4]。

おそらく、いかなる階級であれ大衆にファンタジーを与えようとする多くの作家は、ファンタジーの世界を読者と共有するものだろう。かれらが読者でなく、他ならぬ作家であるのは、ファンタジーを筋と人物に具体化でき、巧みな言い回しを心得ているからである。自分の経験の特質を表現しうるような形に言葉を作り上げようとする創造的作家の、言語への態度ではなくして、能弁、「弁舌の才」、手持ちの数千の語句で、読者の想像する全く月並な舞台で人物を動かす能力の問題なのである。こういう作家たちは読者の空想を言葉に変え、時には適切なテクニックをもって、それをかき立てる。みてきたように、かれらの読者に対する関係は、創造的作家のそれよりも、もっと直接的である。かれらは対象・それ自体を創造するのではない。かれらは読者の白日夢の背後にある書き割りの絵をつくるのだ。だが、その舞台装置は想像的無能力のため、どこそことといった具体的な土地の匂いもそれ固有の名前も――具体性をもつことができない。二一歳まで十二冊近く書いた地方の一人の女のことを思い出したが、彼女は十五歳の時に初めて書いてから、「おわかりでしょうけど、ただ溢れてきただけよ」といっていた。別の女流作家はペーパーバックのギャングものを何百となく書いた。彼女はロンドン郊外に夫と静かに暮していたが、どのように作家業を始めたかをきかれたとき「ただタイプのところにいただけ[5]」と答えている。さらに自分の野心は「しっかりした後景をもった、長続きのする、真面目で精神的な作品」を書くことだと付け加えた。

こういう大衆文学、なかんずく、そのより発達した現代のものを見て、「お上」によるある種の陰謀、労働者階級をおとなしく麻痺させておく利口なやり方をかぎつけたがる社会批評家もある。しかしこの分野で「誠実」に全力をつくす多くの者は、自身労働者階級の出身で、奨学金の世話になって、かの「弁舌の才」を利用して「うまくやった」頭のよい元気な少年だったのであり、人が自分の育った周囲の人だけは知っているように、労働者階級の人びとを知っている。もし陰謀だとすれば、おっそろしく手のこんだやつ。「やつら」は苦もなく、労働者階級のより才能のある部分を、金のためであれ、筋の通らない理由のためであれ、階級を弱めるものへと誘ってきた。こういう若者は思い出してはいつもこういう。「われわれは本当に人びとの中にあって涙も笑いも分ちあい――かれら同様平凡で――ただ家への手紙を書いているんだといつも思っている」。

こうした意識が帯びている無意識のイロニーも、人がそのうしろにある巨大な商業組織、しかもこうしたいい方がそのための一つの純粋な心情合理化として使われることを考えるならば、ながくはもたない。という以上に、そうした物言いの調子にはふつう人の心を惹きつけるような――きまり文句のうしろにかくれている一種の熱意に似ているとでもいえばよいか――なにかがある。人は、五〇年前の、なによりもまず労働者階級のため、その地位の上昇のため発言した労働者階級出身者の、センチメンタルでない、お世辞抜きのそっけない語り口を、思い出さないならば、の話であるが。

B　その過程の絵解き――㈠週刊家庭雑誌

（かれらは）大衆が字の読めるようになる民主主義が到来したとき人びとの趣味はもっと真面目なものになるに違いないと信じた教育者や熱心な市民の期待を骨抜きにしてしまう。

（A・P・ライアン）

これまで論じたのは、大衆雑誌が努力を積み重ねて大衆の心をとらえ、つかみ、さらには金に糸目をつけず征服していく過程は、商業の圧力と読者、作家共有のエートスの両方によってもたらされるのだということである。競争が激しいので、ポピュラーな新聞、雑誌、ペーパーバックも一つのスタイルに落ち着くとは限らない。二、三のものはほとんど変らずにつづいているが(6)、たいがいの編集者と発行者にとって、その種のもののうち六番以内ぐらいの位置を保ち続ける闘いは決して楽なものではない。ある雑誌が、ある気の利いた男が古い宣伝の中に目新しい角度を発見したために、一カ月僅かなリードを奪ったとしよう。しかし、その編集者はまた別の角度に急いで置きかえないと、ライバルがそれを採用して一歩進んでしまうことを知っているから、せかされることになる。こうして苦しいダンスは続き、大衆はより新しくより珍しいものに敏感にさせられていく。いまやわれわれは「われわれに値するプレス」以上のものを手にしている。というのもこの過程は自己増殖するに違いないからである。かくして大概の大衆雑誌は、この十五―二〇年間に、それ以前の五〇年間よりもぐっと悪くなってきたように思えてならない。七〇年有余の歴史のうち、最初の五〇年間よりも最近二〇年間に、価値のある態度を大胆かつ効果的に、無視し、陰に傷つけてきたように思えるのである。六年間の戦争がこの過程を促進するのに大いに力あったことは疑いない。戦争が終った時、すべての大衆雑誌は、人工的な休戦ももう終りだということを知っていた。野心のある者は、偵察を充分にし、特別にきつい闘い――イギリスの全読者層のほとんどを若干の大勢力の間で分割する計画を練っていた。

国民皆兵の時代が、この一般的な過程を継続する機会を与えた。若者は疲れていて、稀なケースは別として、自分の関心と結びつき、あるいはそれを促進する活動をやることが全然できなかったことが、いまの大量販売にとって魅力ある市場をつくり、将来の読み物を決める習慣の形成に、有利な下地を準備したのである。

この変化を例証する多くの方法は自ずと明らかである。例えば、一〇〇年前の『ニューズ・オブ・ザ・ワールド』紙とごく最近の日曜紙との全体のスタイルと書き方を比較して分析してみてもよい。『ニューズ・オブ・ザ・ワールド』紙は私の知るかぎり、できごとをありのままに述べることによって、すべての階級の間で抜群の地位をしめることに成功した(わが国成人人口の半分に読まれている)唯一の出版物である。主として写真と絵のスタイルに若干の変化があったが、全体としては古い型が守られ、今日にいたるも多くの人びとに「休憩時間の」楽しみを提供するといったものになっている。セックス新聞の両方のスタイルを比較してもよい――粗野なセクシーさと二つの世界でも最上式のセクシーさ、と。今日より一般化した後者にあっては、性的刺激は与えられるが、常に左の肩越しに「道徳」をちらっと見せてからにするといったものである。「このストーリー(写真をつけて、細大もらさず書いてある)は印刷すべきではなかった。若干の新聞紙の慣行にはすべてのつつましい市民諸君はわれわれと同じように反対されるでしょう。でも、『サンデー』は、多くの立派な市民のために、われわれのど真中でこの悪を曝かねばならないと決めた。この忌わしく邪悪な商売についての、解説つき、削除なしの記事三回のうち最初のが来週から始まる。今一部申込んでください」。こういう似而非道徳的な、ヤヌスのようなあてこすりは、特に労働者階級を対象としない新聞にはよくある。しかしこういう書きぐせは、特にいくつかの最近のポピュラーな日曜紙に、それも経営不安定で、新しいスタイルと書き方により敏感なものにあっては、広まらざるをえない。

労働者階級独特の好みに十分あっているとはいえないので、特別に注意を払う必要もないかも知れないが、最近数年間のいくつかの絵入り週刊誌の編集方針の変化について述べてみよう。書き方の変化はしばしば、「社会悪」についての何かセンセーショナルな記事でも書かれないかぎり、社会的関心の低下をもたらし、従って明らかに当初意図したものに近い書き方に逆もどりする試みをもたらしたようである。

いくつかの日刊紙がとりわけ最近十年間に歩んだコースも同様に明らかである。同様の過程は、新しくて体裁のよい婦人雑誌が、以前は読まれた体裁の悪い雑誌の、労働者階級の読者を奪っていくのにも見られる。それが特にうまくいったのは、スマートになりたいと感じている、わからないではないが、母親よりはスマートでありたいと思っている労働者階級の若い女性のおかげだと思う。この婦人雑誌が、非常にしばしば労働者階級に、ちょうど中産階級とおなじように「しゃれた」生活のビジョンを提供することになる。[7]「ちょっとのクレトンで奇跡を行える」「——で私はどう寝室を豪華にしたか……」「バースデー・カードの新しいととのえ方」「彼女は映画に出ない時、ケンジントンの広いが質素なアパートに住んでいる。家では古タオルを身につけていて、前掛けはもっていない」より旧式の新聞は、より悪名高い映画女優の写真つきの自伝を紹介することで追いつこうとしている。

こういうたぐいの変化の性質は、英国における最近十五年間の「チーズ・ケーキ」（脚線美を強調した美人写真）的提示法やピンナップの発達に著しい。ピンナップは昔も今も、軍人の宿舎やトラックの運転台の標準的な飾りである。だがいまや、欲すると否とにかかわらず、われわれはみんながそれに襲われている。ピンナップは二〇世紀半ばの大衆芸術の最も人目を惹く視覚的特製品なのだ。われわれは、勤労者がその生得権を沢山のピンナップと交換しつつある民主国家の国民なのだ。古いものはかなり単純で、水着姿の女性の足か体の比較的「きちんとした」写真だった。いくつかは今でも古い新聞や雑誌で見ることができよう。今日ではそういう写真は、おおくあまりにも「陳腐」で、印刷されないのだ。われわれはすでにこの十五年間で天然色「チーズ・ケーキ」の第三段階に到達したのだ。ピンナップ専門のどんな写真家でも、風俗法すれすれの、どんな取締りにも引っかからないような、しかしとても思わせぶりな写真をとらねばならないことを知っている。引っかかりにくいというのも、どれだけ露出しているかに第一の力点があるわけではなく、足のひねりぐあい、肩の傾きぐあい、モデルと何か他の文句のつけようのないものとの並びぐあいといった暗示によって強調しているからである。彼は仰向けになって上向きにとったり、モデルの左肩越しに首をのばしたりする。彼女は梯子に上ったり、寝室のドアの近くでのぞき見したり、はにかみながらローソクをもったりしている。一つのポーズには「何かがある」。

というのもふだんより胸の谷間がより深く見えるからである。また、そう写された衣装はヒップの割れ目をも強く暗示している。毎週読者は前の週よりも、ライバルの出版物よりも「よい」何かを与えられねばならない。たとえば、不透明な生地の下の乳首のわずかな動きを強調する巧みなアングル・ショットとか、乳暈の暗い影を写す、ほとんど透明なナイロン地の自由な使用。（ナイロンはカバー・ガールの写真家を大いに助けてきた。——「あなたは少しのナイロンで奇蹟をおこせる」）

今日まで、新しいスタイルの新聞が毎週欲しがっている一ダースかそこらの特大のピンナップを提供する、この競争は、より退屈な二流の職業の一つに違いない。第一面にのるようなポーズを探すために、一ダースの写真の至るところに自分の予感を求める写真家にとっては。毎週、われわれにはできない恰好で何時間も寒さに耐えることによって出演料といくらかの広告料をかせいでいる、多数のモデルや「脚線美」のコーラス・ガール（歌劇・レビューなどに大勢で出る踊り子または歌手）にとっても。時には婦人向けに男性のピンナップも作られるが、うまくいっている雑誌はそれ程生物学的に時代遅れなことはしそうもない。そしてすべての写真には、うんざりするほど古風で陳腐な語呂合せや頭韻のキャプションがつくことになっている。「曲線美のキューピッド」とか「舟乗りのソース」とか「ビキニ爆弾」とか「腕いっぱいの原爆」とか。キャプション・ライターは、神経症的に頭韻をふむようなケイレンをおこす恐れがあるのじゃなかろうか。

さて次は、約一シリングで、コーラス・ガールや映画女優やモデルがいっぱいのっている、新しいグループの小さな月刊写真誌のような、ピンナップ専門の雑誌に移ろう。これは普通気の利いていることになっている赤刷で紹介され、ショー・ビジネスのあらゆる大宣伝によって取り囲まれている。「チーズ・ケーキ」は、たいていの新聞がいま印刷しても大丈夫だと思うのより多少進歩しており、とくに大きな紙によく写してある。写真の間には普通二、三の大人向けの「面白いお話」や一つ二つの単純な怪談がのっている。

いま述べた変化のどれについてもさらに詳細に論証しようと思えばできる。しかし家庭向け週刊誌のいくつかの進歩について論じた方が全体として有益なようだ。新しいスタイルのものによって旧式の雑誌にかけられている圧力と、旧式の雑誌がその圧力に反応する若干の仕方について述べることにしよう。二、三の旧式の雑誌はまだ根本的には変っていないが、たとえばピン・アップやストリップ写真を使うこととか、有名な公的人物の世界を家庭になじませ、個人の家庭の事柄を不当に大げさにとりあげるために、平均的な家庭的人物を減らすこととかいう、新しい形式に若干でも変えていかざるをえなくなってきている。たいがいの雑誌はここ数年なんらかの整形手術を経験している。ある雑誌は上品な家庭雑誌を多分いまだにめざしてはいるのだが、移民をひっぱってくる新しい方法を探さねばならなかったので、すべての安っぽい雑誌のうち最もちんまりと気まぐれに「家庭的」なものになってしまう。他の雑誌はたぶんいまだに、温和にものを尋ねる物腰の人びとを引きつけようと強く望んでいるのだが、それは今や労働者階級にではなく、中産下層ないし中産階級に話しかけることによってしかできないのだと決めこんでしまった。

こういうたぐいの雑誌の大半は、接近方法が極端に断片的になる。好奇心をそそる知識の小片が黒字の、目に訴えるようなタイトルつきでばらまかれている。

アイスクリーム・コーンに四〇〇ポンド払う
質入れのキャタピラー突如消える
可愛い女の子に見とれて――オーバーコートをなくす

これは断片性が暴動をおこしたのだ、といってもよい。それでもその背後の遠くには、ときどき、特にこういう雑誌が歴史・地理・文学・諸科学のめずらしい問題を扱う時、健全な素養の名残りが見られる。こうした読みものはしばしば無意味な好奇心に迎合するが、その起源は知識をえたいという熱情にある。どんなに乱雑に表現されていようと、純粋に知的な好奇心の始まりであったかも知れないものを、ばかにしてはいけない。世紀の境い目の新しい教育を受けた労働者階級にとってこのたぐいのことは、今は誰の手にもとどくところにあるが、興味深い知識の全世界への、尊敬と魅力とをあらわしていたのだ。最善の形ではそういう態度は純粋の知識愛にもなりうる。知識をえたいという熱情が主に右に示されたような読みものにおいて表現される時、それはむしろ本当の知識の道に入るかも知れない、細々とした好奇心をかき立てることもあるのだ。A・P・ライアン氏(8)は旧式の家庭雑誌の一つの変化を論じながら、私が述べているのと同様の進歩を指摘している。

この初歩的な……の重要さは、ゴシップ風にではあれ、真面目な主題と人物に相当な部分をさいていることである。古い文化からの脱出は漸進的な過程であり……

旧式の家庭雑誌の多くのジョークは、いまだに絵葉書に見られるような伝統をもち続けている。主な登場人物は、ケチなスコットランド人、太った義母、上機嫌の酔払い、フロント・ルームであまりにも長くねばって、パジャマ姿の父親の痛烈な皮肉で別れさせられる、求婚中のカップルである。全体としてこういう雑誌は父親に肩をもつ。その主な読者層として三〇歳以上の労働者階級の家庭の夫妻を考えているらしい。かれらはしばしば毎週おびただしい数のうちからどの新聞を買おうかと迷う男たちのために特製品を用意する。が、ふつう家庭のほかのメンバーのためにもフィーチャーが用意されていることも、いうまでもない。

一般的にいって印刷と体裁は数十年間ほぼ同じである。普通編集者への手紙の頁がある。会議室のペットについて、子供はパーマネントをかけていいのか、「不良少年」の扱い方(心理学的説明なんてのはみんなナンセンスで、鞭でひっぱたけばいいんだ)。またしばしば、一頁全部が小さな白・黒のカコミのなかに絵があって、その下に二―三行字が書いてある、といったスタイルの絵入りジョークで埋まっている。ここでもショート・ストーリーの中でも、さし絵のスタイルは多くの場合、葉蘭のように家庭的で古めかしいものである。ショート・ストーリーも年輩の婦人向けの雑誌にあるのと同じく、ふつうの人についての全く単純な短い話である。それに普通、広告と人気のある「二インチのお店」すなわち、楽器、放出の毛布と双眼鏡、興味をそそる家庭用小道具の説明つきの「通信販売」の大きなブロックが山のようにある。ごく普通の広告は伝統的な形式を保っている。宝石商は「あなたの夢の指環」をすすめる。郵便で注文できるコルセットとか、工場直送のミシン縫いのカーペットとか。何ダースもの家庭薬の能書きがならび、あまり有名でない出版社から出ている本、家庭医療、歴史の流れ、驚くほど安くて網羅的だといった子供百科辞典。衣料クラブは、「つき合いのいい面白い」空いている時間のお金もうけを希望する人びとを仕事へと誘う。この伝統的形式にはすべて大変家庭的な、しかしたいがいは賢明な忠告をともなっているのである。

しかし、これらの雑誌の大半は、面白くなくなり、全く「陳腐だ」としてお払い箱になる危険に鋭く気づいている。そこで次第に、より新しい方法を導入しようとしているが、それでもこれまでは、古いものにとって代るというよりもそれを残している。「チーズ・ケーキ」の量はしばしばふえており、時には表紙にピンナップの娘がのっている。古いスタイルの「漫画」と共に今や新しい方法のもの、レース・カーにまつわる犯罪や宇宙船の冒険に関するものがある。それぞれ、うっとりさせるようなブロンドの自堕落な女が、顎の角ばった探偵や宇宙パイロットと共に出てくる。またそれぞれ新しいスタイルの書き方で、アメリカの「漫画」から引き写したものもあり、しゃれたミルク・バーが少しもかわらないフィッシュ・アンド・チップスの店と違っているように、より古いイギリスのものとは違って来ている。

もちろん、ごく、ごく最近の映画、ラジオのゴシップ、最新のテレビ・ニュースなかなずく今はしばしば、センセーショナルな続きものとか伝記ものがある。いまは時間の流れが速いから、そういう続きものも一カ月以上続けるわけにはいかないので、三—四週間毎に雑誌自体と販売店の倉庫が、さらにもう一つのスリルに満ち、緊張感にあふれ、「劇的に情熱的な」話が用意されていることを宣言する。しかしこういう話では、技巧をこらすといっても、ふつう視覚的提示法でだけのことであって、それさえも部分的でしかない。自ら感動的だというものの、ほとんどのセックス・犯罪短篇小説とくらべれば、気の抜けたものでしかない。にもかかわらずそれは、ある種のモダンな方法で読者を引きつけようとしている。どのポスターにも、またどの一回分にも「生活の生々しい描写」という説明がつきがちである。しかし実際はこれらの雑誌の大半は、内心は元のままだし、読者にしてもネオンの下でおかされる罪にあこがれはしても、素朴で田舎じみている。ポスターはたとえば「私を棄てた恋人との生活」といった、大胆で新しい続きものを宣伝している。そしてそこから、スカンソープ出身の人づきのするいかにもイギリス風顔だちのコーラス・ガール、絹のパンティとブラジャーを自信なげに身にまとい、首飾りで飾りたてたコーラス・ガールを引き出してくる。顔は無視したとしても、体のポーズは、アラブ系の商売女のくすぶったような本能的なセックス・アッピールよりもむしろ、シティ・パレス・

バラエティズやリーズのパトロン連中が何を「本当にセクシー」と考えているかを語ってくれる。おそらく二、三週間後には『異教徒の掟』といったようなタイトルの、残忍にも足かせをはめられた美少女のさし絵つきのストーリーが続くだろう。「猟犬の群れにあたしを投げこんでよ――殺してちょうだい」といった具合に彼女はポスターから叫んでいる。「あんたの言うことなんか聞くもんですか」。家庭的な野蛮さ。彼女には、ニットのジャンパーの四ペンスの見本から微笑んでいる少女と同じような顔と、魅力的にウェーヴした赤褐色の髪をしている。彼女は仕事から解放されると、毛皮製のように見せかけていた、そのちっともよくない水着を、一シリング半で仕立てた網あみのカーディガンと、C&Aのセールで半値で買った多少現代風のスカートの下に隠してしまうにちがいない。

多くの旧式の雑誌が大胆なこういう読みものをのせながらいままでの家庭的調子を維持できるかどうかは疑わしい。主題と表現におけるいくつかの最近の冒険的な試みは、より全面的に新しい方法を採用した旧式の週刊誌やいくつかの新参者にペースを奪われて、こうした雑誌は今や急速に押し出されつつあるようだ。このたぐいの雑誌は常に「モダン」で「前向き」なことを主張し、若者を魅きつけることに特別重点をおいている。旧式の雑誌よりも、若者をタフにしたり、背を高くしたりするテクニックの広告の割合が大きい。おかしな求婚や新婚ほやほや生活の珍奇さについてのいくつかの特別記事は明らかに三〇歳以下の読者をあてにしたものである。しかし全体としてはいまだに家庭全体にアピールしようとしていることは明白である。たいがいは、婦人服・紳士服、通例の「かけ」の案内、人びとの好みに応じた諸競技会、典型的な家庭の紹介、旧式の婦人雑誌で、同僚にしてあげるのと同様感じよく読者の相談に応える保母ないし老看護婦についての記事、を含んでいる。

こういう新参者は実際、大量で多様な読者層をもった家庭雑誌である。「若者ピッタリの雑誌」と思うのは間違いだ。そういう出版物は今日では大人の約四分の一から五分の一に読まれ、典型的な旧式の家庭雑誌と同じく階級の別もなく、しかし読者数の上では二―三倍になっているらしい。さらに重要なことは、そういう新式の出版物は、各年齢層における読者の割合が旧式のそれと同じ位になっていることだ。そして婦人読者の割合は旧式の場合同様高いのであり、このことは男性の場合より少なからず重要である。こういう新しい家庭雑誌はいたる所で旧式のそれに生存競争を強いている。というのは前者は後者の直接の競争相手であり、後継者だからである。このことをわれわれが必ずしも認識していないのは、真の継承がこういう疑わしい装いをした新参者によってとって代られてきたということを認めたがらない気持ちにもよるのだろう。

マシュー・アーノルドは、大衆的な出版物は常に「寛大な本能」をほどよくもち合せ、そのことで読者の性格を反映していることに注目した。こういうモダンなスタイルのポピュラーな雑誌は、いつもそのセンセーショナリズムを、ちょっとしたラディカリズムと結びつける。その一般的な外向けの調子は社会的に(曖昧ではあるが)進歩的で、もちろん道徳的である。時には、旧式の雑誌には常に見られたような、小さな宗教欄とか、小さないないものは、より重要だが表には出ていない傾向をカモフラージュしているように思える。流行しているポピュラーな「カラワリのたね」[9]への攻撃さえもが実は「かざり」そのものでありうる。外向けの道徳は労働者階級の態度と一致する。しかし笑いのためにその道徳をそれとなく否定するのがよいとなれば、否定されるのだ。唯一の確実な性格は、「腐ったリンゴのためにも何でもする」といわれてきた人びとの、ドン・キホーテ的性格である。同様なことは、いく人かの広告家による道徳の要素の使用にも見られる。

本文については、新しいスタイルの雑誌は旧式の場合同様表面的で薄っぺらである。歴史上の人物やテディ・ボーイズや諸国の珍しい事柄についての短い記事からなっており、見出しはあいかわらず大きい。しかしよく調べてみると新しいスタイルに近づけば近づくほど、この雑誌は狭い世界に入っていくことがわかる、旧式のは珍しくて人目を驚かすようなものを探し求めた。新式のでは、犯罪でも性的な事柄でも超自然のことでも、ただ驚くべきだという点がより強調されている。実際表現法は異なっても、超自然のことへの古くからの関心はどんなに根強いことか。時事問題は、多少とも性的あるいは人目を驚かすような角度で扱えるということにならなければのせられない。非常に多くの写真とりわけピンナップがなければならない。その場合興味深いということよりも、人目を驚かすことが大事なのである。あるいはむしろ、この世界の背後についての考えがあまりにも狭くて、あたかも人目を驚かすことだけが——おそらく上にあげた三つの方法の一つにおいて——

好奇心をそそるかのごとく見える。その結果、それ自体としては人目を驚かすものではない、おきまりの事項でさえも「景気づける」のでなければならないし、大多数の新聞でさえ今日それを当然だと思っているのである。
貧しくとも、彼女は歌うのが好き。
一人の女をめぐる数千人の闘い
公爵夫人をなぐった執事
彼女はそれを愛する——激しく

もちろんポピュラーな新聞はいつも明るく、面白くしなければならないことを強いられている。しかし過去半世紀の間に、この世界も次第に競争の世界になってきている。そしてこの三〇年間、出たてのニュースを表現する役目はラジオにいってしまった。真面目な新聞はわれわれがすでに簡単に知っていることを報じ、それに説明を加えるか背景にまで立入るかする。よりポピュラーな新聞は、人目を驚かすような代用品の方向に移っている。旧式の雑誌のレイアウトを新式のそれと比べてみると、私の一般的な論点が一層はっきりする。新しいものはスマートでいきでなくてはなんの意味もない。それは、旧式の雑誌が使っているのよりも、はるかに広い領域の活字を、広告デザイナーの方法で用いる傾向にある。漫画やジョークは、(しばしば非常に面白い、夫婦ゲンカといったケチな対象しか扱っていないことを気にしなければ)、新しいわざとらしいスタイルをとる。しばしば論争の見出しに特別の注意を払う。ふつうの活字からではなく、特別に大胆で人の心を捕えるような型のやつで作られる。古い基本的な素材の表現や扱いでは、旧式の雑誌よりはるかに巧みである。それは真にモダンで世紀半ばの雑誌といってよい。

しかしそれは、雑誌の古いスタイルに比べての単に技術的な進歩に過ぎないように思える。古い娯楽を楽しむ新しい方法の発見と、表現の大胆さにおいてすぐれているのである。古いタイプの新聞との関係は、たいして強くもないビール一杯に対する、最新の合成カクテルの関係みたいなものである。二種のジャーナルを比べると、一つの不可避的な結論は、新しいものは古いのに比してさえ全体的でないということである。私がいってきたように、全体としてその関心は、広く興味深いことにではなく、むしろ狭く人目を驚かすような、煽情的なものにある。さらに悪いことには、このセックスへの関心は大体頭と眼の中という、本物とは縁遠い代用品なのである。それは自分では巧みで世間ずれのしたものと思っていても、実際のところ血の気のない、非常に狭い範囲の反応しか起さないものなのだ。感性の貧しさを隠した巧みさでも、旧式の家庭雑誌は少しも改善されはしない。モダンな雑誌の擁護者はいつも生意気で、自分のとって代った旧式の素材について道徳的な祝辞を述べたりもする。彼には存在理由がないんだよ、と。

C　その過程の絵解き――㈡コマーシャル・ポピュラー・ソング

ポピュラー・ソングは、ポピュラーな読み物のようには簡単に近代商業組織の効果を示しはしない。多分ポピュラー・ソングの生産が商業活動の見通しをそう大規模には与えないからであろう。「ティン・パン・アリー」の名前を知っている者なら皆知っているように、ここでも、今日ではほとんどの歌の生産と分配の活動がロンドンによってコントロールされているという程の集中化がある。実際、労働者階級のメンバーが自分の地方のグループのために作詞するなどということはない。大都市の街路でよび売りパンフを売る素朴な都会の詩人は、エドワード七世の時代の終りか、その少し後までで消えてしまっている。これはエドワード七世が死んだとき書かれたものだ。

神の御心に従わねばならぬとはいえ、
恐しいことだ――王は召された
国民の最大の友にして
力強い君主、民衆保護者は
……

イングランドのかつて味わったことのない悲しみが、
死が愛すべき父を奪った時に襲った。
……
国民のためになされた偉大な事業
平和を強め、団結を固め
その事業に即位以来ずっと心をくだき
わが国を救われたこと、数えきれない[10]

これほど魅力あるのはそうざらにはない。アーサー・モリソン[11]によれば、人殺しの「処刑間ぎわの告白」はほとんどいつも同じような調子の嘆きをこめているそうだ。

おれの恐しい運命が戒めだ
否認することのできない真実
おれが犯した、この恐しい罪
おれは死の責めを負わねばならぬ

しかし詩の語句は、同じ伝統の名残りともいうべきものに使われるそれに比べても、荒っぽく平板だ、ということはない。私は、いまだに労働者階級の青少年の間に生きている、現にあるポピュラーなメロディーに最近の殺人事件についての歌詞をつける習慣のことをいっているのだ。バック・ラクストン博士の殺人の場合は、

血がじゅうたんを汚す
血が階段を汚す……
(「日暮れの赤い帆」のメロディーに)

おまえが冷くなって暖めてもムダになったら
おまえの体をバラバラにしなけりゃ……
(「夢みる年をすぎて」のメロディーに)

大人たちはいまだにどうかすると、こういうテーマでジョークを作る。一九五三年のクリスティ裁判は「欲得づくの恋」についてのジョークを沢山製造した。もう一つの「七人も家に女がいて、お茶を入れてくれるやつは一人もいない」は、普通どのていどのレベルでつくられるかを示す恰好の事例といってよい。

自分で作詞するか、何年も自分の作詞家と仕事をするような歌手はほとんど完全にいなくなってしまった。しかしいまだ労働者階級の人びとは、宣伝会社がこの要求に答えるのだが、お気に入りの歌はお気に入りの歌手に歌わせたいと思っている。これはヴェラ・リ

ンの、これはフランキー・レーンの、これはグレイシー・フィールズの歌ときまっている。

現代の作詞家は、労働者階級の歌の形式や沢山のいい回しを知っている。おそらくかれらのいく人かは労働者階級に属し、地方から歌を送っているのだろう。歌はいまでも労働者階級の生活をおおく照し出すものを含んでいるが、五〇年前とくらべると、もっと一般化された形でしか生活を反映していないように私には思える。歌も労働者階級の態度を何程か語るのだが、本当の身近かさがもたらす親密な人間関係のある種の制約で、あまりよく対照させることができない。

歌の変化について論じていると、沢山の古い歌が私の青少年期を思い出させ、ほとんど考えもしないで、最近二〇年間の多くの歌よりむかしのほうがはるかにいいのではないかといいたくなって実は困っている。明らかに私は、古くからの歌の方に自分の整序されない感情を投げこんでいる。（若者が今日の歌にするように）同じ問題は、ある程度まで読み物についての議論にもあるが、歌の場合は本や雑誌に比べて距離をおきにくい。歌の方がストーリーよりも感情の深層にまでふれるようだ。あるいは問題は主として、印刷された言葉に関してはある、使い慣れた批評の道具が、歌を扱うに際しては私にない、ということなのかも知れない。

この但し書は必要で、これによって、ポピュラー・ソングの変化の方向についての議論の、つかまえどころのない、困難な性格が明らかになる。そこで私は、話をなんらかの変化が明瞭で、より主観的な反応の効果を十分差し引くことができるような、二、三の特徴に限定しよう。一〇〇年前から今日に至るまでの都会のポピュラー・ソングの形式とか、様式化の程度が高いこと、単純な感情に訴える型、語の制限された使用、スタンザの未熟さといった公式の特徴を検討しようというわけではない。また、四〇―五〇年前のすべての歌は語句でも形式でも力強くて健康的だということをほのめかしているのでもなければ、たくさんの弱い歌のなかから最上の歌をわれわれは覚えているのだということを忘れているのでもない。

私は前に、悪い歌も変わる、個人がこっそり「頭の中で」歌うとか、聴衆と触れ合う、公開の場の歌い手によって、非常に陳腐な文句につつましい感情が融け合うこともあることを指摘しておいた。これは「金めっきの籠の鳥」のような、いくつかの現代の歌についていえる。そして、非常に異ったやり方ではあるが、五〇年前のスターのそれと同じように面白くて、見事な歌いっぷりの、現代のポピュラー歌手もいることはいる。しかし公衆の前での歌い方の発展は確かにあり、それは現代社会の集中化傾向と特殊に関係があるように思える。

激励の歌の旋律は古いものだが、見事な面をもっている。この種の歌の背後には、人生は辛いにきまってる、だががっかりしちゃいけない(「がっかりしたかって、いいやとんでもない」)といった考えがある。人は他のすべての人と同じく終りまで行きつかねばならない。「われわれは皆一緒なのだ」、この種の歌は今日もなお作られており、いくつかは明るく、受けがよい。しかしその調子は、それにともなう激励や仲間意識が自画自賛になっていることをしばしば示唆する。それはこう変えられつつある。「あなたが楽しければ、それでいいじゃないか」あるいは「馬鹿馬鹿しいが楽しいね」「イトマ」に出てくるモナ・ロットという俳優がいたが、そのサワリ文句は、「愉快で愉快で仕様がない、ぼくはひとりで歩き出す」というのだが、それが墓場からくるような重苦しい声で歌われるのだ。こうした歌のうたい方の一般的性格から推測すれば、たとえば「何事もなくぼくは愉快になる」といったサワリの歌詞は軽がるとした自己満足の調子で歌われるにきまっている。自分自身や、自分の生活の外的条件に対する本当の不満は、時代遅れであるばかりでなく、多少とも破壊的でいけないとみなされる。ちょうど、人がシーズンの盛りにキャンプに出かけ、カフカをポケットにしのばせて、しかめ面をしながら、時にはうつろな笑いを浮べて歩いているようなもの。

歌いっぷりについて論じている時に、書いて説明するのはほとんど役立たないが、私のいう変化の性質は次のような歌の人前での歌い方を比較することでおわかりいただけよう。

疲れはて、ものうくとも
とにかく続けようじゃないか(12)

このような歌——われわれは皆楽しくなれるのだから、がまんするものなど本当に何もないといった見せかけのない、古い、忍耐強い、ものごとをがまんするといったところを何程かいまだにもっている——の普通の公衆の前での歌いっぷり、と、困難に際してただ「夢みる」、か「願う」ことを勧める最近の歌のいくつかの歌いっぷりの、おきまりのひどくなっていく貧しさとを。[13]

この「隣り近所の親密さ」と「陽気さ」とのつながりを搾取するもっと悪い例は、コマーシャル・バンドのやる、気の抜けた魂のない「おれたちゃマンガじゃないのかい」といった調子で行なわれる。そうしたバンドは「どうしてみんなおれのことを大頭とよぶのか」といった歌で、無理に楽しそうな恰好をつくってゆくのだ。最後の「〝大頭〟」といった言葉は重く、単調なビートで演奏される。マリー・ロイドとその同時代人は労働者階級の人びとのために、自分自身を、自分の珍妙さと失敗とを笑いながらうたった。新式のものでは、メロディーはいつもドラムによる人寄せのため、その力を切分されてしまう。その人寄せは唯個性と選択からの逃避としての集団アピールにますます頼るということを示している。個性的な面白い性格や積極的な仲間意識はともに消えている。「なにをくよくよするんだい」ということも、状況を前にしてのストイックといってもよいほどの陽気さにもなりうるし、(仲間と一緒にいるかぎり)派手にさわいでいさえすりゃ、悩むことなんてなにもありゃしないといった逃げ口上にもなる。すべては抑揚による。こうした歌の陽気な「切り札」は、新聞の「正直者ジョー」と同じように、いまではしばしば仮面にしがみついている内味のない小っぽけな男でしかありようがなくなっている。

「どんな古アイロンでも」「おじいちゃんが「荷車をひっぱれ」と言う」のような歌に伴うムードとリズムの出し具合にもうあまりお目にかからない。また、二〇―三〇年前の次のような歌に共通な、恋愛に対する、おだやかな皮肉をこめた態度にしてもそうである。「どうして彼女はバンド・リーダーにほれたの」「彼女お熱いんじゃない」「そこが今じゃ私の泣き所」「君に愛だけを」[14]これらの歌では、言葉（「おまえ、ウールワースはダイヤの腕輪を売らないよ」というような）と、嘆きのオーバーな表現が、一種の自嘲に連っている。この種の歌は今でも作られるし、最近でも二、三すてきなのがある。たとえば、ガール・フレンドなんかいらない、バイタリティにあふれた家庭のぼろくずで作られた従順な人形のほうがいいんだといった、「ダミーの歌」。「足のはずれたテーブル」など似たような気分は、二、三のもっと生粋の労働者階級むけラジオ・バラエティのプログラムに、まだ強く残っている。しかし私の印象では、今やすぐれた模範は普通アメリカからくる。その一つが「やつらはおれをジブラルタルの岩と呼ぶ」で、普通大変「パンチ」がきいた歌い方をされている。からかいと曝露の歌は、一つの階級に属しているということと、しかも、一定の限界内ではあれ、その階級の生活を笑うことができるということの両方から、バイタリティを引き出している。そういう結合は、製作と表現の現代の条件下では簡単にできにくくなっている。

いま述べた歌い方のスタイルの場合、集団へ属している意識がもう圧倒的に強かった。もっと個性的なスタイルの公演の場合にも、似たような変化が見られるように思う。変化とは、私が最初の方で「詠嘆教風」または「修正・詠嘆教風」型と呼んだものから、極度に「内面的な」型への移行である。これは、今日の、いく人かの成功している感傷的に歌う男性流行歌手の閉所恐怖症的な個性的マナーのことである。そして最も直接的かつはなはだしく、むき出しにしているのが、深夜放送でバンド付きで歌う女性流行歌手のである。これは当然にも「詠嘆教風」型と大いに関係があるが、多くの他の現代娯楽同様、同じであって同じでないのであり、同じではあるが「まんなかがちょっとやわらかい」のだ。古い通念では歌うことは、個人的なことであると同時に公的ないし共同的なことであった。個人の感情は全身全霊をもって受けとめられるばかりか、すべての人に共通のものと感じられていた。最近のマナーでは、巨大な、いわば公的な効果を出すようにしており、音響装置の使用は、大きな演芸館でえられるよりも印象的な効果を出す。それに、巨大なスクリーンの上での大写しのような接近感も強いられる。歌手は何百万人に聞かせているのだが、「あなた」だけに聞かせているといった風に思わせる。これは、「詠嘆教風」型で個人の感情を共同で感じたのからすれば、一つの堕落である。自称個人は実物よりはるかに大きくなり、集団のなかの一部だという感じを失ってしまう。これはポピュラーな新聞における「個人化」の増大と軌を一にするのかも知れないと思う。

根本的な態度には目立った変化は何もない。「態度に対する態度」ともいうべきものに違いがあるように思われる。古いアピール――単純な人、友情、楽しさ、家、愛、等々に対する――はいまだに見られるが、今や増大する自意識の枠の中でしつらえられている。このように修正されるとそれは、歌いっぷりのように「まんなかがちょっとやわらかく」なる。自分自身に対してロマンチックな感傷を抱くようになるのだ。それ故私の関心は、大前提それ自体よりも、むしろ大前提が今どう感じられているかにある。繰返すが、人は、このことを歌を聞くだけで十分に知りうる、というのも多くの歌は抑揚・強調・繰返しに頼っているからである。だが、ここでは、歌のスタイルについて論じた時よりも、より特殊な言及ができよう。

普通の人間の徳を、他人より「真面目」で利口で正直だなどと強調することは、他のどこでもそうであるように、ここでも俗物根性の枠の中に入っている。ジョージ・オーウェルの言葉をあてると、人は皆ひとしくよいのだが、ふつうの民衆は他のだれよりもよいというわけである。本当に大事なことは、とほのめかされる、友好的で、「われわれの一人」という気持をもつことである。この隣人のよしみといったものが、曖昧で弱い共同体主義に流れこむ。しかもその共同体主義たるや、すべての者をして弱いことを誇らせるといった一般的な合意からのみ引き出されるのである。ここでの「友情」とは、他の豆とそう変らないことを誇る豆、小舎の「すばらしい」居心地を語る雌鳥のそれのようなものである。そこで人は「お隣さん、いらっしゃい」とか「よき隣人をもつことは大切なことじゃありませんか」（古い言葉が貴重な含みをもっているので、いまだに使われるに違いない）を歌いませんかとさそわれるのだ。だから、家はかつてより重要になり、居心地がよいが、平手打ちも返される避難所になっている。そのドアには、よい人間ならどんなタイプでも明るく「ようこそ」と迎える、大きなマットがかかっている、気のきいたセールスマンなら疑いなく、すぐにも「仲間だけ」とか「若者よ、お入り」と書いた靴ふきを作るだろう。というのも、友達であることは、このタイプの百もの歌で祝福されているように家に入る唯一の条件だからである。

態度連鎖の継起のなかでの、次の論理的段階は、平凡であれということだ。「つき合いよく」。陽気にやれ。が、あんまり活力のないやり方——、人生の冷い水が浸入してくる時に逃亡をはかる態度の準備である。その時は、人が、行先の正しい団体キップをもっているのに、どういうわけか自分だけ「脱出」できなかったことがわかるという窮地に立ち、自分がなれるはずのものより人間としてはちっぽけなものになり、今度は不安という意味で小さくなっている時でもある。それは、時にはこのようなことを感じるわれわれすべてにとって、不可欠かつ有効であろう。しかし作詞家に聞かれたら、この感じは永続きしないだろうし、実際その特徴は全く失われるかも知れない。鎮痛剤は、二つの関連した形で準備されている。第一に、時には全く無為であるかのように見えるにもかかわらず、少くとも自分の意志で動いているものと思いこみ、夢想し、そうし続けることができる。(「あなたは自由じゃないですか」)。第二に、時に違和感をもち始めたら、愛は征服し、ゆるし、すべてを償うということを思い出して、それを押えることができようというやつ。

人は、外の世界についてなんか気に病むことなんかあるのかなと疑う。あれこれの信仰への誘いにも「用心深い」だろう。時に世間についていけないと思うかも知れない。しかし常に、暖い隠れ場としての、悩みの除去者としての愛がある、蜜のように甘く、愛想のよいメロディーにのって生れてくる愛がある。「非常に居心地がよい」と人はよくいったものだ。今では「小さな巣」が歌われ、その抑揚には、自己憐憫に溺れている巨大な感情の底流があらわれている。

さらに、現在以外には、そして地方的なもの以外には全く価値がないとすれば、また「宗教は時代遅れ」ならば、生活観が本質的に個人的な者にとって、愛は多分ギャップを埋めるために水増しされることになるし、宗教（古い歌にあるような）と結びつくだけでなく、宗教の代用品ともなっているのかも知れない。愛がすべての目的だとすれば、愛し合うようになったら、リフトで上り続けているような、夜明けが永久に続くような、大きな弦が世界に向って何らかの肯定的なジェスチュアを響かせているような、そういうぼんやりとした感じしか起ってこないだろう。それは、ロマンチックな映画のクラシックな結末にいたる大写しの場面での「いと高きものよ」の大合唱、ヒーローやヒロインからの「永遠に君を愛す」のせりふのようなものである。「永遠に」とは、時も悩みも憂うつも忘れさせる愛のことである。愛のための愛、輝く鳥籠の中の一つがいの「せきせいインコ」のそれのようなものである。このタイプの歌のより一般的な隠喩の一つが「愛し合う小鳥たち」のそれだということは偶然ではない。愛は永遠で、人生の普通の事柄よりも長続きするだけでなく、他ならぬ星のように永遠のものである。そこから、人間の愛を讃えるのに擬似宗教的な言葉を使うことが容易になる。

愛の詩についての、この種の主張が古くからあること、たとえばエリザベス朝の十四行詩人もこれと他の関連した思いつきをとりあげていたことは本当である。しかし、これを思い出しても実際たいした助けにはならない。われわれは、比較のポイントをはっきりさせ、その展開過程をより綿密に検討して妥当性のあるものにしていかなければなるまい。

われわれはすでに、労働者階級の歌にあっては、家庭の愛と友情から、違和感をもたずに、神の愛と天国へ移ることがいかにたやすいかということを見てきた。そこでこの飛躍の基礎は準備されたというわけである。しかし飛躍だということも認識しなければならない。隣人愛から天にまします我らの父へ、それに伴う価値が、愛すべき家庭のそれと同じように感じられそれ故一方から他方への移行に何の不調和も感じられないのである。移行したポイントは、愛が宗教にとって代った、すなわち特殊には、愛の「私たち二人だけ」とか「われわれのうちちょうど二人が」といった観念に、あらゆる宗教的感情の飾りが与えられるといった考えであってそれ以外の何ものでもない。そこで、無限の高さと広さを思わせる巨大な後景を背にあらゆる神々しい聖歌がただちに流れ出す。メロディーは沢山の楽器でなんとなくヘンデル風に、鐘が後景に響きわたり、ソロの声が聞きやすいスタイルで一条の明るい光線のように流れてくる。宗教的形式で歌われる愛の歌には、二種の主なスタイルがあるらしい。天使、しかもあくまでも女性の心を思わせる、婦人向きの「けだかく神々しい」か「万物の恋人」といったものと、男性向きの「のどの奥から出てくる声」[15]とも呼ばるべき、神聖ともいってよい程の感動に引きしまった、強い、ほとんど身も心もはち切れんばかりの男を思わせる、のどの奥底からの特に重厚な歌い方とがそれだ。

まえの戦争以来、ひと目で明らかに宗教的な歌とわかるようなもののリバイバルが続いている。しかし前節で述べたように、宗教が愛情問題にとって代られたという極端な見解を引っこめるという意味ではない。それはむしろ、先述の傾向の拡大を意味する。その表現の全体的な形式において、神がすべての愛の最大のパートナーとしてふたたび登場したということは明白である。こうした歌は、そこで、宗教について歌うことが家庭と隣人にどれ位価値を見出しているかを示したような、かつての歌より、その精神においてはるかに先んじている。それは、仮装した愛の歌、神との親密な「一緒の巣にいる」ような、あるいは「愛し合う小鳥」のような関係といった仮装からの、特別の「精神の高揚」を味わえる愛の歌である。

もしこうしたことすべてが、労働者階級にとっても、その他にとっても、今日生き生きと生活し反応する様式への細かな道案内だとすれば、事態は深刻になっていると言わなければなるまい。さきの傾向は、遺憾だが疑いもなく、増々その効果を示している。しかし人びとは、歌ったり聞いたりしなくてもよいのであり、多くはそうしている。そしてそうする人びとはしばしば、歌を実際よりよく見せたりする。ポピュラー・ソングの状況は、もっと発達した近代出版物のそれを明るみに出すのに役立つ。それは、出版物が歌よりも多くの人びとを、しかもより一貫して把えるにもかかわらず、人びとはしばしば自分流に読んでいるということをはっきり想起させる。それゆえ、そこでも、人びとが影響を受けるのは、かれらの接触する量から予想されるよりは少いのである。

D これらの結果

より広く読まれている出版物、大衆的な日刊紙、日曜新聞、安雑誌のありうべき効果はどの位あると要約すればよいのか。この種の読み物の、いつもかわらない、そして大いに不安定な「献立」から、広くしみとおっていく結果といったものを引き出せるだろうか。まず最初に「切りはなし効果」、関連をバラバラにしてしまう効果があるだろう。そうした読みものはほとんど全くセンセーショナルなものか、そうでなければ空想を製造するものにきまっているが、しかもしばしばセンセーショナルといってもさまつな詰らないことでそうあるのでしかない。がどちらにもせよ、そうしたものを読んでいると真面目な責任とか、かかわりとかいった意識は全く切りおとされてしまう。以上論じて来た発展傾向からみると、センセーションと空想はますます強まっているようだが、うすっぺらな、ねじまがった形で増えてきている。むかしの街頭でよび売りされた処刑の木版刷りや、そこまで遡らなくとも十九世紀の『警察ニュース』と比較してみるがいい。新しい読物はずっとスマートになっており、ショッキングさもより間接的にはなっている。にもかかわらず根底では同じアピールに結びついているのだ。センセーショナリズムはホワイト・カラーを身にまとい、説得的で物腰柔かな社会的「ご職業」の雰囲気にみちている。すべてが「頭にいってしまい」、腹からの笑いもなければ、同じ人間としてのあわれみの感情もない。われわれの「セックスでびしょぬれになった新聞」についての金切り声が繰返しあげられる。しかしかれらは、こうした新聞の生命力を実態以上に過大評価しているのだ。「びしょぬれ」という言葉は、なんらかの重み、なんらかの肉体をもっていることを意味する。しかしこうした新聞は、なんであれもともと「ぬれる」ような肉体はもっていない。あらゆることが本物ではなく身代わりになってしまう。これはふくれあがったねり粉菓子のような文学であり、皮の下にはなにもなく、休むひまなく空っぽのケバケバしさをひねり出しているだけなのだ。なんでもストレートには言われない。天気でもそうなのだ。「今日は雨」というかわりに「あんたは今日傘が入るぜ、兄弟」と書かれるのだ。しばしばセンセーショナリズムも、ムキ出しにはあらわれない。前にあげた一つの見出し（多くのものの典型）、「なん千もの男が一人の女をめぐって闘争する」が、実のところたんに蜜蜂がむらがっていることの記述だったりするのだ。このたぐいが「執事が見たこと」の内味、「これをもってご挨拶にかえます」（新聞の死亡広告）なのだ。内味はなにもないが、売りこみの口上だけは素晴しい。

われわれの驚きの感覚は、途方もなく大きな、センセーショナルなものごとによってひ

きおこされるのではない——すりきれて鈍った感受性が驚きの経験の「代用品」として
それを必要とすることはあるにしても。[16]

最近のピン・アップの一グループをとって調べてみよう。それはまず大変思わせぶりに見えるし、いくつかの点で実際そうである。それでも不思議なことに代用品であり、セックスはそういう代用品で機械化されている。少くとも変った種類のセックスがなくても、すべてがうまくいっているのに。それは型にはまった、殺菌された世界なので、本当の肉体の美しさは失われてしまう。だが、独特の「セクシーなもの」という点では実在しない、かけはなれた完成品である。あらゆるものが視覚の上での暗示としては限界まで裸にされている——。[17]じゃこうのような体臭、わざとらしくなく乱れた髪、肌の色と釣合わない生地、腕や脚の毛、上口唇やきれいに包まれた生き物に光る汗の玉を、こうしたきれいな包装紙にくるまれた生き物から想像できるだろうか。これをドガの踊り子と並べてみれば、非現実性がはっきりする。そういうものは若者の間に性的不道徳をはびこらせるだろうか。私は、これと異性間の行為とが大いに関係があるとはとても思えない。マスターベーションを起させるかも知れない。象徴的なやり方でその種の暗い密閉された性的反応を促進することはあるかも知れない。

同じ代用品としての特徴は、ポピュラーな新聞が大変自慢している「歯に衣きせずにはっきりものをいうこと」にもしばしば見られる。その大半は一種の、アーク灯の下でのひとり稽古、スタイルだけの軽い打撃練習、人に危害を加えない筋肉の運動である。時々本物の攻撃があるが、普通は小さくて、自分にとって安全なものに対してである。しばしば敵は架空の人物か「旧慣墨守の人びと」のような偽のパイプ落しの人形である。また攻撃が実在の人物――偽善的でない「小さな男」を暗黙に持ち上げるため、大主教のような――に加えられるとしても、普通は恰好だけであって、二、三の安全な、攻撃のふりとなる。二、三の例外はあっても、一般的にいってこういう新聞はいうところの「ショッキングな」曝露でショックを与えもしなければ、「直撃」で傷つけもしないのである。

単純化と「断片化」への反対も何か似たような基盤の上にある。今やわれわれは読み書きができるのに、誰も、たとえばT・S・エリオットを読まないなどという口に出せない嘆きに基いているのではない。もっと厳密で明確な反対もできるかも知れない。結局最近五〇年間に、読み方の一般的水準が、その質において向上してきたのはたしかであろう。向上を保障しようと大変な努力がなされたのである。そしてある動向は、そういう向上があったことをまさに示唆している。しかしわれわれが公平な眼で、単純化された、断片的な出版物が同じ期間にたくわえてきた勢力の拡大と、半世紀前の出版物より少しでもよくなるのに失敗したことを見る時、読み方の質がとにかく一般的に向上したと主張しうるかどうか非常に疑しくなってくる。むしろ、大多数の人びとはその読み物において甚しく低いレベルに押えられてきたかのように見える。今日まで大量出版物は、ほとんどどの読者が求めるよりもまずい「食物」を与えている。だがそれは、大量出版物としては当然なことなのである。利益は少くても回転の速いことを望む店は、たとえばシャツを他の店より安く作って、巨大なおとくいを獲得する。だがスタイルの数は最も流行のものに限る。そのスタイルを好むのなら、われわれはその店で、他のどの点がどうだろうと気にせずシャツを買った方がよい。通俗的な大新聞も最もポピュラーなアピールと態度に限定しなければならないが、このはるかに非実体的なものにあっては、シャツを買った時のような（いい買物をしたという）満足感はない。われわれは皆わがままになる。ここでは規範を発見して把握することが難しいから、必ずしもわがままとは思っていないのだが。

こうしていろいろな速さで読める人は少ししかいない。最高の速さで読めるように、素材が適量以上に与えられることがあるが、この速さは、大方の読むに値するものについては役立たない。同様に、たとえばポピュラーなフィクションにおける人物描写の、露骨な強調は、読者をして、どんな巧妙な人物分析でも含んでしまう、輪郭の明らかな不確実さ、ニュアンス、大胆かつ簡潔な筆致の不足といった制限を大目に見ようという気を起させない。そういっても、べつにヘンリー・ジェームスの『外交官』の中のストレザーのような状況を描かないといって嘆いているわけではない。「普通である」ことは複雑なことなのだ。単純な人間なんてものは全然いやしない。制限の従属節のほとんどない、息切れしやすい文。平板で名詞への単なる飾りとしての性質形容詞、どんなものであれ生地または深さの感覚の欠如、人物を描写するのにこのような書き方をするのは、燃えさしのマッチの軸で家を建てるようなものである。

あいにく、近代のポピュラーな出版物から生きた例を引くことができないが、そういう例は容易に見つかるだろう。普通は旧式の雑誌の多くのストーリーよりも、ある点でうまく書けているし、生気ないし、青二才ぽい生気もよけいにあるということがわかろう。反対のいくつかは旧式の出版物のストーリーにもあてはまるはずである。しかし新しい書き方にはしばしば、安っぽい、ガムをかんでいるような、生意気な、口達者なところと、二〇世紀半ばの通俗的な書き方だとすぐにわかるような、なめらかさが見られる。私にとって最も気にくわない点は、今述べたような外観を見せ、これでどこでも有効さとうそぶく、その厚かましい程の自信である。大ざっぱにいって、次のような書きっぷりである。

「コージー・ホリデー・キャンプ」にロングトン工場から来たのはわたしたち二人だけだった。マーベル・アークライトを別にすると。だがわたしたちは普通彼女を勘定に入れていない。貧相で年寄った、しみだらけの顔はさておくとして、彼女には利口ぶったところがあり、いつも何かの本に向って、狂人のように見つめていた。

とにかくジューンと私は、その場を見回した時、すばらしい時を過すことになったと思った。……三つのダンスホール、二つの日光浴する場所、沢山のミルク・バー――まさに仕事にピッタリだ。

それにすごく眼の保養になる人がずらりといること。それにこの筋肉隆々としたスゴイ男。マーロン・ブランドとハンフリー・ボガートを一緒にしたような。

だからわたしたちは実に楽しく時を過した――このドロシー・テンプルが来るまでは。あの女は赤黄色の髪の毛を〝とび色〟といったり、あまったるい「私を可愛い奥さんにしてちょうだい」といった恰好をする女だった。それで、わたしたちは、とことんまでやり合わなきゃならなくなるなとわかったのさ……あいつの顔は赤かったかしら。それはあの女をシャンとさせていた。わたしたちが最後に彼女をみたとき、彼女はマーベルと一緒に本をもって、散歩に出ようとしているところだった。ごめんなさい。オー、マーロン・ブランド、ハンフリー・ボガート氏はどうなったかですって、ちょっとまってちょうだい……。

続く『イースト・リン』からの引用は、このモダンな書き方の大半よりある点で生き生きとしていない。あまりにも安易に一種の修辞にもたれかかっているからである。しかし私のどうしてもしてみたい特別な比較は、もののしく聞えるのを恐れずにいえば、道徳的な調子とでもいう他ないもの、行間にひそむ、生活と人間関係への接近法の違いなのである。

涙がヘア夫人のほおをぬらした。それは吹雪のあとの明るい朝、空は青く、日が輝く明るい朝だった。だが雪は厚く地面をおおっていた。ヘア夫人は椅子に腰かけて、この明るさを楽しみ、カーライル氏は彼女の側に立っていた。涙は喜びも悲しみも一緒だった。とうとうバーバラとお別れしなければならないことを聞いた悲しさと、カーライル氏のように彼女に全くふさわしい人のところに行こうとしていることの喜びと。「アーチボルド、彼女はここで幸せな家庭生活を送っていたのよ。あなたはここと同じ位幸せな家庭をつくってくださるわね」「私にできる限り」「あなたはずっと彼女にやさしくしたり、かわいがったりなさるでしょうね」「心から、力いっぱいにいたします。ヘア夫人、あなたは私という人間をよくご存知のことと思いますが」「あなたを疑うですって、とんでもない。信じていますわ、絶対に、アーチボルド、世界中がバーバラの足元にひざまずいても、彼女があなたを選ぶようにと祈っていたでしょうよ」(18)

大作家が明らかに簡潔な人物描写に与える生地の豊かさの証拠としては、ここに、彼女の気に入らなかったタイプの一つだが、ジョージ・エリオットの、村の国教会牧師の描写がある。

他方私は、教区牧師の思い出には愛着があるから、いっておかなければならない。彼は、何人かの慈善家もずっとそうだったが、人を恨みはしなかった。彼は不寛容ではなかった。何人かの熱烈な神学者は必ずしもそうではないという話もあるが。おそらく何か大義のために焼き殺されるといったことはつつしんで辞退したであろうし、全財産を貧しい人に与えるところまではいかなかったにもせよ、有徳の人にもときおり欠けている慈愛の心をもっていた――他人の失敗にやさしくし、罪を帰せようとはしなかった。彼は、最もありふれている人間というわけではなかったが、次のようにすれば、その一番よいところがわかる、そんな人たちの一人であった。市場から出てくるあとをおって、家に一緒に入り、炉辺で若者や老人に話しかけるのを聞き、親切に感謝するでもなく、当然のように思っている。日々の仲間の、日々の窮乏に対する思いやりに溢れた世話ぶりを見ればわかるような人だった。(19)

われわれは新しい題材の中に、何事も現実には起らない世界に到達することで、機械的に与えられた、ぼんやりした半分だけの反応を読みとるのだ。「無意味でこせこせした」ものへの好奇心に訴えれば訴えるだけ、人生の生地への感覚は薄れていく。読者にとって、このことこそ多分最悪の影響であろう。人びとがこのことを積極的に、能動的に歓迎するわけがない。かれらがとりくみ、積極的に反応するものは何もないのである。読者は何も要求されないから、何も与えようがないということである。われわれは、何ものもショックを与えたり、驚かせたり、いらだたせたり、挑戦したりせず、喜びも与えなければ、悲しさをつのらせもしないような、青白い薄明りの感情の中にある。立派でもみじめでもなく、かん詰にした気の抜けた談話が、絶えず少しずつしたたるようなものでしかない。それは、極度の空腹という苦痛はさけても、満腹の満足はさせないのである。

すでに示したように、これは大多数の人びとにとってほとんど全く安心できない「食事」である。人びとは実際他の読み物を見ていないのだから。大量出版する方は、お客は他の読み物を望んでいないものと確信しようとしているに違いないし、絶えずその確信を強めようとしているに違いない。さもなくば、その巨大な組織は崩壊の危機に瀕しているだろう。通俗的な読み物は今や高度に集中化されており、今日ほとんど誰もが、ほとんど同時に同じものを与えられるのである。通俗的な読み物におけるこのことの代償として、一群の、想像力という点で偏狭でびっこの出版物が、無視できない画一性を押しつけることができるのである。こういう出版物は、消極的な受容のレベルで読者をつかむことを狙っているに違いない。そのレベルでは、読者は実際質問などせず、与えられたものを喜んで受け取り、とりかえようとも思わないのである。読者の考えに意味ある動揺を与えるなどということは全くなく、あるのは軽いくすぐりだけである。ポピュラーな新聞は、その自称「進歩性」や「自主独立」にもかかわらず、今日の公的生活における最大の保守的な力の一つである。その本質からして、保守主義と画一性を推進することが要請されているわけだ。

こうしたことが今日まで人びとの生活の質に目立つ害を及ぼさなかったのは、家庭の生活と外の生活、「本物の」生活と娯楽の生活とを区別して、その仕切の中で気楽に暮すという能力――このエッセイで最もよく出てくるルフランの一つだが――による。労働者階級の人びとは伝統的に、あるいは少くとも数世代にわたって芸術を逃避、楽しみはするが、日常生活の事柄と大いに関係があるとは考えられないものと見なしてきた。芸術は端っこのもの、「たわむれ」であり、「それは心を休ませてくれる」「自分を忘れさせてくれる」「一つの休みで、ちょっとした気分転換」（傍点筆者）といったものである。それを楽しむ時、かれらはとりこになっているかも知れないし、一体化しているかも知れない。だが本心はというと、それが「本物」でないことを知っている。「本物の」生活は別のところで進行しているわけである。芸術は「自分を忘れさせてくれる」かも知れないが、このいい方は、その内実として、ここではいわれない「本物の」自分があることを示している。

芸術は利用すべきものなのである。こうして、冒頭の頁を見て沢山の会話のあるよい書き出しになっているのを確め、最後の頁を見てハッピー・エンドになっているのを確めることによって短篇のよしあしを調べるという、婦人に共通の習慣も出てくるわけである。彼女たちは読んでも不安になったり、疑問が湧いてくるなどということはしたくない。

この説明だけでもハッピー・エンドがいかに一つの甘やかしかがよくわかる。労働者階級の人びとにとって、前に述べたように、ハッピー・エンドはしばしば彼らの周囲の家庭や家族といったたぐいの生活にあるものだ。だが、そこでも物事が「やっと終り」、暗雲が消えてしまった時にである。かれらは生活が実際そうではないことを知っているし、いつか遠い将来にそうなることも期待していない。しかしそのような生活は「思うだけでも楽しい」という。この態度こそ、時に一種のヴィジョン、他の世界を垣間見ることに近づくように私には思えるのである。

それゆえ一般に労働者階級の人びとは、たとえば短篇とか映画から無批判にクリスチャン・ネームをとるといったように、読み物によって実際以上に深く影響されるものと考えられている。その名前が異国風でなければ定着するだろうというのは正しい。そこでは短篇自身の力よりも、むしろ一体感の力が、その短篇がたちまちのうちに大人気を博するのを助けるのかも知れない。トッテナムの戸籍係が、かつては女の子五人のうち一人が「ドリーン」という名だったと報告している。しかし大がいの労働者階級の婦人は、雑誌でストーリーを片っ端から読んでいても、それにかぶれて自分の子供に「ドーン」とか「エイプリル」とかつける、奇妙な隣人を笑うであろう。笑うわけはたいがい、その人がストーリーを実生活にもちこみ、それがちょっとこっけいか、いく分おめでたくさえあるからだ。この一般的な態度は、「寛大さ」とも相まって、労働者階級の人びとが出版物のいま述べてきたような極端な展開傾向に対しても反対したがらないわけをも説明しやすくしてくれる。白髪の母親が、目を見張らせるような、視覚に訴える週刊雑誌の一つをパラパラめくっているのはどこでも見られる、奇妙な光景である。しかし、もちろん彼女は興味ある部分だけしか見てはいない。ピンナップについては、まあ、「大目に見る」のであり、「気にしない——知っての通り若い男の子のためのものだから」というわけである。同様に人びとは、広告業者のより上達した手口にもほとんどひっかからない。

こうしたすべてでは、悪影響を有効に防いでいるかも知れないと同時に、特に今日では危険なものにもなりうる。新しい状況の下では、芸術は一時的な逃避ないし「たわむれ」だけでなく、労働者階級の人びとの感じでは、実際は営利本位の仕事、金のもうかる仕事でもある。もはや、一人の作家がお金のためでなく、全く打算的でない理由で仕事するということは考えられなくなっている。「良書は巨匠の高貴な生命の血」とミルトンはいった。すぐれた現代作家の作品が大かたの大人たちの目にとまると、かれらは、彼の人生へのアプローチを理解するのが困難だとわかるばかりか、直ちにかつ確信をもって、彼も他の人同様、但し何だかよくわからない不思議で面白くないやり方で、「金もうけに熱中して」「まさしくお金のために書いている」と思うに違いない。

多くの才能ある、営利を目的とした作家は、たいがいの人びとは、ひどく不正確なもの、あてにしたもの、初歩的なもの、ハイカラなものにだけ反応しうるといった、読み物のレベルにとどまっているものと確信している。かれらはまたほとんどすべての芸術同様読み物に対しても、陽気なシニシズムをもっている。人びとは最も通俗的な作品しか読んでいない。作品とはそんなものだと思っているとすればほかにどう仕様があるだろうか。何故かれらは読み物に働きかけようとしないのか。一家中がモダンな週刊誌・紙の一つを読んでいる。(そしておそらく「冗談のつもりでとっているだけだ」と主張するだろう)父親は旧式の家庭雑誌、母親は婦人雑誌の古いのと、新しくて体裁のよいもの、娘はさらにもう一つの体裁のよい雑誌をとり、息子は、毎日ポピュラーな新聞を、毎週ギャングものペーパー・バックを、一家中が読む二、三の日曜紙を見る。この証拠だけでも状況は恐るべきものに見える。センセーション、断片化、過度の単純化、非実在、D・H・ロレンスのことばでいい換えれば「決して本当のことないし善いことは読まない」。驚いたことに、多くの家庭生活はそのまま営まれ、襲いくるキャンデー・文学の雨が間断なく降りそそいでいても、これまでのところリズムや価値を少しも乱されないでいる。

それでも、私がすでに強調した世界を二つに分けてみることを増大させる効果はある。人びとは「つかまえられている」のを知っているが、たいがいの説得を「やつら」の世界へ移管することで、自分たちへの影響を制限している。かれらはいう、「おおやつらはいまじゃなんだって新聞においとく〔なんだって言う〕んだから」とか、「やはりそいつは本にすぎない」と。「かれら」は新聞をなん百万となく買う。だから編集者は選挙の時に、人びとを社の思うように投票させようと努力する。お客の方は、政治のことなど全然書かない新聞をとっているのでもなければ、そうした説得をみることはみているのだが、それとはほとんど無関係に投票し、それでいて別に悪意をもつこともなく、相かわらず買いつづける。新聞で読んだことの大部分はまやかし（phoney）で、「やつらのほしいのはおまえの金かおまえの一票だ」と思っているのである。かれらは新聞を、読み易いし、かれらの注意を向けようと思うことを書いてあってそれはそれなりに面白いと思う。新聞社は「おれたちのことを気づかってくれているわけじゃなく、自分たちの儲けしか頭にない」ことも知っている。「まあ、しっかりやってちょうだいよ」。読者は好きなだけ面白いことをそこからひき出せば、それでいいんだ、と。

最後に、本章と前章の主旨をまとめておこう。相互におたがいを照し出すようになっているから。最も一般的なアピールでやわらかくしていく過程は進行し、拡大している。すなわち、新しいやり方はありとあらゆる「民主的な」声色をとりこみ、なにがなんでも陽気に、スラッと仕上げようと全努力を傾けている。主な大前提は思い上った平等主義、自由、寛容、進歩、快楽主義、青春礼讃である。自由とは商売を最大限拡大するものを与える許可状とひとしくされる。寛容とは、基準がないことと同じにされ、ありふれてあいまいな、実際役にも立たない、ほとんど全くの呪文になってしまう。いかなる価値のどういう弁護も権威主義と偽善の一例にされてしまう。

実例は、どの通俗的な日刊紙にも見られる。この作り話の記事は、そうした記事の一般的な本質と精神に全く忠実である。

まいった、まいった

さあ続けようぜ、

今度は誰の番だ、

六〇歳の独身のポンティホロス大主教だ。（ゲートルをつけた大主教を横からとった写真があるが、突然とられたもので、ちょうど小役人風の主教をコメディアンが演じているみたいである）

彼は先日キリスト教婦人同盟（平均六二歳）に「余暇をどう過すか」について説教し

ていた。

なるほど……なるほど……

一日のきつい仕事を終えたあとでのTVのスポットが好きですか。

……大主教の教えを聞かなきゃいけませんよ。……

……彼はいった。「あまりにも多くの人が今日受動的に休養をとっている。これはよいことではありません。」

毎週プールで水浴びするのが好きですか。

……気の毒に。あんたは大主教の教えにしたがわないようですね。

……彼はいった。「われわれは、国民生活のいろいろな組織に認めているような自由についてもっと考えねばならないのかも知れない。」

おや、どうやら喧嘩を売るような話になった。

一九五六年のキリスト教の一指導者が民主主義のイロハを忘れるなんて誰が考えただろう。

われわれは少々おめでたいのかも知れないが、キリスト教の指導者達は「寛容」の徳をふきこむものといつも思っていた。

多分われわれはそれを誤解していたのだ。というのも、キリスト教の指導者たちは「自由」と「平等」の味方だとも考えていたのだから。

しかし多分こういう考えは大主教とその仲間にだけ適用されるのだろう。

とにかく、大変年寄りで心配症のキリスト教婦人同盟の誰かが起ち上って、彼にこのことを思い出させてくれないもんかねえ。

……そして誰かが、キリスト教指導者達のために、「反動」と「ペテン」と「偽善」と「気どり」の危険について一言二言ささやいてくれりゃいいんだが。

……そして他の誰かが、大主教はもう少し「普通の人びと」に会い、かれらの「良識」をもっと理解するのも悪くないと提言してくれればね。

もしそうしなかったら——

まいった、まいった

われわれはみんなが、毎日毎日もっともっと、つまるところ、「ふつうの人」などという人間は存在しないことを自覚する必要がある。そうでないと、われわれを誤り導く連中にとって主たる価値のある仮空の人物に、自分の負うべき民主主義的義務を同一化し、結局個人で決定すべきことを横すべりさせてしまうことになるからだ。われわれはポピュラーな出版物の性質について基本的な事実[20]をしっかりと把握しておけばよい。すなわち、それはいまや巨大な商業組織の所産だということ、公正に書くという新聞の歴史とも、仕事とも、政治とも無関係で、娯楽に属するということ。「意見」の扱いは娯楽目的のための大変非合理的な操作だということ、新聞の一つが「驚くべき事実を提供しよう……」という時、それはかれらの態度表明ではなく、むしろ娯楽提供者の「タネも仕かけもございません」と同じような意味の隠語だということも。

前世紀の後半に書いたウィリアム・モリスは民衆的な芸術のなくなったことを嘆き、その再生を期待していた。

民衆的な芸術は、われわれがこの恐るべき貧富の差の解消を軌道に乗せるまでは、健康に生きることの、実際は生きるだけの機会も全然ない。

貧富の差が解消されても、次の結果が残るだろうと彼は続けていった。

自由競争の商業が養い、育んできた、人間の、教養ある者と堕落した者への運命的な階層分化。

貧富の差はモリスを満足させるような程度まで、解消されたとはいえない。しかし差を縮めるために多くのことがなされた。自由競争の商業活動も、かつて差を拡げたのにくらべれば、むかしほどのことはない。「教養ある者」と「堕落した者」との差は縮まっただろうか。われわれは、ウィリアム・モリスのような人が認めるたぐいの民衆的な芸術に一歩でも近づいているのだろうか。

われわれは大衆芸術の時代に移りつつある。何百万という人が毎週、毎日同じ新聞と他のわずかな出版物を見ている。大衆芸術になるためには、好みのレベルをつかみ、押さえておかねばならないがそれは大きな効果をあげている。自由競争の商業は馬を乗り換えて、今やこれまで「おとしめられていた」階層の旗手として走っている。というのは、今やこの階層は、大したお金を出すわけではないにしても、乗るに値するからである。そしてこの労働者階級の新しい旗手は、かれらの気ままな本能のレベルに合せて、かれらと共に進まねばならない。今や大衆を経済的に「低下」させることは許されないので、自由競争の商業論理の帰結として、外からは時代の全体的雰囲気に支えられ、内からは方向感覚の喪失、労働者自身の、自由を前にしての疑惑と不安に支えられ（さらに労働者階級出身の作家に他の作家同様支えられて）労働者は文化の面で収奪されている。この過程は休みなく進行するので、労働者が外や上を見ないよう絶えず押えつけておくことは、一つの積極的なもの、新しくてより強力な支配の形態になってくる。この支配は、文化的隷属の鎖の方が経済的隷属のそれに比して、まとわれ易くかつ抜け出し難いが故に、古いそれよりも強力なようである。「われわれは内部の虚偽に裏切られている」、われわれに共通の弱さに、ポピュラーな雑誌の二枚舌、すなわちわれわれの慣習的な道徳的大前提を表現することはするのだが、それが受け手におよびおこす道徳律を弱めるようなやり方で表現する能力によって、だまされている、誤った理由のために正しいことをいうわけだ。

私は主として、労働者階級の読者に特に受ける大衆的な出版物の展開過程について述べてきた。この傾向が著しいのは、より発達したモダンな出版物だけでなく、大衆的でもあると同時に真面目でもあろうとして出発し、今なお新しいスタイルに全面的にはコミットしていないいくつかの出版物――特に新聞――でみられるということが注目に値するし、強調しておかねばならない。こういう新聞で働いていた、いく人かのジャーナリストの証言は、より真面目な記事を犠牲にしても「派手にかっこよく」しなければという不断の圧力がかかることを述べ、まえ前から言われていたことが当たっていることを示している。[21]

さらに重要なことに、歴史的な背景が多少異なるにも拘らず、中産下層から中産階級の読者の大部分をひきつけようとする出版物にも、この論旨一般が同じように強くあてはまるということだ。労働者階級と中産階級の人びとはしばしば同じ出版物を読む。それに階級による差は、出版量が大きくなれば一層あいまいになる。それに、特殊に中産階級の読者を対象にした大衆的な新聞――ふつう「高級紙」とされているものとはまたはっきり違うわけだが――は、主として労働者を対象にした大衆的な新聞に作用しているのと同じ文化的傾向によって影響されている。大衆的な中産階級向けの新聞は、労働者階級向けのと同様トリヴィアルに針小棒大式になりつつある。私についていえば、特に中産階級の人びとを対象にした日刊紙をみると、労働者階級向けのそれにくらべて、もっと不愉快な感じにおそわれる。そこには知的な気どり、精神的排他主義、俗物根性、雰囲気を極めて息苦しくするカクテル・パーティの上品さ、といったものが満ちているからだ。

Ⅷ　より新しい大衆芸術──ぴかぴかの包みにつつまれた性

A　ジューク・ボックス・ボーイズ(1)

この規則正しく日ごとに増加する、しかも心情をなににも加担させることのない感覚の、ほとんど全く変らない食物は、その消費者が実生活に公然と責任をもって反応する能力を確実にそこないがちであるが、そのことは、ごくわずかな身のまわり直接の欲求という限られた範囲の外には、目的がないという感覚が厳として存在していることを思わせる。ほとんど全く開かれる機会のない魂は、固く縛られたまま、内省にふけり、大部分つぎつぎと通りすぎて行く見世物や、自分が感ずるのではない代用刺激の幻燈からなっている世界を、「窓のような奇妙な暗い目つき」で眺めるのだ。今日、労働者階級の多数がこうした位置に置かれてはいない、ということは主として人間精神の抵抗する能力によるものだ。ふつうはそう規定されないにしても、関心をひき、従われるべきほかのことがあるからにすぎないにしても、それはある意味で抵抗といってよい。

しかし、いまやさきの二章で描いておいた文化変容の過程がこれまで最も強い影響を残しているイギリス生活の若干の頂点を眺めておくのが有益であろう。そこでは、私が繰返し強調してきた抵抗がなければとっくにそうなっていたに違いないある状態をみることができる。そうした典型的事例の一つは、兵役義務に服している若者の読み物に見いだせる。二年間のあいだ、かれらの多くは、全体として退屈しきってしまう。かれらは自分の仕事にもどって行くときまで、足踏みの状態にある。かれらはもう一人前の男であり、使える金ももっている。かれらは（家庭の、家族関係のくもの糸、はっきり意識されるものではないが、にもかかわらず重要な安定作用をもつ）から切り離されている。また多分、かれらの仕事の場で感ずる、それ独自の熟練した技能の伝統をもった組織の一部だという感じからも切り離されている。かれらは、その結果、大っぴらに提供される断片的、煽情的な読み物の影響に全くさらされることになる。ひじょうに多くのものが読む唯一の単行本は、私自身の経験からみて絶対そうだと思うが、最も通俗的な犯罪小説家によって書かれた本になりやすい。そのほかにかれらが読むものは、マンガ、ギャング小説、科学、犯罪雑誌、より新型の雑誌、いいかえれば雑誌／新聞、絵入り日刊紙、である。幸いにも、兵役義務は二年しか続かない。それが終ると、かれらは家庭にかえり、仕事にもどる。まだこうした出版物の読者ではあるが、しかしすぐにかれらから、より多く時間と金をすい上げる実際の仕事をもった男になる。そうなれば、より古い、共同体のリズムを歌い出す機会もあろうし、いわゆるガラスのような両性類の存在（「人生は自分の内部でのたえまのないマスターベーションだ」と、かつてある兵隊が私にいったことがある）からくる最悪の影響、そしていかなる意味でも個人の目標と結びつかない生活からくる最悪の影響、から充分逃がれることもできるだろう。無論例外はあり、事態は大きく改善されつつあることも知っている。しかし、まえの各章で描いたような背景をあたえられたとするならば、これが、兵役期間中の多くのものにとって支配的な雰囲気なのである。

一般的傾向の特徴的症状をもっとはっきり出しているものは、あらっぽい照明のミルク・バーで「ジューク・ボックス」を聞きながら夕べを過ごす、ジューク・ボックス・ボーイたちの読みものであろう。もちろん、ほかの人びともいま論じようとしている本や雑誌を読むわけだが――結婚した男や女のいくらか、多分とくに結婚生活はとくに疲れるわずらわしいことだと思い始めた連中、「いやらしい老人」、学校の生徒もいくらかいるだろう(2)――しかし、夜毎にこうしたバーを訪れる連中を、これら最も発達した新しいスタイルの通俗ジャーナルの典型的、あるいは特徴的読者、と充分考えてよい。

まえの一章で描いたカフェとくらべてみると、すぐわかるのは、それが現代風装飾小道具の不潔さ、ギラギラする見てくれ、全く美的見地からいって滅茶苦茶だということであり、それにくらべると、そこへやってくる顧客たちの貧しい家の居間のレイアウトのほうが十八世紀金持ちのお屋敷のような調和のとれた文化的な伝統を物語っている、といえるほどなのだ。私は、テーブル・サーヴィスつきでふつうのカフェよりもずっと早く食事を済ますことのできる、実際はクィック・サーヴィス・カフェといってもよいようなミルク・バーのことを考えているわけではない。私が思い浮べているのはむしろこうした種類のミルク・バー——そう、人口一万五千以上の北部の町にはほとんどどこでも一軒はあるような——若者たちが夕方きまって落ち合うことになるようなミルク・バーなのだ。少女たちもいくらかはいくが、お客の大半は、カッコのよい服、映画に出てくるようなネクタイ、縁のタレたアメリカ帽子をかぶった十五—二〇歳ぐらいまでの少年である。かれらのほとんどが、続けて何ばいもミルクセーキを頼むことはできない。だが——それがここへやってくる主な理由なのだが——一ぱいで一時間か二時間ねばることができるわけで、かれらはその間じゅうつぎつぎと銅貨を入れてレコード演奏の機械をならすのだ。いつも一ダースほどのレコードがそろえてある。好きな曲の番号のついているボタンを押せば、タイトルの鍵盤からえらばれるようになっている。レコードは、レコード賃貸会社の手で、二週間に一回ほど変えられるようにみえる。ほとんどすべてがアメリカものだ。ほとんどすべてが「歌謡曲」で、その歌い方のスタイルは、ふつうBBCの軽い番組でやるのよりもずっと新しい。節回しのあるものは、大変覚え易い。すべてがお客の気に入るようにうまく揃えてあるので、その時人気のある拍子が必ず入っている。共鳴室での吹込みがあたえる「音響」効果が大きく利用される。演奏はひじょうに正確、適切だが、こうした「ニッケル演奏会」(ジューク・ボックス)は、表道路の改造された小店よりもかなりの大きさのダンス・ホールで鳴らされるのがふさわしいような大音響で鳴りひびかされている。若者たちは一方の肩を揺すり、ハンフリー・ボガートのように絶望的に、スチールの椅子ごしに虚空をみつめている。

曲がり角にある大衆酒場とくらべても、これは全く格別に底の浅い、気の抜けた気晴しの形態、煮え立つミルクの臭いのただなかにおける一種の精神的退廃、といってよい。お客の多くは、衣装、髪形、顔の表情すべてが示しているように――かなりの程度、かれらがアメリカ的生活だと思い込んでいるいくつかの単純な要素からできている神話の世界に住んでいる。かれらは一種憂うつなグループを形づくり、決して労働者階級の典型、というわけではない。多分、かれらの大半は知的には平均以下なのであろうが、それだけに、ほかのものよりもより多く、今日の大衆的虚弱化傾向にさらされることになるのだ。かれらは、目的もなく、野心もなく、保護されもせず、信仰もない。かれらはサミュエル・バトラー(3)が十九世紀に百姓の子とよんだものの、現代の対応物であり、かれらと同じように不幸な位置におかれている。

のっそりした、物憂げな、ぼんやりした百姓の子たちの一群、体つきは不かっこうで、顔はみにくく、生気なく、無関心で、カーライルが描いた革命前のフランス農民によく似た人種。考えるだに憂うつな――この人種がいまや、取って代わりつつある……

かれらのある者は、同時代の仲間の多くのあの粗野な性生活さえも、まだ経験できないのだ。そのためには、もっと自分の人格を統御し、能力以上により多く他の人格と出会わなければならぬから。

学校での教育から、十五歳以後かれらが経験するような人生の現実とつながりのあるものはほとんどひき出せない。かれらの大半がなんら個性を必要としない仕事につくが、その仕事は内面的に面白いものではなく、おれは大事な人間だという感覚を促がすものでもなく、要するに製作者の喜びはなにもないのだ。仕事は今日も、明日もきまりきって行なわれる。仕事が終れば残りは娯楽、お楽しみしかない。いくらか使える時間があり、ポケットにはなにがしかの金もある。かれらはテクノクラシーとデモクラシーの石うすの間でひかれている粉なのだ。社会はかれらに、ほとんど無制限の感覚の自由をあたえてはいるが、かれらに要求するものはほとんどない――一週四〇時間、手と頭のほんの一部を使うことを除いては。そのあとは、娯楽供給者とその能率のよい大量設備とにさらされっぱなし、ということになる。青年クラブ、若人の諸組織、スポーツ・クラブなどは、同世代の多くのものを惹きつけているのだが、同じようにかれらを惹きつけることはできない。そして、商業的娯楽は不可避のプロセスで発展するから、かれらの特有な把握力は保持され、強化される。商業的娯楽供給者たちの請合う通りなのだ。結婚によって生ずる多くの責任は、かれらをしだいに変えるかも知れぬ。それまでの間、かれらは自分自身にも他人にも、どんな責任も持たないし、責任感もほとんどない。かれらは、一つの恐るべき意味で新しい労働者である。もし、より新しい労働者階級の娯楽文学を読んだだけで推論し、こうした文学の理念的な読者を想定しようとするならば、これがその連中である。私がまえに言ったように、かれらは典型的ではない。それは確かだ。しかし、これがいくつかの重要な現代的諸力が創造しつつある人間像なのだ——目標を喪失した、機械の附属品階級の飼いならされた奴隷たち。もし、これまでのところかれらが主として、知能程度の低いもの、特別にひずみのある家庭のもの、から成り立っているとすれば、それはおそらく、たいがいの労働者階級への文化の提供者が非・自然化しようとしてきた、道徳的網の目がまだ強く残っているせいだろう。五〇〇〇万ドルかかった映画を一シリング八ペンスで見るために、三ペンスで五〇馬力のバスに乗る。快楽主義的だが受動的な野蛮人は、単なる社会の変人ではない。彼は来るべきものの不吉な前兆である。

B 「ピリッとした」雑誌

絵入り日刊新聞、もっとセンセーショナルな日曜新聞、新聞・雑誌類は別としてそういう男は何を読むのだろうか。公立図書館は何の魅力もないし、多分文房具屋の四ペンス・ライブラリーでさえもそうだろう。この文房具屋の主な機能は、公立図書館が決して十分にはもっていない諸種のフィクション——「犯罪もの」、「探偵もの」、「ミステリー」、「西部もの」、「ロマンス」または「恋愛もの」——棚には普通こういう項目がつけてある——の大きなストックをもっていることである。人はむしろ「雑誌専門店」を見る必要がある。これは大きな労働者階級の買物区域ならどこにでも必ず一軒はある。ショー・ウィンドーには程度の差はあれボロボロになったペーパー・バックがバラバラに飾られている。ここでも大まかに分けて三つのテーマ——犯罪もの、空想科学小説、セックスもの短篇がある。

ある日私はあるウィンドーから、主なグループの次のような特徴をノートした。もちろん雑誌というものは、項目毎に陳列されるものではなく、普通大変不規則にならべられている。

（A）　犯罪もの　ここでの主な特徴は、たいがいのものがアメリカ製で、アメリカ人が犯罪を美化するように見えた雑誌に強く抗議し問題化した時期以後のものなので、「犯罪は結局引き合わない」という結びにはなっている。それには「犯罪をなくすために書かれた」というようなサブ・タイトルがついているようだ。公式の言い分がなんであれ、興味と興奮はギャングあればこそなのであり、探偵もたまたま法の側に立った生れつきのギャングなのである。タイトルはこういった線である。

名探偵　　F・B・I　犯罪事件簿
警視庁物語　　ゾッとする刑事事件
探偵実話　　秘密探偵物語

際限のない犯罪　第一級の探偵の話
アッと言う警察のストーリー　かくしカメラをもった探偵
警察の現場報告

体裁はほとんどいつも同じで、つやのない紙、雑な印刷、ひどくスベスベした表紙がついている。明らかにおおいに「代作」とネタの交換とヤキ直しが行なわれている。

（B）科学もの　ここではタイトルは「科学」、「宇宙科学」、「宇宙旅行」と手を変え品を変え、しかも「驚くべき」、「不思議な」「未来の」「仰天するような」「ファンタジックな」「飛切りの」「スリルに満ちた」「本格的な」といった形容詞つきで登場する。

やはりこれも、光沢のある表紙で同じようにつやのない紙でできている。これは、同様のテーマを扱った若干の文章は、文芸週刊誌上の真面目な討論の種になるほどにもなっているが、その前に出され、その後もおそらくそうした高級品に影響されないような科学小説である。方法と状況は同様に極度に制限されている。多くのストーリーには、二流の旅行雑誌のための服装デザイナーが「未来派の」服装だといいそうなものを着た年頃の女が出てくる。これは普通非常に短くてひだのついた白のスカート、ある種の現代風のモチーフをとり入れた短く縮めた上着を意味している。古風なブラウスとスカートにとって代ったジッパーつきの「性の素材」である。火星と金星の間を飛ぶ宇宙船の中でのあぶなっかしい性交渉（詳しく書いてはいない）のためなのである。

第三のグループ、セックスもの短篇については別にもっと論じよう。こうした三つのグループは、私が見本にした店の不定期ストックのほとんど全部を占めるし、他の店の場合も同様である。二〇年前なら主なグループだった古い「西部もの」や「ボクシングもの」は今日わずかしかない。

私が示唆したように、こういう雑誌は教養が平均以下の青年や、何かの理由で知能の発達が遅れ、あるいは自分を正常と感じていない者にとって特別の魅力があるように見える。この広告は主に補助的な役割をする。この際都合がよいので、今論じられているタイプの雑誌にも、より広い領域の定期刊行物の多くにもたえず見られる、より基本的な種類の補助的広告について、簡単に寄り道をしてみよう。

最も単純なものでも、そういう広告は、肉体的に劣っているという気持ちに訴え、読者にどうしてタバコをやめて、眼と頭脳をもっとはっきりさせ、握力をより安定した、より強いものにするかを学ぶよう勧める。「背を高くしなさい」「体格をつくりなさい」とかれらは勧める。「やせこけたまんまでいるという手はないでしょう」「あなたに燃えるような活力を」「かれらは私のように訓練しています。……しない連中との違いをごらんなさい。あなたが詳しいことを知りたければ申込んでください。私ががっしりした体にしてあげます」と大変筋骨たくましい広告者はいう。

そこからもう少し進むと、神経と劣等感を刺激する広告になる。

いらいら、劣等感、自信がないこと、吃音、精神的アンバランス、ためらい、自己卑下に悩んでいませんか。これは皆意識下の**神経志向の適応の失敗**によるのです。基本的な不適応を示しています。

消極的な衝動ではなく、積極的な衝動を生み出すことを学びなさい！　**人の上に立つ、自己主張する**ような個性を創造しなさい！　でなければ自分よりはるかに強く見えるものに対しては、**そんなことはありっこないんだ**という態度をとりなさい！　**あなた**は自分の巨大な潜在的な進化力をどこまで開発していますか。

そうしたいものだとお望みにはなりませんか？　あふれる生命力の光に輝く男の形をとった〔現代風の絵がここらで登場する〕。

それならば潜在能力をパッと解放し、それからその力をコントロールしてゆくのです。――この驚くべきシステムをマスターしたその日から生まれかわるのです。

あなた自身の**驚異的な潜在的動力**をフルに**活用しなさい！**　この本が**あなたの人生の方向を変えます**。

しばしば同じ組織が悩みを救うといった基礎的なアッピール（あなたは神経に悩まされていませんか）と、もっと積極的なアッピールを一緒にやっている。そこでは、不適応感覚はそう強く強調されないが、あなたはもっと多くの友達をえ、もっと多くの人びとに影響を与えたいと思っているものと依然として考えられている。どうしてそうするかは、たとえば「個性を上手に売りこむ秘けつ」という題の本に二ポンド払ってみるとよい。新しいのが一層スケールの大きな、もっとよいことづくめの話をし、よりダイナミックなタイトルをつけ、古いのと同様に高い値段で、ひんぱんに出版されている。

人生は**あなたに**望みどおりの、あなたにふさわしい報酬を与えていますか。あなたは、得るものもなく、目的もなく……つまらぬことや恐怖に苦しめられながら生き続けたいとお思いですか。

そうでないなら、ここにあなたの求めている解決があります。

それによってあなたは、お金も、力も、名声も、すべての知人からの尊敬も得られるでしょう。〔自己報酬型の幻想家としての芸術家に関する、フロイトの二三回目の入門講座の終りを思い出させるが、「彼は、この幻想のおかげで、以前は幻想の中でしか得られなかったものを手に入れた。名誉、力、女性の愛」。さらに妙なことをいえば、そうしたマヤカシの、とうとう最後の答えが見つかったという大宣言は、(4)「知識のさいはて」:「創造者の栄光、人間の状態の救い」について語るベーコンの口調になんと似ていることか〕

雑誌そのものにもどるとすると、「ピリッとした」、「肩のこらない」定期刊行物、または〝セックスとほろ苦い人生〟が売りものの週刊誌や月刊誌が五万(ごまん)とある。それらは犬でいえば、実際にかみつくというより、吠えまわることでずっとタチの悪いたぐい、とでもいうか。それは「雑誌専門店」だけでなく、ほとんどのニュース・エージェント（新聞及び定期刊行物売りさばき店）でも手に入れることができ、いくつかのニュース・エージェントはかなりの売上げを示している。私は階級毎にどれ位ずつ分配されているかは知らないが、労働者階級と中産下層階級の若者に人気があるということは知っている。

まず第一にそれはジョークの宝庫で、多くは絵入りであり、非常に明白で、限られていて、ほんのちょっとだけ例外的な性に関する諷刺を含んでいる。そのどれもが普通、クロスワードとスポーツのページと星占いとショート・ショート・ストーリーをもっている。ストーリーはレイアウトや絵からして、セクシーだと思われるだろう。が、現代の婦人家庭雑誌と同じように、気まぐれではあっても家庭的なことは家庭的なのだ。語り手は、長い間未婚か、娘たちの皆が吹く口笛のやさしさからして、まもなく似合いの恋人と落ち着こうという位の若い男である。

いまではどうかすると、露骨な写真の説明つきの、映画の続き物がある。その他、下の方にジョークの入ったいろいろなサイズの絵が沢山ある。こういう雑誌の大半は、一般的にはレイアウトがいくつかの家庭雑誌より決して上手でないにもかかわらず、非常にスマートでモダンな風にみせようとしている。それは新しいスタイルの芸術家を大いに使って、自分の主張の現代性と世間ずれを一般に承認させようとする。それゆえその紙面は、古い雑誌の芸術家のおだやかな家庭的な線ではなく、むしろアメリカ人とりわけヴァーガから学んだイギリス人のそれなのである。ピンナップ写真がのっているに違いないし、カラー写真の適当な使用や、ライバルを助けることにもなるいくつかのより金のかかる工夫がない場合でも、大半は、写真をできるだけ大胆にして、モデルが実際にまさしく紙面から読者に向って飛び出してくるように見せる努力をしているようだ。

それはみな、性的にほん放なことを自覚しており、少くとも図解においては大胆で、ちょっとした試みをしていることを知っている。しかし明らかに人は、自分があざけっている価値が存在していると思っているからそう感じるのだろう。こういう雑誌には未熟とか熟れすぎとかいうことはほとんどない。結局古い婦人雑誌と同じ世界に属しているからである。最も強い反対は、セクシーだということにではなく、新しい種類の雑誌の場合しばしばそうであるように、つまらなさに向けられる。あまりに容易に、かつ、わずかなもっともらしい証拠で、わいせつのスリルを得るからである。

地方的かつ特殊な性格もあって、今述べたグループとは明白に異なる、もっと厳密な意味で労働者階級の雑誌といえるものが沢山ある。どれ一つとして長続きしないようであるが、同じ伝統をもつ新しい雑誌が、警察の処置で前のものが発行停止になるや否や現われるのだ。普通それは月刊で六ペンスする。私は主として北部で出回っているいくつかの特徴を述べようと思うが、南部にも同じタイプの地方雑誌がある。私の知るかぎりでは、より成功している北部の雑誌は、マンチェスターからハル、シドルズブラウからノッティンガムまで売れている。少くとも一つは、一つの版につき十万以上の売上げに達しており、それから察すると、百万の三分の一以上の読者がいることになる。この特別な雑誌は確かに、主として北西部の都会の労働者階級のメンバーによって読まれていた。この特別な雑誌は確かに、主として北西部の都会の労働者階級のメンバーによって読まれていた。どの版をとってみても、このタイプの雑誌の構成は非常に単純である。普通小さなスポーツ欄、映画欄、おかしなショート・ストーリー（セクシーに見せるつもりだが、実際は全くの空談議）、そして二、三の広告（縁起のよいお守りのたぐいについて）といったものである。残りのスペースは一般的には、二段のコラムにあっさりと印刷されるジョークのためにあるが、絵も、ジョークの図解であれ、それだけのためであれ、暗示に富むならば使われる。モデルの写真が多くないのは、多分——これは推測だが——余りに高くつくからだろう。その代りこういう雑誌は、より重要な図解、もっと手のこんだ雑誌のピンナップ写真の代用をする図解のために、最初は濃淡の鉛筆書きで、その後は写真によって作られた絵を使う傾向がある。最後の効果は普通のピン・アップ写真と大ざっぱにいって同じである。写真にとった絵は次のような利点があると思う。普通ヴァーガの慣用句によって仕事をする芸術家は、娘の体のいかにも娘らしい部分と思われるものに突進し、普通のピンナップ写真より一層大胆に暗示に富む絵を作ろうとしている。そうした雑誌の一つは乳首を強調してドレスの下で突き出しているところを強調して作っていた。同様に胸は非常に大胆に、形と線をつけることができる。

一般的にはこういう雑誌は、もっとわい雑な絵葉書の世界に属する。同様の俗悪さ、同じような、ユーモアが可能な状況を見る視野の狭さ——お尻、「室内便器」、ニッカー・ボッカー、「へそ」、胸（そして今やすべてのセックス・ジョークの雑誌で最もポピュラーな新参者「パッド」も）――ということである。絵葉書よりもう少しお粗末かも知れない。こういう時私は、目立つ乳首やふつうではありえないほどもり上がったもののようなものを考えているのではない。すべてのこういう雑誌の最もお粗末な要素は、普通、娘の顔の書き方、それもとくに大きく書かれた絵である。これは絵葉書でも見たことのない特質である。大きな口をして厚かましくしゃべる俗悪さといったところか。私はここで、もっと純真な精神なら「荒っぽいが土のにおいがするチョーサー風のタッチ」とみなすような何かについていっているのではない。ここで問題にしているのは、ロマンチックな馬鹿でもなければ何か他のものととり違えるはずもない、わざとらしい、知ったかぶりの都会風の粗野なのである。こういう雑誌は、思うに、写真にとった絵が特殊な暗示に富んでいることと、絵に示された顔つきと小道具に認めうるある特質とによって、読者をつかんでいる。その一冊の、半ズボンをはき、えりの大きく切れこんだブラウスを着て、週末に北部の町からやってくる多くの娘がするように、スポーツ用自転車でクラブの遠乗りをしている娘の絵が二ページにまたがっているところを開こう。彼女は、まごうことなく、労働者階級の娘の大きなグループの中によくいる「わたし知ってるわよ」といった顔をしている。こういう非常に限られた意味と表現のリアリズムの中で、こうした雑誌類は労働者階級に属している。同じことを扱っている全国的に売られている「ピリッとした」雑誌や、大衆的な現代的雑誌・新聞とは違った仕方で。

C　セックス・暴力小説群(5)

われわれが愛していると公けに宣言するのをやめてしまったのは、実に、どちらの側も宣戦布告なしに戦争を始めるようになったその時からだ、という象徴的事実を、私は強調したい。われわれは誘拐と強姦の時代に戻りつつある。ただし、ポリネシアでそうした暴力を取りまいていた儀式だけを差引いた。

（ド・ルージュモン、二四四頁）

「血と根性」のセックス小説群は、「雑誌屋」からだけではなく、駅の売店でも買える。ふつうは隅のほうに、一とまとめにしてアスピリンや血止薬のカードの下においてある。そこには日刊紙、週刊紙、「趣味」や「手芸」の小雑誌、ペンギン、ペリカン文庫本などがごたまぜになっている。それからセックス小説群――それらはすべて、われわれの文化内部にある圧迫（stress）のあるものを絵解きしている。こうしたセックス本が駅の売店にいつもあるということは、汽車のなかの読書が、いかがわしい「雑誌屋」に「入るのを見られたくない」人びとにとって一種の解放装置になっているということと、かれらはこの種の本をほとんど家へは持ち帰らないだろう、ということを推測させる。しかし境界線はひじょうに速く移動するので、この五、六年のあいだに普通の多くの駅でもこの種のペイパー・バックを置くようになってきている。つまり、それらはいささかも人目をしのんで読むものではなくなってきているのだ。

これらの小説だけが社会的前兆となっているのではない。それらは、私見ではもっと目をみはるような一般的傾向のなかの一要素なのだ。それに関連した要素は、もっとソフィスティケートした新聞がのせている「セックスと暴力」の続きもの、にもある。そうした新聞の連載は、アメリカの「セックス・歴史」大長篇小説をえらんで続きものにするところから始まったのだ、と思われる。しかし多分、こうした種の供給が不充分だったか、編集が大変だったか、値段が高くついたか、したのだろう。理由は何であれ、しばらくするときまった型にのっとった続きものが特別に書かれるようになった——可能なかぎり一回ごとに性的昂奮一項目ときわどい挿絵一つを含んだやつが。もし、その回から適当な挿絵が容易にひき出せないときには、いつも女主人公(しばしば、ラジオのソープオペラに出るような中年の女主人からブルジョワ的予防倫理を教えこまれた二〇世紀のモル・フランダース)を、全然朝ベッドから起き抜けのままの恰好で未来に直面しているところを出せばよいわけだ。ふたたび、探偵の性格のなかでも、初期のエドガー・ウォラスの旧品のなかの登場人物から、今日の最も人気のある固いカバーのギャング小説にいたるまで、同じ展開を辿ることができよう。後者の探偵はしばしば下品で図々しい腕っぷしの強い男であり、彼が対立する悪漢どもと見分けがつくのは、主に彼がたまたまかれらに対立するようなまわり合わせになっているということと、彼が適当な時に、流行に合ったやさしい感情のひとしずくをみせることがある、ということでだけなのだ。彼の身ごなし、彼の野蛮さ、彼の性綱領、経験についての一般的態度、すべてが、これみよがしのゴロツキのものなのだ。

最近のペーパー・バック、セックス－冒険小説（かれらはふつう簡単にギャング小説と名乗っているが）の正確な性質をより綿密に評価するには、それらを初期の型と比較してみる必要があろう。私が思春期のころは、そうした「ピリッとした」本がみたいということであれば、あたえられたものは、明らかにフランス風の名前をもった作家――ふつうの形で一つこしらえるとすれば、ピエール・ラファルグといったような、の小説であった。各著者のものとされている本の数と、その間の類似から考えると、大量の「代作」が行なわれていたことは確かだろう。多分、発行者はちょうどガレージが「営業用」のナンバー・プレートをもっているように、いくつかの名前をもち、型にはまった台本にそれらをくっつけていたのだろう。これらの物語は昔もそうだったし、いまでも――私はほんの数週間まえ、一九四七年の日づけのあるものを買ったが――「つやのない」紙、不鮮明な印刷、表紙には色刷りの絵をつけている。カバーも、全体も雰囲気は世紀半ばというより、よりエドワード朝風である。著者たちの名前が調子をきめる。それはふつうには〝しゃれた〟感じと結びつけられるおだやかないたずらっぽさ、である。カバーのレディ方は、かわることなく三、四〇年前の風俗がお好きなようである。貴婦人がたは『盗まれた楽しみ』とか『危険な幸福』とか、『情熱的な夜々』といったタイトルの間から覗いている、というわけだ。彼女らは部屋着をきた黒いハンサムなトルコ人（ラウールといった名前の）の柔かな、うちしおれた犠牲者なのである。すべてが、子守り女の卑わいさ、上流社会の寝室でのセックス、家で飼われた猫のような柔弱さ、にみちている。レースの束だとか、しかめっ面をして口をもぐもぐさせることだとかが大いに利用されるが、ほんのちょっとでも不道徳になりそうな気配があれば、すぐしみになって消えてしまう。

三〇年代の半ば以来、このグループはアメリカから拡まってきた新型のセックス小説によって、ほとんど全く追い払われてしまった。それは、ジェイムズ・M・ケイン(6)の『郵便配達夫は二度ベルを鳴らす』（一九三四年刊）などが出たことで触発されたのかも知れない。もっと新しいアメリカの作家、ミッキー・スピレーンのものと似たところもある。しかしその根は、そうしたことよりもより広汎に、より深く拡がっている。

紙質、印刷のスタイル、つやのある表紙とかいった事柄では、これら新しい小説群も古いものと同じ（おんな）である。値段も、ほかのものがいまでもそうしているように、一シリング六ペンスか二シリングで売られている。それ以外は、著しい違いがある。新形式の話は、まず最初に、そのきびきびした、棹尾文的なタイトルでそれとわかる。ほとんどすべてが完全な一節、一センテンスになっている。まねて作ってみると、たとえばつぎのような。

恋人よ、夢中になれ、レディよ突進せよ、
女はリードが嫌い、
ホッチー、私を誘わないで、ベビーよ、
これがお前の死がいだ。
キューティーへの死の車、天使よ、低く狙え。
一杯やるファンダウン嬢。
畜生、拳銃は口答えしない、
殺し屋はナイロンを着る(ピンナップ写真屋と同様、この種の著者たちはナイロンがお好き)
恋人よ、曲線も人を殺す、
墓石は語らず、
レディよ、そこは冷たい。

著者たちは、チェアリング・クロス街のシャツ屋にならって、たいがいアメリカ人か、疑似アメリカ人である。大半が、ハンク、アル、ベイブ、ブラッド、ブッチとかいった恰好の姓をつけた「ゴツイ」名前をもっている。この種の本を書いたことで告発された二人の著者が、かれらのペンネームは出版者からあてがわれたものだと、法廷で説明していた。ほとんどがロンドンにあるさまざまな企業が、こうした本を出版する。かれらはアメリカから版権を買うか、イギリスの書き手を利用するか、両方やっているようだ。

こうしたカバーガールとくらべると、ピエール・ラファルグのレディたちのほうが、まだ親しみやすい。これらはかつてカークウォールからクアラ・ルンプールにいたる兵隊の宿舎をかざったヴァーガ・ガールズたちから生い茂ってくる青草には違いないが、「ぐれてしまった」後つぎ、である。彼女らのブラウスは、この前襲われたのを追い払ったときのまま、永久にたれさがっている。かれらはシガレットの代りにまだ煙の出ているピストルをもっている。下唇はたれさがり、ムチのあとがある。彼女らは「まっとうな場所に出入りする」、しかも中途半端なやり方ではない。彼女らは「しかるべきものをもっている」、つまり、巨大な太腿、つき出した乳ぶさ、「はり出した胸」。著者たちが彼女らの特徴を描くさいのお好みの形容は〈セクセーショナル〉というやつだ。連中がピエール・ラファルグ型の貴婦人にどんなことをするかは、考えただけでもゾッとする。

かれらは疑いもなく暴力的である。なぜならば、これらは暴力的なセックスの小説なのであり、そこでのセックスは、それが加虐的であるときにだけスリルがあるとみなされているらしいから。そこにはいつも暴力がなければならない。男どもの間では、ながいこと腕をねじ上げておくこと、カミソリでの滅多斬り、ゴムの棍棒でいつまでもなぐり続けること。「彼のほほには、出血の止まらない口のように見える傷があった」。男が女に出会うときも、暴力の空気が重くたれこめる。麻薬によわされたうめき声や、お互いに血みどろにかみ合うことで終る抱擁やで。（ふつう一冊で二つの暴力的性交渉舌が猛烈に動かされ、指のつめはかきむしられる。「その間ずっと彼女の尻はなかに発動機でも入っているように揺れ動いた。……彼女はひっぱり、おれがまたひきもどしたとき小猫のようにのどをならした」。

たしかに、性的冒険の文学は何世紀ものあいだ続いている。ナッシュの『悲運の旅人』[7]の一側面や、あるいはデフォーの『モル・フランダース』を考えてもよい。暴力の文学もずっとあったし、少数の秘教的な規模ではあるが、サディズムとマゾヒズムの文学もあった。しかし、この新形態は、伝統的なものとは違っている。これはひとりでマルキ・ド・サドの著作を読むような、少数のつむじ曲り連中のために生産されているのではない。それは、それ自身の次元で、より広汎な読者を目指している。それは内在する性質からいってもナッシュやデフォーのセックス、暴力とは違っている。それは暴力的でセクシュアルであるが、すべてが閉所恐怖症的な、閉ざされた仕方でそうなのだ。

もっというと、そこでピエール・ラファルグ風のものとははっきり違うわけだが、それは道徳的価値が妥当しなくなった世界に存在している。ラファルグ式の本は、しばしば『彼はゆるされるか』、『恥多き支払い』、『堕ちた美』、『はずかしめられたマドンナ』、『買われた接吻』、『つぐない』、といったタイトルをもっていた。こうしたタイトルはこれら後期の著作にはつけようと思ってもつけられない。というのは、「ゆるし」、「恥」、「つぐない」、または「はずかしめられる」「堕落する」、「つぐなう」といった観念は、かれらの道徳的軌道の外にあるからである。私は、一人の著者による五五冊の本のリストを検討してみたが、モラルに関連のあるタイトルはただの一つしかなかった。ラファルグ派のある小説に出てくるハンサムな若い男は、その夜彼の家に止むをえなくとまることになったまだ婚約していない少女に言いよるのに、一篇の詩を書く。それはひ弱いゲオルギア朝風の韻文でしかない。しかし、後期の作品に出てくる男も女も、詩など聞いたこともないようなのだ。多分、学校での役にも立たない数カ年、教師から人生の一端を垣間見る以外になかった時期を除いては。著者たちも、作中人物をキャンプ休みにコース・クラブへ連れ出すようなことになれば、すぐ詩のことをしゃべらせたりするのだが（それ以外は全く縁がない）、もし、お互いに好き合ったラファルグ式の男女が出会うとすれば、その描写はなにか、こんな調子になるだろうか。

彼女を強く抱きしめると、彼の胸は高鳴った。彼女の眼は流れるほのおのようだった。その瞬間、彼女は全く女らしかった。

「君はすべて僕のものだ、愛しい人よ。ぼくがどんなに君を愛していることか」、と彼はつぶやいた。

彼女はしあわせで無我夢中の低い叫びをもらし、続いて全くしあわせな長い溜息をついて、彼を熱烈に自分に押しつけた。彼女の温かい腕はなお一層きつく彼を抱きしめた。彼女はだまって彼を寝室のほうへ連れていったが、そのときの彼女の心には、ためらいもなく、恥しさもなく、また悔いもなかった。

きまり文句にのりかかった、ふやけたロマンチックな書き方である。しかし、後期の一組がお互いに魅力を感じ合ったときの、出会い方はつぎのようになろう。

あいつも小娘でしきゃなかった。そうだろう。そしておれもまさにくだらない奴、下等な人間でしきゃなかった。それがどうしたってんだ。

突然彼女の身体がぴったりと押しつけられてき、薄い着物の下でまだふるえているのがわかった。おれは女の身体のすべての線、カーブを感ずることができた。女の子が野郎にどんなにピッタリくっつけるかわかるかね、兄弟。どうして女の涙はいい味がするんだろう。

おれは猛烈に女の衣裳をひろげにかかった。がおれは昂奮して全く無器用だった。女は、すすり泣きと情熱的なあえぎのまざった間から、どうするかおれに教えてくれた。そして、それから……おれたちは会った、二匹の野獣のように。

もし一組の男女が愛情なしに出会うようなことがあれば、ラファルグ式の小説では(彼女は金のためにそうしなければならないか、または彼の力のなかにある他の理由で)、そこにはいつも、前方に好奇心をそそる戦慄がまっていることを暗示する一節があった。

「私は行かなければ……私は行かなければ……」、彼女は際限もなく自分自身に繰返した。彼女の心は、その言葉がこだまするにつれて、千々に乱れた。「今夜……十時に……リーガル（ホテル）で……。そして、それからあとは……」。

「そして、それから」、彼女は間違いなくしたたかな劇場支配人の抱擁に屈しなければならないのだ。しかし、それが一章の終りであって、われわれがもう一度彼女にお目にかかるときは、その時から六カ月ばかり過ぎていることが多いが、彼女の夫が家へ帰ってくる頃であり、彼女があきらかに不貞を働いたことを見つける、ようになっている。もし、ラファルグ型の小説が、もっと先へ進もうと決めたならば、それは小さいもの（胎児）が取り去られる前に、つぎのような文句で終る脱衣シーンをつくり上げるだろう。「彼女は慎しみの最後のヴェールをもひきはがしてしまう」。後期の小説はこんなところで終ろうとしない。がもし終ったとしても別な文句を使うだろう。もしそこにみだりがましいなにものも感じなければ、「慎しみのヴェール」といった文句は意味をなくしてしまうからだ。そこには本来慎しみなどといったものはない。だから、新型の男と女が愛なしに出会うとき、かれらは物理的（肉体的）な敵として向き合うのである。

彼女はそこに横になって、猫がズボンの脚にするように、膝頭をこすり合わせている。いまおれがどんな気でいるかわかっているに違いない、とおれは見当をつけた。

「わたしを可愛がってくれようっていうわけ」、彼女は一種やわらかい猫がのどをならすような声でいった、「あんたはいまやったことをすまないと思ってるんじゃないの」。

おやおや、相棒よ、女のなかにはきまりを知らねえ奴がいる。

「よく聞きな」とおれは言った。「おれが女を扱うやり方には、〝すみません〟も〝どうぞ〟もねえんだ」。

彼女は歯をむき出し、けんかが終ったあとでもまだ胸を波うたせながら、少し余計にうしろにそり返った。おれは血が頭のなかでガンガン鳴り出すのを感じた。

「可愛いねえちゃんよ」、おれはいった。「まっすぐにそうしてやるぜ。準備のくだらねえおしゃべりなんかなしにな」。

おれがのしかかって着物を一とまとめにはぎとっても、彼女は身動きもしなかった。それからネグリジェを――それは豆の鞘がはじけるように裂けてしまった。彼女はなまじ抵抗したりすると、かえっておれをかり立てると思っていたらしい。すっかりからだを固くして身動きもしなかった。

だが、今度はおれがたっぷり拝見する番になった――今度は彼女の眼に一種かり立てられる恐れが浮んできた。しかし彼女は、なお動こうともせず、最初はちょっとことを面倒にした。それでおれはベルトをひき抜いて、彼女の両手をベッドの頭にしばりつけてやった。それから、おれは強くキスした。彼女はおれの唇から血が噴き出すまでかみかえしてきた。

この時にはおれも狂暴になっていた。そして彼女は——彼女も激情にかられてうめき、気が違ったようになっていた。「私を切りはなしてちょうだい——私をひきちぎって」と彼女はうめいた。おれはまっすぐに女をひきさいてやった——全部くくりつけたまま、いわれたようにしてやった。

おわかりのようにスタイル（文体）はヘミングウェイのまがいもの、短かい会話の綱でしばられたタフな牡牛か、なんとも無作法な都会風の猿が最小限に切りつめられた語彙で動いて行く、そういった態のものだ。「なにか…ような」という言葉が多く使われるが、著者が男の語し手がしゃべるにしては余りに文学的な、「やわらかな」用語をいわせるとき、タフで口の端にひっかかっているような性質を保たせるためでもあろうか。「彼女は、やわらかな猫がノドを鳴らすような声でいった」とか、「彼女の眼にかり立てられるような恐れが浮んだ」とかいう表現は、こうした修正なしには使えないと感じられるのだろう。あるいは、なんとも無作法な猿は、彼の経験する昂奮、あるいは恐怖を、変形倒置法でしか表現できないのだろう。「彼女は必ずしも着かざっていた、というわけではなかった、あの娘は」、「野郎たちがかたづけてしまった後では、彼は必ずしも洒落てみえる、というわけではなかった」、といったように。

だが底流には、どの次元の小説にも、ときどき表に出てくるが、現代のタフなヒーローたちの多くに見出されるあの感傷的な調子がある。ここで標準的な態度と連関する語句は、

「おれはいやらしい奴（乱暴な奴／ごつごつした奴／くだらぬ奴）にみえるだろう……だけどおれは本当はそんな男じゃないんだ」というのがそれだ。というわけで、男の語り手は、なぐりつけ、犯しながら十五章も歩いて行くわけだ。彼は多分、尊敬すべき女友達を探しているのかも知れない。というのは語り手の多くは、前に誘拐された恋人を探して時を過ごすからだ。彼は彼女を見つける。そして彼女を捕まえていた連中を情容赦もなく叩きのめす。だがその時、彼女は死んでしまっている――牢番たちが彼女を裸の楯として使うので腹を射ち抜かれて。あるいは、彼女は生きていたとしても、彼女はその間じゅうずっと、あるパットしない下町の世間知らずを愛していたことがわかる。語り手はそのことを認めて思い切る――こうした男が決して刃向わないもの、それは同類の仲間だ。彼はいまや、行きどまりにきてしまう。金もなく、その地域では仕事の目途もない。彼は再び網の目から解きはなされ、途方にくれてしまう。ちょうどここで、かつてヴィクトリア朝のメロドラマに出る彷浪者の多くを慰めた、迷える雑種犬の現代版がしばしばあらわれる。こうした話ではふつう少しお頭の弱いギャングの三下奴（さんしたやっこ）か、「じだらく女」、心ならずも誘拐団の組織にくっついていたのだが、いまや解放され――というより大殺戮のあとでは迷い子になってしまう連中、がそれにあたる。そこで、物語は、こんな恰好で終りがちだ。

その汚ならしいゴタゴタからいつ逃れたのか全然覚えていない。ともかくおれは無事だった。おれはその女にすげなくしようとしたが、どうしたのかそうはできなかった（これもまた、小さな孤児の声にひそかに涙を流すメロドラマの悪漢の現代版に違いない)。おかしなことに、おれはまた一つバカ気た申し出をしようとしていた。「いいや——いいや……」おれは言った。「車に場所はすいてるし……二人だって一人と同じぐらい安上りに暮せるさ……どっちみち、四、五日ぐらいの話だがね」、「……よかろう。そんなことを考えることはない。どっかその気になったところでおろしてやりゃいい。それだけの話だ」。

そうして、かれらは車にのっかり、つぎの州へ向って行く。私の印象は、それを現物で見せることはできない(そうなれば事例を創作しなければならない)が、こうした作家の人気のあるものは、作家としても、かれらの先祖よりはずっと強力だ、ということである。これは一見、おかしなようにひびくが、その理由説明は、前に触れたモラルへの連関が欠けていること、につながっていると思える。もちろん、そこでも一定量の表面的な(みせかけだけの)モラル関連事項はある。「悪人」は最後には敗れる、などといったことでは。しかし、それは書き物の構造にはなんら入っていない。それは、実際、表面的に言及することで暗黙のうちに否定されている。ラファルグ派の作家たちは実際に、より古い婦人雑誌の書き手たちと同じ世界に属していた。表現をかえれば、「いきな」週刊誌の著者たちと同じように、かれらはその世界の法令にいたずらっ子風に従わないだけなのだ。ちょうど婦人雑誌のライターたちが法令を従順に守るのと同じように。両方とも同じ法令を承認しているのだ。だからそこでのスリルは、法令をからかうようにみえるところからくる。婦人雑誌の書き手たちが棚ざらしのありふれた道徳的きまり文句を使って、きまりきった道徳的状況を示すだけなのと、正に同じように、ラファルグ派の書き手たちは、きまりきった使い古しの不道徳のきまり文句を使って、ご同様きまりきった不道徳状況を指し示すだけなのだ。すべてが、一定の承認されたコードにそった諸状況の関係からひき出されるおだやかな「状況刺激」以上のものではない。したがって、書くものは、完全に平板、単にすでにおなじみの鍵を差しこんで、必要とされる、諸関係の道徳／不道徳劇をつくり出すことだけ、にならざるをえない、というかほとんど常にそうであったわけだ。

だが後期の書き手たちの目標は、読者に暴力の肉と骨とを感じさせることにある。かれらは、使い古したおきまりの反・コード行動のスリルに訴えるわけにはいかない、第一コード自体がない。かれらは直接読者の感覚を興奮させなければならない。かれらは、それゆえ、大変奇妙なことに、またひじょうにかぎられた範囲でではあるが、ラファルグ型の書き手よりも、婦人雑誌の恋愛ものライターよりも、「いきな」雑誌のいたずらっぽい話のライターなどよりも、もっとずっと、素材に対して真に創造的能力を発揮しなければならない位置におかれることになる。ギャングもののライターは、肉体的なスリルが実際に伝達できるのだということを、納得させなければならない。

いきなり、ファッチーはハーブの股のつけ根をしたたかにひざで蹴り上げた。ハーブの顔はガクンと落ちてくる、ファッチーはそいつをハムのような拳でなぐりつける。指の関節は骨をくだき、血と肉とを、はじけたザクロのように圧しつぶす。むかつくように歯をならしながら、ハーブはタイルばりの床に倒れた。彼はそこにノビたまま、おだやかに泡を吹いていた。そこでファッチーは、鋼をうった靴で腹をひとけりした。そのとき、ついうっかり、ファッチーはかつてハーブの顔だったどろどろした汚物に、まっすぐ足をおろしてしまった。

こうした書き方は場所によっては、しばしば一種の威力を発揮する。それは読者の神経を下手なりにかき鳴らす。しかし、その威力はかぎられたせまいものではある。その文体は昂奮させる状況から離れるやいなや、たちまち、陳腐な平板さに転落する。一人の著者は、彼が書いている闘争や性的—出会いのただなかで「暮す」ことがどんなに楽しいかを説明したことがあるが、そのいい方が示唆しているように、「暮す」とは大変身近かな親近感をもたせる事柄だ。その陳述は、こうした小説のもつ、かぎられてはいるが否定することのできない威力について光を投げているようにみえる。つまり、ただ一つだけ例をあげるとすれば、語り手が肥った、不潔な、汗みどろの色情狂（女性）と性的な格闘をする、一つの小説のなかの物すごく効果的な一くだり、などにである。

この種の書きものの、狭さ、平板さと共存しているありうべき威力は、一つの典型的なギャング小説をウィリアム・フォークナーの『サンクチュアリ』とくらべてみると、見てとることができよう。『サンクチュアリ』は一九三一年に出されており、そのある特徴は、新形式の最初の作者たちによってモデルとしてとられたと覚しいから。少しながいギャング小説の模造品、こうした小説の多くにみられる決定的シーンの典型的な一つ、をあげ、すぐそのあとに『サンクチュアリ』からの抜すいをここにあげてみよう。

その間じゅう年老いたリズは、羽の抜けかかったオウムのように、火のそばにうずくまっていた。彼女の眼は、まわりに赤いふちのついたふくれあがった脂肪の輪のなかでほとんどみえなかった。彼女のほほはしわで線をひいたように割れ、そこになにか白いおしろいがたまり、汚れきっていた。靴下は膝のところまでタレさがり、その膝は、まだ揚げてないねり粉菓子のように白かった。彼女は古い紫色のレースのドレスを、その袋のような身体のまわりにきつく、ふくらませて着ていた。彼女の手は青くなり悪くなったハムのようだった。『モロニーにきめていた時間だ』、とレフティーが遂に言った。

彼は紙巻煙草の残りを投げ捨てて、モロニーがくくりつけられている中央の柱へ歩み寄った。モロニーは、彼が窒息して紫色になり、気絶してしまうあの頸動脈への一撃から、かなり恢復していた。いまや、彼の顔色はまっ黄色になり、恐怖でひきつり、眼は締め殺されたウサギのようにとび出していた。

「おまえはおれにそんなことできやしないぜ、レフティー」と彼は言った。

レフティーはモロニーのそばへ行き、ていねいに彼にナイフをみせた。それから、

（丹念に）ナイフをモロニーの腹に押しつけるのも拝がませた。それから、レフティーは、肉屋が焼き肉をさすように、物静かに、しかし確実にそれをつき刺した。モロニーは、断末魔のゴロゴロいう悲鳴をあげ、ぐったりしてしまったが、その間じゅうレフティーはモロニーの眼をまっすぐに見すえたままニヤニヤと笑っていた。レフティーはくすくすと笑い、それから、ナイフをひき抜きそれを大変注意深く拭いた。「さあて、今度はお嬢さんだ」、彼は言った。

その小娘は、驚きと苦痛の波が交互に押し寄せるごとに、恐怖で吐きそうになっていた。そのあいだじゅう、ブッチは平手で彼女の眼のところを強くひっぱたき、そしてその度に、ひざを彼女の股にわりこませるようなことをしていた。

いまや、彼女のドレスは腹のところまでひきおろされ、ネグリジェはひき裂かれ、よごされていた。レフティーはストーブのわきから、彼女のほとんどムキ出しの胸が上がり、下がりするのを、横目で見つめながら、その度ごとに燃えさしのなかに、慎重にツバを吐いていた。しばらくすると、苦痛の赤い波が彼女を圧し潰し始めた。がしかし、気絶する前、彼女はレフティーが新しく恐ろしい色を眼に浮べて立ち上るのを見た……彼女は低いごろごろいうような苦悶の声をあげ、両脚はけいれんでひきつり始めた。

『サンクチュアリ』の同じような危機的シーン、ポパイがテンプルをかくすためリーバの淫売屋に連れて行くところ、は。

彼女は大コップのなかへふうふうと息を吐きながらビールを飲んだ。一方の手は、小石ほどもある黄色いダイヤモンドをちりばめた指輪をはめて、たぶたぶと波うつ胸のあいだにおさまっていた。……

ポパイとテンプルとがこの家に入るか入らないうちから、テンプルにむかって自分の喘息についてしゃべりはじめ、かれらの先にたって階段をやっこらしょと昇りながら、毛糸の寝室靴をはいた足を重そうに一歩いっぽ踏んまえてゆくのだった。片手に木製の念珠をもち、もう一方の手には大コップをもっている。教会から帰ってきたばかりらしく、黒い絹地の服を着て、帽子にはごてごてと花をつけていた。大コップの下半分は、中味の冷たさでまだ曇っていた。太い股をどたりどたりと代りばんこに動かし、足もとにじゃれつく二匹の犬をうるさがりながら、肩越しに、かすれた母親のような声で、息もたえだえに、しきりとしゃべりつづけた。「ほかへはいかないで、ちゃんとあたしの家へあんたを連れてくるなんて、ポパイはやっぱりえらいね。あたしゃあのひとの顔を見るたんびに、やいやいいってきたもんだよ。もう何年になるだろうね。あんたに女の子を世話しようといいはじめてからさ？　つまり、男が女っ気なしで暮せやしないってことは、ちょうど……」

息をきらして、とつぜん足もとの犬を叱りつけ、たちどまって二匹をおしのけた。「下へおりていきな」と念珠をふりまわしながらいった。犬たちが歯をむきだして、悪意ある裏声で唸ると、彼女はビールのほのかな匂いをただよわせて壁によりかかり、手を胸にあて、口をあけ、息をつこうとしたが、あまりに息がきれるので、眼をじっと悲しげな恐怖に光らせていた。大コップがずんぐりとした柔かな微光を放って、鈍く銀色にうすくらがりに浮きだしていた。

階段の狭い吹抜きは、ひとまわりするとまたもとのところにくるようになっていたが、下から上までぎりぎり一杯の広さにとってあった。各階とも、表のほうには厚くカーテンをとざしたドアがあり、裏のほうには鎧戸をおろした窓があったが、その両方から洩れてくる光は、倦みはてた感じだった。すっかり疲れきり、疲労こんぱいの極、斃れてしまったような――日の光のとどかぬ、日光と白昼のいきいきした物音がとどかぬ、腐った溜り水のような――倦怠がよどんでいた。あたりには、何かまともでない食物の、屍臭を思わせるような悪臭がただよい、そのなかに漠としたアルコールの匂いが混っていた。テンプルは何も知らなかったが、それでも、いま通りすぎて行く静まりかえったどのドアの向うにも、ひそやかな衣ずれや、いくら痛めつけられても感じなくなっている腐肉の、他をはばかる囁きが、ぞっとするほど猥らに混りあっていて、それらが彼女をとりまいているように思われた。後ろからは二匹の犬が、彼女の足やミス・リーバの足にからみつきながら、むく毛を光らせて這い歩き、その四肢の爪が、階段に絨毯を留めてある細長い金属片をひっかいて、かちかちとかすかな音をたてていた。

（ウィリアム・フォークナー『サンクチュアリ』西川正身・瀧口直太郎訳、新潮文庫、一八五―七頁より）

ギャング・小説は、かなりの程度死んだような、使い古した直喩にみちた、タフなアメリカ風会話の弱よわしい真似、平板な、写真のような描写からできている。それはピクピクと気まぐれに動く、息の短い文節からなり、そのことは、表現構想力の薄ぺらさ、一面性と対応している。にもかかわらず、それは疑いもなく部分的には一種の生命力をもっている。苦痛をあたえることのスリルを描くとき、その文体はときとして神経にぴったりとよりそって動く。それはサディスティックな状況をつくり出すのに応じて一種粗暴な力をもって運動するのだ。そのとき、イメージはきまり文句であることを止め、神経のスリルを触発する。それは直接その対象に向い、苦痛のディテールのなかに溶けこんでしまう。そうした瞬間、それは残酷漫画と同じような生気をおび、同じように、二次元的なバランスの崩れた経験の画像を呈示する。

『サンクチュアリ』は、一般に認められているように、初期の人気馬だった。にもかかわらず、人はそこに真面目な俗世に興味をもたぬ一人の創造的作家のしるしを見てとることができる。恵まれた才能のある、多様な、複雑な知覚作用が働き、見えるもの、臭い、音をひろいあげ、それらを一緒にしてある錯綜した場景を織り上げる――みじめでグロテスクで、にもかかわらずパセティックなその場所の雰囲気。恐ろしく、ギラギラした、それでもどこやら喜劇的なミス・リーバの姿。男につかまえられ、年老いた淫売婦の奇っ怪な母親的性質に取かこまれて、そんな場所の階段を昇ってゆく少女の恐怖。フォークナーは、ものを見、臭いをかぎ、音を聞き、その経験のまわりでそれを通して、反応している。

しかも、彼の言語は感情状況の必要に応じて伸び縮みする。単語とイメージは、その本来の性質を探索して行くのにつれて、生きいきとしてくる。リズムと文は、状況の錯綜性を暗示しようとするとき、展開し、複合される。ひゆをかえていえば、フォークナーの散文は、ギャング小説の文章よりも、より強じんな構成、より大きな「肉体」をもっている。フォークナーの章句は、より大きな枠組の感覚を伝えるために、この構成を発見しなければならなかったのだ。彼は暴行を超えたものを見る。恐怖は現実感がある。しかしそこでそれがよりリアルなのは、章句のあいだにかくれてはいるが、そこに外のより正気の世界、太陽の光りと正気の感覚があるからに他ならない。そうした感覚が全体の章句にモラル・パースペクティブをあたえる。われわれは、中間に道徳的解説なしで、いわばあるがままの恐怖を見る。しかし、われわれは、いつでも全体をおおい、取りまいている、外の秩序があるというより大きな感覚のせいで、そのことだけでその意味を読みとることができるのだ。

ギャング小説の書き方では、この大きな枠組に気がつかない。われわれは、猛烈な裏通りの襲撃、古ぼけた乱れたベッド、閉ざされた殺し屋の車、川っぷちの倉庫でのナイフの格闘、からなるこの世界を出たり入ったりするだけなのだ。われわれは、それらの物自体にはスリルをおぼえる。が、そこに出口はなく、その他のものはなんにもないのである。

そこには地平線もなく、大空もない。世界、意識、人間の目標もおしなべてこれ――この圧縮され過熱された恐怖感でしかないのだ。

どのぐらい売れているかという信頼できるデータは、なかなか得られない。しかし、真実に近いと思われる推定でよければ、情報は充分にある。出版者たちは、大きなことを言っている。ある一冊は、かれらの言うところによると五〇万部以上売れている。これが、個人間であれ、雑誌屋を通してであれ、圧倒的に手から手へわたって回覧される種類の読み物であることを考えるならば、この一冊の読者総数はどうみても二百万以下ではありえない。別の出版社の連中は、もう一冊について三〇万部以上売ったと称している。約六年間に一人の著者(または同じ名前で書いている数人)によって五〇種以上もの本がつくられており、全部で約千万部近く売れたと称されている。別な著者の本は三年間で六百万以上出たといわれる。またもう一人の著者は、各々一種類約十万部を売り、五週間ごとに新しいのを一冊生産し――合わせて一人の著者が一年間で新刊約百万部、といわれている。そして、そうした著者、出版者は数多い。

私は主としてジューク・ボックス・ボーイたち、を考えることから、かれらを都会青年層における下層レベルの読物を論ずる場合の人体模型とみなして、始めた。かれらにつけ加うるに、既婚者の若干、他のどの集団よりも、本を手から手へまわし読みする召集兵の大群が入るだろう。この種の本を出す若干の出版者をまき込んだ一公判で、軍隊からの需要が増大している、と主張されたことがある。需要が増えているかどうかは私にはなんともいえない。だが、兵隊たちのあいだに大きな要求がすでに存在することは、自分の体験から断言してもよい。どの年齢層にも読者がいることは言うまでもない。が、この三種の集団が、この種の小説の読者の多数派を形づくっていることは間違いないようにみえる。

こうした本を読むことを、表にあらわれる非行に関連づけるのは容易すい。しかし、私の知るかぎりでは、そうした関係の存在を証明した者はまだこれまでのところいないのだ。しかも、私のみるところでは、こうした書き物がもつ威力の性質を評価しようとしたさいの感じでは、読者への効果はより大きく内面的なもの、行動よりも幻想の問題にかたむいているようにみえる。この種の文学は、実際、もっと一般的にいって「行為なしの感覚昂奮」をあたえるものとしては、これまでに生産されたうちで、最も進んだ形態だ、といってもよいだろう。

しかし、この種の出版物と私がセンセーショナリズムにおける「代償」とよんだものとの間には、きわだった違いもある。このセンセーショナリズムはどぎつく、生硬にリアルなのだ。この種の書き物がほとんど地下水のようにたえずあらわれていることは、多くの読者のなかに、もっと広汎に公然と流通している出版物のなかにあるのよりもある程度、よりつくりものめいていないセンセーショナリズムを求める無意識の欲求があることによるのではないか、と疑わせる。この視角からいえば、こうした小説は、私が以前にその特殊に「リアル」な性質を論じておいた、あの「いやらしい」地方雑誌に関連している。この二つのタイプの出版物は――最も重要な特色というわけではないが、マス・センセーショナリズムの過度の人工性からの無意識の反動に、答えているのでもあろう。

より重要なことは、安っぽいセックス小説が一部例示したような方向で発展してきたのは、われわれの大都市が過度に混雑し、しかもそこで方向の感覚をみつけることが一層難しくなってきたことによるのかも知れない。大衆読物におけるこの種の発展と、今日問題をひきおこしつつあるより一般的な社会的発展とは平行していないだろうか。それはこの観点からいえば、すべて一つの都市なのだ。こうした物語りに出る「スパイク」は、カフカの「K」の頭の悪い異母兄弟なのだ。これは空虚な巨大・過密都市世界の大衆文学なのだ。それは、以前はなんらかの目標があったところにいまやポッカリ大きな穴があいているというひそかな感じ、においてアーネスト・ヘミングウェイのなかにある諸要素とつながっている。(8)『武器よさらば』は、ヘンリーがそこでキャサリンが死んでしまった病院から立去るところで終る。

「いま入ってきてはいけません(9)」、看護婦の一人がいった。

「いやおれは入る」と私は言った。

「まだ入ってはいけません」

「出ていってくれ」、私は言った。「もう一人もだ」

しかし、私が彼女らを外に出し、ドアを閉め、あかりを消しても、それはなんの役にも立たなかった。それは彫像にサヨナラを言うようなものだった。しばらくして私は部屋を出て、病院を去り、雨の中を歩いてホテルへもどった。

ある典型的なギャング小説も同じように、語り手が恋人の死体をあとに去って行くところで終る。

おれが見たとき、ファンは死に冷たくなっていた。おれはそこからきびすを返した。スパイキィがなにか、くりかえしくりかえし言っていた。だが、おれにわかっていたのは、おれのなかにポッカリ大きな穴があいた、ということだけだった。おれはその場所をはなれて歩き始めた。おれは冷たい夜を相当長いこと歩いた。おしまいに、スパイキィが追いついた。「大将、一緒に行こう」、彼はいった。「仲間がマイクの店へ行くところなんだ。あんたをみりゃあ、女どもが喜ぶぜ」おれは答えなかった。本当は聞いていなかったのかも知れない。おれは歩き続けたい、夜を一人で歩き続けたい、とだけ思っていた。

どちらの本でも、決定的な空虚感は、どちらの場合もそれは一つの死に関連しているとはいえ、より広汎な、もっと一般的に浸みとおった空虚感をも象徴している。実際、女どもがそんなに大きな意味をあたえられるのは、彼女らだけが、この全て意味のない世界にあって意味があると思われる唯一のもの、にみえるからにすぎない。ほとんどの場合、調子の似ていることは、驚くべきである。つぎのことはつけ加えておかねばなるまい。章句の各々のタイプがつくっている全努力は、この引用が示唆するほどそんなに似ているわけではない。効果は、各小説のその前段すべてで決まる。ここでも類似は明白である。が、ヘミングウェイの世界が、ギャング小説作家のよりも格段に成熟しているのは、とくに言うまでもあるまい。

ギャング小説の世界には、ハピイエンドも、本当は出発であるようなどんな終り、つまり、同じ場所にとどまり、都市をきずくために自分にできることをすることで人生を再出発しようとする努力——もありえない。いま例示したような平板な空虚さで終るか、自動車にのりこんでコンクリートの高速道路をつっ走って行く（登場人物は大がい、家庭もきまった仕事もない、根無草である）ことで、新しい出発が始まるような印象を一時受けるか、どちらかでしかない。タイヤは表面をすうっと走り、都市の要求はあとへ取りのこされる。人格への要求も——あなたは望みを持ち続けるわけだろうが——取りのこされる。あなたは西へ向う、まだ子供のときの夢が残っているかも知れない世界へ。本当はそう思っているわけでもないのだが、それでも行かねばならぬ——進歩主義が人格の、終りもなく望みもないどうどうめぐりの逃避にほん訳されているのだ。ふつうは、こういう恰好になる。

そこで、おれたちはその町を離れ、高速道路をつぎへ向った。おれはその場所がたまらなく厭だった。その上に太陽の輝いている田舎がよく思えた。おれは古いシボレーを全速にし、それはコンクリートの上を確実に八〇キロのスピードでばく進した。おれはずっとそのままにしていた、何時間たったかはわからない――何マイルもすぎ――どこかおれの知らないところへ向って……

巨大・過密都市からの逃走。しかし、巨大都市自身の生産物、生命力をすり減らす機械にのっての。彼は戻ってくるかも知れないし、行く手にはほかのと全く同じようなもう一つの町がまっているかも知れない。そのあとは、またもう一度逃走。それからは突然の死が終止符をうつまで、同じことの繰返し。ゆくりなくもある小説の結びが胸に浮んでくる、一世紀半前の、『感覚と感受性』の結びが。

バートンとデラフォードは、強い家族の愛情が自然にそうさせるように、たえず話しあっていた。そしてエリーアとマリアンネの功績と幸福のうちには――なによ一番詰らないことじゃないなどと思ってはいけない――彼女らが、姉妹でありしかもお互に見えるほど近くに住んでいたにもかかわらず、彼女らが仲が悪くなることもなく、また夫たちを仲違いさせることもなく、暮していけたということが入っている。

IX　ゆがめられた源泉——緊張のないスケプティシズムについてのノート

われわれは、独力で専制と闘うことのできる自主独立の人間をほろぼしてしまったと私は思っている。……貧民は自分の祖先から、信仰なしの偏見を、美徳をなくした無知を受けついだ。彼は自分の行動の規範として自己利益の教義を採用してしまったのだ……

（ド・トックヴィル、第一部序文）

A　スケプティシズムからシニシズムへ

私は「シニシズム」という言葉を、この前二章で描いたのよりももっと積極的な一群の態度をややあらっぽく包括する名称として使おう。この「シニカルな」態度は必ずしも受動的なものではない。それはなにか積極的な自己防衛といった色合いを帯びている。私は折にふれて一度ならずそれに言及してきたが、ここで全面的に取上げねばなるまい。特にある種の話し手によって——宗教団体集会の司会者、訓話するときの校長——しばしば攻撃されるから。それを聞くとシニシズムの性質がどうもあまりよくわかっていないように思えるから。われわれは「いまの若い世代のほとんどなににも関心をもたない態度」が嘆かれる会合の報告にすっかりおなじみになっている。この態度は実際今日の労働者階級の人びとに典型的なのだろうか。そうだとすれば、どういう形で、また、なぜなのか。

私は、この精神が、べつに労働者階級にかぎられたことではないのだが、その多数に影響を与えているといわれるのにはある理由があると思う。それが自分を甘やかすことを育んだのと同じ精神的風土から生えそだって来ていることはたしかだろう。前の章からこれに関連する接点をまとめて繰返すと。民主的平等主義はあらゆる権威と責任を疑うことを促進する。無制限の進歩という考えは大勢順応のメンタリティをかき立てる。しかし大勢順応も行進も時には、より複雑な危険に向ってのみ前進するようにみえる。人は流れに乗り続けてはいるが気分は分裂する。進むことは進むが、人はそれを信じていて同時に信じていないというわけである。自由はあることはあるが、無制限の、自由のための自由という考えは人びとに悪く作用する傾向をもっている。「何だって変わるさ」は明るく響くかも知れないが、不安にかられた状態を言葉にしたものでもある。それ特有の専制を伴う無差別主義がそれに続く。あらゆるものが等価だとすれば、価値あるものは何もない。最後には「それが何になるんだ」「気にしない、気にしない」といった言葉で示されるような空しさとあてのなさが残る。「つけ加わる」ようなものは何もないというわけである。

それでも、この外にはっきりあらわれるシニシズムの現代的な形の背後には、もっと前の時期の非同調性、よいことをするつもりでやってんのさ、という公的な、「ボス・クラス」の主張への懐疑も多少とも見られるのである。この健全な側面では「おれはのらないよ」といういま流行の言葉は「私は従わない」（このキッチリしたいい方は決して労働者階級に典型的なわけではないが）という伝統的な精神と通じている。現代のシニカルなあざけりは、古い暴露や喜劇類とつながっている。公的に与えられたいかなる価値も認めるのを拒否するのは、古い実用主義的、非観念的根っことつながっている。なんであれ文句をつけられることを拒否するのは、エライ奴やお役所なんかに頭を下げるもんかというより古い態度のねじまがったものなのだ。こうして、何百もあるうちから一例を挙げれば『大いなる遺産』の始めで、ピップとジョーは、ジョージ王の部下が牢獄船から逃げた囚人を捕えたりはしないだろうと自動的に期待するのだ。

より新しい使い方[1]だと「おれはのらないよ」はしばしば、何か「買う」のをとにかくもうなんだって拒否することにも通じる。初期の「私は従わない」はしばしば、公的な基準は、個人のもつ、より高いと信じられている他の基準に反するがゆえに受け入れられないという積極的な主張であった。新しい態度は多く、あらゆる価値が疑しいから、いかなる価値も認めるのを拒否するということになる。「私は不賛成だ」は「みんなたわごとだ」という、あらゆる原則へのあざけりとそんなものは破壊しちゃえという気分になる。胸のすくような暴露は、なんであれ信ずることをにがにがしく拒否することとなる。反権威主義は、私的、個人的生活の価値への感覚によって培われた非同調性ばかりでなく、ともかくすべて権威の観念を受け入れることの拒否となる。「おれは犬のように使われたかないさ」は「私は誰にだって使われたくない」になる。そこでは、どこでも同じことだが、調子が語と同様に重要である。

だから、そういう態度が新しいものだといっているわけではない。実際ここで使われている文句の多くは何世紀も昔からのものである。「おれは乗ったぜ、ジャック、梯子を引き上げろ」でさえも少くとも半世紀の間いろいろな形で使われてきた。今日の「悪がしこい少年」（'wide boy'）におけるような意味で使われる「ワイド」は一八八七年から使われている。(2)

そういう態度の使い方が、明白に改善されているにもかかわらずまだ大いに疑わしい世界に対する防禦のよろいとして、最近になって広まってきたようだということを、私は言いたいのだ。このよろいの中で大がいの人はしたいようにする前に、というよりは当惑し首をひねっているのだが。家庭の、あるいは私的な根が弱いか、強制的に破壊されたところでは、こういう態度は広汎な、道徳上のいわゆる「遊び人暮し」にいきがちなのである。

こういう態度は主として外の世界、「おれたち」じゃない連中とつき合うために、現在でもいまだに使われているように思う。われわれは二つの意味にとれる見解、それも一層曖昧になったそれに逆もどりしているのである。「結びつける」ことが一層できなくなっている。各人が市民として大いに期待されている、まさにその時に、彼が生活のその部分をうるおすのに使う泉がそもそも汚染しているというわけである。オルテガ・イ・ガセットは「大衆的人間はただ単に道徳をもたない」といった。だがそれは大衆的人間としてみられる、「ふつうの人間」としてみられる抽象的「大衆的人間」一般にだけ当てはまる話だ。自分にとって認めうるなんらかの意味をもつ人生を生きる一人一人の個人としての「彼」については正しくない。それに彼は二種の生活を結びつけたいと思い続けている。こうして、「われわれの現存の難問」という討論で（政界人や財界人がしゃべったあと）われわれに本当に必要なのは「心を入れかえる」ことだという確信を述べたBBCチームのメンバーに、心からの力強い拍手が送られることになるのだ。彼は、「率直」で、宗教上の考えとも合い、私的な生活に対するのと同様ピッタリと公的生活にあてはまる行動の規範への潜在的な要求にふれたのである。

しかし非常にしばしば、われわれの誰もが知っているように、公的なことにおいても「なんだってかわるもんさ」という考えにぶつかる。（時には、「自分の尻は自分でふく」ことをしたいというある願望によって強められている）。土地の事柄に関しては普通正直であるのに、外の事柄においては人をだますように人びとをしむける考え。「仲間をよろしく面倒みてくれ」の伝統は個人的に知っている集団に対する忠誠を示すために、外の人びと――かれらのために働いている――をだまくらかすことを普通意味する。友達をだましたりはしないが、「会社」やお役所をうまくだませるなら、どんなことでもするというやつ。隣人を苦しめはしないが、中産階級のやつはいいかもだ。私は、英国在郷軍人会から家の立ちのきの補償をもらう若い労働者階級の奥さんを思い出した。彼女のために一組の馬と馬車をやとって引越しを請負った男は、費用を二倍に水増しして会に請求する、儲けは山分けしようということをほのめかしていた。実際その通り行われ、私の知るかぎり、その男はいつもこのトリックを使っていたらしい。思うに彼のお客の大半は、私の知っていた人と同じように、他のことでは正直なのに、この話には二つ返事でのっていたのではなかろうか。

公的なもの、「外側のもの」は利用してやれという態度。「軍人会」はむかしの「救済委員会」同様誰がやっているのかはっきりしない集団なんだからごま化してとれるものは取ったってかまわないんだ、というわけだ。そういうことをしなければ「ウスばか」に見られる、というより、ことわれば目の前に立ち、お役に立ちますよなどといっている生身の男を困らせたであろうから。そういうことについての態度を攻撃したりすることは、ちょっぴり馬鹿バカしく見える。そんなことは誰でも毎日やっているし、他のインチキも「おだやかなペテン」、「やさしいペテンさ」といったキマリ文句のエリ巻きで包みこまれてごま化される。

これは、どの時代でも労働者階級の人びとの態度のなかに流れてゆくだろう。結局この種のことは大がい、売ったり、交換したりするものがほとんどない自分たちに対してやられているんだとかれらは感じている。しかし、いまでは外の世界には信用できる原則なぞはなく、外側にそれがあると思っているのは馬鹿なのじゃなかろうか、という疑念が強まっているようにみえる。

さらにこの外見上のシニシズムは部分的にはエネルギー節約の機制、不断の攻撃に対する防禦の手段なのだ。公衆に語りかけるシステムのととのったこの時代において、「ふつうの人」（特に長い戦争の間、しかし今では次第に平時にも）はずっといろいろな口調の説教とお祈りを聞かされてきた。「これは少しも傷がつきませんよ」という商売人の口説から、お役人の結構な説明口調まで、あらゆる声はたえずおだて過ぎで、売り過ぎで、からかい過ぎである。「あなたは――にお悩みですか」「あなたがなぜ召し上るべきか――」「征服者それとも征服された人――あなたはどちらですか」「あなたは――をお買いになりましたか」「あなたは驚かれるでしょう」「あなたも――をおもちになれます」「あなたのために――があります」「――ということをあなたはご存知ですか」「あなたなら何をなさっていたでしょうか」。「ふつうの人」は、こうしたすべてに対する防禦の手段を見つけなかったら、グランド・ホテルの一人ぼっちの給仕のように困るだろう。彼はそうだまされはしない。判断や実行するさいの自分の困難をいくらかは知っているし、自分が「つかまえられている」「働きかけられている」という事実については、はるかに鋭敏に気づいている。数代にわたって「夢のような話」を疑ってきたのだ。彼は大かたのアッピールを「見抜く」ことができるし、「とりこまれる」ことのないようたえず警戒している。

いまや彼はぎょうぎょうしい声を休む間もなく浴せられ、これと、これと、これを感じなさい、これに反応せよ、それをしなさい、これを信じてごらんとしょっちゅう勧められるので、いや気がさして、これらのどれにも、すばらしいものだろうが、恐しいものだろうが心を動かされたりするもんか、としばしば決心する。すべてに無感覚になろうというわけだ。彼は、強い抵抗のろくしよう、厚くて固い、心を動かされないための殻を発達させる。声が、特に新聞のそれが自分に話しかける何か重要なものを本当にもっている時にも、チラリと昔からの微笑みを投げるだけで、だけで、ほかの楽しい部分を読み続ける。かれらは「狼」が来たとあまり叫びすぎたのだ。BBCのニュースは信頼されている。それは結局お役所のお声じゃないかという疑いと、どっち道退屈には違いないや(3)という条件がつくにしても。新聞に対する反応は、おだやかできびしくないシニシズムである。

「おい、あんた新聞にのっていることはなんだって読むんかい」
「新聞にのってんのはみんなうそだ」
「新聞はうそでいっぱい」
「新聞のはみんな宣伝さ」

私が子供の頃、労働者階級の古い世代は、ある事実の正しさの証拠として、「でもそれは新聞にのってる」としばしばいったものだ。この言葉は今ではほとんど完全に使われていないように思える。人は、ヒューマンに、個人的につくられているかぎり新聞を、政治に関する部分でさえも読み続ける。心の奥では、いかなる形であれ純粋の信仰を勧める説教のなかに、底なしの不信仰がこだまするのを聞いているのだ。映画スターの生活特に私生活の詳細な記事を読むのは面白い。だれそれがしあわせに結婚したということを人が本当に信じているのかと言えば、――まあ、ニヤリと笑って、読み続けるだけだろう。私は労働者階級の人びとのいくつかのグループが、当時すべての広告機関がとりあげたキャプテン・カールセンとその「空飛ぶ企業」について話しているのに聞いていたことがある。かれらは一人の例外もなく、これこそ上流階級の個人的な英雄的行為だなどというお揃いの叫びに全く影響されなかった。かれらはその行為の性格について合理的な疑問を表明するといったことはしなかったが、単純に、あたかも自動的に、それはにせもので、商売は背後のどこかで行われ、新聞はトリックにひっかかっていると考えた。そこには何の感動もなく、あるのはいつもの時間潰しだけなのだ。労働者階級の人びとは外から与えられたものを楽しみがちだが、内心この楽しみを与えた周囲のものを何ら尊敬していない。たやすく周囲から楽しみをとるが、それを信じるような「馬鹿ではない」。先の二章で述べられた状況を見れば、このことは納得できるだけでなく、本来健康な反応なのである。

仕事の世界、ボスの世界では、一般に、現金（なま）がものをいい、誰もがそのために動きまわっているんだと考えられている。労働者階級は経済のジャングルの最底辺にいる。より高度な欺瞞とかより高度な犠牲とかは見えないが、現金デモクラシーの個人主義が無数の小さな方法で働いているのを見ている。かれらがボスと消費者との仲介者なら、その商売でうまくだます方法を学ぶようにしむけられることが多い。「だます」こと、欺瞞は、「うまくやっていく」過程につきものの正常な特徴のように思えてくる。悲しい光景の一つは、監督者としてのみふるまい、世間なみの不正にふけっているボスに雇われた職人である。職人は正直に契約の彼の担当部分を実行しているとしても、会話では——自分が住んでいる世界を知っているよ、ということを示すために——、シニックな小さなことでも「ペテン師」の風をしてホラを吹いてみせるのだ。公言されている道徳と現実との溝を見るのである。中年に近づいた男だと三〇年代に人はどんな風にくびにされたか、ボスの舟を浮ばせておくためにだけ解雇されたことを憶えている。最後には現金——関係が勝つ、「金がものをいう」と思わないわけにはいかないのだ。それを規定する文句を並べてみよう。

「そいつは全く金のもうかる商売だ」
「とにかく金、金、金」
「誰もが一番得しようと思ってやがる」
「そいつはもうかる仕事だ」
「誰も結局自分がかわいい」
「誰でも金もうけには夢中になる」
「すべて結局金ないし経済の問題だ」
「やつらは皆だまし合っている」
「金がなきゃ動きがとれねえ」

「どっかにごま化しがあるに決ってる」

こういう中では「正直は最善の方策」も、しんちゅうの寝台につける焼絵のように時代遅れに思えてくる。馬鹿でなけりゃ、できるだけ「さぼる」ことだ。

「それが暮しってもんさ、そうじゃないのかい」

「おまえもごま化した方がいいぜ。とにかく連中は皆おまえをだまくらかすに決ってんだから」

「おれは心配しなくちゃいけないんだ」

「気にするな［ことがうまくいかなくても］考えることに金はやらねえよ」

「おまえだって人並みのことはできるんさ」

こういう言葉を毎日労働者の一グループから聞いているとかれらのシニシズムは完全だと結論したくなってくる。しかしそういう話し方は多分に形式的ないし象徴的なものだ。それはかれらがいいことと悪いことを見分けること、産業の本質についてなんの幻想ももっていないことを示している。

それゆえそれはより公的なあるいは職務上の、生活の領域に対するかれらの態度と一致する。聖職者に対する陽気なシニシズムについて言えば、初めの方の章で書いたが、「あれでかせげんなら、いい仕事さ」「いまどき、あんなことで金がもらえるとはね」といったのがある。全く同じことが、より鋭いトゲがあるが、政治と政治家に対する態度についていえる。一般に考えられている政治家とは。

「全くの不正直者ペテン師」
「自分のためにやってるだけ」
「私腹をこやす奴」
「一番いい目をみようとしてるやつ」
「みんなおしゃべりだけ」

かれらが「やつは全く本当の政治家だ」という時、その意味は、彼は「しゃべるだけで何もしない」、「彼のような人は決して実際に、われわれのような人間の世話をしてくれない」ということなのである。くり返すが、こういうものの多くは非常に古くからあるもので、労働者にとってはもう生まれついてのもの、といってもよい。しかし今日非常にしばしば、どこでも、生活のどの面でも同じことだという風に単純に延長していわれている。

戦時中、労働者階級の主要部分に相手側への敵意を抱かせるよう説得するのは決して容易ではなかった。その背後にあまりにも明瞭に「やつら」が見えるからである。「ふつうの人間」に、兵隊にとられた時は、ルパート・ブルックのように行動しろなどといったってどう仕様もない。彼は、ねばならなかったから、「結局やつらにはつかまってしまう」から、軍隊に入っただけなんだ、「やつら」がエースをみんなもっている。今日ほとんど普遍的になっているといってもよい考えは、戦時、平時どの時期の兵役であれ、すべてが疑しく、「おれ」が入っているのは「おれ」が「ごま化す」ことを考えるについては他の男より鈍かったからだということにつきる。ここでは、合理的な威厳のある態度とより広く新しい形式との複雑な混合がほかのなによりもはっきりと見られる。仕事全体は複雑で、匿名のものなので、人びとはいう。「ああおれは家へ帰るまでなんとか暮していかなくちゃ——おわりさえすりゃ「こん畜生、ジャックめ」。戸をしめて女房と子供と俺だけで暮すんだ」とか「ああおれは闘っている、国のためじゃないぜ、家族のためだよ」とか「何故そこにいるかって？　ああ、おれはやつらにつかまってしまう程馬鹿なのだ」とか「おれ？　何てまぬけなんだ、やつらにつかまっちまったんだからな」とか「ああおれは何もできない、まぬけなことに、やってみたところが災難をひっかぶっちまったのさ」。「おれたちは皆一緒にいる」とは皆つかまえられているということである。軍隊が統一を保たれているのは必ずしも、規律とか団体精神とか『時事問題』講話の啓蒙によるのではなく、人が巨大な非人間的組織の内側に、自分たちで創造する、人間関係の無数の小さな細胞を結合することによっているのだ。この人間関係は何にもまして、先の章で述べたような退屈にもつつましく耐えさせる根源である。

実際この世界の何ものも「普通の人間」を「普通の人間」として動かすことはできない。

彼は本能的に用心深い。その沈黙の抵抗の強さは精神的な死、道徳的な意志にしのびよるまひになるおそれがある位である。われわれは、労働者階級の人びとが大変だまされやすいということを聞いているし、その証拠が沢山あるのも見ている。しかしこの幻滅感は今や大きな危険として、(何度いってもいい過ぎということはないが) かれらが他の階級とも共有している危険として現われる。個人的な生活の外にほとんど何も意識して信じようとしないのである。同意の泉はほとんど枯れてしまったというわけだ。あるいはさらに悪いことに、かれらは減少し崩壊していくものを信じようとし、積極的な価値のある主張を信じようとしない。大がいのものは「ぺてん」だと思えば、あらゆるひどい非難は受け入れ易く、賞讃と讃美の主張には従いにくくなる。近代社会における強力な影響のいくつかは、言い抜けによる破壊の上手な世代を生み出す傾向がある。かれらは、心からの感動とか強制されない善行はあるのだという考えから隔離され、それ自体として幻滅したもの、あるいは明白に利己主義的なもの以外はとにかく自動的に疑ってかかるのである。そのキャッチ・フレーズはこわれ易く否定的な「それでどうしたんだ?」という奴だ。

事態は次の事実によって悪化させられている。すなわち、学校を出たあとの、非常に多くの人びとの読み物が、普通かれら自身の、地方的ないし家族的な物事における道徳的規範が考えられているにもかかわらず、より一般的な行動ないし原則の概念が少しもないような世界の姿を与えていることである。近代生活と、人が生活に用いる才能についての、何と狭い、選択されたものの見方が、多くの大衆的な新聞によって与えられていることか。

読者の知るかぎり、思想とか芸術的表現、個人の自己犠牲、ある目的への訓練された服従の世界は存在しようがないのである。一体どれ位の人がアルベルト・シュヴァイツァーのことを、彼に関するいくつかの記事が短時間の「ニュース・ヴァリュー」をもつわずかな機会を除いて、聞いたことがあるだろうか。読み物がこれ程選択されて生産されている時、人間の経験の多くは過小評価しやすくなっているのである。

背後には、これを補強するものとして、態度を明らかにすること、真面目に考えすぎることへのいや気、道徳的な怒りの鈍いこと、さらに、失望した人並の男の「ほっておいてくれ、私も君も同じなのだから」という叫びがある。事態は地方的な共同体におけるより、外において一層悪いが、外でさえも、ことが「要するにそうなる」時、古いきまり文句とか格言に一致した行動をしばしばとれる人びとの能力によって最大限の効果をあげることで救われる。究極それを正当化する理くつが用意できないだけにせよ、まっとうな人間は決してしない、いくつかのことは残る。これは、人がしない、あるいはする、あるいはすべきものに対する積極的な考えの、質の落ちる代用品に見える。その極限では、それは三ないし四年前の殺人のとがを受けた男の被告席からの陳述という形の中に現われる。「おおとんでもない、私は特に道徳的ではないにしろ、人殺しなどではない」。殺人を犯すことのように、人のしないことは確かにある。だが、その陳述の最初の節「私は特に道徳的でない」は過失のあることを認めるというより、巨大な、幻想をもたない多数に属していることを主張するものである。この男は変ではない。今日の大多数の人びとについてというように限られてはいるが、この態度の網の目は、非常に混乱してはいるが、かれらにふつうに暮してゆくことを許し、ほとんどの時、大事なこととか、その必要があるときには、おれたちは「なにが正しくて、なにが悪いか」がわかるんだ、といったある感覚をもたせているのである。

すべてこうした態度はひとりでに大きくなり、他の領域にも神経を殺すような影響を及ぼす。ある種の自己甘やかし、なにとであれ契約しない態度にもなってゆく。道徳的緊張感は失われ、大して意味のない世界を受け入れ、内的な欲求を欠いたまま生きるという一種のダラリとした解放感にひたることになる。「よろしい」自分の立場をようやく覚ったことに多少満足している、サーバーの夫たちの一人がいう「おまえも幻想から目が覚めたってわけだ——おれもそうだし——おれたちみんな魔法がとけちゃったってことだな」。なんだってシミがついている。自分だってそうだ。誰だって自分が得をしようと思ってウロチョロしてるだけなんだ。だから一切の、大きな言葉よ、サヨウナラ。「原則に従って生きる」なんてのは馬鹿だ。「いまクリスチャンじゃいられないよ、押しつぶされちまうだけさ」。「高い理想」などという言葉は一般には嘲笑的に使われている。理想などというものは利己主義でないことの印ではあっても役立ちはしない。困難な現実にはなじまないのだ。他の誰かが「原則に従って生きる」のに努力しているように見えるなら、そいつは、馬鹿か気どり屋だ。手前の足もとを見ろってんだ。明白に馬鹿でもなく、気どり屋のようにみえない人間が、なお、あるものは他のものよりやりがいがあるなどと主張すれば、そいつは偽善者にきまってる。そういう態度の正しさを証明するものは全くありやしないんだからというだけで。それは、われわれがまだ「なじめない」、「一斉射撃」の一形態なのだろう。これらすべてが、何らかの点で——行動の規範、読む本、好きな音楽——ふつうでない人が、「ちゃんとした奴さ、だがちっと変ってる」としてそっとしておいてもらう事をむずかしくするだろう。「オーリック」精神と「スウィーニー」精神(「ゴチャゴチャ言うなよ、問題は簡単さ」)は、現代の幻滅感と疑惑とが協同してつくった大きな空虚さ、あたかも高くそびえる原則であるかのように非常にねたみ深く守られている穴を生み出している。変化が今述べたように続くとすれば、これが普通の事態になるだろう。いまのところ、もっとも普通の態度は、まだすこし魅力がないわけではない。それは限られており妙な形にはなっているが、「脱魔術化」の一種には違いないから。

B　いくつかの寓意的な人間像

ここで、パッとしない、人を当惑させるような、きまり文句と態度の外被をまとい装備した、例外的ではないが全体としてつつましい人間像に、より鋭く焦点をあててもよいだろう。この点で少くとも多くの中の、また、時代の典型である人間を思い浮べることができるだろうか。上で論じた徴募兵士のタイプは、状況がしばしば一時的なので向かないだろう。技術学校でテクノクラシーの時代に即応するように訓練された、根無し草のような末端技術者も同様であろう。彼の態度のいくつかは、部分的には、いかなる伝統的な社会秩序にも属さない特殊な組織の産物なのだから。私はむしろ、小職人ないし熟練労働者、鉛工ないし家屋塗装工、家庭用機械の修繕屋を選ぶ。請負うことになった仕事に格別気がのらない風で中産階級の主婦を怒らせたり、熱中することなく仕事をやり遂げ、おそらくちょっと散らかしたまま帰っていく男である。

多分、こういったことすべての中で、そういう男は、いつも外からそう思われているよりは状況の扱い方になれているのだ。彼は自分の仕事を知っており、たいした緊張もなくやってのける。経験で長い間に身についたものの他に特別の技能など要らないのである。しばらくすると彼は自分のしていることにほとんど興味を示さなくなる。一ダースかそこらの工程がたえず繰返されるだけだから、彼は、朝店で娘から渡されたリストに従って、毎日家から家へと回る。「コミュニティへの奉仕」だなどといったら、ニャッと笑って「ああ、大したたしにはならないがね」というだろう。小さな企業に固定給で雇われている男だとすると、それはボーナス・システムによってほんの少しずつ変る。仕事は多分、彼を雇っている二人と、他の二人の職人と、店をみている娘とで行われている。彼は連中が多少「ごま化す」のを知っている。連中が彼よりも、働き以上に金をとり、危険負担がほとんどないことも知っている。かれらが大変心配症で、自分よりはしあわせでないように見えることも。自分としてはそんなに心配する生活など、臨時手当が出たとしても、望みもしない。責任をもつのは好きじゃないのだ。彼は、自分が本当に楽しめる特別のものを買えるだけはかせごうと思うわけである。何人かの仲間がしているように、夜と週末に自分だけの税金のかからない仕事を「死ぬほど」懸命にやってもっとかせぐこともできる。しかし「それで何になるんだい」と彼はいう。「そんな生活は全然楽しくない」。彼には野心も、小さなもうけを狙う気もない。特別エネルギッシュな仲間にも本当の悪意はもたない。彼は「成功者」になれ、なれというお誘いには応じないし、他の多くの誘惑も疑ってかかる。

もちろん怠惰でさぼり屋の男もいて、悪意でしているととれるような怠惰で下手な仕事をし、そのことと、できるだけ散らかしっぱなしにすることで恨みを晴らしている。しかし彼とて生来怠惰で馬鹿だったわけではない。ある側面では知的なのだ。もし中産階級に生れ合せていたら、生来の能力によって、少くとも適当な自前の店の経営者か、なにかの専門職についたであろう。彼は気むずかしくないし、自分で「手ごろな仕事」と呼んでいるものを生み出していることに、ある職人としての誇りをいまだにもっている。この形容詞は、少しも彼の腕による傑作(彼は家での修繕で、あるいは趣味として作る)ではないが、できそこないではない仕事を示すための修飾語である。彼は「この仕事をひき受けてんだから、まあ一応のことはしなくちゃ」ということでさぼらないのだ。

彼は、そうやっていく人かの仲間がやっているお茶をご馳走になったり、チップをもらったりしているが、お客におもねる必要もないし、頭を下げもしない。あせらず、彼のいう「着実な」ペースで働く。この形容詞も又修飾語であるが。わざと「ゆっくりやる」わけではないが、なぜ自分の妻よりも便宜をはかって一婦人のために、あるいはボスのために「精力を使い果たす」べきなのかと彼は考える。

同時に一ダースものことを進行させながら、大急ぎで洗たくをする家庭の婦人の目からみれば、すべて彼女の責任、財産、関心なので、彼は半分位のスピードで働いているように見えるにきまっている。だが実際家事が自慢の主婦のように速く動ける者はいない。彼女は彼を、たしかにそうだとは言いきれないにしても、無能で非協力的だと呼びたくなるだろう。彼はまた彼で、ちょっぴり皮肉をこめて彼女を見る。彼は自分の労働生活の可能性を限定、それも大いに限定しておかなければならない。多くを人に尋ねないし、不熱心だとしても仕事をすることはする。彼は祖父譲りの不服従と独立心を大いにもっており、しかも二〇世紀が促進した修正がなされている。家では多くの重要な事柄で祖父と大して違いがない。ウィリアム・モリスが一八七九年に同じような状況を、私よりはるかに上手に書いている。私がいいたいのは、労働者の状態はモリスが書いた時以来はるかに向上しているにもかかわらず、現代社会には、労働者にこうした態度をほとんどかわりなくとらさざるをえないよう仕むける重要な特徴があるということだ。

全く本当で、というのが非常に悲しいのだが、今日誰かが、庭園師、大工、れんが職人、染物師、織工、鍛冶屋にしてもらう、何でもいいから普通の仕事を一つやってもらおうと考える時、上手にやってもらえればごく稀な幸運なのである。反対に彼はどこでも、簡単な仕事を回避したり、他人の権利を無視したりするのに出会う。しかも私には、どのようにして「英国労働者」がこの非難の全体の重荷、あるいは実際は主要な部分を負わせられるはめになったかわからない。大衆全体が怠けようとせずに、強制された、何の希望も楽しみもない仕事をすることができるかどうかを私は疑う。とにかく、そういう環境の下ではいつだってそうだったのだ。他方私は、正直で、退屈と希望のないのにも拘らず、その仕事をきちんとやりぬくだろう人が多少いることも知っている。そういう人こそ「地の塩」なのだ[4]。

私が述べたような人の外見上のシニシズムは、闇商人ないしそれに近い人という、第二の典型的な人物のそれに比してはるかに少い。というのも、こういう男はあらゆる階級に見られるからである。しかしある点で、かれらの態度は同じようによく知られている。闇商人はより積極的な人物、一種の転倒した「やり手」、混乱の「清算者」である。労働者階級の中から生まれた闇屋の好きな言葉は、

「おれは内情に通じている」
「おれは抜け目のない、油断のない、ずるい悪がしこい男さ」
「おれは生まれたばかりの赤ん坊じゃねえ」

「おれは自分のやってることあよく知ってる」

「おれは古くさい阿呆じゃねえ」

「チャーリーは申し分のない男だ」

「おれは利口な男さ」

「おれはしつこい、はしっこい人間さ、間抜けじゃねえよ」

「どうすりゃ一番いいものが見つかるかは御存知なのよ」

「あんたに尻尾はつかまれねえよ」

「それはきたねえ遊びさ」

「おれじゃねえよ」

「いつからそうなんだ……?」


多分この態度は老人よりも三〇未満の人に強固であろう。なぜなら多数の老人は三〇年代と戦争、犠牲と協力と親切を記憶しているからであり、四〇年代後半と五〇年代は、こういう美徳を再発見する場を与えなかったから。

当然にも他の階級はそれ自身の形式をもつ。というのも私は、複合的な方法で、社会のあらゆるレベルに影響する一つの事柄に触れているにすぎないからである。「おれは利口な男だ」の、よりしゃれた中産階級の変形の一つが「私はリアリストだよ、きみ」である。どこにでもいる男、「もめ事」にでもなれば「みんなの友達」、「内にいる」「いい奴」、オーデンの詩に出てくる「誰にでも話しかけるプロフィル」の所有者にまっすぐつながる。「どの日でも目を皿のようにして見張り」、ちょっと神経質そうな投げやりな恰好をみせながら、ひじょうに自信満々の人物。

かれらはすべて、愛想のいい注文取り、「販売促進者」を使って労働者階級の家の戸口で偽のリンネルを売ることによってできるだけもうけようとする男から、本当に大きな投機師に至るまで、一つの文化の特徴を共有しているのである。どんなレベルであれ、個性を売り物にして生きている、人びとの、高度に洗練されてはいるが大変むずかしい社会的な演技の定跡といったものがある。かれらは、夜になって仕事から解放されると、男性専用のバーをしばしば訪れ、金属のようなシニカルさと道に迷って途方にくれた少年といった風とが混り合った様子を見せる傾向がある。下層中産階級の例が頭に浮ぶ。その男の服装は、町の周辺をぶらつく紳士のスタイルと混り合ったスポーティな感じ、勇敢な平服の砲兵隊長あるいはサマセット・モームの短篇の登場人物を思わせる感じを出そうとしている。彼はバーの女給を高級な会話にひきこもうとつとめ、彼女にジン・アンド・イットかレモン入りポートワインをすすめ、そして昼間の委託販売の捜し歩きを忘れようとする。一般的な外観について言えば彼は、さわやかで、濃くて細い線をなしているかっこうのよい口ひげを残してひげをきれいにそっている、そんな恰好にみられたいと思っている。マナーといえば、少くとも昼間は「いかに友達を獲得し、人びとに影響を与えるか」といった見本のようにふるまう。彼はほほ笑んでいるような顔つきをするが目は笑っていない。バーの仲間の間では、腹の底からの響くような笑いによって区切りをつけながら、あたりにふりまいて一座をひき入れようとする、文章の断片が噴出するような会話を続ける。強調のために、自分のももや他人の肩をたたくことがかなりある。うなずき、ウィンク、あてこすり、バーやちっぽけな商売のテクニカルな熟語が沢山使われる。仮面がずりおちる時、人はなぜ彼が、自分の周囲でも自分自身でも沈黙を嫌うかがわかる。その下で眼はなにかを訴え、しっかり結ばれた唇には不幸がにじみ出る。

バーのいきな交際はしばしば、このような人びとが仲間意識に近づきうる最短の途である。それは、手押車の少年、家から家へとめぐるセールスマン、耳にきれいなブリリアンティーンの花をつけ、かすかに香水の香りをさせ、装身具を買うときはうるさそうな雰気をもった、より好運な人、を安心させるのに役立つ。ふと見ると、飲み浮れた若者のような外見上のはなやかさにもかかわらず、かれはエドワード朝の女たらしの直系の後裔のように見えるかも知れない。かれらは同じでも時は変ってきた。地面はかれらの足下でくぼんできている。バーが安堵感を与えるのは、そこではもはやブルジョワの動作でやっていかなくてよいからである。かれらは自分の知っている唯一の他の態度、「ずるかしこく」シニカルな態度に反応していればよい。

こういったことすべてと、より知的な人びとのいくつかの態度との、最近三〇年間における関係を追ってみることは非常に多くを明らかにするだろうが、同時に非常に難しいだろう。兵士の「気にしねえよ」、明るい若者の「なんだってかわるさ」といくつかの普及している知的な態度との関係である。こうみると、この最後の風景には、このバラバラにものを「知る」というゲーム、スウェーデン教練式に、ただそれ自体のために、お互いに人の小っぽけな知的ビールの泡を吹きとばす遊び、には、なんでも知りすぎた魂の、なにものにも執着しない基地から発射される鋭い知的好奇心のある形態の特別な楽しみがかくれているようにみえる。時には感傷癖を拒否するように見せかけた感動への恐れ、「目的と価値」についての一切の話への極端な疑惑、不正でずるい「名人」の策略によるそういう挑戦を回避する傾向といったものがある。しばしば権威に肩をすくめたりする。他人の権威だけでなく、時にはこちらから必要とする、上の学級とか夜間生の教師、大人の家庭教師、ゼミナールの若い指導教官に見られるような権威に対してである。ぼやけた形をした平等主義に謎をかけられ、疑惑と自分への懐疑に悩まされ、何ものも信ぜず、ほとんど誰も尊敬できない。そういう環境の下では、われわれは何ものをも頼みにしないし、味方にもできない。われわれは「みな友達だ」の精神を、位置からいってせめてそれだけはなきゃ困るんだがな、というたぐいの権威に取って代らしめたくなる。

「教師たちがリットン・ストレイチーを読んでから、子供たちは調子が狂っていらだっている」とT・S・エリオットはいった。教師たちもいらだっているのである。こういう態度はそれ故一種の誠実と気品の表現になりうる。しかし又その状態には、われとわが身をしめつけて行くような快楽がつきまとっている。「知的サディズム(5)」はたしかにつごうのいいところをもっている。批判的な物言いは、創造的な我を忘れた熱中よりも、攻撃されにくい。たえず「おまえのウソはわかっている／おまえの信念にはシワがよっている」と大声でいい続けている分には、面白くもありまた安全でもあるわけだ。

今日の文学には、あらゆるレベルで、こういったもののすべての同類と変形が沢山ある。例えば、ヘミングウェイ、モーム、ハックスリー、ウォー、P・H・ニュービー（『マリナー・ダンセズ』の中心人物を見よ）、ヘンリー・グリーン（たとえば『バック』を見よ）、ピーター・チェイニー、ハンク・ジャンソン、最近ではジム・ディクソンの全著作、キングスレー・エイミスの『ラッキー・ジム』。これら作家はなにかまとめて非難するつもりでなければ一括することはできない。実際に読んでみなければ計りようがないが、無関心主義の度合いはそれぞれ違っている。が、すべてが同じ破壊的な要素を明るみに出している。

説明をしているうちに次第に労働者階級の人びとから多少遠ざかってしまった。最後に彼らのシニシズムの性質をより正確にいうことが必要である。私には、労働者階級の多数は「利用する」手段としてのシニシズムによりも空しさとしてのそれに影響されているように思える。それでもそれは、私の述べたように、自分の甘やかしの拡がる土壌をふやしているのである。大方の労働者階級の人びとは、私が概観しようとした進歩に影響されてきたが、一定「脱魔術化」、自分たちが今「無意味なものにあざけられている」のを知っている。ほとんど誰でも信念をもつことの気はずかしさがある影響を及ぼしている。だまされることを恐れて「本音を言う」のを拒否することは、実際には単調で、つらく、味気のない世界を受け入れることを意味する。

一方、家庭は重要な避難所である。狭小な生活を、大して影響されることもなく続けられる。技能は個人的な支えである。公的な側面では多くの労働者階級の人びとはなにかしようとしても妨害され、傷ついてひきこもるか、自分を甘やかすシニシズムに逃げこむしかない。その性格からして、労働者階級自身の内側からの、その主な態度の非常に簡単な表現以上のものを見出すことは難しい。だが、自分の運をうらんでいる元二流のパブリック・スクールの生徒からのつぎの表現は、自分のクラスについて語るのと同じように、自分の世代の労働者階級の経験の多くを語ってくれる。

モラリストのお話は大変結構だ……しかし……学校からまっすぐ自分がおこしたのでもない血みどろの戦争に投げこまれるなんて。その頃の半分は死ぬ程恐しく、残り半分は退屈してかわいい娘と寝るしかすることがなかった。それから市民生活にもどり……この無味乾燥な機械を行商して、私の顔を見るとドアを閉めてしまう太った老婦人たちをあてにして日に十マイルも歩いている。(6)

X

ゆがんだ源泉——根こぎにされ、不安にさいなまれる者へのノート

ためしに農奴の息子について——かつて雑貨商の小僧をつとめ、聖歌隊で歌をうたい、中学校から大学へ進み、規律に服従したり、司祭の手に接吻したり、他人の考えに従ったり、一切れのパンに感謝したりするようにしつけられた青年、幾度となく鞭打たれ、オーバシューズなしに家庭教師に駈け廻り、喧嘩をし、動物たちを苦しめ、裕福な親戚の家で午餐を食べるのを好んだ青年、自分のつまらなさを意識するあまり、必要もないのに神に対しても、人間に対しても偽善的であった青年について、まあ物語を書いてごらんなさい、——この青年がどんなふうに一滴一滴自分の体から奴隷の血をしぼり出し、どんなふうにある朝ふっと眼ざめて、自分の血管を流れる血がもはや奴隷の血ではなく、本当の人間の血だと感じるかを、一つ書いてごらんなさい。

(チェーホフ「A・S・スヴォーリンへの手紙」、一八八九年一月七日付。神西ほか訳『チェーホフ全集16、書簡Ⅱ』一一〇頁)

「でも、伯父さんの経てきた時代や、教育も考えてあげなくちゃ」とアルカージイは言った。「教育だって?」バザーロフはさえぎって、「人はだれしも、自分で自分を教育するもんだよ、——まあ、ぼくみたいなものだって、たとえばね。……また

時代ということだが、なぜぼくらがそれによってゆかねばならんのか？　むしろ、時代のほうをぼくらによらしむべきだよ。いけないぜ、君、そんなことはどれもみな、放肆で虚言だ！

（ツルゲーネフ『父と子』、中沢美彦訳、角川文庫、四六頁）

A　奨学生

私はどう思うかといえば、彼は本当に気の毒だと思いますよ。いわゆる高い教育を受けても、それを楽しむことができないんじゃ、まあよくいっても落着かない運命ですね。この人生の素晴しいスペクタクルに立ち会っていながら、小っぽけな、ガツガツした、ぶるぶる震えている自己からどうしても解放されないなんて。

（ジョージ・エリオット『ミドルマーチ』一八七二年）

これは書きにくい章だ。どうあっても書かなければならないのだが。ほかの章でそうしたように、相互に連関した諸性向の一束を、それだけ切り離して考察することになる。が、そうすれば、過度に誇張する危険は、ここではとくにひどくなる。このすぐ前の三章では、ある観点からいえば、ある種の平衡状態をあらわしているようにもみえる態度群を論じてきた。が、いま吟味しようとしている態度群によって一番手ひどい被害を受けている人びとは――「不安にさいなまれ、根こぎにされた人間」――主として、このバランスを欠いていること、不安定さ、によってはっきりそれとわかるたぐいの人びとなのである。自分を甘やかすことについて言えば、同じ階級の多くの人びとはそれで満足しているようなのに、この種の人びとは少しばかり上等で不幸にもそれで満足することができない。かれらは、ほとんど誰をもおかしているシニシズムにはどっぷりと浸っている。が、かれらのシニシズムは、「かまわねえからとっちまえ」とか、大したこたあないんだからもっと気ままに暮そうぜ、ということになるよりも、むしろ目標喪失感を増大させてしまう方向に作用してしまう。

ある部分は、かれらも、どの集団でもかならずいくらかの人間が抱いている、例の喪失感を共有している。かれらにあっては、この喪失感が、自分の階級から感情的に根こぎにされる――しばしば、ふつうよりも相対的により強い批判的知性、あるいは想像力を持っているために、そうした素質は、どうかすると自分のおかれた状況に対して異常に自意識過剰にする（そして、同情者にかれらの苦悩を劇化させやすくする）――度合いに応じて、正確に増大してゆく。この過程には、奨学生制度の媒介によって、自分の階級から、いわば物理的に根こぎにされてゆくこともふくまれる。ひじょうに多くの者がこの形で、悪い影響をこおむっているものはごく小部分だとしても、この影響を受けているように、私には思える。限界線には、明らかに精神病者もふくまれる。反対側には、外見的にはふつうの生活をしているが、心の奥底ではたえず不安感に悩まされている、といった人びとが位置している。

まず最初に、奨学生の資格をとった少年たちのあるものが経験する根こぎ過程の特質を話しておいたほうが便利だろう。私が頭のなかに思い浮べているのは、なん年ものあいだ、おそらくひじょうにながいこと、もうどの集団にも、本当は所属していない、という実感をもっている諸君たちである。よく知られているように、多くの人は新しい状況で、なんとかバランスをとって暮している。それぞれの分野でながい奨学生の階段を昇りつめて博士号をとり、「脱階級」のエキスパートや専門家になった人たち。立派な行政官や官僚になり、しかもそこで全くのびのびと振舞っている、才能豊かな人びともいる。かならずしもそんなに才能に恵まれてはいなくとも、一種のバランスを保つのに成功している人たちもいないではない。しかも、全くの受動性からそうしているのでも、自覚が足りないからそうできるのでもない。かれらは、新しい集団に入っても、外からみてそれとわかるその集団の保護色を身につけることもなく、のびのびと暮している。しかも、自分の労働者階級の親類とも、保護者然とした形ではなく、相手を正当に尊重した上で、気やすくつき合っている。奨学生になって義務教育以上の課程を通るほとんどすべての労働者階級出身の少年は、青年期のあいだじゅう自分の環境に体をこすりつけるようないら立ちを感じてすごす。彼は、二つの文化の摩擦点に立っているのだ。彼の教育が本物かどうかは、大体二五歳ぐらいになったとき、自分の父親に心からの笑顔を向けることができるかどうか、軽はずみな妹、頭のよくない兄弟を尊敬できるかどうか、にかかっている。私は、こうした根こぎの過程がとくに厄介な諸君にかかずらおうと思う。というのは、この種の選択方式がもっている利点を過小評価しようというつもりでもなければ、現代生活の人を滅入らせるような特徴を強調してやれ、というつもりでもない。こうした人びとの直面している難問の検討は、より広い文脈での文化変容を論ずるばあいにも、多くのことを明らかにする、と思われるからだ。移し植えられた株と同じように、かれらは、全体をおおう乾ばつに、元の土地においておかれた株よりも、より早く反応をおこすから。

私はときおり、自己適応の問題は、一般的にいってだが、ふつうよりほんの少しだけ才能のある——自分を労働者階級の同世代多数派から切り離すには充分だがあまり遠くへは行けない——労働者階級の少年たちにとって、とくに難しいのではなかろうか、と考えたくなる。知能と不安感欠如とのあいだに相関関係があるなどと思っているわけではない。知的な人にはそれなりの悩みがある。しかし、ここで言っているたぐいの不安は、もとの文化から一段だけひき上げられはしたが、そのまま進んで「脱階級」の専門家やエキスパートになれるほどの知的装備は身につけていない、労働者階級出身の人びとをもっともさいなんでいるのではなかろうか。ある意味では、ほんとの話、いつになっても、人は「階級」を脱け出すことはできない。面白いことに、地金はときおり予期しないところに顔を出す（とくに今日、「元」労働者階級の少年が社会のあらゆる管理者層域で活動しているとき）。たとえば、ほかの点では全くそれらしくみえる専門的教授先生にしばしばみられる、「おれはここにいるぞ」ということをはっきり認めさせよう、認めさせようとそうしなくともよいのに気をつかう、どこかに漂わせるいらいらと落着かない感じに。重要な役職についているエライ人や委員会の委員諸公などが間けつ的にみせる荒っぽいくつろぎ方に。それは内にかくれている不安感をさらけ出すものだが、成功して有名になったジャーナリストのカッと逆上する性向に、「元」の階級が顔を出してくるのだ。

しかし、私が主に取上げるのは、自意識はあるにしても、言葉の十分な意味で、まだ自覚はしていない人、その結果不安定で、満たされず、内心で自己懐疑にさいなまれている人、である。どうかすると、かれらは知能はあっても、意志がない。「この荒野をわたるには意志がいる」。おそらくもっとも多くの場合多数派と同じぐらいの意志はもっているのだが、出身階級から根こぎにされること、特定の家庭環境からくる特殊な問題[1]、この時代がひとしなみにつくり出す不安定さ、などのからみ合った複合緊張系を充分には解きほぐせないのだ。

少年期から青年期、さらに成人期へと移ってゆくにつれ、この種の少年はいわば年の増大と比例して、自分の集団のふつうの生活から、切り離されていく。彼は、早くから目をつけられる。ここで私がいっているのは「小学校」の先生というよりも、むしろ家族の内でのことである。「やつは頭がいい」、「あいつできるぞ」といったことを、彼はたえず聞かされる。ある側面、その口調は誇りと賞讃にみちている。彼は、一種その才能——集団から切れてゆくように仕向ける——が両親と違う度合いに応じて、両親から切り離されてゆく。だからかれらの側からみれば、全く手放しで賞めているわけではないのだ。「あいつは頭がいい」。たしかにそうだ。だから、かすかに開けている荒野の小道を辿らせてやらなくっちゃ。しかし、この言葉がいわれるときの口調には、ある種の限定もついている。頭よりも性質がもっと大事だよ。まあ、それにしても頭がいいことは、自慢の種という以上に、立派な商標がついてるようなもんだ。あいつは、おれたちとは異質の世界、質の違った仕事に向っている。彼がその小道を「行き続けよう」とするならば、行くにしたがってますますひとりぼっちになってゆく。彼は、多分無意識的にではあるが、炉辺のエトス、労働者階級家族集団の濃密なぼう雑性に、反対するようになる。なんでもかんでも居間に集まることになっているから、彼自身の部屋などというのは、ありようがない。寝室は寒く、親しみがない。暖房をつけて寝室をあたためるとか、玄関わきに一つ部屋をつくるとかいったことは、それだけの余地がある場合でも、費用が高くつくというばかりではなく、伝統の想像的な跳びこえを必要とする——それができる家庭はほとんどない——ことからいって現実にはできないのだ。居間のテーブルの一角が、彼の場所になる。片っぽうの端では母親がアイロンをかけ、ラジオが鳴り、だれかが歌の一節を口ずさみ、父親がときおりなんでも思いついたことをとりとめもなくしゃべる。少年は、家で勉強するためには、できるかぎり、まわりの人とモノから精神的に自分を切り離さなければならない。夏になると、事態は少し好転する。寝室も暖かく、充分そこで勉強できるようになる。が、私の経験からいえば、そうする子は余りいないようだ。少年たち自身が（彼が、そう、高学年になるまでくらい）、家庭と学校という二つの世界をくっつけようと努力しているからである。学校の世界の言いつけにも、物すごく従順にしたがうが、同時に感情的にはまだ家族サークルの一員であり続けたいと強く願っているからだ。

だから、最初の大跳躍は、この少年が別種の集団に入って行く、あるいはいままでの集団から孤立(2)してゆく過程でおきる。そのとき、少年は労働者階級家族生活の基本的特性に反抗しなければならなくなる。このことは本当なのだ。とくに、幸福な家庭に所属しているとき本当なのだ。幸福な家庭はふつうよりもずっとゴチャゴチャしていることが多いから。ごく早いうちから、孤独でいることの強調、強い自意識が育てられてゆく。そしてこのことは、後年彼が別の集団に入ってゆくことを、かなり難しくする。

「小」学校の段階で、早くも八歳のころから、彼はある程度隔離されがちになる。もし、彼の通っている学校が毎年なんダースかの少年を「奨学生学級」からグラマー・スクールへ送っているような地域にあるばあいには、そうしたことも起きないだろう。しかし彼が圧倒的に労働者階級が住んでいる地域にすみ、彼の学校は一年にかぞえるほどしか奨学生を出さないところでは(3)、多分そうされるのだ。奨学生の数が増えるにしたがって、この状況はかわりつつある。が、なんにしても人間の適応は、行政の変化ほど唐突にはできない。

彼は、内と同じように家庭の外の子供集団からも切り離されてゆく。夕方街燈に群れ集まるいたずら坊主の集りにも、いつも顔を出すわけにはいかない。家でしなければならない勉強がある。しかし、これらはみんな男集団で、同世代のほかの連中はみんなそのなかで育つのだが、そこから分離してしまった彼は、家庭内状況のもう一つの側面と感情的に結びつくことになる。つまり、いまや彼は家のなかの男どもより女どもに接近していくことになる。彼の父親が、本や読書を「女のすることだ」として一蹴してしまうタイプではないばあいでも、本当にそうなるのだ。少年は自分の時間の大部分を家庭の物理的中心ですごすことになる。そのセンターでは女の精神が支配している。なにやかやと母親が仕事をしているそばで、彼はひっそりと勉強している——父親はまだ仕事から帰ってきていないか、または仲間と一杯やりに出かけていっていない。親爺と兄弟とは外に出て、男たちの世界にいる。少年は女たちの世界に坐っている。このことは、労働者階級出の作家の多くが、子供時代を書く段になると、なぜ女性にあまりにもやさしい、あまりにも中心的な位置をあたえるのかを、一部説明することになるだろう。もちろん、そこでも折に触れて摩擦はかならずおきる。女どもがこの子は「自分ひとりで勝手にやりすぎる」んじゃないかと疑うとき、あるいは少年が、勉強を中断するのは厭だなあと思い、彼がやることになっているつまらない手伝いをしないとき。が、その雰囲気はほとんどいつも圧倒的に、親密で、やさしく、魅力的である。彼は、片っぽうの耳で、女どもが生活の苦労、持病、願いについて話し合うのを聞いている。あい間あい間に、彼のほうでも、学校のこと、勉強のこと、先生の言ったことなどを話してきかせる。いつでも、女たちは、子供のいっている内容がわからないにもかかわらず、無限の共感をもって彼の話を聞いてくれる。彼のほうでも、自分の話が理解できないのだな、ということは先刻知っている。それでも彼は話し続ける。二つの環境をなんとか結びつけたいな、と思っているから。

この描写は、裂け目を単純化し、誇大にしている。それぞれの具体的個人のばあいには、多くの限定がつくに決っている。しかし、この孤立をそのもっとも強度な形態で提示することで、ひじょうにしばしば行き当る一般的形態の縮図を描くことができる。そうした少年は、学校と家庭の二つの世界のあいだにはさまれて存在する。この二つの世界は、ほとんど触れあう点がないのだ。ひとたびグラマー・スクールに入ると、彼は急速に二つの異質のアクセントを使いわけるようになる。ばかりか、日常性格から価値尺度まで二種類を使いわけるようになるだろう。たとえば、読むものを考えてみるとよい。家では、学校では絶対に名前もあげられない雑誌類が散らばっており、自分でも定期的にそれを読んでいる。それは学校が彼を導いてゆく世界には属していないようにみえる。また学校で聞かされ、読む本は、家では決して話題にものぼらない。学校からこうした本を家にもって帰ることがあっても、家族が読んでいる本と一緒に並べられるといったことはありようがない。しばしば、家に本は全然ないか、ほとんどないか、どちらかだから。彼の本は、なにか、奇妙な道具のように眺められる。

まあ多分、とくにいまになると、新しい環境がひきおこす、最悪の、直接いやなことは大分なくなっていよう。烙印のように安物の服を身に着けていること、学校の休日旅行にお金がなくてみんなと一緒にいけないこと、運動会にやってくる両親がみるからにみすぼらしい労働者階級の恰好をしていることなどは。しかしグラマー・スクールの生徒として、受入れられるためというよりもむしろ、頭がよいために「小」学校でそうだったのと同じように、注目を集めようとして、懸命によくやろうと努力する。頭だけが通貨なのだ。彼はその貨幣でこのコースを買い、そこでは、これから頭はますます通貨価値を増大させてゆくようにみえる。彼は学校の先生をひどく大事な人だと思いこむ。かれらは、新しい脳味噌——貨幣の世界での金銭出納係だからだ。彼の家の世界では、父親はまだいぜんとして、父親で君臨する。別な学校の世界では、父親はほとんど坐る場所もない。彼は、かわりに担任の先生に父親の像をみる。

その結果、家族が彼をほとんど、外へ押し出したりしない場合でも、彼自身が自分で必要以上にハミ出てしまうことが多い。彼は、人生を、思い描けるかぎり、跳びこえねばならぬハードルの連鎖としてみるようになる。新しい貨幣を増やし操作するコツを学ぶことで跳びこえられる奨学生試験のハードル群。彼は、試験を、知識を積みあげたり、意見を受け入れたりすることが、物すごく大事なのだ、と考えるようになる。彼は、外からみえる上ッ面の勉強——事実を自分で扱ったり、使ったりするよりもただ覚えてゆく——をするコツを身につける。彼は純粋な意味で読み書きだけの教育を受ける技能を習得する。がそんな教育では、彼のパーソナリティのごく一部しか使えないし、彼の存在のごく限られた領域にチャレンジすることにしかならない。彼は人生を一種の梯子として、各段ごとに、あるときには賞められ、あるときにはもっとしっかりやれと言われたりする恒久的な試験過程として、みるようになる。彼は吸収し、それを少しずつ出してゆく専門家になってしまう。彼の能力はかわってゆくだろう。が、純粋に熱中して勉強するといったことが、ほとんどなくなってしまう。知識、他人の思考や想像のリアリティを、自分の内面のものとして実感することがほとんどできなくなる。自分である作家を発見したり、これがぼくの作家だと言えることもほとんどない。こうした半生では、訓練システムと直接関連するものにしか、反応できなくなる。彼には、どこか目隠しをされた小馬のようになってしまう。どうかすると、同じ管理過程を通ってきた先生方に訓練されることもある。先生方は無論ほとんど目隠しなどは取去っている。が、かれらは、少年がいいつけ通りにいい諾々と目隠しをつける度合に比例して、少年を賞めるのだ。そうはいっても、彼の態度の根底には、強力な、観念的でない、温かくない現実主義もあることはある。それが彼の創意性の主要形態になる、といってもよい。他の形態はどうか——自由に運動する精神、精神のタコを勇敢にあげること、公的には他のものと同様に大事なものではあっても、ある「系列」を拒否する勇気——といったものになると、ほんの少ししか持ち合わせない。彼の訓練も、多くのばあいそうした素質をのばすようにはなっていない。これは事新しい問題ではない。そのことはハーバート・スペンサーが五〇年前に言っている。その状態はまだいまでも続いている。

確固として制度化された教育というものは、教えることがなんであれかかわりなく、教え方が基本的に有害なものになってしまう。そうした教育システムは、自主独立の能動性のかわりに、屈従的な受容性をつちかってゆく[4]

行動せようながしたり、個人の意志、決断をうながす要素があまりにもなさ過ぎる。かわりに、頭のなかだけでは多くのものが動きまわる。つまり、「ふつうより・やや・少しだけよい」知的機械になってしまうわけで、またそうでなければ、グラマー・スクールへはあがれないのである。だから多くのばあい、入ってゆく新しい環境の主要な要求に意識的な受動性で適応できる少年が、「いい」子、がんばっていい成績をとれる子になってしまう。そうした優等生は試験に確実にパスする素質を身につけているうちに、しだいに自発性をなくしてしまうのだ。彼が指をパチンと鳴らして軽べつできる相手は誰もいないし、なんにもない。事務員になるとすれば、それにふさわしい、信頼できる事務員になれることは疑いないが、自分にも他にも面白くないタイプになるに違いない。「服従しなければならないすべてのものを恐れること」を、あまりにもながく続けてきたためにそうなってしまうのだ。ハズリットは、十九世紀の始めに一文を書いて、当時の社会にみられる諸傾向について、より視野の広い、より冷静な判断をくだしている。それは、ここでも、いまでも、若干当てはまるところをもっている。

人間は、自然の本性上そうなるべく定められているものに成るのではなく、社会が人間をつくるのだ。本来のやさしい感情、魂の高貴な諸性質とかは、われわれが世界と交渉するとき役に立つように、いわば、縮められ、しなびさせられ、乱暴にねじ曲げられ、先を切断される。ある側面、乞食が、その子供たちがそれからの生涯乞食として生きてゆくのに役に立つよう、子供を不具にし、かたわにするのと同じことだ。[5]

そうした奨学生の少年は、通りを遊びまわっている従兄弟たちのもっている弾力性、活力を、なにほどか失ってしまうのだ。[6]もう少し前の世代だと、労働者階級に生まれついたこうした頭のまわりのはやい子供は、絶対確実にそうした才能をスラムのジャングルのなかで発揮していたに違いない。そこでは頭のまわりのよさがエネルギー、イニシャティブと同盟する。いまの頭のよい子は、ほとんど通りで遊ばない。新聞配りにかけまわったりもしない。性的成長も多分おくらされる。彼は、「浮浪児」の弾力性と無とん着さ、チャンスを逃さない機敏さ、生意気さ、勇敢さといったものをなにほどかなくし、かといって、中産階級の、パブリック・スクールで教育された子どもの多くがもっているあの無意識の自信も、身につけられない。彼は、奨学生資格獲得のため、サーカスの馬のように訓練されている。[7]

その結果、型どおりの作品に仕立てあげられて、系列の終りに到着し、とうとう押し出されて、手で触れる具体的で容易に適応を許さないモノの世界、とらえどころがなく、人をまごつかせる人間存在の世界に直面することになると、そのとき始めて自発的な内部の衝動がほとんどなくなっていることに気がつく。ガムシャラにつっ走ってきた動力伝導ベルトは、これまでさんざん役に立ってきた唯一の機械——試験パス機械からはずれ、ダラリとたれさがってしまう。彼は、この世界で進むべき方向をえらぶのに困ってしまう。そこにはもう、喜ばせる先生もいないし、各段階の終りにごほうびにおいてあるリンゴの砂糖菓子も、卒業証書も、点数で評価できる世界の上半分の席も、ない。彼は、多くゴチャゴチャした画像を呈する社会、限定されず、秩序も中心もなく、巨大でのたくっているような現実の社会で、不幸に沈む。そこでは、ごほうびが、もっとも勤勉に努力する者に正確に与えられる、とはかぎってないし、ましてやもっとも知的能力のあるものにあたえられるといったこともあるわけがない。ばかりか、そこでは光や熱のように重さの計れないもの、「性格」とか「全くの運」、「人とつきあう能力」とか「大胆さ」といったものが、ある側面秤を傾かせる力をもっている。

現実の彼の条件はもっと悪くなる。これまでの彼の訓練の全傾向から、はっきり印のついた、いわば入場券つきの成功ばかり気にするようになってしまっているからだ。この世界でも、はっきりそれとわかる成功はそれなりに評価される。しかし、現実の成功は、彼がこれまでその獲得に訓練されてきたような路線にそって分配されるわけではない。彼はそんなに気を使わなければ、成功などという現実世界の価値評価を笑いとばすことができれば、もっと幸福になれるだろう。だが、この世界の価値評価は、学校のに似ていることは似ているのだ。それらを拒否するためには、まず第一に、成功するためにはこうこうしなさい、といった式の学校の規則に従うことで自分を閉じこめてきた内面の牢獄を、脱け出さねばならない。

彼は、世間の評価尺度を受け入れたいとは思わない——なにがなんでもやり抜くぞという姿勢ではない（お金が大事だということは痛いほど感じているとしても）。しかし、彼はハードルを跳びこえるように仕向けられてきた。だから、うまく跳びこえて成功したいなあ、とは思う。だが、なにか世間のやり方とは違うやり方でできないのかなあ、とぼんやり思うのだ。彼は、この大きな現実世界の諸価値を単純に受け入れてノンビリ暮すこともできないし、かといって、世間の価値に確固たる批判的立場をとって、感情の償いをすることもできない。

彼は、「低い」出身地から遠くはなれてきた。もっと遠くへ行くだろう。もしそうだとしても、どうかするとまた元のところへ落っこちてしまうかも知れないという恐れと恥ずかしさにまといつかれ、心の奥底ではあんまり遠くへ来すぎちゃったじゃないか、といつも文句をいわれているような気になる。どうかすると、彼の就職するある種の仕事は、まだ梯子をのぼっている途中なんだといった、この軽い目まいの感覚を増大させるだけのことにある。梯子の上で幸福ではない、が誇りにも思っている。しかし、彼の条件の本性からいって、通常とびこえもきかないし、あの特別な人種をひきずりおろすこともできない。

青ざめて、みすぼらしく、身体を固くして、彼は、まるで首になりかかっている男のような恰好で、保険会社のなかでつぎからつぎへと昇進していった……頭がよいということは、ただ彼が、小学校でそんな厄介なものをもたなかった同級生の誰れよりも、努力して勉強しなければならない、ということを意味した。夜になっても、彼の耳には、「おまえは先生のお気にいり」と意地悪くはやし立てる声が残っていた。いい頭は、まるで物すごい熱のように彼のまわりの世界を砂漠にかえてしまった。そして砂漠をよぎりながらときおりあらわれる蜃気楼のなかに、愚かな群衆が遊び、笑い、考えることもなしに愛のやさしさ、共感、友愛を楽しんでいるのを、彼はみた。(8)

これは極度にドラマチックに仕立て上げられており、すべての人に当てはまらないのはもちろん、大半の人にも適用されないだろう——が、ある方向で多くの人びとに影響をおよぼしてはいるのである。しかもそれは、もっと大きな集団、これからそのグループを取上げようと思っているのだが、あるやり方でこの社会について自問してみる人たち、そのことで、グラマースクールへなど行ったことがなくとも、「一つは死に、一つは力弱くまだ生まれえない、二つの世界のあいだ」に立つ人びと、に影響をおよぼしている。かれらは、労働者階級のなかでの、「公的な場所における私的な顔」、である。ケストラーのいう「思慮深い下士官」。かれらは、全部がそうだというわけではないけれども、多くの形態で自己改善を試みている諸君のなかにふくまれる。やっている仕事は、肉体労働から教えることまで、べつに決ってはいない。私の経験でいえば、末端の事務職員、同じような事務労働者、とくに大都市の小学校の先生に多いタイプ、といってよいか。かれらの自分を改善したいという熱意それ自体が、中産階級の誰れ彼れと同じように行動したいという気持のあらわれにすぎないことも多い。が、政治的裏切りではない。というより、誤解された理想主義といった方がよいだろう。

こうした種類の人は、それが最初の大きな損失であることをまえの各章でみてきたわけだが、いまやどの階級にも、ふつういわゆるあいまい極まるよび名だが、「無階級知識人」といわれている層にも、所属していない。彼は自分の労働者階級と素直につき合うことができない。というのは、生まれつきの紐帯はもうなくなってしまっているし、それでもやろうとすれば、彼の限界以上の自制力が必要になるからである。ときおり、彼は自分の出身を恥ずかしく思う。彼は「ツンと顔をそむけること」を覚え、労働者階級の行儀作法の多くのものよりは、ちょっとましなものを身につけたのだ。しばしば自分の肉体的特徴について焦立ち不安になる。肉体はなによりも彼の生まれを物語っているから。そのことに気づいたときには、内心で不安を覚えたり、怒りを感じたりする。しかも、話し方や身ごなしのなん百という慣習が、彼を日毎に「参らせる」こともできるのだ。彼は、自分の不適格だという感覚を、自分を育ててくれた集団に押っつけようとする。そして彼は、防衛的態度というマントで身をおおうことになるのだ。こうして彼は、現実的なものごとに無器用なことを妙にいばったりするようになる――「頭脳労働者」は「手先が器用じゃないんだ」。その底には、自覚しているように、そのかわりに、もっとすてきな武器を持ってるぞ、「本の知識」を操作できるんだ、という主張があぶなっかしく横たわっている。彼は、よい本をみんな読もうとする、が、それは彼が求めているような話す力も経験を統御する力もあたえてはくれない。そこでも彼は、職人の道具を扱うときと同じように無器用なのだ。

もう、もどることはできない。からだの半分は、しばしばきゅうくつなことの多い、あの家庭的なくつろぎのなかへ戻ろうとは思わない。もう半分では、なくしてしまった会員権を追い求めている——「決していたことのない、ある名前のないエデンの園を恋いこがれる」。彼は本当に「自分の逃げ出した自己を探し求めているのだが、一面では見つけ出すことを恐れてもいる」ので、ノスタルジアはより一層強く、より一層あいまいになっている。彼は帰ってゆきたいと思うが、もう自分の階級をこえてあんまり遠くへきすぎてしまった、とも考える。自分の知識とかれらの状況という重荷を肩に感じ、もうおれには、親爺やおふくろのように単純に暮しを楽しむことは、もう許されないのだ、と思う。しかも、自分を劇化したいと誘惑する要素は、これ一つではない。

彼が労働者階級の人びとと「つきあい」、おれも仲間のひとりだということをみせようとしても、連中は彼を「一マイルも先から匂いでわかってしまう」。労働者は、他の階級の人間と一緒にいるよりも、彼と一緒のほうが落着かない。ほかの階級の人間ならば、なにか一種形式的にもちゃんとした関係を樹立できる。労働者は真面目にするにせよ、皮肉をこめたゲームの一種としてやるにせよ、尊敬するならするで準備をととのえられるし、つまり「やつらと出会うときには、自分がどこにいるかを、ちゃんと知っている」。しかし、労働者は彼の態度の不安定さ、彼は労働者階級にも、かれらが関係の階層的演技をするのに慣れている他の集団の一つにも所属していないことを、もうすぐ見抜いてしまう。外に出たおかしな奴は、どこまでいってもそうなのだ。

彼は、ある側面ふつうではないやり方で、少くとも精神的には、彼の階級をはなれてしまった。しかも、ほかの階級へいってもまだふつうじゃないのだ。ピリピリと緊張し傷つきすぎている。労働者階級と中産階級とが一緒にアハハと笑えるときもないではない。彼は、ほとんど笑わない。ひきつったように口の端で微笑するだけだ。彼はふつう、中産階級と一緒にいるとなんとなく落着かない。彼の一部では、中産階級なんかに受け入れてもらいたくない、と思っているからだ。彼は連中を信用しないか、あるいは若干は軽べつしてもいる。彼はいろいろな方向にバラバラに分裂しているのだ。分裂した一部は、中産階級にみいだせる多くのものをあがめ奉っている。知的なお遊び、姿かっこうの大きさ、一種のスタイル。彼は、ドアのところからチラッと覗いたり、おっかなびっくりの短い訪問でみる、きれいに磨かれた、豊かで、冷たくとりすました、本のズラリと並んだ、成功した知的な中産階級の、雑誌の論文について討論し合うような世界の市民にぼくもなりたいなあ、と思う。自分の指のつめがきたないとは充分承知しているのだが。べつの部分では、その世界に辛らつな批評を加えてゆく。彼がチェッなんだ、と思うのは、中産階級の自己満足、熱心な社会的関心、知的なコーヒー・パーティ、物いいのやわらかいオックスフォードにいっている息子、そのミニベリッシ夫人あるいはラムジィ夫人に象徴される文化的虚栄。彼はむしろうの目たかの目で、なにか虚栄あるいは空想のあらわれとみなしうるものはないかと探しまわる。この連中はほんとの生活がどんなものかをちっとも知りゃしないんだ、と言うことのできるものならなんでもいいのだ。彼は軽べつと憧れのあいだを漂う。バージニア・ウルフの『燈台へ』に出てくるチャールズ・タンズリイだといってもよい。多分タンズリイほど頭はよくないだろうけれども。バージニア・ウルフは、よく、作中でタンズリイをひき出してくる。人がウルフならもっと深くみてくれるだろうと期待するほど、心の奥底をみているわけではないが。ウルフは、教養ある中産階級傍観者の視点を存分に示してくれる。

……独学の、労働者階級の男、みんな知っているように、こんなに人を困らせ、自己中心的で、しつこく、粗野で、人目を惹くようなことをする、つづめて言えばこんなにウンザリさせる男はいない[9]。

また、もう一つ。

私はいつも、こ生意気な公立小学校の少年どもを思い出す。機智も力もいっぱいあるのだが、ひどく自意識過剰で自己中心的なので、なにかあるとカーッとしてしまい、はめをはずし、型にはまって気どり、そうぞうしくなり、落着かなくなる。親切な人びとは、かわいそうな奴だと思うが、同情の無い連中は、ただ腹を立てるだけ。そこから脱け出ればいいのに、と人は思う。

職人のような代償作用をするモノが彼にはない。彼は、ふつう、宗教を信仰するといった慰めとは縁がない。だから、信心していれば他人と一心同体だといった感じにもひたれるし、自分の内部にあるルールを確立するのにも役に立つはずなのに、そのどちらもない。金儲けに熱中する連中――もうけようもうけようとする雑貨屋、商業的企業家、あるいは恥も外聞もなく自分のパーソナリティを売りこむ諸君――を動かしている力も持ちあわせない。彼は一生懸命に自分を改善しようとする。が、四〇年前のおじさんたち、工芸学校で猛勉強し、ショーやウェルズを読んでいたレヴィシャム氏ら、ほどのエネルギーと熱意はもうない。彼の自己改善と知識探求の途中には、もうほとんど昂奮も冒険もないのだ。彼のテキストは、初期のオルダス・ハックスリーか、多分カフカあたり。彼はうら悲しく、またひとりぼっちである。彼には、同じ条件にいる他人との接触すら難しいことがわかってくる。「けだるい声でおたがいに、冷たい水をへだてて呼びあう」。彼は口ごもる。結局のところ、自分で求めているものを見つけるのを恐れているからだ。彼の訓練と経験は、決断と加担とをためらわせるようにする。彼については、トインビーが「創造的天才」について言ったことが当てはまる。

彼は、自分の行動の分野では歯車がかみ合わなくなってしまう。そして行動する力がなくなってしまうと、生きる意志もなくなってしまうに違いない。(10)

もとより、彼は「創造的天才」ではない。彼は、自分を自分の階級から精神的に連れ出すほどには利口なのだ。が、精神的、感情的に、そのことからひきおこされてくる全課題を克服できるほどの装備は身につけていない。彼は、「哲学の慰め」――そこに本来ある慰めと、少くとも一部は彼の状況を測定する慰め――にふけることもできない。ある程度の教養を身につけたとしても、その獲得にそんなに努力を払わなかった連中と同じように、楽らくと持ちはこんで歩くわけにはいかないのだ。身につけていることが苦にならない連中は、彼のようにながいこと「頭脳」を搾取する必要がなかったのだ。

兄さんは他の人にはないものを天から授かっている。才能がある。……才能が兄さんを孤立の状態に置いている……兄さんの欠点はたった一つしかない。兄さんの虚偽の土壌も、悲しみも、腸カタルも、全部そのなかにあります。それは――兄さんの極端な教養のなさです。どうかご勘弁を、しかしVeritas magis amicitiae（真実は友情にまさる）です。……問題は人生には人生の条件があるということにある。知的な環境のなかで気持よく感じるためには、その環境を疎遠にも重荷にも感じないためには、ぜひとも教養を身につけていなければなりません。……才能は兄さんをこの環境へ引き入れた。兄さんはそういう環境の人である。ところが……兄さんはそこから引き離されて、教養ある人びととVis-à-vis（正反対）の同居人との間で平衡を保たねばならない[11]。

（チェーホフ「兄ニコライあての手紙」、『チェーホフ全集16』、神西ほか訳、四一―四二頁）

彼が「創造的少数派」でないことは言うまでもないが、同じように「非創造的多数派」でないこともまた確かなのだ。彼に創造性はない。が自ら疑い、自らを駆りたてる少数派なのだ。空高く舞い上ろうとする志向はもっている。が、そのための装備も、志向を実現する滞空力もない。自分の限界を見通せれば、自分の可能性を過大評価しないことを学んでいれば、思いあきらめ、「オレもオマエもバカなんだから」の地平にまで降りなくとも、現実あるがままの、ほどほどに能のある人間としてふるまえるなら、もっとずっと幸福になれるに違いない。しかし、彼の背景、彼のエトス、それから多分彼の自然の素質が、そうした自己実現をしにくくしている。だから彼は、「高遇な自負と低次の行為との齟齬[12]」に悩み続けて存在する。

B　教養の位置――理想へのノスタルジア

……おれたちはみんな生活から切り離されちまってるんだ。みんな片わ者なんさ、多かれ少かれ。

（ドストエフスキー『地下生活者の手記』中のちっぽけな書記[13]）

これから論じようとしている知的、文化的援助が私が述べたばかりの「奨学生」にかぎらず、もっと多くの人びとに働きかけていることは明らかであろう。おそらくそれは、理由がなんであれ、背景がどうであれ、自分にはなにか欠けたものがあると実感し、またその種の訓練で自分の欠陥をなおすことができるのじゃないかと思っている、できるだけ多くの人々に届くように配置されている。それが本来与えうる以上のことを期待せず、幻想をもたずに教養と知的訓練を求める人びとも多い。余計な期待をもたなければその探究を社会的、個人的生活の現実と結びつけることができる。しかし、そのような人びとについては次章で述べた方がよさそうである。

精神的補償活動の範囲は広く多様であって、私はこの節で、多様な諸文化次元におきるこまかな具体的事例のあいだをレベルを無視してアチコチと動きまわらざるをえない。しかし私の対象になる多様な種類の人びと自身が、私が書こうとしている不確かさと上昇志向のただ中に溶け込んでいるようにみえる。最も初歩的な次元には、前に例証した曖昧な心理的なものとあまり違わない広告がある。その対極に、文化的な問題の最前線に立とうと努力している人びとに対するアッピールがある。両極の間には、たとえば教養に対する要求とはほとんど無関係にみえる、仕事で成功するにはこうしたまえ、といった直接的、実際的な呼びかけをしている広告がある。しかしそのよびかけの調子からみると、そうした広告は、目的をもった実際的な人びとよりも、むしろ漠然とした不満をもっている読者一般を引きよせているようにみえる。

かれらはずっと一緒に同じベンチに坐っていたものですが日常のきまりきった仕事はビルにとって満足なものではありませんでした。あなたはどのような人間ですか。**あなたの場合はどうです**

あなたは**着実に成功する**ビル・ワトソンのような人間ですか。それとも**人生から落伍してゆく**ジム・シンプソンのような人間ですか。〔ここに大てい、楽しそうな青年と不安そうな青年の対照的な写真がある〕

ビルは……システムで自己装備を始めました。

彼は今や職場の組長であり、どんどん地位があがってゆきます。

次の例はもっと直接的な種類のもの。

読者はただで本を入手できます。

われわれはとびきり最新の通信教育を最大限に提供しています。

〔これらの広告の大文字の使用法はしばしば市場のよび売りを想起させる〕

こうした有益な本は**あなたにとってなくてはならないもの**です。なかには技術であれ、管理であれ、あるいは監督であれ、われわれの各コースのすべて明確な説明が書いてあります。すぐあなたのお好みのコースを指定してください。

これらのものから、人は自然に、もっと全般的な精神的援助、つまり流暢な自己表現、「卓越した教養のある個人」のように話す秘訣を提供する沢山の広告へと進んでいく。「現代アイデア百科事典はあなたを言葉の大家にします。」

話術の才能を伸ばした人は重要視され、そうした人は本当に成功しています。あなたの貢献が必要とされる時〔おそらくこれは必ずしも、この広告を見せられる人びとの大部分がよく演説を頼まれるということをいっているのではあるまい〕。あなたは決定的に、しりごみせずどうどうと、流暢に話すことができるでしょう。

これが全部でたったの三〇シリング。あるいはまたこうも書いてある。

あなたは舌足らずでしゃべれないんじゃありませんか。
あなたは雄弁になりたいとは思いませんか。
人生の最も豊かな報酬は、たとえ大学に行く幸運に恵まれなくても、まだあなたの手のとどくところにあります。

言葉―言葉―言葉

人生のどんな道を歩むことに決めようと、繁栄と尊敬は、あなたがどれだけ言葉を支配できるかにかかっています。

それに、ロジェの『百科事典』をもっと初歩的に説明したような本がいろいろ出ており、視覚的に単純化した図版をはさんだものもある。おそらく星占いの方法だとか、「その年は毎週庭で何をしたらよいのか」の一覧表などのやり方にならって。だからもし「ビューティフル」という語のいくつかの類語がほしければちょっと二、三度ページを繰ってみると、必要な言葉が現われる。『全単語図解一覧』によれば、

あなたの人生を一新します。……それは、あなたの現在の退屈な日常生活をおきざりにして、もっと充実した、もっと確実な生活への通路を与える魔法の鍵です。

あなたは、説得し……主張し……支配することができるのです……すべてが疑う余地もなく、これまで聞いたこともないようなあらゆる見事さと流暢さをもって達成できるのです。

あなたがあこがれている昇進と、名声と、社会的地位は今日にもあなたのものになるのです。

あなたはそのたやすさにふるえ、自信がつき、気分が高揚するでしょう。

巧妙な文章と話術の秘訣はあなたのすぐ手のとどくところにあるのです。

もっと全般的な教養を、あるいは芸術家の地位をさえ望む人びとのためには、文章の書き方を教える無数の学校がある。「あなたはおれは作家になれるんだという気がしますか。もしそうなら、この申込書をポストに入れてください」

あなたの友達は、あなたがちょっとした話をして聞かせると、「君は小説を書くべきだ」といいませんか。

かれらはあなたの手紙を受け取るのが大変楽しみだといいませんか。

このような人びとの多くは、どう書けばいいのかという技術を獲得していないので、かれらの才能は、当然受けるに足る名声と幸運をもたらさないのです。

それにすべてにわたる教養がカバンに詰められた案内書がある。

音楽──美術──文学

ここには、これまでに作られた、文化のすばらしい全体図のうち、最も完全な展望図があります。

このチャンスは二度とありません。

無数の有名な人たちがそのおかげを受けたことを感謝しています。

個々の例には、その芸術的特徴について、明確で役に立つ説明がついています。

この本によってあなたは、世界の偉大な芸術作品のすべてに入門することができます。

あなたはまたこの案内書によって、話題が精神の問題になった時に、力づよくて啓発的な説明をすることができます。

三巻で六ギニーがおよその値段であるが、それは「有効な慣用句と巧妙な隠喩への案内……流暢に面白く自己を表現したい人には欠かせません」、といったような本の無料フロクを含んでいることもある。

人はこの種のものにごくたまにしか気づかないので、それは人口のごく少部分にしか影響をあたえていない、と思いこむ。しかしそのような広告を几帳面に一つずつ書きとめてみれば、多くの雑誌の各号にいくつかはのり、一頁全体を占めるものもあるといった具合に次々と出てきて、その読者はわれわれの大部分が考えているよりも多いということがはっきりしてこよう。代表的な「高級」週刊誌の私がいまこれを書いている週の広告の頁[14]には十一の広告がある。三つは関係のないもの、二つはボーダーライン（その一つは熟語集による外国語の自習のためのもの、もう一つはある種の専門教師についての公募）、残りの六つが私のいっている種類のもので、それは、学生に対してどんな生き方をも開くと自称する、一つの方式をもった通信教育の広告であり、英語の巧みな運用法や役に立つ創造的な文章等々のための広告である。スペースの量によって区分すれば、それぞれのタイプの広告は結局、全四段のうち、一段は関係のないもの、一段の四分の三はボーダーラインのもの、二段と四分の一段はわれわれのテーマに関するものなのだ。いま出ているある「高級」月刊誌は、表に八頁の広告面をもっている。そのうち、このタイプの広告は二頁分すなわち四分の一を占めている。――それは、創造的な文章や話し方の技術への御案内といったもので、「高級」週刊誌では技術的あるいは同様に職業的なコースへのご案内が多かったのと比べると特色がもっとはっきりしている。

私はこのような広告のアッピールの範囲について、なんの統計的証拠ももっていない。言えることは、かなり多数の人びとがそれに応じるのでなければ、それを挿入するのは高くつくし、おそらくそれほど集中的に使われはしないだろうということだ。学習者にとっても、これらのコースは普通全く高価で、ほとんどの場合、公的な成人教育よりも効果が少ないように思われる。しかし公的な成人教育は、これらの学習者の多くを決して引きつけることができないようである。広告されている魅惑的なゴールの見えるところにくるためにはもう一生懸命勉強しなけりゃ駄目なんだということが、一応わかった上で応募する諸君も勿論いるに違いない。大多数の人びとにとって、その広告の調子からわかるように「勉強へのよびかけ」とか「教養」へのそれは、ただたんに寓話的なものでしかない。そこには、不充分だという形もはっきりしない感情を除去する、ほとんど魔法に近い速成方法が提供されているようにみえる。「高級」週刊誌、月刊誌のこの種の広告は、明らかに、必ずしも労働者階級ないしは中産下層階級にのみ向けられているのではない。しかし、これらの階級の読者は、広告が狙っている読者のうちに入っているし、広告群が、かなり多数のこの種の読者をつかむことに成功していることは調査の示しているとおりである。それに、似たような広告がもっと特殊な労働者階級向けの雑誌には、ずっと定期的に出ている。

私がいま例示したような種類の援助への要求は、教養ある生活に入りたいという願望が自己を表現するある一つの方法でしかない。人は読み物についての現在のある傾向から、同じ状況をもっと広く論ずることができよう。私は、ある側面では不適当なのだが、あまりにも強く、あまりにも漠然とした期待によって鼓舞させられている文化的出版物を読むことを頭に浮べている。真面目な出版物に対するこの種の興味は、普通に考えられているよりもっと一般的にあるというのが私の印象である。そこではしばしば、「ダイナミックな話法と文章」を学ぶための初歩的なおすすめから、「少数のインテリゲンチャ」仲間の書き方に至る、世界の病いに効く、(一つのシステムによって)なにか万能薬めいたものへのつかれたようなやや風変わりな興味から、おそろしく濃密な「なんにでも意見をもつこと」(opinionation)の状態にいたるまでが一直線につながっているのだ。

ある人びとにとっていまはなくなった『ジョン・オヴ・ロンドン・ウィークリー』は明らかにほんとうに必要なんだという強い実感、メディアから客観的に受け取れる以上を求める、すごく強い期待をかけられていた。J・B・プリーストリーや、彼のような作家を読むことを誇りにしている人もいる。というのもかれらは「使命をもった真面目な作家」であるから。プリーストリー氏は「ミドルブロウ」だと知ってからはただけなすときにしか彼の名をあげない人びともいる。この人びとはウォー、ハックスレー、カフカ、グリーンなどの、ひどく皮肉な、または苦悩する文学を読みがちである。かれらは、ペンギン版のエリオット選集をもち、ほかの似たようなペンギンやペリカンやの選集をもっている。以前はよく『ペンギン新書』をとり、いまは『エンカウンター』を予約購読している。フレーザーやマルクスについて少しは知っているが、それはしばしば評論や短い論説を読んで知っているだけなのだ。かれらはおそらくフロイト著『日常生活の精神病理学』のペリカン版をもっているだろう。時々「現代文学における悪の礼讃」といった題目について、『第三放送』の講演を聞く。

いくつかの知識人に近い世界に危っかしい借家をしているのもいる。借家だとしても、かれらは「自由」を信じ「反権威主義」でもあり、「市民的自由に関する委員会」のことを聞いたことがあって『ニュー・ステーツマン・アンド・ネーション』を読んでいるだろう。現代美術の反・権威の議論、特にピカソについてを知っているだろうし、通俗新聞の人を堕落させる効果とか広告の堕落についての議論も知っていよう。そしてかれらはそういうたぐいの分析に、ある楽しみを、すぐに一種のマゾヒスティックなニヒリズムに陥りやすい楽しみをみつける。しかしかれらは「反動的」反対に会うと必要以上に当惑するだろう。その時自分の人格の中でいまだ解決されていない問題に外から出会っていることになるからだ。かれらは、意識した、文化的部分では自分にそぐわないと思う快楽を、恥だとは思いつつなお好んでいる。何か「荒地」だとか、「不安」だとか知識人に特有のものを共有していると感じてはいようが、実際は自分自身の荒地にいるのである。なんにしても、彼は知識人の満足感を過大評価している。

輝かしい完成を遂げ、私がすでに述べたように、「断片化」の多少とも知的な形態である「なんにでも意見をもつこと」までできる人は非常に少い。「なんにでも意見をもつこと」でかれらは、主として借り物の思想が火花を散らすのを楽しむことができ、よばれれば何についても意見をもつことができる——水爆、「女性の地位」、現代美術、英国の農業、死刑、「人口問題」について。訓練によってかれらは、厖大な量の、こうした問題に、吸収せずに同化してしまい、また聞き、またまた聞き、またまた……聞きした「見解をもつ」ようになる。眼は兎の眼玉のようにクルクルとよく動くようになる。われわれは、それが一種の精神障害に陥る傾向のあることをよく知っている。そして、この種のことに熟練しようということだけ望んでいて、概念操作あるいは想像力を要する作業に応えるためには貧しい素地と不適当な訓練しかもち合わせていない人びとの状態は特に不幸である。かれらは沢山の、不正確に理解された概念を摑んではいるが、全体としては途方に暮れている。論評されている本そのものよりも評論の方を気軽に読んで、結局それをかなり定期的な代用品にしている。かれらは、非常に混雑した、驚くべき、しかもマヤカシであることの多い概念の世界を、初めて三〇年代によくあった博覧会のお化け屋敷に入った子供のように――去りがたく、あらゆるものを見たがり、理解して応答しようとし、やたらに楽しい時を過したがるが、内心はびくびくして――うろつきまわる。

かれらはすでにある程度、一つの生活を手離していて、しかも自分の望む生活に到達することには失敗している。その損失は獲得物よりも大きい。このことは、こうして一応、表面的な安定を得た人達の家庭が何よりもよく物語っている。それは普通、出身階級のとり散らかした家庭らしさを失っている、ケバケバしくなる様子はない。その結果、家具の備えつけが、文学におけるかれらの好みのように、先生見てください、といったスタイルになる。部屋の型も、文化の面で「偉大な人」である住人の必要によって決められ、労働者階級の「ごちゃごちゃ」にも中産階級の「しゃれた感じ」にもならない。住み心地よりも外面的な効果が重視される。自意識過剰な部屋である。かれらは、ブルジョワジーや品のいい労働者階級の中に見てきた誤りを自分も犯しピカピカした装飾品や、カーテンの模様のついた面を室内よりも通りに面するようにする。各部屋は同時に、なん千もの人間と同じようにウチは文化程度がたかいのですよ、ということをみせつけるようになっており、その多くは、目だたない実用一点ばりの家具でかざられた部屋、お役所の雰囲気、誰の部屋でもない感じをただよわせる。非常に多くのことが効果的だけを目当てに配置、つまり文化的に、ケストラー全集とつり合うようにかざられる。そこにはほとんど、健康な乱雑さ、自然の個性、自分が何が好きかという率直な選択がない。そこには、俗悪さが流行にならないかぎり、どんな単純素朴な俗悪さもない。たとえば、かれらの叔母がクリスマスに買った「けばけばしい」花びんを「すてきでしょう」というような、その家の誰かが本当に好んでいるという理由で、選ばれるものはほとんどない。その部屋はいまだ生活の現実の一部をなしていないので、「よいことも本当のことも決して語らない」。むしろ経験の分裂を示しており、もっと重要なのは、一種の欲望を表わしているということである。

今まで述べたことは、このエッセイのいくらか広い視角を明らかにする状況、実際にこうなっている人びとはごく少ししかいないけれど、そこに焦点をあてるつもりで、わざと選んだ話である。読書や他の習慣に関する詳細な点の多くは、私自身の経歴から引き出されたものであるから、自分の愚行を限定づけたいという欲望と、それを正当化したいという欲望との間の緊張感を強くかかえこんでいる。多分全体としては前者が優先しているだろう。その結果おそらく、それは部分的にはかなり厳しくみえるかもしれない。そのような人びとが、不誠実ではないにしても、いくらか愚かであることを暗示するだけのためには大分いいすぎたようでもある。

彼女はそういうタイプの人をよく知っていた——野心があって、心は不誠実で、本の外観に精通している人を。(15)

そこには何ほどかの真実があるが、それはあまりに厳しく、断固としている。無理な恩着せがましさがあからさまにならない時には、「かわいそうに」といった方が正当であろう。このような人びとが大てい熱心すぎることは確かである。かれらの教養への衝動は陰気で、ユーモアのない雰囲気――しかしそれは、大衆伝道家たちが自己改善を嘲笑すると き描いてみせるほど陰気ではない。だが、傲慢な低俗主義に陥りやすい時に、ある人びとが「精神の問題」に対して理想主義的な愛を抱くといった態度は、どの程度尊重さるべきだろうか。この態度のもっと不幸な表現の背後にさえ、理想主義あるいはむしろ理想へのノスタルジアが存在する。このような人びとは、教養を過大評価する度合いに応じて、その分だけ余計に文化に熱意を燃やす。時にはそれを、本気でありうることとして直面することは全くない宗教的信仰の代替物、とさえみなすのである。宗教は疑わしい。それ以上に「階級」や金は疑わしい。教養は公平な善の印、すなわち自由と安定を与えるために使われる頭脳と創造力の印だというわけである。よくある奇妙な形での努力の背後には、「真に教養ある」人がもっと思われる自由、自己を超克し、統制する力への渇望がある。これは、教養が与えることのできる以上のものを教養に期待するのだから、妄想であるかも知れない。しかし価値のある妄想といってよい。

これらの人びとは、不安をより体裁のよい衣装に託すことのできる人びとと同様、その妄想の中で、自分の時代の影響を受ける。なんでもかんでも、この「現代生活の奇妙な病い」のせいにすることはたやすい。しかもこの文句はともかく百年前からずっとあるのだ。しかしこれらの人びとはいく分かマシュー・アーノルドの「異邦人」、百年たって、変らない、どころかもっと冷たい風に吹かれている姿だといってもよい。

しかし、各階級の中に、自分の最善の自己に対して好奇心をもついくたりかの人びと、事物をあるがままに見ようとし、自分を機械からきりはなそうとし、ひたすら道理と神の意志とを知ってそれらをひろめることに最善をつくそうとする――一言でいえば、完全を追求しようとするいくたりかの人びとが生まれる。……そしてこの性向は常にかれらをかれらの階級からひきはなし……かれらの人間性をかれらの著しい特徴にする傾向がある。かれらは一般にかれらの生涯において苦労する。

（マシュー・アーノルド『教養と無秩序』岩波文庫、多田英次訳、一三五―三六頁）

アーノルドのぼんやりした霊感は少しも説得的ではなかったが、その一節には重要な真実が含まれていて、それは今でもなにほどかの力をもっている。今世紀の「異邦人」(訳注15)の何人かは三〇年代に、共産党、平和誓約連盟、レフト・ブック・クラブ、大連邦運動、ソーシャル・クレジット・パーティに参加した。当時かれらは一種の目的意識をもっていた。それは五〇年代には見出しにくいが、衝動は残っている。かれらは「物事についてなにかしたいと思っている」が、とてもできないという挫折感におそわれている。挫折する――自分のまわり一面にみわたすかぎり山積している問題はあまりにも多くとてつもなく大きいので、つまり、かれらは非常に多くのことについて知識があると期待され、善良で民主的な市民として非常に多くの事柄について意見をもっているように見えながら、本当はその難問のいずれをもうまく解くことができないという意識にさいなまれて、「彼は自分の魂の他には、己れを導く星をもたない」と、ハーディは『日陰者ジュード』を名づけた。しかし現代のジュードたちの魂の光は、自分は確固たる結論に到達できるか否かという疑惑であやふやになっているので、チカチカと不安定に点滅している。かれらは、相対立する意見——それぞれにわけ知りで、確かで説得力もある——の渦巻のなかでなにがなんだかわけがわからなくなってしまうのだ。「ああ、しかしそれは結局……次第だ」といった声とか「それはただ統計上のことだ。統計なんぞ信用できないぜ」とか、「それは情動的言語にすぎない」といった声にとりまかれる。かれらは、何をすることが道徳的に正しいのかを正確に決定することの極端な困難さに脅かされている。最悪の場合には、自分自身の中での、そうした基本的な疑問（これはよいことか、これは正しいことか）が無意味なのだという秘かな恐れをいだくようになる。それを問うのをやめられないということを自覚しているにもかかわらず。かれらの自信はいつのまにか傷つけられる。最後のはっきりした道標が永遠の相対性の霧の中に消え始める。誰か本当に原則から行動する人がいるのだろうか。それともそう見せかけているだけのことなのか。かれらは実際は「誠実な人間をひきずりおろしている」のか。愚かにも自分を欺いているのではないか。かれらは単に強壮剤を必要としているだけのことか。「最大の善人はあらゆる確信を欠いているものだ」。状況が悲劇的な態度をとるのを許さない——いずれにしても行為者はそれを疑っており、かれらに悲劇的人物になる強さを獲得するのをめったに許しはしないのだが——ということを除いて考えてみれば、われわれは善意の人びとの悲劇を目のあたりにみているわけだ。通常かれらは、「受難者の熱烈なエゴイズムを除いては、すべてが悲劇の水準以下である」(16)領域にとどまっている。

誠実さは死ぬほどバラバラにされてのこり、かれらは自己救済的イロニーによっても、そういつも慰められるわけがない。しかし、やはりそれは一種の誠実さなのである。その最も普通の表情には、見知らぬ人の中にいる少年のそれと同じ不安が見られる。それは優柔不断というもので、熱中の原因となるものを期待していないが、それがないことを残念には思っている。その恥じらいの背後には、けんか腰ではないが静かな道徳的勇気が隠されていることがよくある。こういう人びとは、もしそれが表現されると馬鹿にされやすいということを知っているのだ。ある種の信念の探究は、いかに擬装しても、たえずそれをはねのけるとしても、何年間もかれらを感情抑制の状態におくことにある。さもなければ、一つの信念への憧れは、必ずしも労働者階級の多数に共通ではないが、関係はあり、より深い把握分をもつ、あらわなシニシズムという他の形をとって擬装されることになる。ここでは、それが、不相応に所有した知識の重圧によって強められている。かれらがその知識を吸収していたならば、それほど優柔不断な結果にならなかったであろう。ほとんどの場合に破壊的な言及をするのに十分なだけの、社会科学や人類学や社会学や社会心理学についての知識が獲得されている。今やかぎになる質問として、「ポリネシア人についてどう思いますか」という問いが、政治的な「ロシア人についてどう思いますか」という問いにかかわっている。かれらは、粘土の足を見つけるゲームにもとりかかっている。もっと知識に自信のある、すっぱ抜き屋のような無遠慮さはないにしても。内心、すべての物とすべての人が発見されてしまっているのではないかという不断の疑いによって意気消沈している。通俗的で断片的な情報であふれている世界のあわれな金持ちの少年のようなもので、ましてやその情報に意味のある組み合せを与えることなどできやしない。それでもキングスレー・マーチンとティレシアスとの混ざったような気持ちになることによって、ある種の楽しみを感じることはできる。それに、ある程度グレアム・グリーンを読んで蓋をあけるような楽しみにかけることもできる。

このあらわなシニシズムは、実は信念に対する一つのノスタルジアであって、他の人間が信念を見出すために曲折を経ていくのをみると、羨望の混った特別な興味をもつ。そこには、なにかごまかしがあるんじゃないかという際限のない疑惑も混っている。――そういう奴は多分偽善者だ。とにかく、自分がそのような積極的、肯定的行動をとる可能性はないように思いこみ、憤慨するのである。「様々な羨望あるのみ／なべてはうら悲し」。というわけか。

なにか適当な表向きの顔をよそおうことにきめた諸君もいく人かはいる。――「私は何の幻想ももっていない。誰にも何も「売ろう」とはしない。世間にぐちをこぼすような馬鹿はしない」というわけである。大てい、顔のある特徴がそのことをよくあらわす――額にしわがより、眉はよせられ、「かげりのある眼」。とりわけ口は、下唇がみじめにたるむのが上唇によって防がれているだけである。上唇は、もっと深い不満を隠すための、防壁となっていて、損害を少く見せる擬似禁欲主義を表わしている。これは最も共通で、他の大部分の人びとと同様の、かすかな自己憐憫と甘やかしの表現である。自己の内部にある、これらすべての抑圧のもとでは、この種の疑惑にとりつかれて、似ても似つかないバイロン的英雄に自分を見立ててしまいがちである。ロマン的個人主義の多様な形態は、――ルネッサンスやロビンソン・クルーソーやルソーに起因している、――そしてこれは、いまだいくらかかれらのもう一つのあり方なのだが、概して利己心を育てることになってしまう。これらの不平不満にみちたロマン主義者たちは、航海する必要があるという気持ちに悩まされはするが、その旅行が本当に必要なのかどうかにさえ十分な確信をもつことがめったにないので、出発することは稀である。そしてかれらは「以前よりも一層不満をもつようになる」。

かれらの見せかけのシニシズムと自己憐憫の底には、目的のない、意欲のそこなわれた深い喪失感がある。私には時々、かれらの二〇代の時の境遇が最も困難であるように思われる。その時期には、教養や知的な充足感に対する最も熱心な探究が行なわれるのだが、獲得されることはほとんどない。結婚して数年後にふつう一つの転換がある。最初、一、二年ぐらいはわなにかけられたような顔つきになる。あたかも、結婚によってブルジョワの弱さといった罪を負い、なお悪いことに、自分を束縛し、自分の自由を裏切るのを許してしまっているかのように。時代の風潮が、かれらのそう了解する形のではあるが、かなりの情緒的な困難を伴わない結婚生活を保障しないのだ。このことは単に、誰か他の人間と共に生活する最初の段階における避けがたい混乱に出会うという意味ではない。そうではなくて、かれらは、人はその最も深い感情を認めることができるようになることを学ばねばならないということだ。——そんなことはないという必要もなければ、はな先にブラさげる必要もないが、かれらは良き夫、良き父であろうとすることについては何の固苦しいこともないのだということ、そこでも人は、他のどんな生活領域にいる場合と同様に誠実であろうということを自覚するようにならねばならない。

大ていの人が、特に成年になったばかりの頃、一つの苦痛の意識をもつ。すなわち、かれらは「暗黒と死の陰の中に坐っていて[17]……みじめさと鉄鎖で強くしばられている」というわけである。かれらの根元は吟味のためあまりにもしばしば引きぬかれていて、かれらは知的で高尚な宿無しになっている。問いかけは続くが、それには答えを見出すことへの恐れが伴う。

変えられるなら亡びたほうがよい
むしろ恐怖の中で死のう
時代の十字架をのぼり
幻想が死ぬのを見るよりは。[18]

沈められた理想主義と浸透した優柔不断とから、かれらは「かたをつけ」ようとはしない。基本的にかれらは悩んでおり、正しいことをしたいと思っている。かれらは多くの点で、小心で哀れで気ままであるが、その自意識は、分裂しているにもかかわらず、魅力と長所をもっている。かれらの多くは悪い商品に抵抗し、何かのために勇敢に闘う。しかも社会が、大部分の人びとを従順で受動的な状態にしてしまう危険に近づき、大衆の眼がテレビ、ピンナップ、映画の画面にくぎづけになる時、[19]これらの少数者は、重要な問いを投げかけているために、特別な価値をもってくるのだ。基本的にかれらの問いは、今日のわれわれすべてに問いかけられるものでもある。というのも、それは、個人としてのわれわれすべてに対する、根をもつことの、無意識の根をもつことの重要性に関係しているから。集中化と一種の脱階級化に向っている今日の主要な社会的発展に関係するからであり、文化的、知的な事柄と、生活を形成していくのに必要な信念との関連に関係するからである。こういう人びとはそれ故、より鋭い、だが今は傷ついている、社会の触角のうちに入る。大多数の人びとはかれらを無視するが、その示す徴候はみんなにある程度関係している。ウィルソン主教の二〇〇年前の断定は今日でも全くそのままあてはまる。

目ざめる必要のある人の数は、慰めが必要な人の数よりもはるかに多い。[20]

XI 結論

遍在する悪の広大さを想うと、ぼくは意気地なく圧し潰されそうになる。もしぼくに、人間の心には固有のどうしても滅すことのできないよい本性があるのだ、という深い直観がなかったとしたら。

（ワーズワス『抒情民謡集一七九八—一八〇五』序文）

……人は疑いもなく言ってきた
それが勝負の終りだと。
けど生きものは死にゃしない

（エドウィン・ミュア）

A バネのようにはね返る弾性

私は、この五〇年間におきた貴重な社会的変化にはほとんど触れないで、それにともなう文化的危険についてだけ多くを語ってきた。言うまでもないことだが、多くの働く人びとが、ほとんどすべての点で、前よりよい暮しをしていること——生活条件はまえよりよくなり、健康状態もよくなり、消費物資のわけ前はずっと大きくなり、教育を受ける機会もずっと充実してきた、など——を喜ばないものはいない。これまで例証してきたことは、私の診断が間違っていないとすれば、それに伴っている文化的変化は、かならずしも同じように改善されたとはいえないこと、ばかりかもっと大事ないくつかの場合にはより悪くなっている、ということなのだ。

また私は、労働者階級の人びとのなかの「熱意ある少数派」の影響にも、あまり言及してこなかった。私の主な関心が多数派のなかの態度にあったのだから。だからといって私は、この「熱意ある少数派」のもつ効力を過小評価するものではないし、こうした少数派は、今では余りみつからない、というつもりもない。そして、この少数派が、数の割合いとは関係なく、ずっと大きな影響を集団にあたえてきたし、これからもあたえ続けてゆく(確実にそうだとはいえないが)以上、かれらについてもっと直接に、なにかを言っておく必要があろう。私が思い浮べるのは、自発的に労働組合の仕事にたずさわったり、成人教育——たとえば労働者教育協会の行なう各クラスに参加し課程をやりとおしたりする——諸君、のことである。現状で、誰の眼にもよくわかる利点の一つは、この種の関心をもっている諸君はいま、それを発展させ実現するのに以前よりずっとよい条件にめぐまれている、ということだろう。

十九世紀のこうした人びとは、能動的に、多くの場合多大の犠牲を払って、なんとか道をきり開こうとしていた労働組合運動を支持し、議会に労働者の代表を送るために活動し、協同組合運動と関係し、地域の非国教派教会を支える柱石、になっていた。かれらは、六〇年代のリーズで、工業地帯における改革組織活動を行なうための全国組織をつくるために、「労働者議会改革協会」結成をよびかけたタイプの人びとである。かれらは八〇年代にはハインドマンのSDFのために活動し、九〇年代にはILPのために働く。世紀のかわり目には「労働者代表委員会」の結成を助け、そして労働党の誕生を支える。かれらの指導者は、年代順にいえば、トム・マン、ベン・チレット、ケア・ハーデイ、ジョージ・ランズブリイのような人たちだった。かれらの多くは今日、政治の舞台、組合関係、雇傭者と経営との間にとり結ばれているおびただしい関係の新形態のなかで、大事な仕事をしている。[1]

十九世紀の半ばから末にかけてのかれらの読むものは、広く、がっしりした、人を元気づけるものだったように思われる。かれらはモリスやラスキンのものをつぎつぎに読んだ。ヘンリー・ジョージの『進歩と貧困』(一八八一)、ブラッチフォードの『メリー・イングランド』(一八九四)を読んだ。『メリー・イングランド』のパンフレット形の分冊は百万部以上も売れたが、その多くは、一部一ペニーで手に入った。『進歩と貧困』は四年間に六万部も売れる。かれらは九〇年代には、ブラッチフォードの『クラリオン』を予約購読し、「クラリオン・サイクリング」クラブや「クラリオン・シンデレラ」クラブの運営を手伝っている。かれらのあるものは、関心がそう厳密に政治的なところにはないほかの多くの人びとをさそって、「相互改善協会」や「メカニックス・インスティチュート」[2]に入ったり、大学の拡大市民講座とか、ほかのいろんな形の成人教育に出席したりしている。廉価で大量に出るモーレイの『ユニバーサル・ライブラリイ』とか、ほかの廉価本シリーズを買うのはかれらなのだ。マコーレイの『歴史』[3]の最初の二巻を買う一万三千人、三巻を買う二万六千人のうちにも、かれらは入っている。あとの時期になると、かれらはショーを読み、全部で二百万も売れたウェルズの『概観世界史』[4]の買い手のなかにも入るようになる。かれらは『人生の科学』を読み、『人類の労働、富、幸福』を読む。一九二九年以後は、一冊一シリングのワッツの『シンカーズ文庫』[5]を買う。この前の戦争のときにできた軍隊の教育組織が、本当に意味をもち、実際に役に立ったのは、かれらなのである。かれらは、公共図書館をよく使い、しばしば純粋な興味から、よくえらびわけて、第三放送を聞いている。かれらはいまでは「ペリカン文庫」を買う習慣になっている。ペンギン・ブックスがつくり出す本で十万部以上も出る本が十冊もあるのは、そのためなのだ。「高級」新聞、雑誌の部数を増加させたのも、自主団体、大学、地方教育当局などが組織している市民教育活動が戦後拡大しているのも、かれらのおかげなのだ。

いま、イギリスとウェールズとあわせて、自主団体や大学の学外教育部が組織している人文科学系統のリベラルな、非職業的研究活動に参加している人の数は約十五万人――大まかにいって成人二百人に一人の割合いである。[6]「労働者教育協会」には約九万人の生徒がいるが、[7]そのうち「兵役や看護」に出ている人びとを除く、最大の単一グループ(一万六千人）は、肉体労働者なのだ。総量はそんなに大きくない。が、その数は戦争前から着実に増えている。お金がもっと入れば、ほとんど確実にもっと増えるだろう。しかし、目覚しいといえるほど増える見込みはまずない。もっと根本的な問題は、とくにこと「労働者教育協会」に関するかぎりは、このエッセイのこれまでの章から演えきしてくることができる。つぎのようなこと。より持続的な、より探求的な個人指導コースをとる生徒の割合いを増やすこと。労働者階級出身の生徒の数を増やすこと。今日では、自分でなんとかして教育を身につける個人的必要も、社会的要請もあまりはっきりしてもいないし、さし迫ってもいない。大衆的公示屋諸氏の生産物が、労働者と階級への自由な成人教育が始まった五〇余年前にくらべると、ずっと量も多く、ずっと強力に提供されている。いまの難問は、働く人びとが学ぶための材料が不足していることではなく、一種類の材料を余分に供給されるということにあるのだ。知識への経済的な障壁は大幅にとり除かれたが、にもかかわらず、まだ闘争は続いている。瑣末でまとめ屋的なサイレンたちの無数の歌声は無視するとして。「労働者教育協会」は、それまでほとんど全くなんの訓練も受けていない労働者階級の生徒たちに接触する適切なやり方を、いつも考えておく義務がある。その仕事の要にあることは、協会は生徒に一種の規律をあたえなければいけない、ということだ。その規律は、大衆御用文筆家がしょうれいする瑣末化に、断片化、小ぎれいな「意見」に仕立て上げることに、きびしく反対するものでなければならぬ。知的にそうした傾向はもたないもっと多数の人びととの状態に話しかける可能性は、現在の組織のあり方からいって、

「労働者教育協会」の仕事ではない。

みてきたように大衆的公示屋諸君は、労働者階級の人びとが、この「熱意ある少数派」を見くびるようにさかんにケシかけている。というのは、かれらの存在それ自体、かれらが共同献立に背を向けてもっと栄養のある食物を求めるそのことが、かれら大衆伝道者自身への暗黙の審判になっているからだ。かれらにとって、好学心にもえた、真面目な労働者階級の学習者をからかうのはたやすいゲームである。なにかの可能性のために知識を手に入れようとするものは、その可能性が物質的なものであれ、もっと目にみえないものであれ、すぐに重苦しく、熱意過剰になってしまう。私はといえば、社会のなかにおけるこうした人びと——ときにはそれがどんなに妙な形をとってみえようと知識それ自体の美徳と力とを感じそれにはげまされて、ふつう一日の仕事が終ってから、しばしば恵まれない条件のなかで、勉強しなければいけないと自分にいい聞かせて準備する人びと——の重要さを、いくら強調してもしたりないような気がする。

従って、そうした人たちが必要とするような討論のための定期的な機会がほとんどないことは、特に遺憾なことである。私のいいたいことは、これまで述べてきたような意味でのポピュラーなものでは決してない、知的で探究的な、それでいて予想される読者の生活背景に立脚しているような雑誌が、もっと多くあってしかるべきだということである。これは非常に面倒なことではあるが、前章までに論じてきた、多くの点と直接関連しているから、私はあえて提案するのだ。というのは、文化と知的素養を求める当の「勤勉な少数者」が、今のところポピュラーな出版の世界の欠陥を、たとえわずかなものにもせよ形を変えて反映している雑誌やら（たとえば「自由」の概念の誤った使い方とか、「断片性」の代りに「なんにでも意見をもつこと」、「わかりきってるよ」という形で示される一種のシニシズム）、もっとエレガントなファッションの雑誌によって作り出される、服装に関する興味と文化的に同質の、流行を追う「文化的はげたか」の欲望を満たすような雑誌やら、あるいは、ごく少数の者を除いては誰にとってもふさわしくないような雑誌を、しばしば買い求めているからである。真面目な雑誌を「ありがたく」読むことは、ある程度避け難いことであるだけでなく、一概に嘆かわしいことでもない。なぜなら、そうした読み方は、自分の判断による読書にいたる一階梯ともなりうるからである。しかし、たくさんありすぎるときには、私は今日そうだと思うのだが、いきおい、必要な何かが満たされず、ある重要な機会が間違って使われるようにもなるのだ。この欠落は、一体どこまでが、一一般人の中にある知的少数者の状況に対する無理解の結果によるのであろうか。また一体、理念の伝達に従事している人のどれだけが、かれらに援助を求めている、この少数者の緊急かつ重大な要請を本当に理解しているであろうか。この問題を解こうとすれば、おそらく多くの誤った態度に行きつくだろう。時として固苦しく、物々しくならずに、それでいて適切な主義主張を見出すのは容易なことではない。しかし現下の状況では、満足すべき基盤がほとんど何もない(8)。

悪口、賞讃とりまぜて横柄なものいいをする奴だと思われるかも知れないところだが、あえてつけ加えるならば、いわゆる「社会運動家」諸氏も、「労働者階級運動」の一部をなす社会的活動に直接従事しているかぎりでは、やはり十分に自分たちの目的を再検討する用意に欠ける場合が多いようである。私はかれらの社会改革をめざした働きを想起し、それが、物質的な欲求によってではなく、何よりも労働者階級のより高度な満足、すなわち、ひとたび物質的な改革が達成されればより一層容易に獲得されるであろうような満足を必要と感ずることによって鼓舞されていたことを強調してきた。この少数者にとって今もっとも必要とされるものは、自分の位置を再点検し、かれらの先達がそのために尽してきた理念が今や失われつつあり、物質的改良は、労働者階級の大部分に対して、社会哲学としていやしい形の物質主義を採用させることにしか役立たないことを認めなければなるまい。もしこの少数の活動家たちが、もっぱら政治的、経済的な目的ばかりに浮き身をやつし続けるならば、自らの意図に反して、文化の名によって裏切られるであろう。これは、ある点で、かれらの先達が直面した問題よりもっと困難なものだ。精神的退廃の危機ということを生き生きと認識することはもっと困難なのである。この種の危機は、空中の敵のように、勇気や決意をふるい立たす具体的な形をもたないので、それと闘うことは一層難しい。これらの事柄は、それから害をこうむっていると考えられているような人びとにもあてはまる。少数の者が多数の人びととの物質的条件を改善することの方が、大勢の人びとを、たあいのない感性的満足という催眠術から目覚めさせることよりも容易である。どうやら、こうした状況下にある人びとは、自らを救い出す術を教えられる必要があるようだ。

「熱意ある少数派[9]」はきわめて重要な存在ではあるが、主として多数者の生活態度を論じている本書の末尾を、少数者に関する論議で閉じることもできまい。すでに示唆したように、大多数の人びとの到達しうる(知的)成熟度は、必ずしもより高等な教育を受けねばならないほどのものではなく、また必ずしも政治的行動となって自己表現するほどのものでもない。また、大多数の人びとの間に見出される、新しい文化様式への弾力性、常に個人的で具体的な言葉に表現される固有の弾力性を想起することも重要である。「より古い」態度の中で価値あるものの多くが、それゆえに初めて維持されているところの強さ、また、それゆえに初めて、新しく一見害あって益なく見えるものの多くが同化され、受け入れられるところの強さを強調しておく必要がある。

ともあれ、本書のような試論には誇張はつきものである。そこには、無限に多様な日常の感覚と、人間性の複雑さから、次第に遠ざかってしまう危険がある。特に本書の場合には、冒険にも書きとめておいたように、比較的古い影響力の減少を認めなかったり、「より古い」態度についてはあまり芳しくない面を、より新しい態度については良い面を、ともに無視している恐れが十分にある。われわれがポピュラーな出版物を考察する際には、その量があまりにも多いため、知らず知らずのうちに、人びとの実際のどんな経験よりも大きな比重を、それらに与えてしまう傾向がある。それらが最も強く影響する領域では、その結果は有害なものでありうる。もう少し経験の領域を拡げてみると、多少とも有益なこともある。しかし実際には、影響力は徐々に働くものであり、その他の諸力によって繰り返し相殺され、緩和されるものだ。人びとの実際の生活は、文字が描くよりもっと複雑で豊かな内容をもっている。われわれはこのことを、日々の経験から知っている。現代の大衆娯楽の多くは、人生に対する無気力な態度を奨励しているが、大部分の人びとの人生は、そのようなものとはほとんど全く関係がない。そこには戦争があり、戦争への恐怖がある。労働の世界、人間関係、服従と緊張の世界がある。家庭の義務と金銭の処理があり、近所づき合いがあり、病気、疲労、生と死とがある。部分的な娯楽の世界のすべてがある。これこそが、なぜ私がずっと以前に出版物の綿密な分析を、しっかりした大地と岩と水の背景にすえるべく、ごく普通の労働者階級の生活の内容を描き出そうと試みたか、という理由である。

ところで、労働者階級の人びとの中に、ちゃんとした、地方的、個人的、共同体的な生活様式が一体どれだけ残っているだろうか。それは、会話や文化の諸形態（労働者クラブ、歌い方、ブラス・バンド、旧式の雑誌、ダートとかドミノなどの、少人数でやる団体ゲームなど）、毎日の生活に現われている態度の中に残っている。結婚と家庭は、われわれが想像する以上の重要性を保持している。寛容の観念はしばしば、どんな区別もできなくなるところまで拡げられるが、弱点としてよりも強い慈愛の心としてさまざまな点で大いに役立っている。個人にかかる圧力は、しばしば悪用されるが、なお大いに緊張を与えることができ、また生活が公共性をおび、画一化する傾向を示す時特に不可欠のものである。かれらが一種のシニシズムに陥る前には、しばしば懐疑論と不服従の姿をとることがあるが、他にもかれらは貴重な形態をもっている。そのうちでも特に、人びとの黙って無視するという偉大な能力、ただ影響を受けたふりをして、物事を「なりゆきに委せる」というやり方が著しいものである。明らかに利己心からする生活の否定と同じように、善意からする生活の否定についても、かれらが理解と共に、しばしば反撥を示すのも、このような資質のおかげである。また、かれらがほとんど途方にくれるような事柄についてさえ、自分が信頼をおき、賞讃している、ある種のバイタリティの欠如を感じとるのも、またこの資質のおかげである。それとともに、本当に求めるものは吸収し、どうでもいいものは成行きにまかせる能力ももっている。それは底流とは関係ないにしても、一種貴重な道徳的方向舵を身につけさせる——だからこそいままでもすべての新しい素材は、少くともなにか道徳的価値をもっているような形にして提供されなければならないのだ。また、かれらには「耐えを忍ぶ」能力があるが、これは単に受動性からくるものではなく、それが、人たるものがそこから始まるべき地点、つまり、人は多くのものを耐え忍ばねばならない——これに類した古風な言い回しをすれば、笑って耐える——という想定からくる。ちなみに、この陽気さは、しばしば損われ、それ自身の自覚した影を作り出すが、やはりなんらかのエネルギーをもっている。ノーマン・ウィズダムのようなコメディアンを目立った存在にした力は、この一例である。陽気に正体を曝露することもまた、そうである。それは特に、今日の好みとはあまりにもかけ離れたアッピールに対する反応として聞かれる。たとえば短い宣伝用フィルムやニュース・フィルムの文字や声色が原因で笑う場合がそうである。このような態度はすべて強い自尊心に基くものであり、これは大ていの場合、労働者階級の人びとの道徳的資質が相当なものであることを別の面から説明するものにすぎない。要するに、これらの資質によって、この数十年間コマーシャル・ソングや宣伝文句について いつも行っていたように、かれらは多くのことに頓着せず、あるいは実際以上のものを作り出し、また実際にはあてはまらないようなものにかれら特有の考え方を相変らずあてはめることができるのである。その結果労働者階級は、さもなくば受けたであろうほどには、それらのものから影響を受けていないのである。もちろん問題は、この道徳的資本の在庫がいつまで続くか、また十分に更新されうるか否か、にある。しかしわれわれは、現在における、この元手の影響力を過小評価しないよう注意しなければならない。

これまでの議論は、多くの若者のことを考えた場合には、不当に楽観的であるように見えるかも知れない。ところが青年期、恋愛期そして新婚時代に充分な自由を謳歌した後に、再び伝統的な生活態度をとる労働者がいかに多いか、ということを想起するがよい。世代毎に、いくらかの新しい作法が成人期にもちこまれはするが、いかに多くの、変化へのささいな誘惑がさっぱりと拭い去られてしまうことか。私は中年の叔母から、労働者階級の女たちは誰もが四〇から五〇の間になると、「あぁぁ、日毎に考え方がわたしのおっ母さんに似てくるよ」と慨嘆するものだ、としょっ中聞かされていたので、それを信じたいような気もする。そうした考えの中には自分を甘やかす態度があり、それは時として愚かしい行為や、自分で物事を考えることの拒否の言いわけに使われた。しかしそれは古い態度のもっている強さを物語るものでもあった。総じて、周囲からの発言がやかましくなればなるほど、そうした考えがプラスに作用するのである。

缶詰食品がこれほど豊富に出回っているにもかかわらず、手を加えたり、作ったりして個性を自由に表現したいという欲望がいかに根強いか。その他の点ではなんら特別に「よい夫」でもない男が、「日曜大工」[10]や「家庭仕事」には、いかに精を出すことか。一つには、近所の大工や指物師や鉛管工やペンキ屋を雇う金や習慣がないためでもあるが、この種の活動が、いまだに家庭生活の基本的部分をなすものと受けとられているからでもある。父親というものは、膝掛けや子供のおもちゃを作るのに手を貸すような人でなくてもかまわない。しかし、進んで電気のコンセントを直し、台所の棚作りをし、あるいは子供の自転車のチェーンをとりかえる人でなくてはならない。特に冬は、良き夫たるものは、一晩中こまごました仕事をすべきものとみなされている。

ここから本物の「何でも屋」や、さらには趣味までほんの一跳びである。週末に向って労働者の書店の店先は、書籍販売業者が「趣味娯楽雑誌」と呼ぶ多種多様の書籍、たとえば『釣人ニュース』『鳥と飼育』『愛玩鳥』『家庭菜園』『大衆園芸』『実用技術』『木材工作』『サイクリング』などでにぎわう。スポーツ、趣味、娯楽専門のこうした定期刊行物は全部で約二五〇種類もある。魚の飼育法に関して二種、家庭用ペットと鳥の飼育に関しては七種、各種ベルに関して一種、釣りに関して十種、サイクリングと犬に関してそれぞれ数種、さらに趣味、工芸一般に関して約二ダースほどの雑誌がある。それらのうちのかなりのものが、労働者階級及び中産下層階級の読者に特に人気がある。このような（趣味の）活動においては、時に指摘されるように、労働者階級の人びとは常に個人的に選択し、自由に、自発的に行動する。かれらの日常の仕事は、しばしば、なんの自発性も要求しないし、選択する必要もない。しかし趣味の活動においては、一つの技芸に打ち込むことによって――たとえその技芸が風変りなものであっても――かれらは専門人になりうるのである。

ここでもふれておきたいのは、窓ぎわの箱や裏庭のやせた、ちっぽけな土地に何かを植えて育てたいという欲求が根強く、またそれがよく手入れされていることが多いことである。また表通りの板囲いの後や、舗装道路の際にある小さな耕作貸付地や、あるいは一九二二年の耕作貸付法の条項（「庭園を耕作し、かつそれを望む市民はすべて、一つの耕作貸付地を得る権利を法的に保障される」）に基いて、名目的な地代で貸しつけられる三〇〇万平方ヤードの地条にも、植物を栽培するのである。すでに述べたように、労働者階級の人びとは、住宅を他に移さねばならない時にも、めったに私有地の庭園を手離さない。都会のビルの群にしがみつくような、小さなやせた一片の土地に愛着をもっており、一条の小作地よりも大きく、同じように不毛で未開墾の数多くの地片にとりまかれている新しい処女地片に懸命になにか植えようと試みたりする。確かに、植物栽培をしたいという気持は「少数者」以上に出なかったことは事実であり、小作地に対する関心も、釣りに対するのと同様に今ではやや下火になりつつあるようにみえる。[11] しかしなお、この国では一五〇万人が小作地で栽培を続けている。

これに対して、動物と鳥の飼育に対する関心はすたれないだけでなく、部門によっては増加しつつある。ウィペットとグレーハウンドの飼育は、いくつかの鉱山地帯や商売目的の場合を除いてほとんど消滅している。カナリヤの飼育は増加はしていないが、その他の種類の鳥の飼育、とりわけ「せきせいインコ」には関心が増えている。「フルトン調査」によれば、鳥の飼育は労働者階級の人びとに最も人気がある。グレート・ブリテンには約五〇万の鳩愛好家があり、約千のホーミング・クラブに組織されている。[12] それらのクラブは大概地方の居酒屋に本部をおいている。会員は一人当り年間一ポンドの会費と、レースに出場させた鳩一羽につき一シリングを支払う。こうした会員たちの鳩は、土曜日になると、ひっそりとした停車場のプラットホームのはずれで、駅のポーターたちの手でバスケットから放たれるのである。鳩の飼主たちは鳥打ち帽をかぶり、上空を見上げ、ストップ・ウォッチをかまえて、自分の鳩が土曜の夕闇の中から舞い戻ってくるのを待つのである。

前述のものの多くは、一種の抵抗を示すにすぎないのであって、なんら積極的な適応を示すものではない。しかしまた、若者たちの間には、市街区に基く団体活動が驚くほど多種多様ある。たとえば青年クラブ、若者の学校、YMCAおよびYWCA、共同センター、職場スポーツ、趣味のクラブ、フットボール、ラグビー、クリケットのクラブ（最後のもののうちのいくつかは、今なお地区に基いており、公的な援助を受けていない）。そしてあれやこれやのスポーツの地方リーグ戦の数々、などである。これらの活動の多くは「やつら」が後援しているが、もし労働者たちの熱烈で真剣な支持がなかったならば、今日まで持続することはできなかったであろう。この他にも、公的な後援を受けていないものとして、「遊覧旅行」のような、自発的な都市的適応の著しい例をあげることができよう。あるいは、都市の労働者階級の人びとが今なお公衆浴場を利用している、その方法を考えてもよい。学校の学期中または土曜の四時以降の公衆浴場に行ってみるがいい。そこは石けん類の臭いが立ちこめ、冷え冷えとして角ばったところで、隅の方はすべりやすく、アカがたまっている。だがそこには、仲間たちと取組みあってはかわるがわる押し倒され、長くいすぎたため寒さで青ざめながら浴槽の中で一団をなして暴れ回っている、労働者階級の子供たちの声がにぎやかに響き渡っている。

また「田舎へ出かける」ことにも、とりわけ春の祝祭日の期間には、いまだに大いに人気がある。三〇年代に盛んだった「ハイキング」熱は、私には下層中産階級に最も影響力をもったようにみえたが、労働者階級の人びともまた、大都市からさほど遠くなくて便利な丘陵や峡谷や荒野へと出かけていった。[13] 徒歩旅行は労働者階級の人びとにかぎられるわけではないが、サイクリングこそはかれらに典型的なものである。（労働者階級の子弟にとって）一人前の青年になった印は、週給からの週賦払いで自転車を買う承諾を親から獲得することである。そして週末になるとかれらは、同じころに自転車を手に入れた友達と一緒に出かける。あるいは、日曜毎に人影のまばらな電車の停車場のいくつかを通りぬけ、街中から郊外へと走る自転車クラブの一つに加わって出かける。日曜の朝は「ベッドにいる方が良い」という若者も多いが、結構こんな具合に外へ出かける者もいるのである。二大サイクリング・クラブの会員数は、実際に外出する人数を表わすわけではないが、頻繁にサイクリングに出かける人の数は示しており、この会員数だけでも二五万人を数える。クラブでの交際や鍛錬、または「楽しい一日の遠出」を望む人びとのためには、サイクリスト旅行クラブ（ＣＴＣ）がある。（この他にＣＴＣに加入していない多くの地方的クラブがある）。また自転車レースをめざす人びとのための全国サイクリスト連盟（ＮＣＵ）は、特殊なチューブ、車輪、サドル、そして低いハンドルに下げた籠にアルミ製のビンをそなえている。ＮＣＵの会員たちは、道が街中を走っていようが、国立公園を通っていようがほとんど頓着しないことが多い。観光はかれらの目的ではないからである。ＣＴＣの会員たちはというと、自転車に乗りながら話したり、草原でボール遊びに興ずるが、（これまた）かれらが訪れた田園風景や名所旧跡には大した関心を払わない。しかしかれらは所期の目的――交際、きつい鍛練、新鮮な空気――は達しているのである。これら二つのクラブはどちらも一八七八年に創立され、以来労働者階級の趣味としてのサイクリングは急速に普及した。都市の労働者階級が今でも、環境からの挑戦と安い大量生産の有益な可能性とにまとめて積極的に対応できるのは、サイクリングのおかげである。

おそらく、このようないくつかの事柄は、上述したすべての諸力に抗しては、ものの数ではないように見えるであろうが、私はそれらが大きな力を発揮すると考えている。労働者階級の人びとは、怠惰な「ルンペン・プロレタリアート」になることなく、田園の生活から都市の生活への変化を生き抜いた。この半世紀間かれらは生きのびてきたし、確かに大きな危機にはあるが、今もなお大むね無事でいる。かれらが耐え忍ぶことを強いられたことの数々を想い起してみれば、人は『リア王』の中の言葉がぴったりだと気づくだろう。「驚くべきことは、かれらがかくも長い間耐えてきたことだ」と。「物事を耐え忍ぶ」という事例のすべてに驚嘆し、これらの挑戦に直面してとられた。上述のすべての対応を想起する時、人は再度、これは単に忍耐の問題ではなく、もっと積極的な対応の問題だということに思いいたるのである。真におどろくべきことは、多くのものが残っていることではなくて、世代を下るたびに、このように多くのものが新たに生まれる、そのことである。

B　大衆文化における現在の諸傾向・概括

諸個人や地方グループにあるこの弾力性は、健康でもあり、重要でもある。しかし、この弾力性を、日増しに危険な圧力が増大しているといういい方をはらい除けるために、人間は生得正しい判断力をもっているのだといったことに関連づけて過度に強調することは、明らかに例の民主的自己赦免のべつな形態でしかない。人びとがいまでも、新しい諸影響が招きよせそうにみえる根なし草にも、うすっぺらにもならず、断固としてこれまでの生活のよいところを守って暮していることを指摘するのと、そこから進んで、これからもそうに決っているとか、「人間性は究極それ自身を救う」、「ふつうの平凡な品の良さは信頼していいんだ」とか、最悪の効果から人びとをすくうには別に手だてはいらない、人間性に弾力性があるということは「民衆はいつも同じ」ということになる、と推断することとは違うのだ。

現在、大衆文化がその線にそって発展しつつあるような一般的傾向を要約する仕事が残っている。全体を通じて、私は事例の大半を出版物からひいてきた。だが、細部を適当に若干修正すれば、出版物からひき出された結論はそのまま映画、ラジオ、テレビ（とくに商業的、スポンサーのついたもの）、大規模広告のすすめている諸傾向にもあてはまるだろう。[14]

とくに最近の数世代のあいだ、娯楽用の多種多様な読みものの消費量はひじょうに増えてきている。たんに人口の増加に対応した自然増ではなくて、絶対量が増えているのだ。このことはある程度避けられない。大規模に娯楽を供給する技術設備と、大多数民衆の購買力とが二つとも増えているのだから。増加それ自体は、かならずしも慨嘆することはない。余地はそれだけ大きくなるのだから。しかし、ある程度まで、増加の規模は、これまで満たされなかった欲望をみたすという自然の働きで決まってきたのではなく、娯楽供給者の人為的な働きかけで決められてきたようにみえる。

こうして、この百年の間に、英国におけるすべての型の刊行物の数は、約千から五千をこえるまで増大した。[15] 疑いもなく、この世紀のあいだに多数の国民が読み書きできるようになり、高度に工業化したことを考えるならば、この目覚しい増大も不思議ではない。しかし、この増えた部分の主なところは、近年雑誌や定期刊行物の数が著しく増えたことに起因している。また、べつな近年の変化を例にあげてみると、全国、地方日刊紙の総発行部数は一九三七―一九四七年[16]のあいだに一倍半増えている。同じ期間に日曜新聞は、ほとんど二倍になった。一九三八年に、雑誌と定期[17]刊行物の発行部数は約二千六百万部だったが、一九五二年には多分四千万部をこえていよう。一九四七年から一九五二年のあいだに全国朝刊紙の総発行部数は約五〇万ほど増え、[18] 日曜新聞はおおよそ二五〇万部ほど増えている。いまや日刊新聞は全国各世帯に二紙[19]の割合いで生産されている。一九五三年の「フルトン調査」によると、成人三人のうち二人が日曜新聞一紙以上を読み、四人のうち少くとも一人は三紙、あるいはそれ以上の日曜新聞を読んでいる。人口千人当りの日刊紙推定部数[20]でいうと、英連合王国は世界のどこの国よりも数が多い。

ちょうど一般に真面目な趣味娯楽活動に入っていく人が増えてきているのと同じように、私が「真面目な読みもの」とよんで来たものも並行して増えてきている。単行本の生産量[21]は、世界のどの国よりもたかい。近年技術、教育関係の本も実際にかなり増えてきている。大部分は広い意味での「小説」であるが、タイトルでみるかぎりは、近年技術、教育関係の本も実際にかなり増えてきている。そして誰でも知っているように二〇年代から始まるペンギンやペリカン叢書は立派に成功している。とくにこの二五年間、公共図書館から貸出される本の数もひじょうに増加した[22]。一九五〇年に行なわれたギャラップ調査によると、インタビューされた人の五五パーセントがその時本を読んでいる、と答えている[23]。この比率は、たとえばアメリカやスウェーデンよりも高いのだ。「高級」定期刊行物のうちいくつかも販売部数[24]をのばしている。

こうして細かにみていくと、固い読みものの将来はひじょうに明るい。が、限定をつける必要がある。公共図書館から借り出される本のうち、あの価値のないフィクション、あるいはノン・フィクションと称しても「本当の人生の話」といったかざりをつけただけで実際はフィクションの一種でしかないもの、はどの位あるのだろうか。問題が本の内容、価値評価を含んでいるので、統計的に答えを出すわけにはいかない。ダービイ調査は、なんらかの種類のフィクションが公共図書館貸出しの七五―八〇パーセントを占めているのではないか[25]、と推定している。しかも、ほとんどの図書館人が、このフィクションの大半が全然貧弱な種類のものだ、と証言するに違いない、と私は思う。読書の習慣それ自体にはなんの徳もない。読むものの主題やプレゼンテーションがそんなに変わったものではなくとも、人生の現実から切り離されて読まれるのであれば、私が前に描いた気晴しの文学を読むのと同じように、読書の習慣はたんなる薬の常用と同じものになってしまう。商業図書館はおそらく一億五千万から二億冊の本を年間貸出しているだろう[26]。二つの最も大きな商業図書館から貸出されているもののうち、約九〇パーセントがフィクションであろう。二—四ペンスで貸出す借本屋になると多分ほとんど百パーセントがフィクションであろう。公共図書館について言うと、「歴史、地理、旅行」と分類される項目の本が、貸出されるノンフィクション・グループのうち一番多くの量を占めている。多分、今ではノンフィクション全体のうち四分の一から三分の一、といったところか。ふたたび、私はそう思うが、図書館人に言わせれば、そうした一般分類項目にふくまれてはいるが、実際読まれている本は大したものじゃないのだ、ということになるだろう。この種の限定はやろうと思えばもっといくらでもあるだろう。私がこんなことを書くのは、べつに真面目な、固い読書が増えていることの価値をおとしめるためではなく、ただそうした進歩が実態以上に過大評価されないようにやっているだけだ。

状況はつぎのようにいえばよいか。少数の鋭い知的関心をもった読者は、こうした機会を充分に利用している。しかも、その数は若干増加した。しかし、大多数の人びとは、そうした変化から影響を受けていない。ばかりか、全く次元の違った諸傾向によって左右されている、と。真面目なかたいものの読者が実質的に増えていることに対応するような現象はそこにはほとんどみられない。インテリ風の固い読みものと大衆的なやわらかい読みものとではひきよせる読者の種類がはっきり異質だ（この点についてはまたあとで触れる）ということと、大衆的読者の大部分が置かれている状況は、固いものの読者とこれまた全く違う、ということにもよるのだろう。少数派を増大させ、改善するために多くの運動が行なわれてきた。が、ひとにぎりの支配的な大衆出版物が大多数の民衆をがっちり摑もうとして展開してきた運動のほうがより大きく、全体としてもっと成功を収めつつあることを確認しなければなるまい。

私は以前の各章でおそらく充分に示したと思っているが、本当に大衆的な出版物というものは、拡張するためにより巨大な部数を求めて、たえず闘っていなければならない。こうして、一年ごとに全国紙の経済的にひき合う最低部数はつり上げられていくかにみえる。あたかも、誰かの成功が、ほかのすべてのものの最低生存線を押し上げていく、といった具合なのだ。ずっと以前一九四六年に、フランシス・ウィリアムズは、そうした事態がおこりそうなことを警告していた。

発行を続けてゆくために、英本土の現代的な全国紙は、どう少く見積っても一五〇〇万近く、望ましいのは二〇〇〇万をこえる発行部数を確保してゆかなければならない（ということは新聞はたえず五二五万―七〇〇万の人間に読ませるようにアピールしてゆかなければならないことを意味する）[27]。

この過程の一つの結果は大衆的読みものの求心化、集中化の増大となってあらわれ、そのなかで同時に大衆紙の実際の読者がベラ棒に増加してゆくことになってくる。簡単にいうと、われわれの読む新聞の種類はずっと少くなっているが[28]、読む量はずっと増えているのだ。つまりおたがい同じ新聞を読むことがずっと多くなっている。日刊紙の発行部数はひじょうに増加したけれども、この国で発行されている新聞の数は、過去三〇年間にずっと減った。今日、大衆出版物のほとんどの形態で、ひじょうに少ない機関が、実際ひじょうに大きな売上部数をにぎっている。いったんそうなると、ほかの機関の部数は通常ガックリ落ちてしまうのだ。典型的な例をあげると、この下層読みもの出版グループの内での出版物の数は、ほかの高級グループ内のどれよりも数が多い。にもかかわらず、そのグループ内上位数社の売上部数総計は、ほかの社全部を合わせたよりも大きいのだ。だから、一つのケースでは、二つの出版社がこの分野の売上部数の半分以上を占め、残りを六―八つの出版社がわけている、ということになる。いま見通すことのできるかぎり、この過程はまだ終らず、変わってゆく徴候はない。ごくわずかの機関がしばらく、この分野では以前よりより多くの諸君を獲得し続けてゆく。この過程に照らしてみると、若干の「高級」出版物の部数がいく分増えているからといって、それはこの消費の増大、ごく少数の巨大な大衆的出版物の集中化増大[29]という大問題にひき合うものではほとんどありえない。「高級」な出版物が一年のうちにその部数を、そう十五パーセントほど増やした、が大衆的出版物の伸びは三パーセントか四パーセントでしかない、といったことが時おり宣言されるが、いつもちょっとまやかしがあるような気がする。というのは、言うまでもないことだが、有名な大衆紙・誌はすでにぼう大な部数をもっているので、いまさら高率の伸びを示すほどの余地はもともと残っていないのだから。ある種の「高級」出版物の最上の典型といってもよい二つのジャーナルの近年の増加分をたしても――パーセンテージであらわすとかなり大したものなのだが――それは同じ年、同じ分野で一つの大衆的出版物が記録した増加実数の三分の一ぐらいにしかならないのだ。このケースは典型的、といってよい。「高級」出版物が発展するのは結構である。が、それは大衆通俗ジャーナルの分野におこっている集中増大の傾向をくつがえすものではない。

実際、発行部数を維持するのが特殊に困難になっているのは、こうした「高級」紙ばかりではなく、報道、コメント、レイアウトでそれなりに真面目な一定の水準を保とうとしている大衆紙の場合も同様なのだ。新聞評議会はこの点を指摘している。が、それを責任の重荷を「公衆」にかぶせる形で導入している。ここでも、ほかと同じように、新聞評議会は、新聞界の責任の性質分析よりも、新聞の現在の量的、質的変化に対する読者の責任のほうを云々しがちなのだ。

自由で高度に競争の激しい市場における公衆の好みの傾向をあらわす一つの指標として、昨年『デイリー・テレグラフ』紙が一部増えるごとに、タブロイド新聞が三部増えている事実は、重要な意味をおびている。より以上に、タブロイド新聞の部数増加は、ほとんど正確に『デイリー・メール』紙、『デイリー・ヘラルド』紙、『ニュース・クロニクル』紙の損失分合計と対応している。『デイリー・エクスプレス』紙はかわらなかった。(30)

既成の枠のなかでの拡張可能性がかぎられてくるにつれて、大衆出版機構は必然的にほかのジャンルへ手を伸ばしてゆく。一九五四年にいくつかの大衆日刊紙の「ジュニア版」があらわれたが、それはこの過程のなかでみると、まことに論理的な成行きだった。この特定の実験は失敗したようではあるけれども。おそらく、「ジュニア版」というのは拡張への新しい市場を開拓するためだけではなく、そこで子供読者を養成して、大きくなったときにそっくりそのまま大人版に移行させよう、という思惑があったのだろう。

若干の真面目な出版物の部数が増えているにもかかわらず、大衆出版物の集中は、部数のより少ないメディアの存続を——それらが支払いのよい、若干補助金を出してもよいという確固たる読者層をもっていないかぎり——より困難にしつつある。ごく最近発刊された二つの文化雑誌、『エンカウンター』と『ロンドン・マガジン』はなんらかの財政的バックをもっている。後者の後楯はデイリー・ミラー・オーガナイゼーションだ。私は先に、集中が新聞が存続できる経済的限界線をたえず押し上げる、と述べた。こうして、新聞の実際の販売部数が落ちなくとも、財政が行き詰るという事態が生じる。この好適例として、読者が大して減りもしないのに、一九五四年に潰れた『ジョン・オブ・ロンドン・ウィークリー』をあげておこう。

生産される素材量の目覚しい絶対的な増加、素材供給機関がますます集中・寡占化してゆくことは、少数派の条件をますます難しくしてゆく結果となる。これが、大衆的娯楽や大衆的出版物が大組織によって発展させられてゆくさいの主要な特徴である、ようにみえる。では、同じように簡単に要約してみるとして、そのありうべき効果はどうなのだろうか。

より通俗的な新聞の読者層は、労働者階級が全人口の過半を占めることからいっても労働者が多数派であることは間違いないとしても、明らかに労働者階級だけにかぎられているわけではない。これらのジャーナル類は、かれらが話しかけることのできる最大の単一グループは、今日全人口の四分の三を占める、十五歳で最終的に学校をおえる人びと、である、ということをよく理解している。この関連からすると、私が前にちょっと暗示しておいたことについて、もっとなにか言っておいたほうがいいだろう。つまり奨学生制度のありうべき効果についてである。労働者階級のなかの知的少数派と全体としてのほかの諸階級との関係は、途方もなく複雑な主題なので、私にできるのは当面の問題を中間報告的に検討してみるだけのことだ。明らかに重要なのは知的少数派を「熱心な」少数派と混同しないことだ。一種社会的な目的意識をもっている人間は、みんな知的な能力をもっているとはかぎらないのだ。また、高等教育を受ける者はみんながみんな感情的、肉体的に自分の階級を離れ去るのか、といえば、そんなこともない。にもかかわらず、十九世紀の後半に特殊な影響をおよぼした、この知的少数派は、そのころはいまよりも普通に労働者階級内部にとどまっていた。知的少数派のメンバーは集団内でなんらかの発酵母胎となり、私が以前に特記したように、すべての労働者階級の物質的な暮しと精神的地位とを大幅に改善したあの「労働者階級運動」の重要な一部となっていた。かれらは条件改善の動きに大いに役に立った。なぜかといえば、かれらは、ほかの階級の経営者たちにかれらの武器――つまり智力で対決し、交渉することのできた数少ない人間だったから、という事情もあるわけだ。

今日、知的少数派の多くは十一歳のときに選別されて、高等教育を受ける過程で、しばしばほかの階級のメンバーに転位されてしまう。いまでは、大まかにいえばすべての階級をふくめて子供五人の内一人がグラマー・スクールにいっている(31)。中産下層階級、中産階級のある部分は、家の背景からいって奨学生試験に合格しやすい、ということはあるだろう。そして、その試験を受けることもできない労働者の子供、または受けて入っても、金の事情でグラマー・スクールを早期に退学しなければならない子供も、数は少ないがまだいる。だが、私はクラスで一番貧しい子供だったが、私の次に貧しい子供、その他数人と一緒にグラマー・スクールへいった。奨学生(32)の許可率は今日より高くなっており、一般に労働者階級の暮しもよくなっており、しかも、教育は、いまでも多くの労働者階級の人びとから尊重されている。それゆえ、最近ラスキン・カレッジの副学長(33)がいったように「労働者階級の最上の息子たち」「その大部分はいまなお、経済的圧迫から働けるようになるやいなや家に金を入れなければならないよう強いられている」というようにみるのは大きな誇張であろう。グラマー・スクールへ行くものがみんな自分の階級を捨て去ってしまうわけではないが、かなりの部分が労働者階級から離れていってしまう。

イレブン・プラスの試験は多くの点で粗雑であることは確かだとしても、それは知的に鋭い子供をえらび出すのに、かなりな程度成功している。しかし、それは労働者階級がなが年内に保持してきた批判的触手の多くをいまや失わせつつあるのではないだろうか。このことは、われわれが「階級」といった用語で語ったり考えたりすることをやめなければならない証拠であり、いまや誰もが自分が一番適した仕事を志向できる、貧乏な両親の子供でも利口ならば、この民主社会のなかで自分が一番それに貢献できるような地位を目指すことができるのだ、と結論づけてしまうと、ほとんどなんの役にもたたなくなる。いま、労働者階級の賢い子供が、その能力にふさわしい地位をうるチャンスがずっと増大していることを嘆く人びとは、まあほとんどいないだろう。しかし、もし「労働者階級」という肩書が使われなくなったとしても、より面白くない、より機械的な仕事に従事するたくさんの人びとが存在することに変わりはない。そうした人びとのなかの批判的精神をもった人の割合が以前よりも少くなる傾向があることは、ある程度重大な問題をはらんでいる。というのは、このことが、労働者階級の金と好意をえようとして、結果として品質が落ちるに違いないような材料をもって、労働者がもっとも受け入れやすく、無防備な線にそって、たえず接近しようとしている連中の多い、この時期におこっているからだ。現代生活におけるこの二つの重大な要素の相互作用によって、われわれは知らず知らずのうちに、少くとも古いものと同じ位強固な一種の新しいカスト制度[34]に流されつつあるのではないか。

私は前に、いま進行している文化闘争を、まあたとえて言えば、『タイムズ』紙と絵入り大衆紙とがそれぞれ代表している勢力の間の正面戦闘、といった風に見なすのは間違いだ、と暗示しておいた。人口の大多数がいつか『タイムズ』紙を読む日がくるだろうなどと期待するのは、人間存在がいつの日か体の構造まで変わるだろうと願うのと同じで、一種の知的俗物主義におち入ることでしかない。品のいい週刊誌を読む能力が、そのままよい生活を送るのに必要欠くべからざるものではない。階級を問わずどこでも大多数の人間が強い知的探求心をもつなどということはどの時代にもありそうもないし、いま生きているわれわれが知ることのできるこれからのどの時期にも、まずおこりえないだろう。真理に触れるには、ほかの道がいくらもある。より詰らない大衆娯楽に私が反対する最大の理由は、それが読者を「高級」にさせないからではなく、それが知的な性向をもっていない人びとがかれらなりの道をとおって賢くなるのを邪魔するからなのだ。

この五〇年間にイギリス社会はいろいろに変わり、高等教育を受けたいと願う少数の人びとには、その願いのかなえられる機会をずっと大幅に増大させてきていることは事実なのだが、そのことは、同時におこった諸変化が大多数の人びとの文化商品の内容をずっと瑣末でつまらないものにしつつある事実には、なんの埋め合わせにもならない。大衆的、現代型新聞・雑誌の読者のほとんどは、これからも「高級」新聞なぞ、まず読みそうもない。が、かれらはこれまで、いくらかの点でいまの新聞・雑誌よりずっとよい古いスタイルの週刊誌を読んでいたのだ。新しいスタイルの出版物は、それが『タイムズ』紙の貧弱な代用品にしかならないから駄目なのではない。かれらがそうありたいと願っているものの無害無益な模造品でしかないから、かれらが貧弱で青白く、十九世紀センセーショナリズムの水準からいってもただそれをハイカラに拡大しただけでしかなく、ましてエリザベス朝口語作家の筋骨たくましいセンセーショナリズムとくらべると、物すごく後退しているから、駄目なのだ。いまの通俗娯楽作品が告発されるのは（それらが典型として代表しているほかのすべてにも当てはまるが。多くのテレビ番組のうすっぺらな「お人よし」、通俗映画、商業ラジオの多くのもの）、「高級」になり損ねているからではなく、本当に具体的でも、人間的でもないからである。大衆的で非・高級な芸術がそれなりに持ちうる、人生の質、反応の種類、生活の智慧と成熟にしっかり根ざしていること、は高級芸術とはまた違った意味で、独自の価値を帯びている。こうした大量生産品は、こうしたより健全な芸術へ寄与するどころか、かえってそれを邪魔しているのだ。それは受け手が、民衆への感覚、経験への態度からつくり上げる実感的識別力を養い、内部から智慧をひきだしてゆくのを妨げやすい。古い伝統を、努力してなにかそれに匹敵できるもので置き換えてゆくのより、それをただ殺してしまうほうがずっとたやすい。通俗啓蒙家たちはいつも受け手に、こう語りかける。「高級」でないことを恥じる必要はない。成熟し立派な人間になるにはいろいろな道があるのだ、と。それは本当だ。が、そうした諸先生がそれを言う瞬間からウソになる。かれらのそういう言い方自体がウソなのだ。つまり、かれらの接近する様式自体が、その前提自体を著しく裏切っている、ということだ。

私が通俗出版物を材料にしてここに分析してきたどの傾向も、放送のどこかにみつけることができる――とくに商業的関連をもった放送内容――ばかりではなく、ある側面では活字よりも、もっとはっきりしている。たしかに、「あなたの感じやすい心に」といったタイトルの番組には、伝統的な「つつましさ」へ訴える要素がある。と同時に新しい要素も、物質的な欲望、目新しさを強調する要素も入っているのだ――「あなたの感じやすい心に……この番組に出ればあなたは一身代つくれます」。身近かな個人的な問題がぼう大な聴取者の前に公然と曝され、その苦痛をしのんだ人は参加の代償としてなにほどかの金を「かちとる」といった番組では、この二つの要素が現代風に強力に結び合わされている。若い男たちが一曲ごとに詰らぬおしゃべりを洪水のようにしゃべりまくるディスク・ジョッキー番組のあるものは、程度の悪い「お仲間」意識にみちている。そうした番組の全構成は、最大多数が好きなものが一番いいもので、文句をつけるのは「野暮な奴」のなんくせに過ぎない、という前提に立っている。こうした番組の弁護者はいつもおきまりの弁護を試みる――そうした番組は「趣味がよく――家庭的で――ふつうの平凡な暮しのペーソスと喜びにあふれている」。しかも、それればかりではなく「新しく――心をうばい――人をおどろかせ——センセーショナルで——楽しさ一ぱいで——しかもすばらしいごほう美もついている」、などと言うのだ。

ほとんどの大衆娯楽は、究極はD・H・ロレンスが描いたように「反・生活」でしかありえないのかも知れない。いまの大衆娯楽は、腐敗したケバケバしさ、不穏当な欲求刺激、道徳的責任回避に満ちている。これまで分析して来た具体例を思い出してもらいたい。そこでは進歩は物質的持ち物を増やすこととして思い浮べられ、平等は悪いほうへの倫理平準化、自由は果てしのない無責任な快楽追求の土台とし描かれるような世界の見方を、こうした大衆娯楽はつくりあげやすい。こうした大量生産品は、一種代行作用を満足させるだけの、見物人の世界に属している。だからそこには受け手の頭や心を本当にギュっと摑むなにものもないのだ。大衆娯楽は、より積極的な、より充実した、もっと協同で楽しむ種類の娯楽——そこではよく他人を楽しませる者が、そのことで一番自分も楽しむことができる——をしだいにほし上げていくのを手伝っている。そのタテマエにしている口実も我慢できない。しかも、うまくやろう——したいことはなんでもおやんなさい、結果の責任はとる必要はないぜ——といった卑劣な望みをそそのかす。そうした商品群が毎日どっさり、人口の最大多数にとどけられているのだ。その効果は広汎かつ画一的である。

大衆娯楽は、個性のある無名（匿名）性ではなくて、むしろ画一性を拡げつつある。私は前に、労働者諸君は、外から観察する諸氏がいうほど匿名でありたいという願いに固執しているわけではないことを暗示しておいた。が同時にかれらは、まだ人と同じように画一的でありたいという強い意識をもっているわけでもない、と私はみる。にもかかわらず、かれらは無意識のうちに画一的になってしまうような贈物をたえず受け取っているのだ。そうは言っても、まだほとんどの人びとが、ことの危険に気づいていないようである。それが一番ありふれた形では一種のインテリ風青っ白さ——それがたとえ巨大な、中央集権化した青白さ、であったとしても——を共有しようというおさそい、として表現されているからだ。ほとんどの人びとがそうしたお招きには容易にまきこまれる。それが、伝統的な労働者階級の態度となにがしかの共通点があるようにみえるからだ。結果は、高度に消極的な受容、なんでもそのまま受け入れてしまう態度がつくられる。それはまだ現在は、はっきりあらわれることも多いが、限定変形されて出る場合も多く、まだ大したことはないが、これから危険な傾向が拡大してゆく一つの土台にはなっている。こうした観点からみると、どうかすると、これから立ち現われるふつうの人間のタイプは、動作は単純明快、いってみれば高度に複雑な機械で、セントラル・ヒーティングの部屋のロッカーには、大量生産の性・暴力小説の最新刊をもっていて——特徴的な表題をつけるとすれば、「簡単にや脱がない女もいる」——ラジオの「お仲間」ショウを聞く合間あいまに読んでいる、といったところになるか。

ふつうに測られたばあいの「読み書き能力のないこと」が大幅に改善されたという事実は、たんにつぎの、もっと難しい問題を提起するだけにすぎない。私が論じてきたような通俗商品によってひきおこされている事態の性質を規定するには、新しい言葉が必要である。基本的に読み書き能力が普及したという事実を利用し、その上に栄えている社会的変化を指し示すような言葉がいる。こうしたことのすべてが、今日特に急いで考慮されなければならない。大衆娯楽はたえず、加速度をつけて急激に発展しているのだから。この三〇年、四〇年のあいだにおける通俗出版物の変化の分析は、そうした内容が促進する生活のあやし気な性質、その伝達散布力の著しい増大、その発展の加速度のついた速さ、を明らかにした、と私は思う。テレビジョンの到来は、通俗出版物をさらにかり立てる最新のムチにしかなるまい[35]。事態がふつうのコマーシャル・コースにゆだねられるならば、いまの諸傾向が一時的にもせよストップする、といったことはまずありえない。新聞評議会は、それが大衆新聞の「不穏当な非難」とよぶところの批判を残念がり、続けてつぎのように一般的状況を語る。

その存続がかかっている発行部数を維持するため、新聞は公衆の諸要求にしたがって内容を味つけし、毎時間ごとに同じ公衆に料理を提供しているほかの新聞紙と競合しなければならない――いまや、この国のより教養のない何百万という諸君が新聞を買う状態があることからいえば、いわゆる、ざっくばらんにいって、俗悪新聞と称されるものに、それ相応の、重要な位置が存在することは明らかである[36]。

この本で描かれてきた過程の多くを、若干正当化するために出されてくるこうした空ぞらしい一般化は、たしかに「不穏当な弁解」とよばれるに値する。

私はたえず、新しい諸力が、かつてはかなり輪郭あざやかだった労働者階級文化の諸要素に適応し、部分的に変形してゆく筋道を強調してきた。疑いもなく、ある程度同じようなことが、ほかの階級の文化についても例証できるだろう。新しい大量生産物は、労働者階級だけにアッピールしているのではないから。このことは、私がこのエッセイの冒頭で疑問を出しておいた、階級が相互に融合して無階級状態が形成されつつあるというあの主張を再び焦点にのぼせる。いまや、少くとも一つの意味ではわれわれは本当に無階級になりつつある――つまりわれわれの最大多数は一つの階級のなかに溶け込んでいる、とも言えるだろう。われわれは、文化的に無階級になりつつある。新しい型の婦人雑誌はこの意味で、古い型のそれが特定の社会集団に属していたのに反して、「階級がない」。大量出版物は、階級の境界を横断しなければ、必要な規模の読者層をうることはできない。その多くは疑いもなく、「小っぽけな民衆」――労働者階級と中産下層――を特別に大事にしている。このことは、伝統的な労働者階級の出版物がその読者層に対していたやり方とは違い、また大量商品の生産者たちが一つないしそれ以上の「民主的」大前提に肩入れしているためでもない。理由は簡単で、この読者層が、ありうべき可能性のある読者の多数派を構成しているからであり、たとえほかの階層の読者をひっぱりこもうと思っていたにせよ、このグループが売上げの基礎にならざるをえないからである。

一面からみると、古い社会階級の区別は、まだ若干の力をもっている。この新しい、大衆読者層は、大まかにみて、一番人気のある日刊紙類を読んでいる総計二千万かそこらの成人で構成されている、といってもよいだろう。とすると、つぎに注目すべきなのは、にもかかわらずこうした新聞はそれぞれある側面で違っており、ゆるい意味でなら、これは労働者階級向け、これは中産下層から中産階級、と区別できることだ。それはそうだとしても、このことは一般的傾向をきわ立たせる結果にしかならない。戦争前ならば、人は充分の根拠をもって、それぞれの効力が多かれ少なかれ同等のものとして、六から八の大衆新聞について語ることができた。もし、いまの傾向が続けば、われわれは間もなく二、三つについて語るしかできなくなってくる。集中化はずい分進んできてしまっているが、その動きも、いまの社会階級の最も重要な区別、労働者階級と中産階級の間のゆるい境界線の手前あたりではちょっとひと休みしなければなるまい。しかし、こうした新聞を読んでみると、いまいったような差違も大かた表面的なもの——主として調子とか「小道具」の違い——であることがよくわかる。論ずるまでもなく、読者には表面的なものであってもこうした違いが大事なのだ。こうした新聞のもつ効果をより広い文脈でとらえてみるならば、差違よりも類似性のほうを大きくみなければなるまい。そこからみるならばそれぞれの新聞が体現している文化の種類、基本前提と欲求[37]へのアッピールの仕方は、ほとんど同じなのだ。姿をあらわしつつある「階級のない」階級は、おそらくこの二種類の読者層の複合体となるであろう。いまのところ労働者階級と中産階級とは分離されているが、年ごとにその分離は意味を失ってゆく。その意味を薄めるには多くの要因が作用している。すでに取上げたもののほかに、ありうべき、物質的改善と文化的損失との交互作用のこれまで以上の事例として、もう一つつけ加えておこう。多分、労働者階級を、もっと大きい、文化的に特徴のない階級へ溶けこませて行くことは、かれらを自分の集団に忠実たらしめた経済的圧力がなくなったいまとなっては、ずっとたやすくなっていよう。古い階級間障壁の多くが、打ちこわされなければならないことは、いうまでもない。しかし、いまや、より古く、より狭い、がずっと純粋だった階級文化が、大衆的意見、大量娯楽商品、規格化された感情反応のために浸食されつつある。クラブ・合唱の世界はしだいに類型的なラジオのダンス音楽、クルーニング、テレビ・キャバレー、コマーシャル・ラジオのバラエティによって、しだいに置き換えられつつある。大衆新聞が産み出そうとしている画一的なこの国の人間タイプは、ハリウッドの映画スタジオが大写しにして提供している画一的なインターナショナルな人間タイプでしかない。階級文化の伝統的な形態は、より貧しい「階級のない」、あるいは私が前にいった言葉でいえば「顔のない」文化で置きかえられてゆく危険にさらされている。これが残念なのだ。

最後に、このエッセイ全体を通じて私の気になっていたことは、読者もそうに違いないと思うが、私がここで直接とり上げなかったことでもっと難しい問題がいくつか残っている——一つだけあげれば哲学の問題、——ということだ。こうした諸問題を追求する資格は、私にはない。自分の持ち分だけを耕すために、私はいく分勝手に若干の基本前提については一般的に合意が成立しているものと決めて、つまり、「ちゃんとした」、「健康な」、「真面目な」、「価値のある」、「貧しい」、「弱める」、「空洞化」、「ささいで詰らぬ」とかいった言葉を細かな具体的事例から自然に浮び上ってくる以上に厳密な定義をしないで話を進めてきた。だから、これは、現在の文化的状況のなかでのいくつかの傾向についての、一部は個人的経験に、一部は専門家的関心にもとづいた全く個人的見解の表明にほかならない。だから、これはより広汎な討論へのひとつのステップ、もっと綿密精細な検査のためのひとつの叩き台でしかない。

そのほかにも、もっと特別な種類の多くの問題がこの先に出てくる。現状でなにか直接行動をおこすとすればできることはなにか、といった問題。たとえば、民主主義のタテマエの下で、文化事象についての官憲の介入許容範囲はどの程度で、その性質はどうであるべきか、といった問題など、である。こうした実際の問題は、なかなか答えにくい。多分、なにかその種の決定が下されねばならないような（商業テレビのときのような）その時、その時に、プラグマチックに討議するのが一番よいのかも知れない。私にとって、ここでなにか一般的原則といったものを宣言しようと試みるなどということは、全く意味をもたない。しかし、そうした問題に対して、今日ふつうにみられる対応について二つばかり問題点をあげておくことは、若干の意味があるだろう。

私はよくそう思うのだが、ここで描いてきた過程のなにほどかを確実に知っている人びとの多くが、あまりにも安易にすべてを認め、すべてを許してしまう態度をとるようだ。おれたちは「文化の堕落についての論拠なんぞはみんな先刻御承知さ」、といった風に実際思っている人びとは数多い。それにもかかわらず、こうした人びとは、そのすべてを余りにも安易に受け入れてしまうのだ。どうかすると、かれらは文化のスラム街探訪に出かけるほどサバけていることを、むしろ誇り顔に告白したりする。「時どき——をみて遊んでるのさ」、と。かれらはたしかに議論はみんな知っている、が本当のものは知らないし、日毎に多くの民衆を訪れる大量生産の娯楽を身近かに、系統的に見ているわけではないから、この安易さがでてくるのではないか、と私は思っている。こんな様子では、一種「利口な人間の楽園」にのんびり暮すこともできるだろう。外から攻撃してくる力については実際なにも知らずに。

　ふたたび、どの一つのばあいでも、以前認めたように、自由の限界を規定することは、極度に難しい。しかし、われわれの多くは全体主義と批難されるのを恐れるあまり、その限界を定義するという問題を、ほとんど考えようともしないようにみえる。その間に、この種の社会で享受されている官憲の干渉からの自由と、われわれが喜んでみせびらかしているあの寛容さとが合体して、われわれがショックを受ける全体主義社会のと内味は違うが危険なことでは同じぐらいの、文化発展を許容しつつあるのではないか。

　全体を流れていたひとつの主題をしめくくって終わるのが、一番よいようだ。つまり、この危機の、特殊に内面的、個人的性格についてである。このことは、労働者階級の人びとは、今日ある意味では搾取され続けているのだが、同時に少くともいまでは納得づくで形の上だけにせよ同意を求めてからそうされている、という繰返してきた観察を例に出すことで、一番手っとり早くまとめることができる。環境のいわば自然の力、説得の人為的な力はたしかに大したものである。が、決して抵抗不可能なものではなく、主体の自由な行動の力を発揮している事例も数多い。労働者階級の人びとは多くのことに簡単にいいよいいよなどと、言いがちであるが、しかし、よくみるとかれらは、自分なりに、伝統的に知られている社会的、精神的な改善に道しるべとなった思想のなかにあった特定のキー観念をかぎ当て、それに同意しているにすぎないのだ。こうした諸観念には道徳的な起源があり、そのある部分は、いまでも死に絶えてはいない。民主的平等主義はひとつの源泉を、すべての人間が形式だけではなく実質的にも同等の価値をもっているのだ、という大前提においている。思い上った自由の観念も、元をただせば、本来われわれは自分の運命と決断とに責任をもつようせい一ぱい努力しなければいけない、という思想から派生してくるのだ。たえず、なんにでも心を開いているということの意味のなさはいまは明らかなのだが、それも一部は狂信的になるまいという、心(「感じやすい心」)を「石に魅せられて」はならない、というそれ自体は正当なモラルから出てきたのだ。したがって今日、選択は、以前よりずっとはっきりしている。それはより自由な土台、物的障害のより少ないグランドから出発する。

ひじょうに多くのことが、深い意味で希望にみちている。毎年毎年、技術的にはより高度に、より中央集権化しながら、同時に、自由で「開かれた」社会でありたいと願う民主主義発展のこの段階では、一時的に虚偽の光が集中するかにみえるのも、避けられないことなのかも知れない。にもかかわらず問題は鋭くかつさし迫っている——中央集権化の過程と技術的発展とが続いているさなかで、なにか実質的に意味のあることとして「自由」を保持してゆくためには、どうすればよいのか、という問題、である。これは格別に複雑な挑戦といってもよい。なぜなら、もし実質的に内面の自由がなくなったとしても、巨大な、新しい「階級のない」階級には、そのことがわからないだろうから。そのメンバーは、そうなっても相かわらず自分たちは自由だと考えるだろうし、おまえたちは自由なんだ、と語られるに決っているから。

原注と引用文

A　ひかれている話法の表記

問題は読者を困らせたり、誤解されやすい奇妙な感じをあたえたりしないで、都会の労働者階級の日常の話し方の発音に近づけることだった。標音符号を使うとふつうの人にはわかりにくくてかえって具合が悪いし、方言も似たような不便がともなう。そこで私は、実際の発音に大体近いような綴り字を使うことにした。これならばすぐわかるだろう。

そこで'you'はふつう'y'と書かれている。多分もっと発音に近く綴ろうとすれば辞書のように'yē','yŭ'と書かなければいけないのだろうが。後に続く最初の単語が母音で始まるときには'yer'と書いた。同じように労働者階級の会話では'I'は'æ'('apple'のア)に近く発音される。それを'Ah'と書くと、ちょっとアメリカ最南部地方を連想させるという不利益はあるが、'æ'と書いて読者をとまどわせるよりはましで、しかも'I'と書くよりはより正確である。ということでそれを使っている。

(訳注)こう適切な表記法の配慮をかかれても訳者は本当に困ってしまう。ある程度の努力はしているが、そう厳密に訳しわけしてはいない(できない)ことをおわびしておく。発音の違いを模写してゆくには、坪内大先生のシェイクスピア翻訳のようにウェールズは鹿児島弁、どこは東北弁といった風にこちらの方言に換算してしまう方法(タテの階層の違いをヨコに空間的に拡散する)か、戦前の若干のプロレタリア小説、

代行、仮構知識人の文章にみられるような、「おいら」、「てめえら」、「アン畜生」といった「プロレタリア語」をあてるか、どちらかであろう。前者のイギリスの一地方と日本の一地方との地域的等置にはなんの根拠もないし、第一故柳田国男を激怒させたようなどこのものでもない擬似方言をつくるのが落ちだし、後者は、日本ではイギリスほど階層的言語発音の区別がないという以上に、ふつうの労働者は、そんな物言いはしていない。ホガート風な基準でいえば、日本の社会集団で一番物いいの「荒い」のは、知識人、学生、「ていねい」「やわらかい」のが労働者になるか。

'aitch'は、ほとんどすべて落して表記した。ある向きからは、労働者階級の誰れでもが'aitch'をおとして発音しているわけではないと、抗議されるかも知れない。が、ほとんど誰もがそう発音しているのであり、一般に、それを入れるよりも省略するほうが、より正確なのだ。ともかく、ここでも'you'や'I'と同様、私は意識して一貫性を欠き、時と場合によっては、ふつうの表記も使っている。

B 閲読率のディテール

とくに表示しないかぎり、本文と注の両方にわたって、閲読率についての細目はすべて、直接、間接に『フルトン・リーダーシップ・サーベイ』の図表によっている。

『フルトン・リーダーシップ・サーベイ』(略称HRS)は、社会・経済的階層を五つの集団にわけている。調査をまとめた諸氏は、注意深く、とくにつぎのことを指摘している(一九五五)。

「この分類は、経済的な側面よりも、主に社会的側面にしたがって分けてある。とはいえ、社会的階級と収入との間にある連関があることはたしかなので、われわれは各階級の家長の収入を基準にして、ひじょうに大まかなものではあるが、つぎのように分類してみた」と。その集団わけは、

（A）上流階級、被調査者の4％（およそ年収一、三〇〇ポンド以上）
（B）中産階級、被調査者の8％（およそ、年収八〇〇ポンド―一、三〇〇ポンド）
（C）中産下層階級、被調査者の17％（およそ年収四五〇ポンド―八〇〇ポンド）
（D）労働者階級、被調査者の64％（およそ年収二五〇ポンド―四五〇ポンド）
（E）貧民、被調査者の7％（およそ、年収二五〇ポンド以下）

こうした階層分類は、このエッセイで論じられるような、新聞・雑誌閲読の型については、ごく大ざっぱな概観しかあたえられない。とくにD―Eといったわけ方がそうで、私の用語法では、労働者階級と中産下層の多くが一緒にまざってきてしまう。だが、私は統計数字は行論立証の補助的証拠として使っているのであって、そういうものとしてみてもらえば、数字にも若干の価値はあるだろう。

部数（実際に売れた数）と閲読率（推定される読者の実際の数）とは、はっきり区別して使われている。ある権威筋は平均一部数を約三と二分の一人が読むと推定し、別な推定ではいや二と二分の一がもっと真実に近い数字だ、といっている。「HRS」には十六歳以上の実際の読者層推定がのっている。十六歳以上の推定人口は三、七〇〇万人。

C「ダービイ調査」

本文でも注でもこの「ダービイ調査」とは、コウターとダウナムの行った"The Communication of Ideas"のことを指している。ダービイ調査の階層の分けかたは、

上流階級　3％
中産階級　25％
労働者階級　72％

(訳注)「ダービイ調査」は『リーダーズ・ダイジェスト誌』がスポンサーになって行なわれる。この時点までの、イギリスでのもっとも整った生活・コミュニケーション状況の調査である。ダービイがえらばれたのは、ちょうど中間(北部と南部の間)にある、典型的都市、という理由による。
フィールド・ワークの実施期間は、一九五三年二月二十四日―四月二十八日(イースターの時期を除く)。サンプル(ランダム・サンプリング)数は、長時間のインタビューが一、二〇〇人。短時間のが一、八〇〇人。全体で約三、〇〇〇。T. Cauter は全体の監修、ディレクターで、本自体の執筆は、J. S. Downham。一章の記述と関連するので、この調査での、いわゆる回答者の主観的「階級帰属意識」と、客観的(?)「所属階級」認定とのズレを示す図表をかかげておく。

階級意識に関するダービイ調査

	総計	質問者が査定した回答者の階級		
		中産上層	中産階級	労働者階級
回答者数	2721 =100% (100%)	79 =100% (3%)	690 =100% (25%)	1952 =100% (72%)
回答者の階級意識 (%)				
上流階級	*	1	1	*

中産上層階級	3	30	7	1
中産階級	29	52	57	18
中産下層階級	8	5	13	6
労働者階級	57	4	17	73
無回答	3	8	5	2

＊　一パーセント以下。なお、この分析の対象は二〇―六九歳の人に限られている。

D　その他

（i）本の関連事項が巻末の文献目録にあげてある場合には、注やエピグラムで使うときには、簡略化した表記法であげておく。

（ii）「ABC」とは〝Audit Bureau of Circulation〟の略号。

I　誰が「労働者階級」か？

Bの部

（1）「専門分化」のヒエラルヒー　エイサ・ブリッグス教授が、この特徴を気づかせてくれた。労働者の生活は、大きな都市よりも、こうした場所でのほうが、ずっとそれ相応の〝品位〟をもちやすい、と私は思いたい。男女の多くが一つのちゃんとした職種（ふつうは織物のある工程）では、熟練した技能者でありうるからだ。石造りの家のたち並ぶ街路のすぐうしろにはまだ丘がそびえ、先行する農村世代との紐帯は、もっとはっきりしている。そこでは、ほかの重工業労働者の底流にあるような、巨大な、社会的に隔離された大集団の一部にすぎない、といった感じは、ずっと少ないように思われる。ブリッグス教授の考えによると、この地域の労働者階級の人びとは、大都市の連中よりもずっと容易に移動する。多分、そこでは、都市の大きな労働者居住地区にみられるような、とうとうここに〝流れついた〟という感じがうすいのであろうか。

(2) 「かすみの彼方にある、茫漠とした牧歌的伝統……」 産業革命以前の貧民の生活の楽しさを誇張することで、われわれの時代のみじめさを浮き立たせようとする筆者がいるように思える。ドロシイ・マーシャルの『十八世紀におけるイギリスの貧民』"The English Poor in the Eighteenth Century"が、そうしたやり口を改めさせるだろう。十八世紀の田園居住者の日記類を検討したレナード・ウルフは、かれらの生活を要約して、「仕事は肉体的にきつく、せせこましくたいくつで、荒れ狂う野蛮さ」といっている(『洪水の後』"After the Deluge". vol. I. p. 152)。もっと「気持ちのよい」特徴もあったことは言うまでもないけれど。

(3) 町の増大 ミドルスブローは十九世紀ブーム・タウンの恰好の事例になる。一八二一年には、住民四〇人の村だった。が一八四一年には五、五〇〇人、一八六一年には一万九千人。一八八一年には五万六千人。そして一九〇一年には九万一千人になる。そうした人口増加は、田舎から移住してきただけでひきおこされるのではない。総人口が急速に増えているのだ。一八六一年では二千万、一八〇一年の二倍以上になっている。

(4) 「でき合いの紙包みに入った、特許売薬……」 まだそれには莫大な信用がある。いまでは、そのいくつかはすっかり定着してしまい、この病気はあの薬といった具合にほとんど自然の存在になってしまい、「特許」といった感じはもうない。

II　人間のいる風景

Aの部

（1）　ホイスト勝負の民間伝承　三千回の勝負で司会をつとめたある男の物語ったもの（"Reveille", 1953. 11. 2）。

Bの部

（2）　家族のものがゴチャゴチャとしていること　ラジオやテレビが現われる前は、家庭内でのカード・ゲームがひじょうによく行なわれ、なかでもホイストに人気が集まっていた。その人気が大分おとろえたあとでも、ひとりでできる「ペイシェンス」はまだずっとやられていた。私の叔母の一人などは、三〇年代には、それを日課のようにしていた。

（3）　犬と猫について　一九五五年の「ＨＲＳ」によると、犬は、中産下層階級よりも上流階級のあいだで人気があるようであり、下層階級（Ｄ－Ｅグループ）は、相対的にほかの階級よりも、よけい猫を飼っている様である。

（4）　ポーク・パイの人気について　最近私の友人が、ある若い労働者階級のカップルが、ポーク・ショップのかざり窓のところで話しているのを聞いたところ、「エッ、あなたもポーク・パイに首ったけ。そうなの」と彼女がうれしそうに言っていたとのこと。

（5）　お茶にカン詰の鮭を出すこと　これは、場合によっては大変なぜいたくと思われている。「やつらもう鮭を出すような仲になってるぜ」、といういい方は求婚者が両親から公認されていることをあらわす。

Cの部

（6）　ロウントリーの窮乏サイクル　ロウントリーは、ふつうの労働者階級の生活における窮乏化への三つの層を区別する。次のように。窮乏のなかに生まれ。子供たちが成長するときにまた窮乏に陥り。最后に、子供たちが結婚し、父親が仕事から引退したときに窮乏の層のなかに入りこむ、と。

（訳注）前世紀末から「貧困」の調査に取組んできた、この方面の大権威ロウントリーの仕事に、ビバリッジ委員会その他のいわゆる社会福祉政策立案、行政が大きく依存していることは、よく知られているが、この長命の学者が最後（三度目）に行なった一九五〇年のヨーク市の調査、によると、「貧乏」状態におちこまない最低ラインの収入は夫と妻、子供三人の家族で、週《五ポンド二ペンス》（家賃はふくまない）、ひとりで住んでいる失業者、婦人で《一ポンド十三シリング二ペンス》とされ、このライン以下の「貧困層」は、この五〇年の時点でヨーク全人口の一・五パーセント、と推定される。この小グループのほとんどが定年退職の年金生活者で占められている。若干修正されてはいるが、基本的には同じ手法で推計された一九三六年段階のヨーク「貧困層」は、十八パーセントであったから、このあいだに貧乏は、ほとんどゼロ地点に近くまで減少したとされるのだ。B.S. Rowntree. G.R. Lavers "Poverty and the Welfare State: A Third Social Survey of York Dealing Only with Economic Questions", Longmans, 1951)

このロウントリーの「貧乏」確定の基本方法——についての、かなり激しい批判があり、べつな尺度再構成の試みについては、Peter Townsend, "The Meaning of Poverty", in "The British Journal of Sociology", vol. 13, 1962. 9 を参照。

近年の動向要約については、Samuel Mender, "The Problem of Measuring Poverty" in "The British Journal of Sociology", vol. 18, 1967. 3 を参照。

（7）「賃金のかせぎ手を大事にする、とくにたべ物の面で……」たとえば、多くの女房族は、肉やベーコンの自分の配給分を亭主にまわしてしまう。「うちの人は肉類が好きなんだから」、などといいながら。

(8) アングロ・サクソン古詩 "The Seafarer" trans. R. K. Gordon, Everyman edition of 1926 (E. P. Dutton and Co., Inc., N. Y., U. S. A) より引用。

(9) ツヴァイク博士 F. Zweig, "Women's Life and Labour", "The British Worker", "Labour, Life and Poverty". 参照。同博士の著書は、このセクション全体を通じて、一般的な参照枠として、大変役に立った。

(10) ダンスにいくこと ダンス場は、この国で二番目に大きな娯楽産業(映画につぐ)である。多分、専用ダンス・ホールの数は、四五〇—五〇〇もあり、ほかのなによりもダンスに使われることの多い一般ホールまで入れれば、その数はもっと増えるだろう。そこにいく人は、年間二億人と推定され、それに使われる金額は約二千五百万ポンド(映画に行くのに使われる金額の四分の一)。年齢の幅は、およそのところ十七—二五歳。(細目は、『エコノミスト』誌、一九五三年二月十四日号の、"Saturday Right at the Palais" から。この記事を書いた観察者は、とくに、ほとんどのホールが「品のよい」雰囲気をもっていること、踊る人が熱心に踊っていることを特記している)

(11) 「余分に働いてかせいだ金は、その人個人のものとみなされることが多い」 Dr. Zweig, "Women's Life and Labour" にそう書いてある。

Dの部

(12) 亭主が金の管理をすること 同じ北部でも、ほかの地方では事情はかわってくる。たとえば、結婚しても織工を続けている婦人の多いランカシャー地方。

(13) 男の喫煙について ここでいっていることを、一九五五年の「HRS」調査が裏づけている。それによると、労働者階級がもっともご愛用の喫煙形式は紙巻き煙草で、労働者階級男性のうち、六八%が紙巻き煙草で、パイプをすうのは十七%、ほかの諸階級よりも紙巻煙草を喫う人の比率がたかい。喫煙にかける支出は、どの階級でも、ほぼ同じようなものであり、したがって、一般的に、労働者階級のほうが喫煙に金をかけている、といってもよい。英本国における消費者支出に関する調査報告（第三章の注をみよ）によれば、飲酒への支出が減っているのに対して、どの階級でも喫煙支出（とくに紙巻煙草の）が増えている。

Eの部

(14)「荒地」　私の「荒地」という場合の原イメージは、リーズにあるハンスレットとホルベックのやつである。いまでは、どちらも埋立てられ、観木や花の咲く木が植えられて、すっかり変ってしまっているだろう。

(15)「週に二回……窓枠や階段……をゴシゴシとみがく」　やり方は町ごとに、面白いほど違っている。南リーズのご婦人方は、黄色い磨き石を使い、シェフィールドでは白いのを使っている、と思う。

(16)「大して旅行しない」　ダービイ調査（一一三頁）は、このことを裏づけている。インタビューされた人びとのうち、一九五二年に、中産階級では四人に一人がダービイの外へ旅行している。しかし、労働者階級になると十人に一人しかいない（一日から二日の短期旅行は除いてある）。

旅行に関するダービイ調査

	総数	週日に旅行に出かけた回数			
		なし	1回	2回	3回以上
回答者数	1200＝100%	13%	52%	26%	9%

（性別）	男	568	7	53	31	9
	女	632	19	51	22	8
（年齢）	16－24	175	8	41	39	12
	25－34	261	12	51	29	8
	35－44	274	9	51	26	14
	45－54	278	15	56	23	6
	55－69	212	22	60	15	3
（職業）	重工業	343	7	45	33	15
	手工業	462	4	56	33	7
	自営	395	30	54	12	4
（階級）	中産	351	11	48	30	11
	労働者	849	14	54	25	7

（これは、月曜日から土曜日を含む週日にとった休みに関するものである）

(17)「おそらく年次休暇には……」 おおかた親類のとこに行くことになる。それならば安上りだし、もっといいことに「家庭的」な雰囲気にひたれるから。

(18)「無尽」 一種のクラブというか「くじびき」で、ふつう週ごとに全メンバーが払いこみ、正式のやり方ではくじでえらばれる、一人のメンバーがそれを回収する(おれの番 (Me didlem's) がまわってきた」)。

(19) フィッシュ・アンド・チップスをたべる楽しみについて 私の一人の友人は、青年期ひじょうに不幸な家庭に育った。それで、あるとき、人生は生きるに値するかどうかと言った悩みを、フランス語の先生に打開けてみた。その教師はマンチェスターから来た貧しいユダヤ人だったが、「ぼくに、酢をかけたフィッシュ・アンド・チップスの匂いを思ってみろ、と言ったんだ。言われたとおりにすると、すぐぼくは、ゲーテのファウストが復活祭の讃美歌を聞いて勇気を揮いおこすように、ヨーシ、頑張って生きてやるぞという気になってしまった」。

(20) 公共図書館の閲覧室 三〇年代には、もっと物悲しい場所だった。なによりも、新聞勧誘員の諸君――失業した事務員とセールスマン、それと若干の職のない大学卒業者――がそこをサンドウィッチをたべたり、リストをつくったりする場所として使っていたのだ。

サーゲィスン女史 (Miss Sargaison) の"Growing Old in Common Lodgings"の記述は、ここにも当てはまるし、大いに役に立つ。ベルファストの閲覧室にいる老人たちについて、彼女は書いている、「年老いた"学習者"のなかには、あたりをみまわしながらこっそりスチームの上で靴下を乾かしている人もいる。が、見つかれば罰として、寒い戸外へほうり出されてしまう」。

Ⅲ 「やつら」と「おれたち」

Aの部

（1）北部刑事裁判所法廷　ここで使われている材料のいくつかは、違った形のなかでではあるが、私が『トリビューン』紙（一九四六年十月四日）に寄せたエッセイのなかにも出てくる。
（2）「オーリック」精神　その意味の由来は、ディッケンズ『大いなる遺産』から。
（3）「おお、理屈はいらない……」　シェイクスピア『リア王』、二幕四場、二六八行。

Bの部

（4）全国ガス労働者連盟の臨時執行委員会　"My Life's Battles", Will Thorne, Newnes, 1925. 参照のこと。
（5）「個人的野心を伸ばす余地のないこと」　この指摘は、ツヴァイク博士もしている。
（6）マシュー・アーノルド　『教養と無秩序』、第二章。
（7）「世間なみの考え方といったものがあります……」　リバリー（Reaveley）とウィニントン（Winnington）の"Democracy and Industry" p. 60 に出てくる一労働者の発言。
（8）「柔らかな文句……」　この楽しい言いまわしを使ったのはピア（T. H. Pear）である。彼の"Voice and Personality"をみよ。
（9）いろいろな喧嘩のありようについて　若干の細目はエイサ・ブリッグス（Asa Briggs）教授のご教示による。

Cの部

（10）「なんによらず飲む量は前より少なくなっていよう……」　アルコール消費の転換点は、一九〇〇年にやってくる。それ以前、消費量はあがり続けていた。それ以後、それは下り坂となる。三〇年代の初期から、一人当りのアルコール消費量は、一九〇〇年の半分以下に減って来ている（以下の文献参照。Prest and Adams "Consumers' Ex. penditure in the United Kingdom, 1900–19": 左の表は "Report of the Commissioners of Customs and Excise, 1951–2（md. 8727）: "Brewers' Almanack, 1953〔p. 89〕）による。

イギリスにおけるビール、アルコール飲料、ワインの消費量（一八五二―一九五二）*

	ビール**		スピリッツ	ワイン
	一人当たり国内消費総量のガロン数	一人当たりの標準ガロン数	一人当たりの標準強度ガロン数	一人当たりのガロン数
一八五二	―	二一・九	一・〇九	〇・二三
一八九九／一九〇〇	―	三一・二	一・一八	〇・四二
一九〇九／一〇	―	二六・一	〇・五八	〇・二五
一九一三／一四	二八・八	二七・五	〇・七一	〇・二五
一九一九／二〇	二八・六	一八・八	〇・五三	〇・四二
一九二四／二五	二二・三	一七・三	〇・三二	〇・三四
一九二九／三〇	二〇・六	一六・三	〇・二七	〇・四〇
一九三四／三五	一六・八	一二・八	〇・二〇	〇・三九
一九三九／四〇	一九・四	一四・六	〇・二三	〇・四五
一九四四／四五	二三・三	一五・二	〇・一七	〇・〇九
一九四九／五〇	一九・三	一一・七	〇・二〇	〇・二三
一九五〇／五一	一八・四	一二・三	〇・二一	〇・二八
一九五一／五二	一八・四	一二・五	〇・一九	〇・二九

＊一八五二年の数字は暦年一年間のものであり、以後の年は四月から三月までの一年度間の消費量をあらわす。数字は英国産、輸入品を含めた国内消費総量の全人口の平均値をあらわす。

**ビールの標準量の数字は、ビールの平均量が第一次大戦前より変化したという事実を示している。一九一四年の平均量一〇五三（標準量が一〇五五に対して）であったが、一九四七年には、一〇三二—三三にさがっている。したがって、標準生産に関しては、ビールの消費量は生産量よりも、ずっと急カーブで減ったことになる。一九三九年と一九四四年度の生産量の数字は軍隊用のものが含まれている。

（11）「性のある側面に関してはひじょうに内気さをみせること」キンゼー報告が、より広い観点からこのことを裏打ちしてくれる。

Ⅳ　民衆の「本当の」世界

Aの部

（1）「ローカルな必要に身をあわせ……」W・H・オーデン「石炭岩讃歌」、『イデスの九日前』。Faber and Faber, 1951 (Random House, N. Y., U. S. A.)

（2）スポーツ　これについての細かなことのいく分かは、また再びツヴァイク博士とエイサ・ブリッグス教授によっている。

（3）「あなたの身体をエンジンだと思いなさい」Harold Stovin "Totem, the Exploitation of Youth" の五五頁に引用されているR. M. N. Tisdall "The Young Athlete" から。

（4）『銀の星』誌　一九五三年五月二七日。

Bの部

（5）「日曜学校に行かないで『ニューズ・オブ・ザ・ワールド』紙を読む自由」L・フェンウィック女史は、いまでもこれが習慣であることを確認している。L. Fenwick "Periodicals and Adolescent Girls" 前記の「ダービイ調査」は、その町では、四歳—十歳の間では子供の六三%、十一歳—十五歳のあいだ

では五六%、が日曜学校にかよっていることを示している。教会や会堂にいく大人の数は、勿論これより
ずっと下まわる。(成人の九八%が、一応なんらかの宗派のメンバーだと答えてはいるけれども)

教会へ足をはこぶ回数(ダービイ調査)

	総数	教会へいく人の割合					
		週一回以上	月一回以上(週一回以下)	年四―十一回	年二―三回	年一回以下	いかない
回答者数	1200 =100%	13%	13%	17%	18%	12%	27%
性別:男	568	11	10	11	18	16	34
女	632	15	16	20	19	9	21
年齢:16―24	175	19	7	17	14	11	32
25―34	261	8	15	17	20	13	27
35―44	274	9	15	18	20	15	23
45―54	278	13	14	15	20	13	25
55―69	212	19	14	14	15	8	30

職業：重工業	343	14	16	18	19	11	22
手工業（熟練工）	355	7	10	13	21	16	33
（未熟練工）	107	8	8	16	16	12	40
自営	395	19	15	17	16	10	23
階級：中産	351	22	14	17	17	10	20
労働者	849	9	13	16	19	13	30
教育：高等	78	24	21	13	8	12	22
中等	218	20	16	18	18	9	19
初等	891	10	12	16	20	13	29
宗教：英国国教会	874	7	12	19	20	14	28
メソジスト・バプチスト・組合教会派	158	23	17	11	19	11	19
カトリック	78	51	14	8	7	6	4

(6) 牧師に積極的な敵意をもたないこと Rowntree, Lavers は、その共著、"English Life and Leisure" で、私と反対の結論を出している。私は、これは両氏が、「いい方」よりもいわれる「言葉の意味」を重視しすぎたせいではないか、とも思うけれど。

(7) 関心はもっぱら道徳にあるので、形而上学にあるのではない 多くの点で私と同じような経歴をお持ちのエイサ・ブリッグス教授は、私がここでかぎられたせまい体験を不当に一般化している、とお感じになるかも知れぬ。彼の経験は、ここでの私の論点とは違っている。

(8) 宗教という言葉でなにがあらわされているかを示す慣用句について私はここで、Mass observation の "Puzzled People" を読んで、忘れていたものを若干思い出すことができた。

Cの部

(9) 『トムソンズ・ウィークリー・ニューズ』 一九四五年の「HRS」によれば、この新聞はつぎのような読者層をもっている。

A—Bグループ 大まかにいって五五人に一人。
Cグループ 〃 十九人に一人。
D—Eグループ 〃 十三人に一人。

(10) 労働者階級の格別のお気に入りである……日曜日の「ゴシップとセンセーション」の新聞 もちろんほかの階級にも人気がある。しかし、労働者階級の人びとは、中産階級の人たちとくらべるとどちらかといえば日曜新聞をよく読み、日刊紙はあまり読まない。

(11) ド・ルージュモン De Rougemont, "Passion and Society".

(12) 「ある種の雑誌は……圧倒的に労働者階級の女性に読まれ、……」 一九五三年の「HRS」にあげられている、こうした雑誌の全体の閲読率に関する数字のほとんどは、大まかな近似値にすぎない。表の最下欄の「労働者階級」とは、フルトン調査のD—Eグループの数字である。すなわち、全人口の七一%。だから私の規定しようとしている「労働者階級」より少し広いわけで、私のいっている人びとの間での集中度はもっと高くなるはずだ。

誌　名	全体の推定読者数（女性のみ）	労働者階級の読者数（女性のみ）
Red Letter	七五〇、〇〇〇	七〇〇、〇〇〇
Silver Star	六五〇、〇〇〇	六二〇、〇〇〇
Lucky Star	六〇〇、〇〇〇	五六〇、〇〇〇
Red Star Weekly	五七〇、〇〇〇	五三〇、〇〇〇
Glamour	五七〇、〇〇〇	五三〇、〇〇〇
Secrets	A・B・Cグループの女性読者については数字がない。あまりに少なすぎるのだ	三五〇、〇〇〇
Oracle	右に同じ	三二〇、〇〇〇
Family Star	右に同じ	三五〇、〇〇〇

(13)「より古い」雑誌群の年令　みんな週刊誌で、これを書いているときには、およそ次のような号数に達している。

『秘密』Secrets　九五〇

『銀の星』Silver Star　六〇〇

『週刊赤い星』 Red Star Weekly　一、一〇〇
『予告』 Oracle　一、〇五〇
『奇蹟』 Miracle　九七〇
『幸運の星』 Lucky Star　六八〇

（14）「ほとんどすべてが、三つの巨大商業組織から生産される。」 Newnes が “Lucky Star”, “Silver Star”, “Glamour” を発行している。世紀の始めにはハームスウォース兄弟会社として知られ、定期刊行物出版社としては最大の Amalgamated Press が、“Oracle”, “Miracle” を発行している。
ロンドン以外で、雑誌と定期刊行物を出している出版社のうちでは一番大きな二つの家族グループ、Thomson, Leng が “Red Star Weekly”, “Secrets” を出している。

トムソン会社の総支配人、D・C・トムソンは、一九五四年十月十二日、九三歳でダンディで死んだ。彼は、初等義務教育の普及がもたらした機会をみごとに摑んだ、地方紙・誌のハームスウォースであったようだ。彼の父は船主で一八八四年のダンディーの “Courier” を手に入れ、息子にその経営をまかせた。それ以降、トムソンは他の出版物を買収し、併合し、たえず事業を拡張して、とうとうイギリス最大の新聞・定期刊行物発行の企業コンツェルンを支配するようになってしまった。彼はスコットランドの朝刊紙、夕刊紙、婦人雑誌、子供のマンガ（たとえば、“Beano”, “Dandy” どちらも一二五万部も売れている）、ほかの種類の出版物、を支配していた。（こうした細目は、ほとんどが、『マンチェスター・ガーディアン』紙、一九五四年十月十三日にのった「死亡記事」からひいてある）。

（15）ド・ルージュモン　De Rougemont, 注（11）前掲書、二三六―九

（16）「ステラ・ケイが……」 “Silver Star”, 27. 5. 1953.

（17）「母親の夜の終り」 “Secrets”, 13. 7. 1953.

(18) 『予告』 "Oracle", 27. 9. 1952.

(19) 『幸運の星』 "Lucky Star", 'The Dream', 18. 5. 1953.

(20) 「型にはまった反応」 最もふつうに使われている現代の文化分裂のランクづけ——高級、低級、中級——といったわけ方は、ごくかぎられた有効性しか持ちえず、範囲をこえて使うとすぐさま人を誤り導びくもとになることがすぐ明らかになる。

(21) クリスマス、誕生日のお祝いカードの詩句 ここでも、また、新しいスタイルが出てきつつある。他と同じように、新スタイルは、ふつうデザインもスクリプトも、むかしのものより、ずっとなめらかになってきている。

(22) 「この世の幸福は……からできている」 A. E. P. "Silver Star", 27. May, 1953.

(23) 「『悪魔の嘆き』 ——私の叔母の「古典」……」 それと同じように、数年早く、一八八七年に出版された、Hall Caine's "The Deemster" もそうだった。

V 充実した豊かな生活

Aの部

(1) 「労働者階級の諸君は、……賭けごとが好きだ……」 "Report of the Royal Commission on Betting, Lotteries and Gaming" (Appendix II, p. 150, Table 6) の統計をみると、労働者階級の「賭博」をする人のパーセンテージは、他の諸階級のそれよりも多いようだ。一人あたりの平均賭け金額が多い、ということではない。

Bの部

(2) 「バロック」 この言葉のこうした使い方は、Lambert and Marx, "English Popular Art" に負ってい

る。

(3) ピカピカに磨くこととその技術を愛すること　フランス製の磨き材料がずっといい、ということになっている。それぞれの地域には一人ぐらい、仕事のあき時間にひとのも磨いてやるセミ・プロがいたものだ。が、ピカピカの現代家具の普及で、お客がいなくなってしまっただろう。

(4) 「可愛くかざられた馬は姿を消してしまった……」しかし、それはまたいまの流行模様として、カム・バックしつつある。

(5) 「スカンジナビア式の単純簡素には全然縁がない……」いま店で買える、労働者階級用の「現代」家具は、目ざましく変ぼうしてしまった。が、基本的な形は「現代風」ではあるが、それでもなおかつ、それなりに手がこんでおり、かざりをつけすぎている。

Cの部

(6) 売店で売られている歌の本……　これは多分、ヴィクトリア朝「ながい歌」——「一ペニー、三ヤード」——の現代版といってもよい。

(7) 労働者のクラブ慣習についても注意が払われていること　BBCは、ずっと「クラブ・ナイト」という番組を放送している。

(8) 労働者のクラブについて「ダービイ調査」(六三、七二頁)の筆者たちは、イギリス全土で、映画館四ツに対して、ほぼ三ツの割合いで労働者クラブのあることを指摘している。かれらの推定によると、全国を平均して、こうしたクラブの男・メンバーは、約七人に一人。が、私が材料をとっているこうした地域での割合は、もっと高いだろうと思う。他の階級から入ってくる人もいるにはいるが、こうした地域では、ごくごく少数派のようにみえる。

(9) 歌い方のスタイル——言葉をながくひっぱること　このことは、W. H. Davies, "Autobiography of a

Super-tramp", ch. XXIII. 1908, 初版, Cape（ディヴィス夫人の御好意により引用）で描かれている「グライドリング」（'gridling'）に情緒的には少しばかり関係している。古い「グライドラー」は、こう助言している。

「やさしい低音のところを最大限にながくひっぱり、むずかしい高音部を、あたかも脇腹にけいれんが走っているようにパッパパッと切って歌え」。

この引用はネッテル（R. Nettel）氏に負う。

(10)「イギリスの都会ポピュラー・ソングの黄金時代……」ここでの細かいことの若干は、Christopher Pulling, "They were singing" からとってある。

(11)「もしこの唇に……」Francis, Day, and Hunter, Ltd.

(12)「紙のお人形」Peter Maurice Music Co., Ltd.

(13)「ホーム」Peter Maurice Music Co., Ltd.

(14)「同志」Francis, Day, and Hunter, Ltd.

(15)「私生活」Noël Coward "Private Lives", Act I, French, 1930. 私は、"They were singing" で、このことを教えられた。

(16)「セシル・シャープ（Cecil Sharp）をひいて言えば……」"English Folksong-Some Conclusions" にある。私はシャープ氏の唐突な全面否定に対しては、こうした歌を擁護する。が、こうした歌が、農村の民謡に匹敵するとまで言うつもりはない。

(17) コミック・ソングから宗教的な歌へスルスルと移ってゆくことについて　バラエティ・コメディアンが、「シリアス・モノローグ」で一区切つけるといったように、ふつういく分似たことをやっている。これも、いつでも受けがいいのだ。

(18)「この家に恵みあれ」Helen Taylor（許可済）, Boosey and Hawkes, Ltd.

(19) 宗教的な、「クラシカル」な歌を愛すること　デイム・クララ・バット（Dame Clara Butt）の歌うこのタイプの歌は、ずっと人気があった。彼女の声をレコードで聞いたのは、もう数年前のことになる。だが、私の記憶が正しいとすれば、それは特別にゆたかなコントラルトで――このどっしりした、ベルベットのような調子は、労働者階級の人びとに好かれると思う。

Ⅵ 行動の源泉をゆがめること

Aの部

(1)「われわれは……悪い趣味について語る……」Julien Benda, "Belphégor", Wyndham Lewis, "Time and Western Man", p. 292. の引用から。

Bの部

(2) 寛容な文句　その若干は、"Puzzeled People", pp. 83-4. が想い出させてくれた。

Cの部

(3)「この現象を……なにか新しい発見でもあるかのように言いたてたいわけではない……」たとえば、ディブディンが、彼の時代、十八世紀後半の新聞を記述しながら、「ある種の平準化（傍点は筆者）する紳士諸君」について語っており、それればかりではなく、現代の「代行」センセーショナリストの先駆者についても、「どうでもよい詰らぬことをケバケバしい文章でかざり立てて描く」、と書いている。事実、世紀にかかわりなく、大衆紙はおのれの本質に忠実であり続けたわけだ。が、ペースが変ってきている。

この引用をするにあたって、R. Nettel にお世話になった。彼は、チャールス・ディブディンの未公刊の原稿"Musical Tou"（『シェフィールド・レジスター』のゲイルズによって一七八八年に出されたもの）

を見せてくれたのだ。
（4）安易な「民主的」競争　この同じ性質は、若干のラジオのクイズ番組にも見出せる。
（5）「われわれが……ほめるばあい」 Dewey, "Individualism, Old and New", p. 17, G. Allen and Unwin, Ltd., 1931（Minton, Balch and Co., Ltd., N. Y., U. S. A.）
（6）「……問題は、ほほ笑まずに」 Auden, 'The Managers,' Nones, Faber and Faber, 1952（Random House, N. Y., U. S. A.）（中桐雅夫訳「支配人」、世界詩人全集19、新潮社、七六―七頁）
（7）「かかせないにおい……」 Gilbert Harding, "Along My line."
（8）「あなたも私も……じゃありませんか」 一九五一年六月のホーム・サーヴィス放送でのプリーストリー（J. B. Priestley）の言葉。『リスナー』誌に収録されている。
（9）貴族のお遊び　Shakespeare. "As you like it", II. v, 60.
（10）ズケズケものを言う放送者たち　特徴をはっきりさせるため、そうした人びとを多少寓話的形象に仕立てて考えてみると、受け手に対しては二つの大きな役割を演じているようにみえる。
（a）「変り者」の現代的な形――つまりズケズケ物を言い、とりすました仮面をはいでまわる風変りなヒーロー。
（b）「曲がったことの大嫌いなジョー」、受け手と価値感を共有し、ごまかしと御役人風の口実を憎み、根っからの寛大さと温かい心をもった人。
ギルバート・ハーディング（Gilbert Harding）氏のいろんなことを明らかにしてくれる自叙伝は、こうしたスターの表面上の人気のうしろにある陰の側面を教えてくれる。彼はそこで、そうしたスター生活の、彼の表現でいえば底の浅さといつわりについて、ちゃんとした型の欠如について、大衆の忘れっぽさ、ラジオがつくることのできる人工的に水ましされた人気について語っている。

(11)「彼は恐れ気もなくのぞきこむ……」前掲 Stovin, p. 139 から引用。

Dの部

(12)「無制約の自由という概念は……大衆的な宣伝者たちに生きのびている……」この想念は多くのレベルで生き残り、パッと輝いて目をくらませる。そしてしばしば、物書きの不安定さによって強められていることは明白だが、権力の讃美となって表現される。このことは、多くの現代大事業家たちの伝記を流れているトーンにはっきりあらわれている。たとえば、ロード・ノースクリッフのような男の伝記をみるとよい。

(13)学校における歴史の教え方の改善　しかし、しばしば若干のアプローチは、その方法自体のなかに進歩主義を貫徹させている。たとえば、「社会研究テーマ」の若干、「各時代ごとの交通」、といったものなど。そこでは「毎日、あらゆるやりかたで日進月歩だ」といった書き方が横行する。

(14)「かれらは……幻影をみる」Newman, "The Idea of a University", Discourse, VI, ed. C. F. Harrold, Longmans, Green, 1947, p. 120.

ニューマンは水夫たちについて話しており、たんなる「知識の獲得」と「哲学」とを区別しているのだ。

私は、J. L. Hammond's L. T. Hobhouse Memorial Lecture, "The Growth of Common Enjoyment" を読んでいて、この講演について教えられた。

(15)「民主的な国民は……」De Tocqueville, "Democracy in America", p. 343.

Eの部

(16)アメリカのマンガがイギリスでも売れていること　アメリカ、マンガ本の最も徹底した分析は、Frederic Wertham's "The Seduction of the Innocent" にある。

(17)トルストイの作中人物レーヴィン　Anna Karenina, ch. 28.

(18) こまぎれなラジオ番組の増大　だが、イギリスの生活習俗を軽妙に物静かに観察する番組も増えているようにみえる。たとえば、エリック・バーカー（Eric Barker）、ジョニー・モリス（Johnny Morris）、アル・リード（Al Read）の仕事。

(19)『マリア・マルテン』Maria Marten　少くともずっとおそく一九四六年にリプリントされたものが、John Lane, Bodley Head から出版されている。

(20)「とりわけ、われわれは退屈させられてはならない……」　だが、「高級」紙の広告のなかにも、しばしば文化的俗物根性と結びつけられた、同じようなアピールをしているものも見うけられる。すなわち、真面目でしゃれた明るい新聞を読んでいるところを、人に見られれば、あなたはなんとなくエラクなったような気持になるでしょう、といった類。

Ⅶ　わた菓子の世界への誘い

Aの部

(1)「すべての文化は……で生きる」　この言葉は、ルイス・マンフォード（Lewis Mumford）のもの。

(2)「受け手についての本能的な感覚」　オダムス・プレスの財産を築いたJ・S・エライアスについて、ミニー（R. J. Minney）は、「彼は本能的に読者の好みを知っていた。なぜなら読者の好みは彼自身の好みだったから」、と言っている（Viscount Southwood, p. 245）.

ハームスウォースの伝記作者であるライアン（A. P. Ryan）も、なん度かこの種の指摘を行なっている、たとえば、「(ハームスウォース)は自分自身を全く信じきっていた」。彼はまた、「彼には敬けんさといったものはカケラもなかったし、道徳的、知的な熱情があることを示すどんな徴候もみられない」、と言っている。

（3）「誠実さ」と「シニシズム」 リーヴィス女史（Q. D. Leavis）の"Fiction and the Reading Public"にある若干の通俗大衆作家の発言をみよ。

（4）「私はかつて……」 Lawrence Dunning, "Film Notes", European, No. 1, 3. 1653.

（5）「ただタイプのところにいただけ」 "Her Hobby's Murder", Picture Post, 24. 1. 1948. この女流作家の本は八章で「セックス・暴力小説」と名づけられているタイプのものではない。

Bの部

（6）「二、三のものはほとんど変らずにつづいている……」『ニューズ・オブ・ザ・ワールド』紙が、これまでのところ全紙のうちで、最大の読者をもってきた。この新聞の推定される、十六歳以上の実際の読者数は千七百万、あるいはほとんど全人口の半分。読者をグループごとに概括してみると、

A―Bグループ　七・五人に一人。
Cグループ　三人に一人。
D―Eグループ　二人に一人。

（D―Eグループでは、大まかにいってすべての年齢層を通じて、男にも女にも平等に読まれている）
比較のために、『エムパイア・ニューズ』紙の数字をあげておくと、その読者は大略、全人口では九・五人に一人。A―Bでは、三〇人に一人。Cでは、十四人に一人。D―Eグループでは、八人に一人。

（HRS. 1955）

（7）「労働者階級に、ちょうど中産階級とおなじように「しゃれた」生活のビジョンを提供する」 そんなことは今に始まったことじゃなく、大衆文学――たとえばヘンリー・ウッド女史の作品――がずっとやって来ているのにと反論されるだろう。注意して貰いたいのは、いま、ふつうに提示されている中産階級生活のとらえ方が、むかしの小説『イースト・リン』（"East Lynne"）に出てくるのよりも、もっと"持ち

物〃に重点がおかれ、もっと見てくれの〃すてきさ〃に重きをおいて描かれていることなのだ。

(8) ライアン Ryan, "Lord Northcliffe", p. 50.

(9) 「カラワリのたね」 ふつうアタマにかかげる洒落れた「文句」、「かざり」。

Cの部

(10) 「神の御心に……」 この全文はオーデンのえらんだ"Oxford Book of Light Verse", O. U. P., 1933 にのっている。

(11) アーサー・モリソン Arthur Morrison, "The Hole in the Wall", 1902.

(12) 「疲れはて、ものうくとも……」 "The End of the Road", Francis, Day and Hunter, Ltd.

(13) 歌を活発にとり上げることの減退 いくつかの例外もある。目ぼしいところではビリィ・コットンのバンドによる番組。

(14) 「君に愛だけを……」 Lawrence Wright Music Co., Ltd.

(15) 「のどの奥から出てくる声」 この様式は、五〇年半ばでは、「ある魅せられたる夕べに」の演奏で、よく使われている。

Dの部

(16) 「われわれの驚きの感覚は、……」 Josef Pieper, "Leisure the Basis of Culture", p. 131.

(17) 「代用品」 センセーショナリズム もし「代理経験」として機能していないとすれば、乱闘スタイルのレスリングとかストック・カー・レーシングの報道は、危険なものとなるだろう。

(18) 「涙がヘア夫人のほおをぬらした……」 ヘンリー・ウッド女史『イースト・リン』、一八六一年、十八章。

(19) 「他方私は……」 George Eliot, "Adam Bede", bk I, cb. 5.

(20)「ポピュラーな出版物の性質について基本的な事実……」「かれらは巨大な産業になってしまい」、と
フランシス・ウィリアムズは『新聞、議会、人民』のなかで言う。「そこに投資された大きな資本の利潤
追求の必要によって支配され、本来的には商業的な成功にのみ関心を抱いている」(一四六頁)。彼はつけ
加えて、これは一般的傾向で、全部にあてはまるものではないとは言っている。あとで彼は、「本来、大
衆的部数の新聞は、読者を楽しませることを目的にして出発したのだが」(一六一頁)、と述べている。

(21)「派手にかっこよく」しなければという不断の圧力についてミニー(R.J. Minney)は『サウズウッ
ド子爵伝』で、オダムス・プレスのさきの総編集長の見解についてのべている。J・S・エライアスは、
そのとき、フランシス・ウィリアムスの強調するところだと、疑いもなく全く自信にみちて、こう言って
いる。「読者をほほ笑ませるんだ。元気をつけてやらにぁ。ニュースは陰うつなことばっかしだからな」
(二八七頁)。

Ⅷ より新しい大衆芸術

Aの部

(1)ジューク・ボックス　つまり通産省が「コイン自動操作蓄音機」とよんでいるもの。

(2)学校の子供たちがこうした雑誌を読んでいること　付随的な証拠なら容易すく見つけられる。私の知
っているある新しい中学校では、そうした雑誌が校庭で交換されている。

(3)サミュエル・バトラーが田舎の百姓の子と呼んだもの　『なべて肉なるものの道』。

Bの部

(4)ベーコンの「知識のさいはて」あるいは「究極の目的」について　この章句はスペースをとって長く
引用しておく価値がある。ここにあてはまるだけでなく十、十一章にも関連するから。

「しかし、とりわけ最大の誤りは、知識の最後あるいは究極の目的を誤るというか置きちがえるというかするということである。というのは、人が学問と知識の欲望をもつようになるのは、天性の好奇心と探求好きな嗜好のためのこともあるし、自分の心を変化とよろこびで慰めようとするためのこともある。また装飾や名声のためのこともある。才能と反論の勝利が得られるようになるためのこともある。そして多くの場合、利益と生活の手段のためのことがある。まじめに、自分の理性の才を真に働かせて、人の利益や利用できるためにしようとするためのものであることは、めったにない。知識の中に求めようとするのは、探求して落ち着かない精神を休ませるための寝台であるということのようである。あるいは、さまよい変わりやすい心が、あちこち散歩するための美しいながめのあるテラスみたいなものである。あるいは、また、高慢な心が、その上に立つためのりっぱな塔みたいなこともある。あるいは要塞や、見おろす有利な土地で、争いや競争のためみたいなところもある。……そして、造物主の栄光と、人間の状態を救うための豊かな貯蔵所ではないのである。しかし、このことが、実際に知識に威厳を与え、高めることになるものなのである。ただ、観照と行動とが、今までよりいっそう近く密接にいっしょになり結合していることが望ましい」(『学問の発達』、一六〇五、第一冊、十一章)。訳文は、成田成寿訳『ベーコン』(中央公論社「世界の名著」20)二八五―二八六頁より。

Cの部

(5) セックス・暴力小説群　この部分の素材の一端は、別な形で、私が『トリビューン』紙(「本棚欄」、一九四八年十月二九日)に寄稿した論文にもあがっている。ジョージ・オーウェルの「がらくたとブランディッシ嬢」(Critical Essays, Secker, 1946)をお読みになった方は、ここで全般的に彼に負うところが多いことが、おわかりのことと思う。

(6) ジェイムス・M・ケイン　また『セレナーデ』(一九三七)をみよ。ケイン氏自身は、ここで分析されている彼の恩恵を蒙ったものたちとは違って、もっと真面目な文学的評価をあたえられてしかるべきである。

(7) トマス・ナッシュの『悲運の旅人』 たとえば、カスタルドの妻、ディアマンテのことを考えるとよい。

「かわいい丸顔の女で、黒い眉、ひろい額、小さな口、とがった鼻、からだじゅうは千鳥のように丸ぽちゃ、肌は白鳥の背中のようにすべすべとやわらかく、思い出しても気持ちがいいくらいだ。ちょこちょこと小鳥のように歩き、駝鳥のように堂々と腹を突きだしていた。好きものらしいくるくるした目を突き刺すように地面に注ぎ、ときどきは、さげすむようにさっと片方に向けたりして……」(八一頁)

また、ヘラクリデが暴行されるときの描写。

「彼は女の象牙の首をひっつかみ、猛犬が小熊をゆさぶるように、彼女をゆさぶり、たけりたち、目をむいて、相手がこばんだら、その喉笛をかき切らんばかりの勢いを示した。……人が小枝で木をのぞけりかえして倒すように、彼は女をうしろざまに引き倒し、処刑人さらし車で刑場に運ばれてく反逆人のように、彼女をやわらかな乱れ髪で部屋中ひきずりまわし、雪のように白い胸に手荒らにも足をかけて、いうことをきけ、さもなくば足でふみつけて息の根をとめてしまうぞ、とおびやかした。……髪を指から放し、彼女の両肘を髪でしばりあげてしまったので、彼女はもがき、身をねじらせたが、それはなんの甲斐もないことだった。……かたい床板の上に彼は彼女を投げだし、膝を鉄の破城槌にして、彼女の操の双葉の門をおし開き……(これから先は、どうかご想像ねがいたい。私の言葉は泥にすっかりはまりこみ、どうにも動きがとれなくなってきた)」(一二四―一二五頁)、北川悌二・多田幸蔵共訳『悲運の旅人』(北星堂、イギリス古典選書)。

(8) カフカ―ヘミングウェイ 私は、現代フランスの若干の著作、とくに、「脱落した」中産階級で、暴力的な、しかし目標のない行動的生活を送っている男を主人公にした小説類には、似たところがある、と思っている。

（9）「いまは入ってきてはいけません……」　アーネスト・ヘミングウェイ『武器よさらば』。

Ⅸ　ゆがめられた源泉

Aの部

（1）「より新しい使い方だと……」　ある程度同じような指摘が、Lewis Way, "Man's Quest for Significance" でなされている。

（2）「ワイド」（"wide"）、抜目のないという意味用例が一八八七年からという日づけは『ショーター・オックスフォード・イングリッシュ・ディクショナリー』から。

（3）新聞に対するシニシズム　A・P・ライアンは、この変化がいつごろ起ったかについての私の大ざっぱな年代推定を支持している。彼は、「おい、あんたは、新聞にのっていることはなんだって読むんかね」という方が、第一次大戦後流行文句になった、と述べている。（"Lord Northcliffe", p. 140）。

Bの部

（4）引用はウィリアム・モリスの一八七九年に行なった講演「民衆の芸術」から（収録は "Hopes and Fears for Art", P. 44. "Collected Works of William Morris", Longman, Green, 1914）。この章句は、故F・D・クリンゲンダー博士にご教示いただいた。

（5）「知的サディズム」　この用語は、リチャーズ・リビングストーン卿の造語。

（6）「モラリストのお話は大変結構だ……」　ある社会調査から。

X　ゆがんだ源泉

Aの部

(1)　家庭環境からくる特殊な問題　"Early Leaving", pp. 19, 36 参照。

(2)　労働者階級の奨学生の孤立について　"Early Leaving", p. 32 参照。

(3)　労働者階級居住区域の「小学校」から奨学金をもらうものがほとんど出ないこと　しかし、以下XI章の(B)とPEPのパンフレット『大学生の背景』("Planning", vol. XX, No. 373, 8. 11. 1954)をみると、大学にいっている労働者階級子弟の割合いは増加している。

(4)　「確固として制度化された教育……」　H. Spencer, "Autobiography", 1904; Watts's reprint of 1926, p. 338.

(5)　「人間は……」　"The Life of Thomas Holcroft", contd by William Hazlitt, ed. Elbridge Colby, Constable, 1925, vol. II, p. 82.

(6)　奨学生の少年は、相対的に進歩がおそいことについて　私には女の子をみたほうがコントラストは一層はっきりするように思える。十四か十五歳の典型的な普通中学校の少女と、同年齢のグラマー・スクールの子とを比較してみるとよい。

(7)　余っている時間にもう一つのべつな仕事をしないこと　ハル大学の学生を対象にしたF・D・クリンゲンダー博士の調査によれば("Students in a Changing World" 1951-2)、これはもうそうではなさそうである。回答者のうち、男性の五八%と二八%の女性が、余った時間に仕事をもっている、と答えている。

(8)　「青ざめて、みすぼらしく、……」　グレアム・グリーン『ここは戦場だ』。

(9)　「独学の、労働者……」、「私は……を思い出す」　両方ともヴァージニア・ウルフ『作家の日記』から。

(10)「(もし創造的天才が環境のうちに、彼自身のうちになしとげたと同じ変化を実現することができないとすれば、彼の創造性は彼にとって致命的なものとなるであろう)。彼は、自分の行動の分野では歯車がかみ合わなくなってしまう。……(――たとき、群居性の動物や昆虫の静的社会生活において、蟻の巣や、蜂の巣や、家畜群や、狼群の変り種の成員が、仲間に寄ってたかってなぶり殺しにされるように、彼のかつての仲間が彼をなぶり殺しにするというようなことにならなくても)」。アーノルド・J・トインビー『歴史の研究』、サマヴェル縮冊版(長谷川松治訳、「現代教養文庫」、社会思想社刊、〔II〕、一〇三頁)。

(11)「兄さんは他の人にはないものを……」チェーホフ、「兄ニコライあての手紙」モスクワ、一八八六年。"The Life and Letters of A. Tchekov", p.80.

(12)「この齟齬……」W. Trotter, "Instincts of the Herd in Peace and War", T. Fisher Unwin, imp. of 1923, p. 67.

Bの部

(13)『地下室の手記』 著者のひいているのはガーネットの英訳版。江川卓訳、新潮文庫では、一九三頁。この箇所の続きは「そのかけ離れ方があまりにはなはだしいので、ときには真の《生きた生活》に対してある種の嫌悪を感ずるまでになっている。そこで、その《生きた生活》のことを思いださせられるのが耐えられないほどにもなっているのである。とにかくぼくらは、真の《生きた生活》を、ほとんど労役かお勤めとみなすまでになっていて、それぞれの腹のなかでは、書物式のほうがよほどましだとさえ思っているのだ」(同上、一九三頁)。

(14) 代表的な「高級」週刊誌の広告、について ここの事例が余り典型的でない週からとられているのかも知れないと思ったので、この章を校訂している時期のある一週間をとって、同じジャーナルの広告欄を同様の手法で調べてみた。

その結果、七つの広告、スペース三カ四分の一コラムが私がここで論じているような種類の広告で占められ、残りの二ツ、スペース四分の三コラムを占めるのが、いわば境界線に位置する広告だった。

(15)「彼女はそういうタイプの人をよく知っていた……」E. M. Forster, "Howards End", Arnold, 1910.

(16)「すべてが……以下……」George Eliot, "Middlemarch", Casaubon のこと。

(17)かれらは「暗黒と死の陰の中に坐っていて……」Psalm. cvii 10.

(18)「変えられるなら亡びたほうがよい……」W. H. Auden, "The Age of Anxiety", Faber and Faber, 1948 (Random House, N. Y., U. S. A.).

(19)「これらの少数者……」と書いたが、どれだけ少ないのか。三万人の人びとが『ロンドン・マガジン』の第一号を買った。私の推定では、そのかなりの部分が、この種の人たちだと思う。一九五四年の"HRS"は、およそ三万人の、未婚の、D—Eグループに属する三十五歳以下の男性、が『リスナー』誌の読者だ、と推定している。

(20)「めざめる必要のある人の数……」マシュー・アーノルド『教養と無秩序』。

XI 結論

Aの部

(1)政治的に活動的な労働者階級の人びと マーガレット・マッカーシイ (Margaret McCarthy) の『革命の世代』"Generation in Revolt" は、二〇年代から三〇年代にかけての、主としてランカシャーにおけるこの種の生活を自伝的によく説明している。

(2)「メカニックス・インスティチュート」一八六一年にはイギリス本土で一〇〇〇以上の学校があり、メンバーは二〇万。

（3） マコーレイの『歴史』 売部数はディヴィッド・トムスン（David Thomson）の、"England in the Nineteenth Century, 1815-1914" から。

（4） ウェルズ『概観世界史』 "Outline of History", 1920. "Science of Life", with Pof. J. S. Huxley and G. P. Wells. "Work, Wealth and Happiness of Mankind", 1932.

（5） 「シンカーズ文庫」 このシリーズはこれまでに三〇〇万部以上売れている。自治へ向って動きつつある旧植民地で、こうした本への需要が増えていることは、わかるような気がする。

（6） 普通義務教育以上の、「パート・タイム」教育、の拡大 英国では、一九五二年の数字だと、四五人に一人が、なんらかの形の、非・職能的成人教育を受けている（もっとも、かならずしも、いわゆる「リベラル」と称されるような課目の学習をしているわけではないが）。（『ダービイ調査』、三四―七頁）

（7） ＷＥＡ「労働者教育協会」の学生数 以下よりとる。"The Organization and Finance of Adult Education ('The Ashby Report') p. 14.（許可済）

（8） 「満足すべき基盤がほとんど何もない……」 好ましい特徴も若干はある。たとえば、『リスナー』誌の特性の多く、あるいは、いくつかの品のいい週刊誌、日曜新聞はそれぞれ一人、ないし二人の評論家を擁しており、かれらのアプローチは、私が輪廓を書いてみせた要請にみごとに答えているという事実、またラジオ、テレビの社会的、政治的事象についての放送にも若干の健全なものはある。

（9） 「熱意ある少数派」 すぐ役に立つ政治的・経済的目標だけを考える、という近視眼におち入りやすい。すぐ思い浮ぶ二つの事例をあげておこう。

（A） 一人の「ＷＥＡ」の学生がある夏期学校で文学の勉強をするためのささやかな給費金申請をことわられた。なぜかといえば、彼の属する労働組合の教育委員会が、その主題は労働組合の利益にそぐわないと考えたからなのだ。

（B）港湾労働者の学習に「哲学」講義の一クラスを設けようという提案があり、現場では関心を集めたのだが、ロンドンの当該上部組織によって拒否された。理由は「その主題は、港湾労働者に役に立たない」というのだ。

(10)「日曜大工」最近、「自分でやりましょう」式の、材料、設備がかなり大幅に増加し手に入りやすくなり、技術も、集中化がもたらした弊害も改善されつつあるが、その利用者は、これまでのところ主として中産下層と熟練工層とにかぎられ、労働者の大多数には余り影響をあたえていないようだ。

(11) 耕作貸付地への関心は若干おとろえつつある "HRS", 1952. p. 42. を参照。

(12)「鳩を飼う趣味」ここにいうクラブは「全国伝書鳩連盟」、「全国飛しょうクラブ」をふくめている。スコットランド、ウェールズにも連盟があるし、イギリス北部連盟というのもある。雑誌『レーシング・ピジョン』は、純売部数四三、五〇〇（一九五六年『広告年鑑』）。英国では、この「趣味」に年間二〇〇万ポンド以上の金が使われている。『レーシング・ピジョン』の編集者が話してくれたところによると、ある飼い方の教本は、推定一一万部ほど売れた、とのことである（ある程度のくわしいことは、エドガー・エインスワース Edgar Ainsworth が『ピクチュア・ポスト』紙の、一九五三年十一月二一日号に書いた「翼をもった趣味（空想）」'The Winged Fancy' から）。

(13) サイクリング "HRS" 1952-5 は、この数年のあいだに、サイクリングの人気は、どの階級のあいだでもいく分落ちた、とみている。全階級を通じて、D―Eグループの男性が相かわらず最もふつうのサイクリング愛好者で（四〇％）、D―Eグループの女性はほかの階級の女性よりも若干利用パーセントが少ない。

Bの部

(14) 娯楽の増加。映画　この国では一九五二年に、全人口を通じての年間映画観覧の平均回数は、二七、これはアメリカ合衆国の平均よりも高い。同年度の映画への支出は、全国各世帯平均、週約三シリング。

英国全土の映画館数はおよそ四六〇〇。一番よく映画をみにいくグループは、十六―二四歳の労働者階級（「ダービイ調査」一二一―三頁参照）。

(15) 一千から五千の出版物　「ダービイ調査」一六四頁

(16) 一九三七年から一九四七年のあいだの増加量

全国、地方、日刊紙：一七、八〇〇、〇〇〇→二八、五〇三、〇〇〇

日曜新聞　　：一五、五〇〇、〇〇〇→二九、三〇〇、〇〇〇

数字は『新聞に関する王立委員会報告、一九四七―九年』五―六頁、による。この増加分の一部は戦時期に特有の諸条件から説明できないこともない。だが、いまや、戦争が終ってから十年以上もたつが、にもかかわらず全体としての読者の数は言うに足るほど減り始めてはいない。

(17) 一九三八年―一九五二年のあいだの雑誌、定期刊行物について　P. E. P. "Planning", XXI, 384.

(18) 一九四七年―一九五二年のあいだの増加

全国朝刊紙：一五、六〇〇、〇〇〇→一六、一〇〇、〇〇〇

日曜新聞　：三九、三〇〇、〇〇〇→三一、七〇〇、〇〇〇

「ダービイ調査」表五一、一六八頁。著者たちのコメント（一六三頁）は、「物価が上がっているにもかかわらず、われわれは一九五二年に、一九四八年よりも、より多くの読みものを買っている（支出はほぼ確実に十年前の二倍になっている）」。にもかかわらず、一般的にいって一九三七―一九四七年のあいだの増加率は、一九四七―一九五五年の期間には、継続していないようにみえる。しかしまた一般的にいって、一九四七年に達成された新しい高水準がそのまま維持されていることも事実なのだ。（参照：P. E. P. Planning, XXI, 388）。

(19) 一世帯に二紙　「ダービイ調査」一六六頁。成人三人のうち二人が日曜新聞一紙以上を読んでいる。

引用、「ダービイ調査」一七〇頁。

(20) 人口千人当りの日刊紙の数　人口千人につき日刊紙がどのくらい普及しているか、という推定数は、

英連邦　六一一　フランス　二三九　メキシコ　四八

スウェーデン　四九〇　イタリア　一〇七　トルコ　三二

アメリカ　三五三　アルゼンチン　一〇〇

（参照、ユネスコ：the Daily Press.）

(21) 英連邦における単行本の生産量　一九五三年のあいだにこの国では表題でかぞえると一八、〇〇〇点以上の本が刊行されている。人口約三倍以上のアメリカ合衆国での刊行点数が約一二、〇〇〇点なのとくらべてみるとよい。つけ加えれば、イギリスでは輸出される本がかなり多いということと、どの年でもリストにあげられている点数のすべてが新刊本なのではない。だから、一九五三年の刊行点数についていえば、そのうち新しい本はおよそ一二、七五〇点なのだ（アメリカ合衆国の新刊本は九、〇〇〇点）。イギリスで出版される新刊のうち五冊に一冊は広い意味の小説なのだ。数字は、「ダービイ調査」一八二―三頁とユネスコの "Basic Facts and Figures".

(22) 公共図書館貸出しの増加　一九五二―五三年のあいだ、人口一人当りにつき七冊の本が貸出されている。くらべると一九三九年には一人当り五冊であった。「ダービイ調査」の推定によると、ダービイでは、労働者階級で初等教育を受けた者六人のうち一人、中産階級で中等、あるいはそれ以上の教育を受けた者四人のうち一人は、一週間に一冊の本を公共図書館から借出している（「ダービイ調査」一六五、一九八頁）。ペイパー・バック・シリーズまでふくめて、本を買うことについて言えば、毎年一億二千五百万―一億九千万冊の本が売れている、ということは大いにありうることだ（「ダービイ調査」一八五頁）。

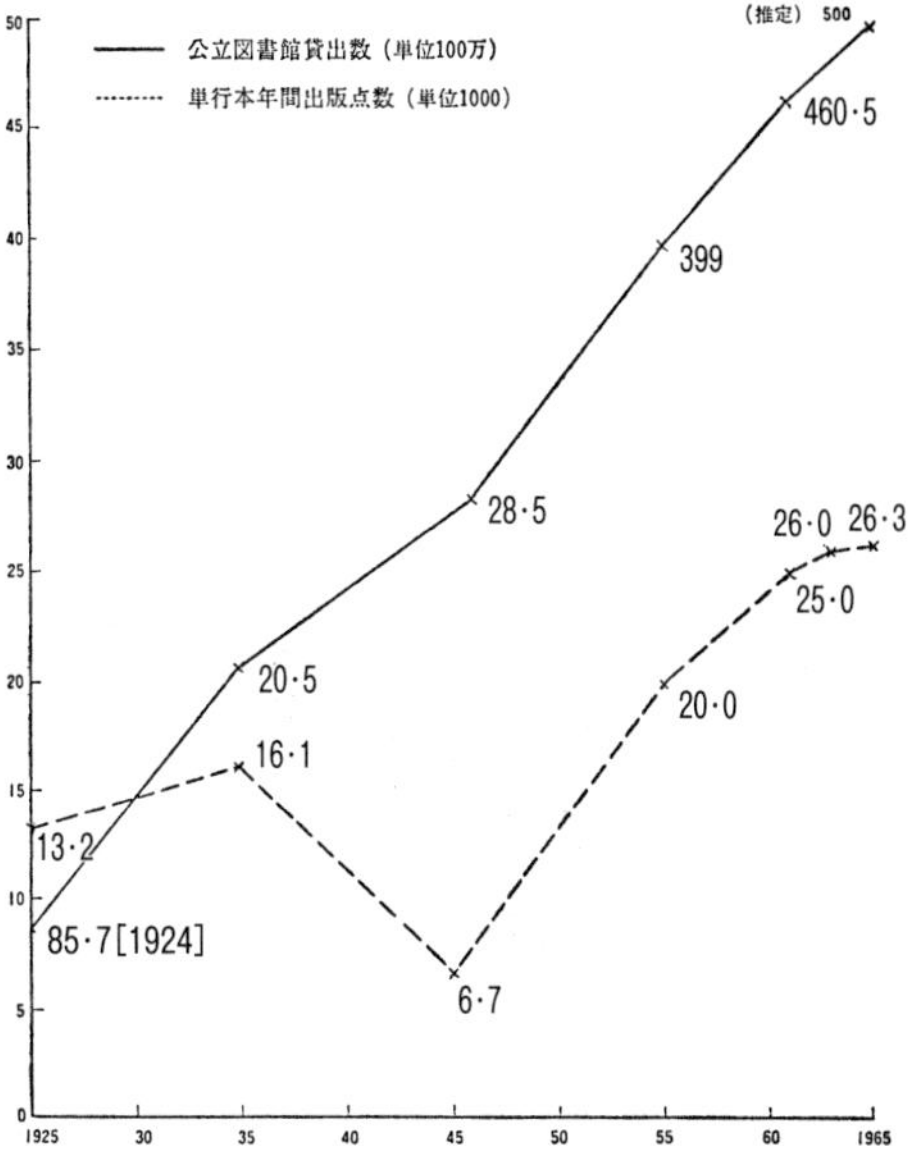

本の生産と公共図書館貸出数　1925—65

(23)　五五％が本を読んでいる「ダービイ調査」、一八四頁にひかれている。その調査によると（一九〇頁）、インタビューされたものの三分の一が、そのとき本を読んでいる、と答えている。英国世論調査所がトッテナムで行なった「大衆観察調査」も、大まかにいって、上に引用したギャラップ調査の結果と同じデータを出している。

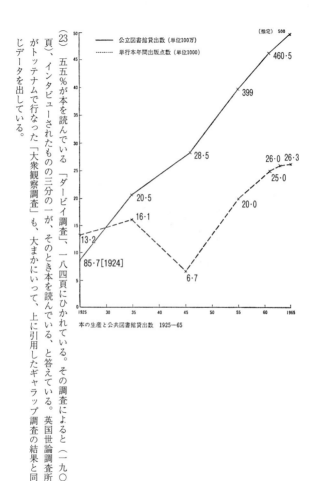

(24) 「高級」定期刊行物の販売部数　多くの場合、ずっと続いて増加しているわけではない。むしろ、戦後数年間は伸びて、それからは若干売行きが落ちたり、停滞したりしている。しかし、戦前、あるいは戦争直後の時期とくらべると、ほとんどの「高級」紙・誌が部数を増やしている (Wadsworth, Newspaper Circulations をみよ)。

つぎのABC協会認定部数は"Newspaper Press Directory", 1955 からとったもの。

(紙・誌名)	(部数)
Observer	五三四、七五二
Times	二二〇、八三四
New Statesman	七〇、五九八
Sunday Times	五七七、八六九
Spectator	三八、三五三

(ABC協会の認定ではない)

最近増加した事例について。『マンチェスター・ガーディアン』が、一九五三年に一二七、〇八三部で、一九五五年には一四六、一四六部。リスナー誌は戦後その部数をやく二倍にした。『オブザーバー』紙の一九五六年一月—六月にかけてのABC協会認定部数は六〇一、四〇二部だった。

〈文芸評論誌〉『エンカウンター』は、一九五四年の半ばで約一五、〇〇〇部ほど出し、ほとんど同じころ創刊された『ロンドン・マガジン』は約一八、〇〇〇部 (『オブザーバー』、一九五四年七月十八日号)。一九五六年の半ばになると両誌ともかなり部数が落ち、ロンドン・マガジンのほうはその財政的バックを失いそうだ、と言われている。

(25) 七五—八〇%がフィクション 「ダービイ調査」一八六—七頁。

(26) 商業図書館の数字 「ダービイ調査」一八五頁。「真面目で熱心な読者がごく小部分……」ダービイ調査は、この見解を若干裏づけ、しかも一度ならず「真面目な読者の少数だが重要な意味」について語っている。が、ほとんど全く軽いものばかり読んでいる人びとの数を頭に入れないで落してしまえば、人はいつでも、ただ「ひとにぎりの少数派」と一緒にとりのこされるだけになってしまうだろう。

(27) 「……発行を続けていくために……」 Williams, Press, Parliament and People, p. 175.

(28) 新聞紙総数の減少

	(日刊紙の数)	(人口：一〇〇万あたり)
イギリス	一二二	五一
アメリカ合衆国	一八六五	一五七
スウェーデン	一六〇	七
スイス	一二七	五
メキシコ	一六二	二七
アルゼンチン	一四〇	一八
トルコ	一一六	二二
フランス	一五一	四二・二分の一
イタリア	一〇七	四七

(数字はユネスコの“the Daily Press”)

いまイギリスの各地で発行されている異なった種類の新聞の総数は、ほかの近代国家にくらべると、ほとんどの場合相対的に、多くの場合絶対的に少い。シンジケーションは不釣合いを減少させる方に働くだろうが、それも一般的傾向を無効にするほどではない。異なった新聞の数が減ることは、いうまでもなく、英連邦だけにおこっていることではない。アメリカ合衆国でも総数は、一九〇九―一九五四年のあいだに約三分の一少くなっている。

(29) 大衆的出版物の集中化　地方紙と違って、全国紙の集中化は、ひじょうにはっきり朝刊、日曜紙の分野でおきている。夕刊紙の分野では、まだ地方紙がかなりの力をもっている。ほとんどの人びとが気がつくに相違ないと思われるが、現在の傾向の一つの結果は若干の地方紙の衰退となってあらわれるに違いない。地方紙はシンジケート配給の材料を使ってロンドン中央紙の華やかさをまねようとしており、そうしたものと、あまりパッとしない地方記事とを、まぜ合わしている。そうした地方新聞は、ロンドンの大衆紙と同じ悪さを共有している。ただしその猥雑さの種は、全く地方独自のものであるが。中央集中化についての細かいことは、「新聞に関する王立委員会報告」、Kayser の "One Week's news", Wadsworth の "Newspaper Circulations" に出ている。

(訳注) 一九六二年に出された、いわゆる第二次「新聞に関する王立委員会」("Royal Commission on the Press: 1961-62: Report") から、若干集中化のデータを補足しておく。

(A) 全日刊紙発行部数のなかでトップ・スリーが占める割合

(一九四八年)		(一九六一年)	
ビーバーブルック系	一七%	デイリー・ミラー系	二四%
(Beaverbrook Newspapers)			
アソシエイティッド系	一五%	アソシエイティッド系	二三%
(Associated Newspapers)			
デイリー・ミラー系	一三%	ビーバーブルック系	二〇%

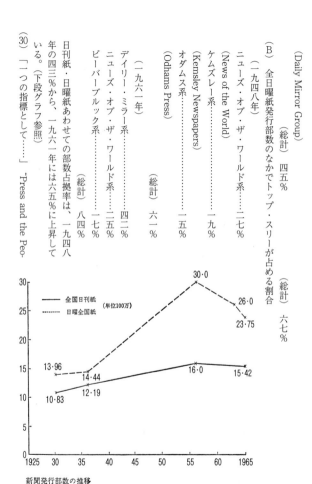

(Daily Mirror Group)

（総計）四五％

(B) 全日曜紙発行部数のなかでトップ・スリーが占める割合　（総計）六七％

（一九四八年）

ニューズ・オブ・ザ・ワールド系……二七％
(News of the World)
ケムズレー系……一九％
(Kemsley Newspapers)
オダムス系……一五％
(Odhams Press)

（総計）六一％

（一九六一年）

デイリー・ミラー系……四二％
ニューズ・オブ・ザ・ワールド系……二五％
ビーバーブルック系……一七％

（総計）八四％

日刊紙・日曜紙あわせての部数占拠率は、一九四八年の四三％から、一九六一年には六五％に上昇している。（下段グラフ参照）

(30)「一つの指標として……」"Press and the Peo-

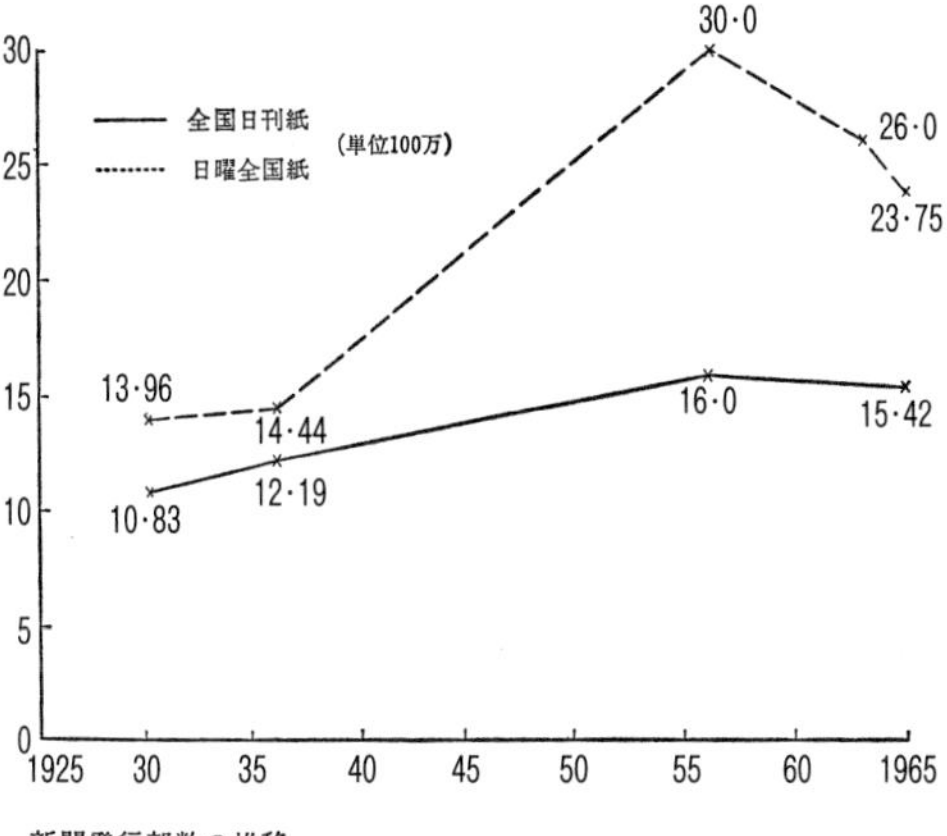

新聞発行部数の推移

ple" pp. 12-13. 報告は、真面目な新聞の売り部数は今でも、日曜紙全体のわずか三%でしかない、とつけ加えている。

(31) グラマー・スクールへの就学率　W. P. Alexander "The Organization of Secondary Education", (Councils and Education Press Ltd), "Secondary Education Survey", Joan Thompson, Fabian Research Series (Gollancz, 1952) 参照。

(32) 労働者階級の子供への奨学金　「要約すると、近年の教育的、社会的諸条件の変化にもかかわらず、中学校にかようチャンスは社会階層のレベルがあがるにしたがって大きくなる」。'Selection for Secondary Education and Achievement in Four Grammar Schools', A. H. Halsey and L. Gardner, "British Journal of Sociology", vol. IV, No. I March 1953, pp. 60-75 (または "Early Leaving" をみよ) から引用。

(33) ラスキン・カレッジの副学長　『オブザーバー』紙への手紙、一九五四年六月六日。

(34) 一種の新しいカスト制度　これを書いてから、私は若干同じようなことが、グラス教授の著書 "Social Mobility in Britain" (pp. 25-7) の序文で述べられているのを知って興味深かった。教授はそこでは、「一つの価値意識にもとづいた」、個人的見解を述べているのだ、とことわっておられる。

(35) 大衆新聞とテレビの到来　「ますます激しくなるラジオとテレビとの競争は、新聞の性格に大きな影響をおよぼしつつある」(The Press and the People, p. 9) 映画、ラジオ、テレビ、マンガの人気を考えると、二〇世紀の終りごろになれば、人口の大多数に書かれた言葉が影響をあたえた時期は、結局短期間で、ほとんど無視してもいいぐらい幕間期間であったかも知れぬ、といった思いつき予測を口にしたくもなる。もしそうだとすれば、これまで、十九世紀の後半まで支配的だった口頭の、ローカルな文化が、また再び口頭の伝統が回復するだけの話になるが、つけ加えれば置きかわったものは、オーラルであると同時に視覚的で、巨大な公的性格をおびたものになるのだ。

(36)「その存続がかかっている……」"Press and the People", p.5.

(37) 階級のない「階級」 推測すると、大衆説得者たちが頭に描く対象のなかの巨大な中心グループは、およそのところ、HRSが「D―E」グループと名づけているあたりに、場合によっては「C」がつけ加わる、といったところか。D―Eのグループは全人口の七一％。Cグループを加えれば八八％になる。

訳注

（1）　リテラシーについて　ホガートは、この言葉をいわば意識状況の象徴としてかかげているのであって、定義された分析用具として叙述に使っているのではないから、本文にかかわりのあることではないが、表題になっている以上、常識若干を注記しておく。

ふつうには、リテラシー（literacy）を、特定個人の、書かれたもの、印刷されたものを問わず母国語のテキストを読み、一定度の文章を書ける能力（その能力を欠くのが、illiteracy、語源的にはこちらが先）、としているが、少し立ち入ると、いろいろ厄介な問題がでてくる。テキストの内容、書ける「文」の程度はどうなのか。読めるけれど、字の書けないのは、どちらの項に入れるのか、等々。

それで近年では、たとえばこの分野の代表的な研究者、カルロ・チポッラ（Carlo M. Cipolla）のように、リテラシー、イリテラシーの中間に、セミ・イリテラシー（Semi-illiteracy、同じことになるのでSemi-literacyとよんでもよい）という両極の媒介地帯、雑多なものをほうり込む中間項をつくる三項分類がかなり行なわれている。そうすれば「読める」が「書けない」諸君は、「セミ・イリタラシー」に入れられてくる。ホガートも若干使っている、十九世紀七〇年以降の初等教育の整備が、「セミ・リテレイト」の大群を生み出し、それと世紀末の大衆新聞の定着とを結びつけて説明したりするのが、その例である。

かなり現象記述は便利になった。が、たとえば、フランスでの一八八一―一九〇〇年間の「新兵」のリテラシー調査統計（総数、六、一二一、〇一八人）などをこれで分類すると、

読みも書きもできない者……八％
読むことだけできる者……二％
読み、書きできるが、小学校卒業程度には達しない者……八七％
小卒程度のリテラシー保有者……三％

つまり、リテラシー（三％）、イリテラシー（八％）、八九％、ほとんどが、この中間地帯に入ってしまうことになって、分類効用は半減してしまう。しかも、歴史的時点の推定数になると、もとになる素材が、こうした軍役壮丁関係（国民軍以降でないとない）を除くと、主として結婚登記書類――名前を書けるか、書けないかということだけ――になり、その数字を軸に、広い意味での学校、教師の質量、仕事、経済条件などの断片的データで傍を固めて、一定の推定をする、という方法しか、まだ当面はない。いずれにしても、分析叙述では、このリテラシーは、操作条件を明示しないでは、使用できない。

それを前提にして、「リテラシーの効用」が語られるようになる歴史形成過程の参考として、十九世紀イギリスのデータを二、三あげておく。この資本主義の母国が、ヨーロッパでAクラスであることは確かである。

年度	男性〈Percentage of literates〉	増加率	女性〈Percentage of literates〉	増加率
一八四一	六七・三		五一・一	
一八五一	六九・三	二・〇	五四・八	三・七
一八六一	七五・四	六・一	六五・三	一〇・五
一八七一	八〇・六	五・二	七三・二	七・九

一八八一	八六・五	五・九	八二・三	九・一
一八九一	九三・六	七・一	九二・七	一〇・四
一九〇〇	九七・二	三・六	九六・八	四・一

年度＼国名	イギリス ウェールズ(%)	スコットランド	アイルランド	フランス	イタリア
一八四五	三三	—	—	—	—
一八五〇	三一	—	—	—	—
一八五五	三〇	一一	—	三二	—
一八六〇	二六	一〇	—	三〇	—
一八六五	二三	一一	—	二七	—
一八七〇	二〇	一〇	—	二七	五九
一八七五	一七	九	—	二〇	五四
一八八〇	一四	八	二六	一六	四六
一八八五	一一	六	二四	一三	四四
一八九〇	七	四	二〇	八	四一
一八九五	四	三	一七	六	三八
一九〇〇	三	二	一三	五	三四

(数字は%)

これでみると、七〇年のフォスター・アクトから識字率急上昇というのは、事実に合わない。

この表の出所は Richard D. Altick, "The English Common Reader: A social history of the Mass Reading Public 1800–1900" University of Chicago Press, 1957, p. 162.

チポッラの本から、ヨーロッパ名国の署名できなかった新夫のパーセンテージを前頁表にあげておく（原図は各年ごとにあげられているが、五年ごとに省略）。Carlo M. Cipolla, "Literacy and Development in the West", Pelican, 1969. Appendix, table 28（A）.

（2） ロレンスの『息子と恋人が』が労働者階級の生活実感を伝えているということについて こう言われても、われわれはロレンスの出身、経歴を思い浮べてやはりそうかな、と思う程度で、実感はよくわからないが、ホガート以外の推せんをもう一つあげておくと。ホガートと同じように労働者階級の息子として一九三二年、ハダースフィールドに生まれ、ケンブリッジへ進み、『教育と労働者階級』などの実態調査を行っているブライアン・ジャクスン（Brian Jackson）は、つぎのように言う。五〇年代以降のジョン・ブレイン、アーノルド・ウェスカー、アラン・シリトーらの小説、戯曲が労働者階級、その人間を書いているといわれ、それはそうに違いないが、かれらを読んでえられる内面の労働者像は、どうも実感がうすくなる。かれらの視点はあまりにも、社会学者やドキュメンタリー・リポーターの眼に近すぎる、とジャクソンは批判する。そして、生の労働者生活実感を伝達しうるものとして、小説家ではロレンス、彫刻家ではヘンリー・ムア（Henry Moore）、画家ではロウリイ（L. S. Lowry）をあげている。そうか、それでわかったという風には相変わらずならないけれども、もう一つの参考事例にはなるか。いずれも北部の労働者階級出身の三芸術家の「表現」については、Brian Jackson: "Working Class Community; some general notions raised by a series of studies in northern England", Pelican Book, 1972、参照。

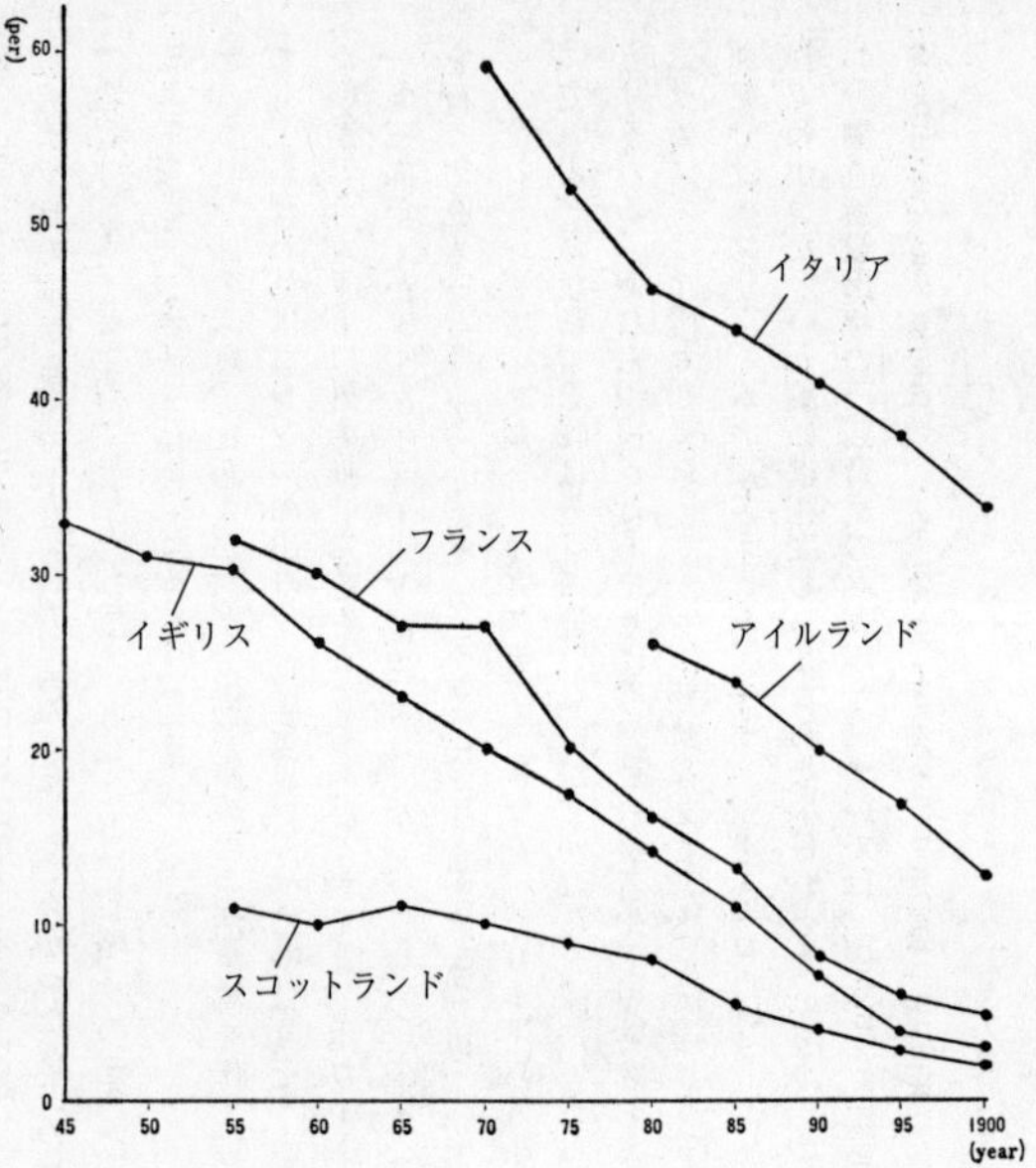

（3）「背中合わせ」（Back-to-back）の長屋は、十九世紀には、マンチェスター（一八九〇年代で約一万

戸）、ブラッドフォードを始め工業都市のどこにでもみられた一般的様式であったが、一時期社会改良家の攻撃、批判の主目標になり今世紀に入ってからは、いく分リーズの特産品のようになる。

「リーズにおける労働者階級住宅に特徴的な形態は、「背中合わせ」タイプの住居が圧倒的に多いことである。この小さな「つながった」家が、いまでもかなりの数たてられており、しかも、市の郊外部分に新しくたてられる場合でも、「背中合わせ」方式がまだ採用されているのだ。このタイプの建築がひき続き行なわれていることは、この国の大都市建築が辿っている一般法則に照してみると、際立った例外をなしている、と言ってよい」（A. W. Fox, "Report of an Inquiry into Working Class Rents, Housing and Retail Prices", 1908）

ベレスフォードの作成した表によると、この傾向は一九二〇年代まで、ほとんどかわらない。

年度	全家屋数	背中合わせの長屋	
		家屋数	（%）
一八〇一	一一、五〇〇	一、〇〇〇以下	一〇%以下
一八八六	六一、〇〇〇	四九、〇〇〇	七一%
一九二〇	一〇八、〇〇〇	七八、〇〇〇	七一%

M. W. Eeresford 'The Back-to-back House in Leeds, 1787–1937'; in, (ed) Stanley D. Chapmon. "The History of Working Class Housing" 1971, David & Charles, Newton Abbot. 〈右の図は、九七頁〉。

無論、型式が同じでも、時期につれて、スペースが広くなり、部屋数が多くなったり、若干の進歩（改良）があることは言うまでもない。伝統の違いもあろうが、写真（ベレスフォードの本にある）でみると、われわれの住いよりも、ずっと立派な家である。

これらの住宅構成の原初形態、古典的記述については、「労働者の小屋は、いまでは一戸建てなどはほとんどなくて、いつも一ダースずつ、それどころか、六〇戸ずつも建てられるようになった――たった一人の企業家が、一つまたは二、三の街路をいちどに建設する……」として図をつけて細かに検討している、エンゲルス『イギリスにおける労働者階級の状態』、「大都市」の章参照。

(4) ホガートは、"Growing up"(初め R. Goldman〈ed〉, Breakthrough: にのせ"Speaking to Each Other", vol. Iに収録している)と題するエッセイで半生の自己史を書いている。本文の叙述にも断片的にいくつかの局面が書かれているが、ここで若干年表風にまとめておく。ただことわっておけば、彼の両親はごく幼いうちに亡くなり、一家離散して、とくに家の記録(口伝えを除くと)といったものもないようなので、年代は、「だったろう」という推定が多く、はっきりしないところが多い。

一九一八年――リーズでリチャード・ホガート誕生。第二子、次男。出生証明書の父の職業は左官となっているそうだが、たまたまその時そうだったというだけで、祖父と同じように、いろいろな仕事を転々とした模様。

一九二一年――父死亡。多分四〇代の半ば。兄が五歳、ホガート三歳、妹一歳。このころリーズの中心から北、いまは中産下層の郊外居住地帯になっているチャペルタウンに住む。

一八七〇年代――祖父と祖母結婚。リーズかシェフィールドに出てくる。最終的にはリーズに定着。祖母は九―十人兄弟、リーズから数マイルの Boston Spa の生まれ、祖父も同じ村の生まれ、従兄弟。彼はホガート家口承だと、いろんなものを「発明」した器用な人で、気骨のある男だった。

一八九九年――ボーア戦争。ホガートの父(十人兄弟の上から二番目)多分、従軍。第一次大戦にもひっぱられて伍長。この間、一九〇七、八年(?)に母と結婚。母はおそらくリバプールの出身。親類から、推測すると、階層は父より少し上、中産下層の出身。死んでからも父方の連中が「彼女はレディだったよ、おまえのおっ母さんは本当にそうだったよ」、といっていたことからも裏書きできるだろう。母はなにかあって家をとび出し、ホガートの推定だと、兵営の酒保かなにかで働いているとき、父と知り合い、多分ヨークで結婚。No. 48, Potternewton に住む。幼時、前の野原で中を見た記憶があり、周辺はまだいくぶん農村的風景をのこしていた模様。近くに大きな電車の車庫があり、そこで一九二六年のゼネストのときはられたピケットをおぼえているとのことである。ラジオはなく、本は家で一冊もみなかった。

一九二七（?）——母死亡。肺病だったのかも知れないがひどい気管支炎。ひどい打撃だったので病院で死んだのだったかどうかもよく覚えていないが、葬式の日は、いまでもはっきり覚えているとホガートは言っている。ここでホガート一家は分散し、兄はシェフィールドの祖母の長女のところ——子供は十一人、夫は鉄道労働者——にひきとられ、リチャードは祖母のところ、妹は祖母の家から通りひとつへだてた親類の家にいく。祖母の家には、未婚の娘三人（三〇—四〇歳台）、不況期だったのでシェフィールドから職探しに来ていた孫娘一人、祖母とリチャード・ホガートを入れて六人家族になる。リチャードは、ハンスレットの、"Jack Lane elementary school"に移る。典型的なスラム・スクール。チャペルタウンとは北と南で大してはなれていないのに、話し方が違ったとみえて、物言いが変だということで大分いじめられる。そこから、"Cockburn High school"に進学（試験は失敗したが、彼を可愛がってくれた校長が、「この子のエッセイをみろ、才能があるぞ」と談判して入れてもらったらしい。一九三七年一月祖母死亡。リーズ大学進学。

（5）ホガートの描写している労働者階級の話し方、用語の特性を、いわゆる「科学的」に実証しようとしているのに、バーンシュタイン（B. Bernstein）らの仕事がある。単純化していえば、逸話的な、記述的な、比喩的な、「パブリック」言語（'Public' language）と、概念を操作してゆくタイプの「フォーマル」

言語（'Formal' language）とに二大類型をつくって調査してゆくと、階級の「言語」の違いが、かなりはっきりとあらわれてくる。いうまでもなく、労働者階級は「パブリック」圏内で暮しているので、「フォーマル」には弱く、中産階級は逆、という結果である。あるいは、労働者階級の言語は、経験の異質性をきわだたせるよりも、同似性（similarities）を浮び上がらせるようになっているのに反して、中産階級のは自己を、他人を集団から浮き立たせるようになっている、といった違いを、いくつか出してくるのだ。バーンシュタイン・テーゼには無論いろいろ問題もあり、それをめぐっての討論も行なわれているが、ともかく、日本で同種の「調査」をしても、こうした結果が出るとは予想しにくい。そうしたことについて、B. Bernstein, "Social Class and Linguistic Development" in Halsey, A. M. Flood, J. Anderson, C. A (ed): "Education Economy and Society", 1961. W. Brandis, D. Henderson; "Social Class Language and Communication", Routledge & Kegan Paul, 1970 参照。

（6）海辺の絵葉書　これについてはオーウェルの論評、「ドナルド・マックギルの芸術」、がある。オーウェル的評価、解釈はホガートと微妙に違うので、若干ひいておく。

「……実は奇妙なことに、多くの人がこういうしろものの存在に気づいていないらしいか、さもなければ、そういうものは黒人楽団とかはっか入りのあめのように海岸保養地にしか見当たらないものだと、漠然と考えているようである。ところが実際はどこででも売られていて――たとえば、たいていのウールワース六ペンス均一店で買うことができる――膨大な量が製造され、新しいシリーズがたえず売り出されているのは確実である」。「漫画絵葉書が俗悪でみっともないということでそれを非難したところで始まらない。それこそまさに、そういった絵葉書が意図しているところなのである。漫画絵葉書の意味と取りえはすべてその度し難い低俗さ、それも単にわいせつであるというだけでなく、ありとあらゆる面にわたって物の見方が低俗であるという意味での低俗さにある。ほんのわずかでも「高尚な」影がさせば、それはすっかり台なしにされてしまうだろう。漫画絵葉書が表わすのは、地をはう虫の目で見た人生の仰観図であり、ミュージック・ホール的な世界……そういうものがあるということ、人びとがそういうものを欲しているということ、それがひとつの徴候を示すものとして重要である。ミュージック・ホールと同じく、それは一種のお祭り騒ぎ、美徳に対する害のない反逆だ」(『オーウェル著作集Ⅱ』、一四七―一五七頁、平凡社)

(7) ここでホガートの描いている労働者階級「家族生活」の模様は、ほぼ同じ時期に出て、住宅政策その他にかなりの影響をあたえた社会学「調査」、Michael Young, Peter Willmott, "Family and Kinship in East London", Routledge & Kegan Paul, 1957 がかなりの程度「実証」(これも地域はかぎられるけれど)している。そこにひかれてくる労働者の発言には、ホガートと符合するところが多い。

(8) 「葬儀のあとで」(アン・ジョーンズの思い出に)、一九三三年発表、三九年刊『愛の地図』所収。いく分つごうのいい断片を扱ってあるので、田中清太郎、羽矢謙一訳『ディラン・トマス全詩集』(国文社)を借りて、前後を若干補足しておく。

葬儀のあとで　うばの賞め言葉　わめき声
言葉の風におおわれる帆のようにふくらんだ耳
つま先をくるんでとんとんとんとん
とんとんと　部厚な墓場の足もとで一本の釘を調子よく打ちこむ音

……………

私は知っている　このひとの荒れてやせたつつましい手が
苦痛にひきつりながら信仰とともに横たわっていることを
このひとのすり切れたつぶやき声がしめった言葉となり
このひとの知性はうつろにえぐられ

このひとの顔はにぎりしめたこぶしのように
たえまない苦痛の上に死んでゆがんでいることを
だがきざまれたアンの姿は　七〇年の歳月を石にきざんだものだ
この雲にひたして天にもとどく大理石の手
きざまれた声や身ぶりや祈りの歌を雄弁につたえる記念碑の言葉が
このひとの墓の向こうからいつまでもいつまでも私におそってくる
するときつねの綿結めの肺が動き出し「愛せよ」と叫ぶ
そしてこばしりに走るしだが　黒い敷居の上にたねを散らす

（一六三―一六六頁）。

羽矢謙一氏の解題（三九五―三九六頁）をみよ。

（9）失業援助申請者の家計調査（means test）について　一九三一年の段階で、公式統計でも失業者は二千七百万にのぼっていたが、かれらの多くが受け取っていた失業保険金の額は、一週に、成人男子（十七）、その妻（九―）、子供一人につき（二―）――夫と妻、子供が二人の家庭だと週三〇シリング、支給されることになっていた（勤めているときの払込み額は、三一年半ばで、男子《七―》、雇庸者《八―》、国《七・五―》の割合）。無論、餓死しないだけのカツカツの金額である。財政に詰った挙国一致内閣（national government）は、この削減に手をつけ始める。その措置はいくつかあるが、一方が支給金額の削減（十七―→十五―三d、妻の九―→八―、子供はすえおき）であり、もっとも悪名高かったのが、この「家計（収入）調査」を織込んだ改正である。これは当然の権利として失業保険金の交付される期間を二六週にかぎり、これまでは前年度数週間しか職のなかった者――つまり失業期間のながい者――でも交付されることになっていた等項を廃止、これで交付資格を失った者は、「臨時払い」（transitional payments）を申請せよ、という改悪である。その申請を認可するか、どうか決めるのに行なわれるのが、「家計調査」であり、これは地方の救貧法当局、「民衆救済委員会」（Public Assistance Committee）、俗称PAC'S、この下にrelief sub-committee, guardians' committeeのネットワークがある）で行なわれた。

この改正制度は、一九三一年十一月十二日に発効、ただちに多く四〇、五〇代の熟練工をふくむ約五〇万の労働者を収入、家計を「調査される」運命につきおとす。そのテストは、家屋に立ち入って家具を調べるようなことから、戦時年金、寡婦年金、または大人の仕事はなくとも、子供「労働」の需要はする地域もあったので子供が働きに出てもらってくるわずかな金額をも全部チェックすることまでした。子供のもらってきた週数ペンスが調べられ、翌週にはそのまま両親の交付額からそれだけさし引かれる、といった具合だったので、多少かせぎのある息子、娘は形だけでも家を離れ、労働者の「拡大家族」は多く分解させられる。

一九三二年の一月には、「家計調査」を受けねばならない家庭は九〇万をこえ、二月にはＴＵＣが、大臣に抗議のメモランダムを手交する事態になる。「これまで救貧法となんのかかわりもなかった人びとが、いまや、家庭の事情を根ほり葉ほり調べ上げられるという屈辱に曝されている……調査官たちは家屋の立ち入り権をもつかのように振舞い、家具について文句をつける事態に立ちいたっている」。わが国での、ある時期の生活保護支給の決定過程を拡大して思い浮べればよいのか。

イギリス三〇年代の大きな政治的焦点になるロンドンへの「ハンガー・マーチ」、イギリス共産党のリーダーシップで行なわれる全国失業労働者運動（National Unemployed Workers Movement）の主要な要求の一つが、この撤廃――各地で救助委員会をつき上げて、政府新措置への反対声明を出させたりする――により、かなり大規模な大衆運動になる契機の一つには「家計調査」に対する猛烈、広汎な不満、怒りがある。

(10) 優勝したフットボール・チームが町へ凱せんしてくるときの風景写真は、マックス・ウェーバーからレヴィ＝ストロースまで多彩に引用して書かれているモダンでやや視角の風変わりな本、Robert Bocock, "Ritual in Industrial Society: A sociological analysis of ritualism in modern England." (illust 11), Allen & Unwin, 1974. にあがっている。

(11) ウィルフレッド・ピックルズ（Wilfred Pickles）一九〇四年十月十三日生まれ。ヨーク、ハリファックス小学校のパーキンソン・レーン・スクール卒。一九二七年からラジオアクターとして放送（初めは子供向け番組）に出る。三八年にBBC北部地区のアナウンサー。四二年にロンドンのニュースリーダー。四六年から"Have a Go"シリーズを担当。五四年からは"Ask Pickles"といった番組を担当していた。書いた本もなん冊かあり、"Between You and Me". (自伝)、1949, "Ne'er Forget the People". 1953, "My North Countrie". 1954.

(12) リチャード・ディムブルビイ（Richard Dimbleby）、一九一三年五月二五日生まれ。第二次大戦中はBBCの戦地特派員。戦後、王室のいわゆる"Royal State Occassion"の放送を担当したので、全国的に有名なタレント・アナとなる。ドキュメンタリーのナレーターとしてもよく使われていた。彼の手がけていた番組で人気のあったものは、"Panorama", "London Town", "About Britain" など。

(13) ノーマン・エヴァンズ（Norman Evans）、コメディアン。一九〇一年ロッチデールに生まる。一九三四年、グレイシー・フィールズ（Gracie Fields）の下で舞台に出る。"Holiday Hour", "Down Your Way"から"Norman Evans Show"を持っていた当時の人気タレント。

(14) この前後に言及されている雑誌を、発行元ごとに並べると

(A) トムスン・グループ（D.C. Thomson & Co. Ltd）

（誌名）	（創刊年）	（発行日）
『赤い星』“Red Star”	一八九九年	火曜日
『週刊赤い星』“Red Star Weekly”	一九二九年	木曜日
『家族の星』“Family Star”	一九三四年	火曜日

（B）ピアスン・グループ（C. Arthur Pearson Ltd）

（誌名）	（創刊年）	（発行日）
『幸運の星』“Lucky Star”	一九三五年	月曜日
『銀の星』“Silver Star”	一九三七年	水曜日
『魅力』“Glamour”	一九三八年	火曜日

（C）アマルガメイティッド・グループ（Amalgamated Press）

『奇蹟』“Miracle”	一九三五年
『予告』“Oracle”	一九三三年

そうでないのは、『秘密と炎』“Secrets and Flame”（Joho & Co. Ltd., 創刊一九三五年）だけである。値段はいずれも三ペンス、年間予約だと十九シリング六ペンス、になっている。（データはどれも五〇年半ばの“The Newspaper Press Directory”より作成）。

（15）レフト・ブック・クラブ（Left Book Club）　出版者ゴランツ（Victor Gollancz）が一九三六年の五月につくる。彼はオックスフォードを出て二、三の職についたのち出版社を経営、当時はある種のクリスチャン社会主義者といってもよい。この出版社はスリラーものも出すふつうの活動もしていたが、それまでにコール、ラスキ、ストレイチーなどの本も発行し、この種の本がマス・メディア「書評」の対象になりにくいこと、また当時のふつうの単行本十二―十八シリングほどの値段では、勤労大衆がなかなか買いにくいことなどに一定の批判をもっていた。そこでこの受け手をゆるく組織することを考える。ここに入れば月一冊の本を二シリング六ペンスで受けとれるシステム――本の選定はゴランツ、ラスキ（Harold Laski）、ストレイチー（John Strachey）の三人で選定――は三〇年代特有のムードと合致して大成功をおさめた。このブック・クラブは討論会、読書会の組織は勿論のこと地方によってはある種文化センターとして機能する。この組織がイギリス「人民戦線」の機能代行をした、とみる評価すらある。モートンの『イギリス人民の歴史』、ストレイチーの社会主義の理論と実際、スノーの『中国の赤い星』、パーム・ダットの『今日のインド』などがこのルートを通って流れる。下部の組織者にはコミュニストの活動家が多かった。一九三八年の春あたりが、その組織量、影響力の頂点であろうか。三七年にはここからの「左翼」圧力にたまりかねた労働党幹部がゴランツに接近、選定委員会へ割り込みを図ったが失敗。三八年には対抗して「ソーシャリスト・ブック・クラブ」、「ライト・ブック・クラブ」（Foyle's Bookshop）が結成されるが、いずれも定着しなかった。レフト・ブック・クラブの衰退は「独ソ不可侵条約」締結のショックが噴出させた「左」の分裂、幻想の崩壊である。ゴランツ自身が"The Betrayal of the Left"を編集した。

(16) トム・マン（Thomas Mann）、一八五六年四月十五日、カベントリーの近くに生まる。三年間しか学校に通えず、幼時から労働に従事、徒弟奉公に出てエンジニアとなり、夜各種の教育施設、コースに通って「独学」する。一時期のその「典型」といってもよい、ヘンリー・ジョージを読み、ラスキン、モリスを読み、という「思想」経歴コースは、ほとんど彼の一身に体現されている、といってもよい。エンゲルス、マルクスの娘のエレノアとつき合いのあったことは、よく知られている。一八九三年、後出のベン・チレットによって、ドッカーズ・ユニオン初代会長にかつがれる。九〇年代にはウェッブらと協同、独立労働党の書記になるが、一九一〇年ごろよりサンジカリズムに傾斜、「直接行動」を説く"Industrial

Syndicalist"（1910. 7〜1911.5）を編集、国有化を排撃、労働者の自主管理を説くことになる（"The Miners' Next Step", 1912）。いく度か投獄さる。一九一六年、イギリス社会主義者党に参加、一九二〇年、ここが一つの核になるイギリス共産党の創立メンバーとなる。第三インターの諸会合に代表主席。大変長生きしたので晩年は、ある種の左翼「長老」といった扱いを、各界からうける。一九四一年三月十三日死亡。Dona Torr, "Tom Mann", 1936. 参照。

(17) ベン・チレット（Benjamin Tillett）、ベンは通称。一八六〇年九月一一日、ブリストルに、鉄道労働者の八番目の子として生まる。母は三歳のとき死亡。ドラマチックな生涯で八歳のとき虐められていた犬を飼うことを親父が認めなかったため、犬と一緒に家出。サーカスに入る。十三のときから海軍に入り、二〇代の初期ロンドン・ドックのポーター（Tea Porter）となる。腕っぷしも強く海軍時代はボクサーとして若干有名だった模様。一八八七年ドック労働者を組織（"Tea operatives' and General Labourers' Association"）、前代の職人層とは異る未熟練労働者を組織しての大闘争として著名な一八八九年のドッカー・ストライキを指導し、一定度勝利する。組織は名称をかえ、ドッカーズ・ユニオン（"Dock, Wharf, Riverside and General Workers, Union"）となる。全国交通運輸労働者の全国組織づくりに貢献、独立労働党の創設にも参加、一九一七―二四、一九二九―三一年まで二度労働党議員として国会にも出る。一九二二年から"Transport and General Workers, Union"）の実質的指導者の一人として君臨した。第一次大戦は熱烈に支持、数多くの講演を行なって――「ふつうは集会にも講演にも出ない一階級に確実にとどいた」――協力をすすめる。一九三一年に引退、一九四三年一月死亡。Ben Tillett, "Memories and Reflections,"1931.

(18) ブラッチフォード（Blatchford, Robert Peel Granville） 一八五一年三月十七日メイドストーンに生まる。名前は前年度死んだ保守党政治家の名前をつけられたもの。両親は俳優。母親は息子に舞台をつがせるのを嫌ってブラシメーカーに徒弟奉公に出されるが（十四歳）、二〇歳のとき逃げ出し、軍隊に入る。一八七八年に除隊、一八八〇年に結婚。彼の当時の週給は三〇シリングだった。本当は絵かきになりたかったらしいが、生活のため物を書いて余分の金をとろうと思い『ヨークシャーマン』その他に軍隊生活のスケッチなど寄稿。一八八五年エドワード・フルトンが『ベルズ・ライフ・イン・ロンドン』誌を買って日刊紙にしたとき、そこに親友トムスンの推せんで就職、専門ジャーナリストとなる。一八八七年同じくフルトンがマンチェスターでやっていた新聞『サンデイ・クロニクル』に移り、マンチェスターのスラム、貧民問題を扱い著名ジャーナリスト（年俸千ポンド）の列に入ってゆく。その経歴からもしだいに社会主義者となり、ついにそのため一八九一年同紙の職を失う。そこで二、三の仲間とわずか四〇〇ポンドの資金で始めた社会主義週刊紙が『クラリオン』(Clarion) である。第一号の部数は約四万。数年間三万四千台にとどまっていた。ところが一八九三年『メリー・イングランド』を出す（一ペニーの廉価版は翌年）におよんで、これが熱狂的に読まれ『クラリオン』の部数も六万台にあがる。知られているように、イギリスで社会主義を「大衆化」したのは、この本だという評価があるように、この時期がブラッチフォードのポピュラリティの絶頂期である。が、彼の思考はマルクスにもウェッブ夫妻ともあまり関係がなく、ウィリアム・モリスに一番近い。彼のユートピア "Sorcery Shop" は、モリスの『無何有郷通信』にひじょうに近い。第一次大戦中はノースクリッフの『デイリー・メール』に寄稿し一時期関係をもったりするが、一九二一年妻の死後は一種のスピリチュアリズムにとりこまれる。一九四三年死亡。Laurence Thompson, "Robert Blatchford", 1951.

vol. I (1931); vol. II (1939), Hogarth, reprint of 1953.
WOOLF, Leonard. *Principia, Politica*, vol. III of *After the Deluge*, Hogarth. 1953.
WOOLF, Leonard. *Quacki, Quack*, Hogarth, 1935.
LEAVIS, F. R., and THOMPSON, Denys. *Culture and Environment*, Chatto and Windus, 1933.
STOVIN, Harold. *Totem: the Exploitation of Youth*, Methuen, 1935.
DE ROUGEMONT, Denis. *Passion and Society*, trans. Montgomery Belgion, Faber and Faber, 1940 (Pantheon Books, Inc., N. Y., U. S. A.).（鈴木健郎・川村克己訳『愛について――エロスとアガペ』，岩波書店）
HOBHOUSE MEMORIAL LECTURES, 1930–40. Oxford University Press, 1938.
WAY, Lewis. *Man's Quest for Significance*, G. Allen and Unwin, 1948.
CHURCHILL, R. C. *Disagreements*, Secker and Warburg, 1950.
CHURCHILL, R. C. *The English Sunday*, Watts, 1954.
WEIL, Simone. *The Need for Roots*, Routledge and Kegan Paul, 1952.（山崎庸一郎訳『根をもつこと』，春秋社）
PIEPER, Josef. *Leisure: the Basis of Culture*, Faber and Faber, 1952 (Pantheon Books, Inc., N. Y., U. S. A.).（稲垣良典訳『余暇――文化の基礎』，ヘンデル代理店エンデルレ書店）
HARDING, Gilbert. *Along My Line*, Putnam, 1953.
ROLT, L. T. C. *Winterstoke*, Constable, 1954.

CUDLIPP, Hugh. *Publish and Be Damned*, Dakers, 1953.

NINNEY, R. J. *Viscount Southwood*, Odhams, 1954.

BRITISH COUNCIL STAFF ASSOCIATION. *The Beaverbrook Press and the British Council*, 1954.

FENWICK, L. 'Periodicals and Adolescent Girls', *Studies in Education*, vol. II, No. I, University College, Hull, 1953.

LEAVIS, Q. D. *Fiction and the Reading Public*, Chatto and Windus, 1932.

STEVENS, G., UNWIN, S., and SWINNERTON, F. *Best Sellers: are they Born or Made?* G. Allen and Unwin, 1939.

MELLERS, W. H. 'Searchlight on Tin Pan Alley', *Scrutiny*, vol. 8, 1939-40, pp. 390-405. Deighton, Bell, Cambridge.

Advertisers' Annual, 1956. Business Publications Ltd.

MCLUHAN, H. M. *The Mechanical Bride*, Vanguard, New York, 1951. (井坂学訳『機械の花嫁』, 竹内書店)

WERTHAM, Fredric. *The Seduction of the Innocent*, Museum Press, 1955.

WAGNER, Geoffrey. *Parade of Pleasure*, Verschoyle, 1954.

D. 一般哲学, 文化に関するもの

DE TOCQUEVILLE, Alexis. *Democracy in America*, World's Classics ed., Oxford University Press, 1946 (first pub. 1935). (井伊玄太郎訳『アメリカの民主政治』上・下, 講談社学術文庫)

ARNOLD, Matthew. *Culture and Anarchy*, 1869. (多田英次訳『教養と無秩序』, 岩波文庫)

BURY, J. B. *The Idea of Progress*, Macmillan, 1920. (高里良恭訳『進歩の観念』, 創元文庫)

LEWIS, Wyndham. *Time and Western Man*, Chatto and Windus, 1928.

DAWSON, Christopher. *Progress and Religion*, Sheed and Ward, 1929.

WOOLF, Leonard. *After the Deluge, A Study of Communal Psychology*,

C. 報道，大衆出版物，広告に関するもの

HULTON RESEARCH, *Hulton Readership Survey, 1952-5*, Hulton Press.

Newspaper Press Directory, 1955. Benn Brothers.

Willing's Press Guide, 80th annual issue, Willing's Press Service, Ltd, 1954.

UNESCO. *Basic Facts and Figures*, 1952. (H. M. S. O.)

UNESCO. *The Daily Press, A Survey of the World Situation in 1952*, No. 7 of Reports and Papers on Mass Communication, 1953. (H. M. S. O.)

KAYSER, Jacques. *One Week's News*, Unesco, 1953. (H. M. S. O.)

REPORT OF THE ROYAL COMMISSION ON THE PRESS, 1947-9. Cmd. 7700, H. M. S. O., 1949.（朝日新聞社調査研究室訳『新聞に関する英国王立委員会報告』）

P. E. P. *Planning*, XXI, issues 384 ('Balance Sheet of the Press') and 388 ('Ownership of the Press'), 1955.

GENERAL COUNCIL OF THE PRESS. *The Press and the People*, 1st Annual Report, 1954.

WADSWORTH, A. P. *Newspaper Circulations, 1800-1954* (pamphlet), Manchester Statistical Society, 1955.

ANGELL, Norman. *The Press and the Organisation of Society*, Labour Publishing Co., 1922.

ANGELL, Norman. *The Public Mind*, Douglas, 1926.

SOAMES, Jane. *The English Press*, Lindsay Drummond, 1936.

WILLIAMS, Francis, *Press, Parliament and People*, Heinemann, 1946 (Ryerson Press, Toronto).（『新聞・議会・人民』，木下秀夫訳，新世界文化社）

RYAN, A. P. *Lord Northcliffe*, Collins, 1953 (Macmillan Co., N. Y., U. S. A.).

ESCOTT, T. H. S. *England: Its People, Polity and Pursuits*, 2 vols., Cassell, 1883.

ESCOTT, T. H. S. *Social Transformations of the Victorian Age*, Seeley, 1897.

BELL, Lady. *At the Works*, Arnold, 1907.

LOANE, M. *The Next Street But One*, Arnold, 1907.

LOANE, M. *From their Point of View*, Arnold, 1908.

REYNOLDS, Stephen. *A Poor Man's House*, Macmillan, 1911（first pub. 1908）.

FREEMAN, Gwendolen. *The Houses Behind*, G. Allen and Unwin, 1947.

ORWELL, George. *Shooting an Elephant*, Secker and Warburg, 1950.（井上摩耶子訳『象を撃つ』，平凡社「オーウェル著作集 1」）

ORWELL, George. *The Road to Wigan Pier*, Gollancz, 1937.

COMMON, Jack. *Kiddar's Luck*, Turnstile, 1951.

MCCARTHY, Margaret. *Generation in Revolt*, Heinemann, 1953.

SHARP, Cecil. *English Folksong: Some Conclusions*, 3rd ed., revised by Maud Karpeles, Methuen, 1954（first pub. 1907）（H. W. Gray Co., N. Y., U. S. A.）.

Ballads and Broadsides, a folio collection from the Manchester district, Central Reference Library, Manchester.

HENDERSON, W.（Ed.）. *Victorian Street Ballads*, Country Life, 1937.

Curiosities of Street Literature, Reeves and Turner, 1871.

NETTEL, R. *Music in the Five Towns, 1840–1914*, Oxford University Press, 1944.

NETTEL, R. *Seven Centuries of Popular Song*, Phœnix, 1956.

PULLING, Christopher. *They were Singing*, Harrap, 1952.

JONES, Barbara. *The Unsophisticated Arts*, Architectural Press, 1951.

LAMBERT, M., and MARX, Enid. *English Popular Art*, Batsford, 1951.

ZWEIG, F. *Women's Life and Labour*, Gollancz, 1952.

ZWEIG, F. *The British Worker*, Penguin Books, Harmondsworth, 1952. (大内経雄他訳『労働者―生活と心理』, ダイヤモンド社)

REAVELEY, C., and WINNINGTON, J. *Democracy and Industry*, Chatto and Windus, 1947 (O. U. P., Toronto).

SARGAISON, E. Miriam. *Growing Old in Common Lodgings* Nuffield Provincial Hospitals Trust, 1954.

SLATER, Eliot, and WOODSIDE, Moya. *Patterns of Marriage, a Study of Marriage Relationships in the Urban Working-Classes*, Cassell, 1951.

SPROTT, W. J. H. *Social Psychology*, Manuals of Modern Psychology, Methuen, 1952. (『社会心理学』, 横飛信昭・小口信吉訳, 理想社)

SPINLEY, B. M. *The Deprived and the Privileged*, Routledge and Kegan Paul, 1953.

PEAR, T. H. *Voice and Personality*, Chapman and Hall, 1931.

LEWIS, M. M. *The Importance of Illiteracy*, Harrap, 1953.

KLINGENDER, F. D. *Students in a Changing World, 1951-2*, Yorkshire Bulletin of Economic and Social Research, vol. 6. Nos. 1 and 2, Feb. and Sept. 1954, University of Hull.

MINISTRY OF EDUCATION. *The Organisation and Finance of Adult Education*, H. M. S. O., 1954.

MINISTRY OF EDUCATION. *Early Leaving*, a report of the Central Advisory Council for Education (England), H. M. S. O., 1954.

B. 労働者階級の生活に関するもの

BOURNE, George. *Change in the Village*, Duckworth, 1912.

BOURNE, George. *A Small Boy in the 'Sixties*, Cambridge University Press, 1927.

QUENNELL, J. P. *Mayhew's Characters*, Kimber, 1951 (Mayhew pub., 1864).

Kingdom 1900–19, Studies in the National Income and Expenditure of the United Kingdom, Cambridge University Press, 1954.

CARR-SAUNDERS, A. M., and CARADOG JONES, D. *A Survey of the Social Structure of England and Wales*, Oxford University Press, 2nd ed. 1937 (first pub. 1927).

KUPER, Leo (Ed.). *Living in Towns*, Cresset, 1953.

CAUTER, T., and DOWNHAM, J. S. *The Communication of Ideas, a Study of Contemporary Influences on Urban Life*, Chatto and Windus for The Readers' Digest Association, Ltd, 1954.

HULTON RESEARCH, *Patterns of British Life*, Hulton Press, 1950.

ABRAMS, Mark. *The Condition of the British People, 1911–45*, Gollancz for the Fabian Society, 1946.

GLASS, D. V. (Ed.). *Social Mobility in Britain*, International Library of Sociology and Social Reconstruction, Routledge and Kegan Paul, 1954.

BRENNAN, T., COONEY, E. W., and POLLINS, H. *Social Change in South-West Wales*, Watts, 1954.

MASS OBSERVATION. *The Pub and the People: A Worktown Study*, Gollancz, 1943.

MASS OBSERVATION. *Puzzled People*, Gollancz, 1947.

ROWNTREE, B. Seebohm, and LAVERS, G. R. *English Life and Leisure*, Longmans, Green, 1951.

GORER, G. *Exploring English Character*, Cresset, Press, 1955 (published too late to be consulted in the writing of this book, but demands a place in the bibliography because of its special relevance).

RICE, Margery Spring. *Working-Class Wives*, Penguin Books, Harmondsworth, 1939.

ZWEIG, F. *Labour, Life and Poverty*, Gollancz, 1948.

ZWEIG, F. *Men in the Pits*, Gollancz, 1948.

参考文献

A. 歴史学，経済学，社会学，心理学，教育学に関するもの

MARSHALL, Dorothy. *The English Poor in the Eighteenth Century*, Routledge, 1926.

HAMMOND, J. L. and Barbara. *The Town Labourer 1760–1832*, Longmans, Green, 1932 (first pub. 1917).

HAMMOND, J. L. and Barbara. *The Skilled Labourer 1760–1832*, Longmans Green, 1919.

HAMMOND, J. L. and Barbara. *The Bleak Age*, rev. ed., Penguin Books, Harmondsworth, 1947 (first published 1934).

COLE, G. D. H. *A Short History of the British Working-Class Movement 1787–1947*, G. Allen and Unwin, ed, of 1947.

COLE, G. D. H. *British Working-Class Politics 1832–1914*, Routledge, 1941.

COLE, G. D. H., and POSTGATE, R. *The Common people 1746–1946*, Methuen, ed. of 1949 (first pub. 1938).（林健太郎，河上民雄，嘉治元郎訳『イギリス労働運動史』，岩波書店）

LYND, H. M. *England in the Eighteen-Eighties*, O. U. P., 1945.

THOMPSON, David. *England in the Nineteenth Century, 1815–1914*, Pelican History of England, vol. 8, Penguin Books, Harmondsworth, 1950.

WEBB, R. K. *The British Working-Class Ræder, 1790–1848*, G. Allen and Unwin, 1955.

ROYAL COMMISSION REPORT on Betting, *Lotteries and Gaming, 1949–51*, Cmd. 8190. H. M. S. O., 1951.

PREST, A. R., with ADAMS, A. A. *Consumers' Expenditure in the United*

訳者解説

香内三郎

イギリスの雑誌や論文をみていると、ときおり「ホガート以後」('Post-Hoggart')といった時期区分にお目にかかる。ホガートのこの本が、論旨への賛成、反対は別にしてある種の基準本、と言って悪ければ、それが総じて「労働者階級の文化」といった対象を探求していくさいの、一つのスタート・ラインとなっていることは、ほぼ確実であろう。論壇、読書界では「古典」めいた位置を占めている、と言ってもよいか。

解説という蛇足は、まず題名"Uses of Literacy"から始めなければなるまい。この〈Uses〉は、「ハウツウ」でないのは勿論だが、使われ方の分析であると同時に、主体的にわれわれの使い方の再考を迫る二重の意味を帯びている。ともかく、この直訳を日本語版題名にするのは、なんとなくためらわれるというか、なじまない。素直にとれば、発達心理学のある種の実験研究、児童教育の本ととられてしまうのではないか、ということもあって、原書のサブタイトルをひき上げて「労働者階級の文化」にするとか、いろいろな案をつくってみたが、結局原題に落着いた。当然のことだが、ホガートが選んだように、「読み書き能力の効用」という名称が、もっとも端的にホガートの探求の基本志向、内容を包括しているからである。それでは、なぜ「なじまない」のか。

一般に〈Uses……〉というタイトルの本はべつにめずらしくはない。心理学、精神分析の著名な本にもそういう題のものはあるし、とくに六〇年代以降の社会学その他、学会の統一テーマに使われていることもいくつかはある。そうしたもの、たとえば、"Uses of Sociology"、「――」学の「現実」への有用性、有効性を検討してみるものならば、「現実」とはなんであり、「有効性」というのがどの次元のものであるかは決めかねるとしても、問題設定としてはわからないことはない。ではなぜ、「リテラシー」という、個別実証の「学」ではなくて、特定の歴史的段階以降に一般化する、しかもその結果いまではほとんど人間存立に不可欠な「基礎能力」の一つに無意識のうちにみなされている活動能力が問われなければならないのか。「なじみにくさ」の根源はそこにあると思われる。「読む」こと自体を対象化してみる慣習は、こちら側にはあまりない。理由の一つは歴史的なものにある。イギリスでは十九世紀前半、より正確にいえばフランス大革命の熱気がこの島国を包みこむ十八世紀末からほぼ十九世紀四〇年代まで、「労働者階級」を「リテレイト」('literate')にすること自体が、即座に激烈な反対、抑圧をひきおこし、推進者側でも急進派、改良派がいりみだれる、物ものしい言葉を使えば、階級闘争の一焦点であった。保守的な人間からみれば、「字を読む」労働者というのは、その存在自体が反・秩序の象徴に他ならない。ピーコックはコールリッジをモデルにしたとされる作中人物フロスキイ氏に「われわれは「読む大衆」('reading Public')、いまは「読者層」と中性的に訳されたりもするが、この言葉はこの時期、不安をともなった蔑称として登場する）に取りまかれてるってんのに、陽気に暮してなんかいられるかね……」（Peacock, "Nightmare Abbey"）と言わせている。現物のコールリッジがそこまで言ったかどうかは別として、それが多くのエリートの共約的実感であったことは疑いない。またエルドン卿は、リテラシーの普及による「知慧の行進（'March of intellect'）だって、いつの日か、そんな行進曲に合わせて十万ものデッカイ奴らが棍棒やパイプをもってホワイトホールに行進してくるだろうよ」、と言ったらしいが、そこでは下層の「リテラシー拡大」＝「知識の増大」＝「叛乱」行動、といった直線図式が抜きがたく植えこまれていたのである。〈lower orvders'〉＋〈reading〉＝〈sedition〉

ホガートが本文のなかで、労働者の生活のなかに深くくい込んでいるものとして、一種の愛着をこめて描いている日曜学校についてみるならば、その制度はちょうどフランス大革命の震動がこの国を揺がしている時期に展開する。『グロウスター・ジャーナル』の編集者ロバート・レイクス（Robert Raikes）が日曜日に自宅で校正かなにかしようとしていたところ、窓の外では悪童どもが騒ぎまわって、やかましくて仕方がない。この連中をみんな学校へやったら一石二鳥だ。というアイデアがパッとひらめいて、といったできすぎた話があるけれども（類似のものは前からあり、これが初めてではない）、ともかく彼は友人のジョン・ニコルズ（John Nichols, "Gentleman's Magazine"）と協同して、二人ともメディウムを持っているので紙上で大いにPRし、一七八五年には「全国日曜学校協ズムの温床として集中砲火を浴びる状況が現出する。

ン『人間の権利』に代表されるラディカル・パンフレットの「読者」養成所、ジャコビニところが、先の図式でいえば、この衛生無害な日曜学校が、権力守旧派からはトム・ペイ会」をつくり、以降急速に発展する(九七年には一、〇八七校、生徒約六九、〇〇〇人)。

そうなると、支配層にとっても「よき意図」だった日曜学校を推進していた福音伝道派の諸君のなかから、当然にも汚名をそそごう、名誉を回復しよう、という動きがでてくる。と同時に、支配層のなかにも、先の単純等式を修正しようとする試み、「下層階級」と「読みもの」との結合それ自体が悪いのではなく、あるいはその紐帯が強まってゆくことはとどめようもない必然の過程であって、問題は「読みもの」の内容である、という視点の移行が生じる。かれらのリーダーの言葉を借りれば、ラディカリズムが民衆に流れこむ界域で、伝達回路それ自体の平面で、「敵と同じ武器」を駆使して闘わねばならない、とする戦術の転換、あるいは補強である。福音伝道派はかれらの援助を受けて廉価パンフレット大量発行の機構(`Cheap Repository Tracts' Society)をつくり、活動にのり出す。注目すべきなのは、かれらがその「善導・教化」思想をもったパンフレットの形態を伝来の様式、紙、木版から全体のレイアウトに至るまで行商人群系列の売っていた「暦」「バラッド」に全く合わせ、流通ルートとしてもこの伝統組織をフルに利用したことである。加えるに一応村落末端にまで足をもつ国教会の大組織をも配布活動に参加させる。ラディカルな思想「浸透」の阻止という政治基本目標を達成したかどうかは別として、「量」的には、当時の誰もが予想もしなかった巨大な成功をおさめる。

ラディカル派が、主として労働者(職人、熟練工層)の支える「通信協会」(Corresponding Society)、主として中産階級のヘゲモニーで運行していた「憲法協会」(Constitutional Association)などの議会政党外自主組織を配布網に利用したのに、伝統的拡散・流通網のほとんどすべてを動員して対抗したのだ、といってもよい。「読みもの」を労働者階級馴化の媒介装置として再創造、再編しようという支配層内「修正派」が、「有益な知識普及協会」等をつくって活動していくことはよく知られている。民衆識字過程で「誰」がヘゲモニーをとるかをめぐる激烈な闘争である。

「リテラシーの効用」は、この時期、こうした異質の諸グループによって、さまざまな次元、角度から論議の対象になる。その歴史的負荷のなかに置いてみれば、この書名は実にピッタリと本道に織りこまれていく。わが国の江戸期のリテラシーが江戸、大阪、城下町といった限定つきにせよ、国際的にみてもかなり高かったようであることは、いろいろなデータから推測できるけれども、ヨーロッパなみの「近代化」を至上目標とし、いやがり、反抗する人間までを強行的に「学校」「軍隊」——明治期の「デアリマス」といった軍隊用語は、明らかに一種の疑似公用語としての役割を果す——にたたきこみ「リテレイト」化していったところでは、「なじまない」のも、また当然であろう。いわゆる「小学校」教育が普及し始める時点では、日本とイギリスの差はそう大してないと思われるが、「問題」の出されてくる規模と位相は、大きく異っている。

イギリスで最初に「リテラシー」が問題化してゆく絵模様を簡単にみておいたが、その延長でもっと単純化していうと――ラディカリズムといっても決して単色ではないけれども――これら各種の自主集団群が競合して十九世紀半ばには、ぼう大な潜在的「読者層」を現実化し、初期の開拓者は自滅し、あたかもローマの奴隷叛乱のように共倒れになったところを、マス・メディア（ホガートのいう“Organization of popular publications”）がさらい、吸収して統括していく、という図柄になるか。その段階がずっと進行しきったところ（頂点か、解体期かは別にして）で、ホガートの「問いかけ」が出てくる。彼が「より古い」態度群と名づけている内的な姿勢も、一面ではこうした歴史的過程の産物でもあるわけだが、ホガートの問題意識に、ある種の「転形」期が来ている、あるいはまだそれを担う大衆的勢力はどこにもないにせよ、少くとも視座の「転換」を訴え、図らねばならぬ、という当面の目標がおかれていることは確かである。さきの図柄にひきよせていえば、ホガートの眼にはいまの「活字」状況は、「問題」形成期に一角の表現としてあった「大衆的」なラディカリズムを欠いたまま、「上から」の働きかけの悪い側面、要素を加算、自乗しつつあるかのように映じている、といってもよいか。「遡行」的評価法がそこからある程度必然的に出てくる。ホガートは本書の冒頭で「過去」のロマン化、あるいはロマン化した基準化を強く批判し、いたるところで自己の主観的好みとして「より古い」ものの過大評価があることを繰返し自認し、読者に割り引いてくれることを願っている。それはそれとして、一定の分析後ではあるが、たしかに大衆紙もいまのやつよりはニューンズ、ノースクリッフら前代のほうがよく、「歌」も第一次大戦ごろのやつ、はるかさかのぼってはエリザ朝の「たくましい」やつがいい、といった記述になっている。言っておきたいのは、それがこうした構造方法からくるある程度不可避的な制約、いまある要素の評価基準が前方に見当らないとすれば、比較し評価していく中間の尺度は、後ろへもどるしかない、ということである。それはルネッサンスがそうであったように全く実像とは違う「虚像」であったとしても、そこから新しい地平がみえるならば一向に差支えないわけだ。ホガートがそう意図している、というわけではない。三〇年代の「社会主義文化」「プロレタリア文化」といった概念でもなんでも、かならずしも実体でなくともよいが、モデルのある、価値評価基準のある、「文化論」はしやすいということだ。ホガートは、そうした模像をア・プリオリにおくことなく、しのびよる要素をも最大限に払いのけて叙述を進めていこうとしている。だからホガートの口調は、ある種の文化論からくらべると——その変種として"Homeless Society"とか"Abstract Society"といった大規定から降りていく手法がむこうでもまた流行ってきているようであるけれども——はなはだはぎれがよくない。「この点では……だけれども」、「ある側面は……もみえるが」といった言い方に読者はいたるところでぶつかるだろう。方法的要請か現実かは別にして、先にも横にも（抽象的理念ということなら上にも）、そうしたものをおかないという出発点で、ホガートはある次元においてわれわれと共通の地面に立っている。

ほんとうにイギリスの文化状況（五〇年代末という地点でみた）はどうなのか。「文化が日常の表情、動作、つまり本来の意味にまで拡げられて対象にされているとき、勉強させてもらったなという以外に、私にはとくに判定する資格はない。日常慣習、動作などを疑似「人類学」風に並列比較して心情構造を想像してもなにほども遠くへはいかない。どの次元から、こちらの思考にひきずり、「転位」させられるのか、という問題はかなり厄介である。

たとえばホガートは、ユネスコ勤務時期の体験を素材にした'There's no Home'という("Only Connect——on culture and Communication——"所収)文章を書いている。そこである時、さる外交官が重大な声明発表をする公的会合がもたれる。それは事前に打合わせた通りにうまく進行し、各人は決められた役割を演じおえて終る。「その時、奇妙なことが起きた」。外交官はリラックスし、ホガートの描写によれば表情から体つきまでパッと変わって、いあわせた人びとと私的な雑談を始める。ホガートは公的儀式→直接人間関係への切り換わり、「雰囲気」の激変におどろくというより、この感じは自分にとってずっと以前におなじみだったものだという実感に惑乱される。しばらく記憶をさぐってからハッと気づき、思わず笑ってしまう。イギリス北部の労働者階級の葬式のとき、墓場から家へ帰って、お茶とサンドウィッチが出たときの「雰囲気」転換の様式とほとんど同じだ、というわけだ。考察がそこから始る。

この事例などは、まだわかりやすい方、多少の類同経験はこちらの側にも思いあたることがあるわけだが、表情、身ごなしの急転換をいくら説明されても(現場でみても同じだろう)、本当にはよくわからない。歴史、風土の違い……と数え上げなくとも一線こえがたい距離が深部に横たわっている。

そのことを前提にした上でいえば、ホガートが力をこめて構成しているイギリス労働者「多数派」の画像は、日本の民衆の典像になんと似ていることか。母親像、子供を甘やかすこと(子供をきびしくしつけることが、ピューリタニズムその他の作用であることを別にすれば、まずなによりも人を支配する「人間」をつくることに歴史的な起点があることは明瞭であるが)――「甘えの構造」か――など、など。

ホガートの記述が実像に近いとすれば、これまで紹介されてきた「イギリス」人とその生活の画像が、「紳士」のモデルなどは言うまでもなく、多くの中産階級以上の「話」であることは確かである。

ということになれば、ここでのホガートの叙述の「方法」が問題になってこざるをえない。一応の説明は、I章で「通俗」マルクス主義、中産階級「小説家」、大衆ジャーナリスト……各視点の批判を通じてホガート自身が明瞭にしている。第一部は個人体験に大きく依拠したセッティング、生活実況を構成してみせ、第二部では通俗・大衆出版物(用語法としてドイツの理論家のように、〈folk culture〉、〈popular culture〉、〈mass culture〉――「民衆文化」、「大衆文化」といった区別をはっきり使いわけているわけではない。もとより「ふつうの人」といった抽象的・一般的民衆像の実体化、神話化に強く抗議しているホガートがそれ以上に粗大な「大衆」「大衆的人間」といったものを容認するわけはない)の分析をして対応させる、と説明しているとおりである。

一見、きわめて素直に叙述が進められているようにもみえる。「自己史」「体験史」に傍証をつけて一般化し、「構成」していく部分と、わが国でも戦後かなり多様なレベルで行なわれてきたポピュラーな「表現」物の分析(とくにある時期の『思想の科学』の仕事が一つの異例になるか)との結合。しかし、立ち入ってみると、ホガートの「方法」は、考えぬかれたかなり複雑な筋道をもっており、各章は緊密に溶接されている。

ロマンチシズムを叩き、政治活動の「全体生活」のなかで占める位置の過大評価ということで歴史家を批判し、十八世紀の「聖なる蛮人」の後をなにほどかひくマルキストを皮肉り、きつい総括をしていくホガートではあるが、社会の問題になると、まず、使いようでは役に立たないこともないけれども、といったご許容をいただく。が、人間をある種の慣習の束とみなし、主として表層的な言語表現にたよって雑多な慣習地図を織りあげていく手法は、労働者の日用言語表現体を赤い糸のように貫く「慣用句」体系と、それに発する内部情念の糸とが違う、あるいは直線的ではなく極度に屈折してしか対応していない以上、「調査」はなにほどのことも明らかにできない、と反転して突き刺してゆく。逆に言えばホガートは、原(前というべきか)思考と情念とがきれ目なく融合するコンクリートな構造があることを大前提にしている。こうした「意識」の文脈構造が、新しいアッピールの洪水によって望ましくない方向に崩れつつある、その過程を検討して討議の土台を提供する、というのが本書の眼目になるわけだ。そうした構造の外面的指標が「態度」(attitude）という用語で、これがホガートの叙述の一種のキー概念になっている。つまり、これはふつう社会心理学で使われる概念枠よりも、ずっと広く、かつゆるい用語なのだ。専門の領域でも、それでは、「パーソナリティ」、「信念体系」（belief system）、「価値意識」といった類縁概念群とどう関連して、どう区別されるのかといえば、かつてのこの国の「疎外」と同様しばらく使うのを停止しようという人もいるぐらいで（Marie Jahoda, Neil Warren (ed.), "Attitudes": Penguin Modern Psychology Readings）、人によって違うようだが、ホガートの「態度」はほかの言葉で置きかえてもよく、関連があることはいうまでもないが、「学」用語とは一応離してみておいたほうがよい。

この「態度群」を、背景の書き割りを行なう第一部で「生活」実態から析出しておき、第二部の大衆出版物の表現内容を――とくにアッピールという言葉でその志向に凝集させるのはそのため――なんらか特定の「態度」を、度合いはいろいろだが、促進、阻害するものとみ（そうした言語として集約し）、彼の想定した、いまある「生活」態度群（「より古い」のと「より新しい」のが二層になっている）のそれぞれとつき合わせていく。段階ごとに言えば、「送り手」の想定するぼう雑な「読者層」にも、なんらかの「核」があるはずだとしてまずそれを設定することが先行する。やや次元は違うが、技法の分析から「送り手」の想念の「読者」像設定とその現実とをつき合わせてゆく手法は、ホガートにとって手なれたものであるらしく、その鮮やかさは『オーデン序説』で充分うかがうことができる。これが裸にした場合の、本書の「方法」基本型といってよい。「広告」の分析がしやすいことは、とくに言うまでもあるまい。小説、「歌」（歌い方と語句の分析とをまぜる）の解析には、いろいろ工夫してあるようだが、ここで触れる必要はない。それは、いわゆるマス・コミ効果論、そこでいう「態度変容」といった分析とは違う次元の話であるが、本質的に似たような困難をひっかぶっていることもある。ホガートの場合も論理の糸にいろいろと穴はでき、究極のところは「思いこみ」「憶断と偏見」だ、といわれても仕方のないところはある。が、批評の「普遍性」をなにによって保証するのか、というのは、まだはるか遠くにかすむ課題であって、ホガートもまた彼なりの途上にある、といえばよいか。彼の最近の論稿、「現代の文化研究——文学と社会の研究に関する一つのアプローチ」（"Contemporary Cultural Studies: An Approach to the Study of literature and Society"; in Malcolm Bradbury, David Palmer (ed.), "Contemporary Criticism", 1970 Edward Arnold）——彼の主宰する研究所の基本視角、志向「宣言」のようにも読めるが——は「読むこと」をある種の原理にまで高めた（〈reading for tone〉, 〈reading for value〉の並用）かにみえるホガートの現状を伝えている。想像されるようにロラン・バルトなどと一面ひじょうに近接して来ている。あまり「大地」をはなれないほうがよいのではないか、ふつうの人間は綿密に、正面から「読む」といったことを当然にもしないから日常性からはずれた「秘儀」に近くなる、とも思うが、ともかく、彼の研究所ではこれまでのようにグループで論ずることなく、個別の「広告」を、「ジェームズ・ボンド」を「文学的・文化的読み」（literary-cultural reading と称している）にかけてコードをつくっている模様だ。いづれ、その成果は「読ま」してもらうことになろう。

ホガートのこうした手法が、F・R・リーヴィスが主宰する『スクルーティニィ』誌上で行なわれた「ティン・パン・アリー」('Tin-Pan-Alley') の分析以来の系譜をひいていることは、そのモラリッシュな側面の強調もふくめて改めていうまでもない。

叙述についても、鋭い方法意識が働いている。なんとか対象化した「自分」と、どう距離をおき、どのように向き合うのか、という問題。そのことは近年の「自分」を類型にわけて酷評した"A Question of Tone: Problems in Autobiographical Writing" ("Speaking to Each Other", vol. II所収) でみるとよい。これは半ばは『リテラシーの効用』を書いたおりの「自己批判」にもなっている。そこでホガートは北部労働者階級の「性生活」の実態を書き、それをさまざまな出身の各専門分野の人に読んでもらったときの反応を書いている。喜んでチョーサー、ラブレーの描いた「民衆像」と同じだという学者、こんな「卑しい」「汚ない」ことを書いて、と怒るマルキスト、歴史家、まるで絵にかいたような反応例がつぎつぎに紹介されている。ホガートは結局その部分を書きなおしたようであるが、ともかく、彼のそうした記述には、「断定」がほとんどない、きわめて少ない、ということは訳者として言っておかなければなるまい。だから、一時期の翻訳のように本当に直訳していけば、「ある部分は……であろう」「若干は、……そうかも知れないけれど」「ある側面は……」といった文章ばかりになってしまうのだ。語法の違いもあり、日本語としてどうも具合がわるいので、それはある程度「ある」になおしてある。個人体験の不当な一般化といった批難は、したがってこちらで負うべきものである。

本書は、イギリス「文化」論としてはどうなのか。関心をもたれる読者への手引資料を略記しておく。この本の構図、とくに「目標」とされるべき将来の文化形態についての、もっとも徹底した批判は、フェビアン・パンフレットの「六〇年代のイギリス」シリーズの一冊として出されたリチャード・ウォルハイムの『社会主義と文化』(Richard Wollheim, "Socialism and Culture") であろう。多分に論点明確化の意識的操作と思われるが、ここでウォルハイムは、ホガートの分析を極度に単純化し、猛烈にやっつけている。いろいろあるが、文化は多層多重でよいので、なにか「共通文化」(common culture) のような想定をするのはおかしい、というのが、彼の基本構想である。反対の極がそれだとすると、ホガート以降、それをふまえながらポピュラー・カルチァーの検討を試みている標準的なのは、『ニュー・レフト・レビュー』の論客スチュアート・ホールが共同して書いた Stuart Hall, Paddy Whannel, "The Popular Arts", 1965, Pantheon Books と、一九六〇年イギリスの全国教員組合 ('National Union of Teachers') が、「通俗文化と個人の責任」と題するコンファレンスを開き、その討議を受けて編集された小冊子 Denys Thompson (ed.), "Discrimination and Popular Culture", 1964, Penguin Books が便利であろう。そうした「論」には日本との共約点もかなりあるように思われる。マス・コミの「よき利用」を、「区別」(discrimination) にしぼるところがイギリス的といえようか。それともう一つ、アーノルド『教養と無秩序』は、ウィルソン主教の言葉「慰めの必要な……」といったような「引用」という形ではなく、本書にかなり散りばめられていることからわかるように、わが国でのやや人格主義、教養主義といった受けとりとは違って、「野蛮人」（貴族）、「俗物」（中産階級）、「大衆」の三対で理念としての文化形態を模索していく本として、ホガートにとってもやはり直接の探求伝統の「起点」としてすえられているようである。

マス・コミの検討についても語法はアメリカ＝日本とはかなり違っている。レイモンド・ウィリアムスは「文化科学としてのコミュニケーション」（『ジャーナル・オブ・コミュニケーション』誌、一九七四年夏季号）でマス・コミュニケーションといった用語の追放を強く説いているが、ホガートの立場も似たようなところにあると思われる。彼が本書で萌芽的にいっている分析基軸を、その後展開されている形態で若干補足しておけば、いま問題にすべきなのは「ハイブロウ」―「ロウブロウ」、「エリート文化」―「マス・カルチュア」との対置、新聞でいえば『ニューズ・オブ・ザ・ワールド』と『オブザーバー』、パルプ小説と固い新書といった比較ではなく、そこに表現されている「生活の質」（quality of life）――伝統的な用語である――を究明することが大事で、大衆紙同士『ニューズ・オブ・ザ・ワールド』と『サンデー・ピクトリアル』、真面目な新書なら、タウンゼンド（Peter Townsend）とバンス・パッカードの比較が問題なのだということになる。基軸的な用語としては「合成文化」（synthetic culture）と「加工文化」（processed culture)があり、後者のなかから、個人や具体的なコミュニティに語りかける可能性をもつ「生きている文化」(living culture)を「区別・識別」していくことを提案している。用語はまだ熟していないようだが、意図は大よそ見当がつかないでもない。

『長い革命』、『文化と社会』、『コミュニケーションズ』などでわが国にも知られているレイモンド・ウィリアムスに『ボーダー・カントリー』という妙な小説がある。生まれ育ったところがウェールズとの間というのが題名の由来だが、労働者階級の出身で、いまは大学で経済史をやっている「知識人」が、自分の問題意識にも行き詰りを感じている、ちょうどそのとき故郷で父親が倒れたというしらせがとどき、国へ、労働者階級の「カントリー」へ帰ってゆく……というのがその筋立てである。境界は、転じて中産「知識人」の世界と「労働者」の世界とを体内にもつ、自分の内部に転位されてくるわけだ。大変図式的で、お義理にもうまい小説とはいえないだろう。ウィリアムスもそういうつもりで書いたのではあるまい。が、下手でもなんでもそうしたものを書かねばならないという内面の衝動は、おそらくホガートのこの本を書く想いと同じ根もとにあるのではないか。イギリスほど日常的「階級差」のはっきりしていないわれわれには、そうした想念はわかるようで、よくわからない。

が、一点遊び友達を切り、最愛の母親の世界からも遠く離れていってしまう裏切りの悲しみは、われわれの経験のなかにも確実にひびき合うものを持っている。あるいは形の違う「オーリック」になり「スウィーニー」(エープネック・スウィーニーは膝をくずして

／笑うために腕をたれる／顎によったシマ馬の条が／ふくれて、まだらなキリンとなる）になったりして暮していくわけだ。

＊

この翻訳は、第二部のⅦ章、Ⅸ章、Ⅹ章のB、Ⅺ章のAを、いま東大大学院にいる富田武君に訳してもらった。それに私が手を入れ、可及的に文体の統一をして（一部と二部とはアプローチがちがい、多少文体が異なったほうがよいのかも知れないけれど）できあがった。ここで同君の労力に感謝しておくとともに、文中の誤訳、悪訳の責任はいっさい私にあることを申し上げておく。なに分にもなじみのないことが多く、努めたつもりだが、思わぬ初歩的な誤解をしているのではないかと恐れている。ご叱正いただければ本当に幸いである。訳文のできあがるのが途方もなくおそくなって――内容はべつに古びるものではないが――関係者に多大なご迷惑をかけた。その数は多いが二人だけあげるとすれば、生来気が短いのにダルマさんのように待ってくれた晶文社社長中村勝哉氏と、原稿の整理から、厄介な索引づくりまで一人でやってくれた編集部の原さんにとくに感謝しなければなるまい。

（一九七四年十一月）

追記

レイモンド・ウィリアムズは、一九七七〜八年にかけて行なわれた、かなり激烈な批判・応答をふくむ、『ニュー・レフト・レビュー』誌編集部とのインタビュー("Raymond Williams, Politics and Letters")で、かれの画期的な本、『文化と社会』の原稿を初めて出版社にみせた時の反応を語っている。「わが社で出したいと思う種類の本だ、ひじょうに立派な仕事だよ、だけど、読みたいと思う人間は、ごく少ないだろうな」と。続けて、「もう一つ『読み書き能力の効用』というのも来てるけど、これについても、同じことが言えるな」、と言ったというのである。出版社の予想はみごとに外れ、『文化と社会』は、七〇年代末までに約十六万部ほど売れ、ホガートの本は、もっと多く、読まれたと思われる。ウィリアムズの言うように、戦後の労働党政府が生活の質にとどく理論的文化政策を持たず、「消費者資本主義」の自動成長に民衆をゆだねてしまった空白を埋める、その後の新しい討論のいわばベースを設定したということが、この両書が迎えられた大きな理由の一つであろう。と同時に、ヴィトゲンシュタインに水源をもつ日常言語分析の哲学が、アカデミーを制圧するにいたって、エリート専門家の制度的な秘教と化し、どう生きるか、といった粗雑で野暮なふつうの欲求を、外側の社会に大量に遺棄してしまっていた事情もあるようである。そうした欲求に疑似的に対応していたのが、人間らしい生き方、感受性を陶冶する文学の「読み方」を教える、イギリス文化のなかで特異な地位を占める文芸批評、「リーヴィス主義」('Leavism')だったわけだが、ホガートもウィリアムズもその系譜(「左翼」リーヴィス主義という言い方もあるようだが)の痕跡、手法を色濃く残しながら、そこから脱出して、一つの新しい局面を開いてゆくことで、大きな共通した意味を担っているように思われる。

この訳書の十二年ぶりの再版にあたって、改訳すれば一番よいのであろうが、ペンギンの八四年版と対照しても加筆、修正はなく内容はかわっていないので、若干の誤植を訂正し、この「あとがき」の追加をつけて出してもらうことにした。自己体験をいわばテキストとして「読ん」でいるこの本は、いま、また読む者のなかに新しい興味をひき出してくれる、重層した構造をもっている。ホガートが尽力したバーミンガム現代文化研究所が行なった、マス・コミュニケーション、大衆文化分析もすっかり制度として定着し(cultural studies)、逆に伝統的な文学研究に攻勢をかけている現状(Peter Widdowson〔ed〕; *Re-Reading English*)、七〇年代にニュー・レフトの内部で行なわれた「文化主義」(culturalism)への批判、あるいはホガート流の複雑な想いをふりすてて、精細に展開されてゆく歴史的リテラシー研究など、この十余年で言及すべきことも多いが、その場ではない。位置づけ、問題連関に興味を持たれる読者は、イングリスのよくできた大学思想史テキスト(Fred Inglis; Radical Earnestness, English Social theory 1880-1980)を参照されたい。

ホガートも一章とって入っている。喜べばいいのかどうか。これも十二年前の初版時には考えられない時のイタズラである。

（一九八六年五月）

文庫版解説——文化研究（カルチュラル・スタディーズ）の金字塔

佐藤卓己

文化保守主義とニューレフトの間

教育の普及により労働者が読む力を得たことで、労働者階級はどのように変貌したのか。本書でこの問いに答えるべく、ホガートは第一部「より古い秩序」で労働者の生活世界を祖父母・両親が生きた一九世紀後半から丹念に描き、第二部「新しい態度に席をゆずる過程」で自身が奨学金を得て階級移動した二〇世紀前半の文化商品、すなわち週刊紙、大衆小説、ポルノグラフィ、流行歌、コマーシャル・ソングなどを具体的に分析している。

本書で「民衆文化」と「大衆文化」が明確に使い分けられてはいないが、労働者階級に固有の民衆文化が大衆文化に席捲されてゆく様子も独特の哀調で記述されている。そのため、ホガートは「以前はよかった」式のロマン主義的解釈を自戒しているものの、その傾向も濃厚である。そこには「高級文化vs大衆文化」の対抗図式でエリート的教養を強く擁護したT・S・エリオットやF・R・リーヴィスなど『スクルーティニー』派の文化保守主義の影響が確認できる。たとえば、次のようにアンビバレントな大衆社会の評価である。

生活の多くの側面で、大量生産はよい結果をもたらした。文化的には、量産された悪いものが、いいものをいいものとして承認すること自体を、ひどく難かしくしている。「ギリギリの必要」、労働生活の人を圧し潰すようなきつさは、大幅に軽減されてきた。勤労民衆は、より自由になった。が同時に、その自由は気ままな欲望充足を叫び立てる、広大な虚栄の市の自由でもある。（二七五頁）

こうした文化保守主義の心性とニューレフト（新左翼）運動の理論の遭遇として生まれた「文化研究」cultural studies の金字塔が本書である。実際、リチャード・ホガート（一九一八―二〇一四年）の名前は、カルチュラル・スタディーズ（以下、文化研究）の中核である「バーミンガム学派」の創始者、現代文化研究センター（CCCS）初代所長として、二代目所長のスチュアート・ホール、あるいは『長い革命』（一九六一年）のケンブリッジ大学教授レイモンド・ウィリアムズ、『イングランド労働者階級の形成』（一九六三年）の歴史家E・P・トムスンなどとともにイギリスのニューレフト運動を代表する知識人として紹介されることが多い。

ホガートの経歴は訳者解説にある通りだが、生没年などをより詳しく記載すれば、一九一八年九月二四日にイギリス北部の工業都市リーズのポッターニュートン地区で貧しい労働者家庭に生まれ、奨学金を得てグラマー・スクールに進み、リーズ大学で英文学を学んだ。第二次世界大戦に砲兵将校として従軍した後、バーミンガム大学英文科教授（一九六二年から一九七三年）、同大学の現代文化研究センター所長（一九六四年から一九六九年）、ユネスコ事務局長補佐（一九七一年から一九七五年）などを歴任し、ロンドン大学ゴールドスミス校学長（一九七六年から一九八四年）をつとめた。晩年は認知症を患ってロンドンの老人ホームで生活し、二〇一四年四月一〇日に九五歳で亡くなっている。

厖大な著作のうち、本書をのぞけば『オーデン序説』（岡崎康一訳、晶文社・一九七四年）、ダグラス・ジョンソンとの共著『ヨーロッパの理解』（大島真木訳、晶文社・一九九〇年）だけが邦訳されている。それ以外では「人文科学の有効性」（N・コールダー編『20年後の世界 2』赤木昭夫・須之部淑男訳、紀伊国屋書店・一九六六年）、「ホガート氏の証言」（C・H・ロルフ編『チャタレー夫人の裁判』（佐藤亮一訳、河出書房新社・一九六一年）が訳されている。

一九五〇年代「福祉国家」のオーディエンス・エスノグラフィー

本書刊行から六六年後の今日読むとき、労働者階級出身の知識人が二〇世紀の「福祉国家」イギリスで書いた著作であることを忘れてはならない。原著刊行は一九五七年だが、ホガートが「まえがき」に記した日付は一九五二年六月である。その前年、一九五一年一〇月までイギリスでは労働党のアトリー内閣が続いていた。「ゆりかごから墓場まで」のスローガンを掲げた労働党政権は、国民保健サービス（NHS）や勤労者向け公共住宅建設など社会保障制度の整備を行い、イギリス型の福祉国家（ウエルフエアステイト）を実現した。世界史的な文脈で見れば、「祖国のために死ぬ」兵士を大量に求めた二〇世紀の戦争国家（ウオーフエアステイト）が、社会的差別を縮減する福祉国家を必要としていたのである。

本書冒頭の書き出し、「もう、イギリスには労働者階級はいない、とよく言われる」（一四頁）も、アトリー政権後の記述であることを示している。「社会的差別を極度になくし、すでにわれわれのほとんどが、中産下層とか、中産階級とかいわれるほとんど同一平面に住んでいる」（同）、平準化社会の心性を考える上で、マスメディアが生み出す大衆文化が果たした役割は確かに大きい。

まずホガートは福祉国家以前の「より古い秩序」にさかのぼって、労働者の日常生活を丹念に描き出している。労働者は一つの仕事に属しているというよりもその地域に属していた。そのため、この階級文化では「おれたち」と「やつら」の境界が日常的に重視された。たとえば、労働者が職長や下士官になるのをためらうのは「やつら」の側の人間だと仲間に見られたくないからである。「おれたち」の世界で自尊心をもって生きるために、重視するのは「手に職をつける」ことだった。熟練労働者なら自信をもって「○○では誰にも負けねえ」と言えるからだ。

初等教育で読み書きを習っていても高等教育を受けていない彼らは、政治や社会を抽象的概念で論じる高級新聞の論説は読まない。彼らが日曜新聞で好んで目を通すのは、具体的で個人的な犯罪、スポーツ、王室ゴシップなどの記事である。彼らは「じかに手のとどくもの、ただいま現在、陽気なこと」を重視しており、将来の目標や理想のために計画するという生き方とは無縁なのだ。宵越しのゼニだけでなく、スケジュール管理の手帳や内省の日記も持とうとはしない。趣味はパブ兼クラブで陽気に「きまりきった慣習的な歌」

を合唱することだ。ホガートはそれを次のように評価している。

これらは、厳密な意味できまりきった慣習的な歌なのだ。その目的は聞き手に、できるだけ直接に、すでに知られている情感の型を提示することにある。それらは、独自の創造というよりも、それぞれの感情帯を開く慣習的な記号の組合わせ、にしかすぎない。(二五五頁)

読み書きのできる労働者が好んで読む出版物の内容も、慣習的な情感パターンの組み合わせである。ただし、読書の効用はオーラルなコミュニティ体験ではなく、リテラルな個人的気晴らしにすぎない。そうした気晴らしの印刷物は最大多数の読者を集めようとするため、労働者階級と中産階級の間に形式上の区別を設定していない。だから大衆新聞では「おれたち」と「やつら」の境界が消滅している。オーディエンスが多くなればなるほど、マスメディアの内容から階級差は消えるのである。

それはジューク・ボックスの流行歌でも犯罪小説やポルノグラフィでも同じことだ。本書で分析されているのは主に印刷物だが、「細部を適当に若干修正すれば、出版物から引き出された結論はそのまま映画、ラジオ、テレビ(とくに商業的、スポンサーのついたもの)、大規模広告のすすめている諸傾向にもあてはまる」とホガートは主張する。イギリスで商業チャンネルITV(独立テレビ)の放送が開始されたのは、本書刊行の二年前、一九五五年のことである。その後のテレビ文化を展望してホガートはこう註記している。

二〇世紀の終りごろになれば、人口の大多数に書かれた言葉が影響をあたえた時期は、結局短期間で、ほとんど無視してもいいぐらい幕間期間であったかも知れぬ、といった思いつき予測を口にしたくもなる。(五八八頁)

ホガートが「二〇世紀の終りごろ」のインターネット普及を予想していたわけでもないが、人口の大多数が印刷物を読むことを前提にできたのはごく「短い期間」との予測は正しいのかもしれない。

「奨学金少年」による文化研究

ホガートの主著である本書を読み解くカギの一つは、彼自身が「奨学金の資格をとった少年たち」、いわゆる「奨学金少年」scholarship boys の一人であったことである。第一部「I 誰が「労働者階級」か?」で、ホガートは自らの両親を「「この子」が奨学金をもらえるかどうかを、気に病むようになる」世代と評している(三五頁)。また、同じく「III 「やつら」と「おれたち」」では、労働者階級の自覚が芽生える分岐点が「試験に合格して奨学生男女がグラマー・スクールへいってしまう」十一歳以後としている(一二九頁)。中産階級的価値観を育むグラマー・スクールに進む成績優秀者——ホガート自身を含む——が、労働者階級コミュニティ内で不信の眼でみられた様子も綴っている。

ホガートが奨学金を得た当時の進学状況を見ておこう。一九二六年段階では毎年小学校を終える約五〇万人の児童のうち〇・五%だけが中等学校に進学していた(ジェフリー・クロシック『イギリス下層中産階級の社会史』島浩二ほか訳、法律文化社・一九九〇年を参照)。

奨学金少年は労働者階級コミュニティでは例外的なエリートである一方、入学者の七五％が奨学金とは無縁な大学という「財産と教養のある世界」でもマイノリティであった。彼らは二つの階級文化の板挟み状況の中で「もうどの集団にも、本当は属していない」と感じ、アイデンティティへの不安を抱えて成長した。その多くはオックスブリッジのような名門大学に入り込み、学位を得て官吏、教員、ジャーナリストなど専門職につくわけだが、アイデンティティ・クライシスの中で彼らは超階級的な視点を獲得する。そのため芸術や思想で創造的な業績をあげた奨学金少年は少なくない。ホガートやウイリアムズなどの批評家に加え、小説家のD・H・ロレンスやジョージ・オーウェル、画家のL・S・ロウリー、彫刻家のヘンリー・ムーアなど傑出した奨学金少年について、大石俊一『奨学金少年の文学――ジェントルマンとアンチ・ジェントルマンのはざまで』（英潮社新社・一九八七年）が詳しく論じている。ロレンス文学の本質を大石は次のように表現している。同じことがロレンスより一世代若いホガートの批評、すなわち本書に関しても言えるだろう。

ロレンス文学が優れた文学たりえたのは、彼が労働者階級出身であったということに直接的によっているのではなく、彼が労働者階級出身者であり、かつ、〈奨学金少年〉として、そこから〈脱階級〉していたことと関係があった（大石、一〇頁）

ホガートもロレンスも一九世紀の労働者文化と二〇世紀の大衆文化の違いを「読み書き能力」の有無とする点では同じだが、ロレンスはその「効用」ではなく「弊害」を説いたニーチェを信奉していた。ニーチェは「読むことと書くことについて」でこう述べている。

誰もが読むことを学んでよいということになれば、長いあいだには、書くことだけではなくて、考えることまでも腐敗させられる。（フリードリヒ・ニーチェ『ツァラトゥストラ　上』吉沢伝三郎訳・ちくま学芸文庫、七三頁）

この箴言を踏まえて、「奨学金少年」第一世代であるロレンスは「すべての学校をただちに閉鎖せよ」と主張した。文字を読めないほうが下劣な大衆読物や日曜新聞の悪影響から労働者階級を守ることができるというのである。第二世代のホガートはそこまで悪影響を深刻に捉えていないものの――その理由は後述する――、ニーチェやロレンスに連なる「読み書き能力の弊害」論の余韻を本書中に見出すことはできる。

真理に触れるには、ほかの道がいくらもある。より詰らない大衆娯楽に私が反対する最大の理由は、それが読者を「高級」にさせないからではなく、それが知的な性向をもっていない人びとがかれらなりの道をとおって賢くなるのを邪魔するからなのだ。

（五三〇頁）

個人的に消費される大衆娯楽の画一的商品は、かつて労働者階級がもっていた「より積極的な、より充実した、もっと協同で楽しむ種類の娯楽」を干し上げていく。よく人を楽しませる者が、そのことで一番自分も楽しむことができた「おれたちの世界」は、スターの代行作用で満足する「見物人の世界」に変わった、というのである。

他方、ジョン・ケアリ『知識人と大衆――文人インテリゲンチャにおける高慢と偏見』（東郷秀光訳、大月書店・二〇〇〇年）は、一九世紀末に文学や芸術が大衆に理解不能なものとなった理由として、労働者階級の読み書き能力の向上を挙げている。

知識人には大衆が字が読めるようになるのを阻止することはもちろん実際にはできなかった。しかし知識人は文学を難解にすることで大衆が読むのを阻止することはできた――これは彼らが実際に行なったことである。二〇世紀初頭にはヨーロッパのインテリが大衆を文化から締め出そうという決然たる努力を行なう様が見られた。イングランドではこの運動はモダニズムとして知られている。(ケアリ、二三頁)

つまり、モダニズム文学は一九世紀末の教育改革によって生み出された空前の大読者層に対する知識人の拒絶反応であり、新たに読み書きを覚えた大衆との距離を保つべく、わざと難解に書かれていた、とケアリはいう。だとすれば、本書があえて平易に叙述されている理由として、大衆読者との距離を埋めたいというホガートの意図を読み取ってもよい。ホガートは「A　奨学生」を含む第二部「X　ゆがんだ源泉――根こぎにされ、不安にさいなまれる者へのノート」をこう書き起こしている(X章のタイトル unbent springs は「ゆがんだ源泉」より「延びてしまったバネ」が妥当だろう。大石、四五―四六頁)。

これは書きにくい章だ。どうあっても書かなければならないのだが。(四五八頁)

ここには自身のアイデンティティを確認したいと願う「脱階級」者、あるいは故郷喪失者(ハイマートローゼ)の執念のようなものも感じられる。労働者階級の人間関係がどれほどコミュニティに深く「根」をはっていたか、その「根」を失うことがどれほどの痛みを伴うものか、それは次の文章からも読み取れる。

まず最初に、奨学生の資格をとった少年たちのあるものが経験する根こぎ過程の特質を話しておいたほうが便利だろう。私が頭のなかに思い浮べているのは、なん年ものあいだ、おそらくひじょうにながいこと、もうどの集団にも、本当は所属していない、という実感をもっている諸君たちである。(中略) 奨学生になって義務教育以上の課程を通るほとんどすべての労働者階級出身の少年は、青年期のあいだじゅう自分の環境に体をこすりつけるようないら立ちを感じてすごす。彼は、二つの文化の摩擦点に立っているのだ。(四六〇—四六一頁)

この「二つの文化の摩擦点」は二つの階級の対立状況を示すものだが、同時にそれは田園—都市、民衆文化—高級文化、伝統—近代のボーダーラインとも重なる。つまり、ホガートの「奨学金少年」体験は、決して個人的なものではなく二〇世紀前半のイギリス社会が直面していた諸問題と重なっている。そこに本書の最大の魅力があると言ってよいだろう。

さらに、こうした板挟み状況における「奨学金少年」の心情は、私たち日本の読書人が共感しやすいものである。近代日本の知識人の多くが故郷の村を離れて帝国大学で学んだ庶民出のエリートであったことは、竹内洋『日本の近代12 学歴貴族の栄光と挫折』(中央公論新社・一九九九年＝講談社学術文庫・二〇一一年を参照) がみごとに描き出している。「学歴貴族」の読書対象が日常生活 (大衆文化) とは隔絶した欧米の書物 (高級文化) であったこともあり、彼らはほとんど崇拝というべき態度で「読み書き能力」に接していた。

しかし、彼らが「階級」や「共同体（コミュニティ）」という政治概念に魅了されていたこともまた確かなのである。

ホガートが「読み書き能力」に関する、労働者階級に文化的貧困を見る上流階級の上から目線も、労働者階級のロマン主義的な自己満足も、ともに退けることができた理由は、「奨学金少年」として身に付けた超階級的視点があるのだろう。しかし、「奨学金制度のありうべき効果」は、労働者階級文化のゆくえを占う重要な要素として、「XI　結論」でこう総括されている。

今日、［労働者階級の――引用者による］知的少数派の多くは十一歳のときに選別されて、高等教育を受ける過程で、しばしばほかの階級のメンバーに転位されてしまう。（中略）グラマー・スクールへ行くものがみんな自分の階級を捨て去ってしまうわけではないが、かなりの部分が労働者階級から離れていってしまう。（五二八―九頁）

優秀な子供が階層移動することを嘆く者はいないのだが、労働者階級の「知的少数派」が転位すること――体制側からすれば、指導者を引き抜くこと――から生じる問題点をホガートは鋭く指摘している。

「労働者階級」という肩書が使われなくなったとしても、より面白くない、より機械的な仕事に従事するたくさんの人びとが存在することに変わりはない。そうした人びとのなかの批判的精神をもった人の割合が以前よりも少くなる傾向があることは、ある程度重大な問題をはらんでいる。（中略）われわれは知らず知らずのうちに、少く

とも古いものと同じ位強固な一種の新しいカスト制度に流されつつあるのではないか。（五二九―五三〇頁）

脱工業化、あるいは情報化の時代に、ますます拡大した経済的、文化的な格差に「新しいカスト制度」を実感する人も多いはずだ。二一世紀の私たちにとって、およそ七〇年前に書かれた本書の予言はリアルな現実となっている。マスメディアによる文化の平準化がもたらす「階級がない」社会状況についても、かなり悲観的な予測が本書から読み取れる。

階級文化の伝統的な形態は、より貧しい「階級のない」、あるいは私が前にいった言葉でいえば、「顔のない」文化で置きかえられてゆく危険にさらされている。（五三八頁）

本書が邦訳された一九七四年当時であれば、第二部のこうした文化的ペシミズムではなく、第一部の労働者階級コミュニティに向けた温かい眼差しに政治的オプティミズムを読み取るのが一般的だったのではなかろうか。だが一九八〇年代前半、イギリスではサッチャー政権、日本では中曽根康弘政権の時代に本書を読んだ私は、その結論――だれでも読み書きできる社会で「自由」を保持してゆくことの困難さ――に衝撃を受けた。本書はこう結ばれている。

中央集中化の過程と技術的発展とが続いているさなかで、なにか実質的に意味のあることとして「自由」を保持してゆくためには、どうすればよいのか、という問題、である。これは格別に複雑な挑戦といってもよい。なぜなら、もし実質的に内面の自由がなくなったとしても、巨大な、新しい「階級のない」階級には、そのことがわからないだろうから。そのメンバーは、そうなっても相かわらず自分たちは自由だと考えるだろうし、おまえたちは自由なんだ、と語られるに決っているから。(五四二頁)

訳者解説にあるように「イギリスほど日常的「階級差」のはっきりしていないわれわれ」(六三二頁)日本の方が状況はより深刻なのではないか。「実質的に内面の自由がなくなった」まま、「自分たちは自由だと考える」人間になっていないかどうか。

「階級なき社会」の労働者

「『読み書き能力の効用』が書店の店頭を飾っていた」一九五八年当時のイギリス労働者階級コミュニティを再現している著作として、一九三二年生まれの教育社会学者、ブライアン・ジャクスンによる『コミュニティ——イングランドのある町の生活』(原著一九六八年、大石俊一訳、晶文社・一九八四年)がある。原著タイトル「労働者階級コミュニティ——北部イングランドの一連の研究に基づく若干の一般的考察」*Working class community: some general notions raised by a series of studies in northern England* であるように、ジャクスンもホガートと同じく北部イングランドの労働者階級家庭に生まれ、ケンブリッジ大学に学んだ元「奨学金少年」である。ホガートより一世代若いジャクスンは、本書の「第一部　より古い秩序」の続編となる現状分析を試みたわけだが、マス・コミュニケーションの限定効果論、あるいは文化研究のアクティブ・オーディエンス論をベースに記述されているため、ホガートよりもマスメディアの影響には楽観的である。

> 印刷された言葉にしろ、ポスターにしろ、テレビ・スクリーンにしろ、それらが、労働者階級受け手にとって、中産階級受け手にとってとまったく同じ「リアリティ」をもっているとは、確信できない。（中略）つまり、それらのものを、教育程度の高い文字言語社会の視点から見るのではなく、閉ざされた口頭言語社会の視点から見るならば、それらのものの「リアリティ」の性格も異なったものとなるのは当然であろう、と。（中略）〔メディア経営の〕会社は画一的なプログラムとか新聞を送りだすが、個々人はそれを画一的に受けとめてはいない――個々の人格のもっとも深いところから生じてくる不思議なほど複雑な方法で、飛ばし読みし、選択するのである。（ジャクスン、二九七―八頁）

これはホガートの後任として現代文化研究センター所長となるスチュアート・ホールの「エンコーディング（記号化）／デコーディング（解読）モデル」の萌芽的な解釈として読むことができる。ジャクスンは同書を次の言葉で結んでいる。

> ほとんどの点で、労働者階級は、疑いもなく、かつてよりも、はるかに、はるかに恵まれている。だがしかし、本質において、労働者階級は、〔昔と〕同じものを感じ、同じ種類の経験を提示しているのである。（同右、二九八頁）

このように労働者階級文化の根強さを認める見解が一九六八年には示されていた。さらに十年後の一九七七年――サッチャーが労働党から政権を奪還するのはその二年後――に刊行されたポール・ウィリス『ハマータウンの野郎ども——学校への反抗・労働への順応』Paul Willis, *Learning to Labour: How Working Class Kids Get Working Class Jobs.* 1977（熊沢誠・山田潤訳、筑摩書房・一九八五年＝ちくま学芸文庫）にも、そうした見解はまだ引き継がれている。反抗的で反権威的な「野郎ども」ladsと呼ばれる労働者階級出身の少年たちは、むかしと同じく勤勉・秩序・学習を重んじる学校文化に対抗する「反学校文化」の中に身を置いていた。彼らは肉体労働者の世界から抜け出そうとせず、自らマニュアルワークで生きる道を選び取り、既存の労働者階級世界を再生産していた、とウィリスはいう。だが、ちくま学芸文庫版（一九九六年）の訳者解説で、その後のサッチャー改革がイギリス社会の「日本化」ともいうべき脱階級化を推進したことを山田潤は次のように指摘している。

サッチャー以後の保守党政権による労働と教育における一連の制度改革が、「階級社会」としてのイギリスを、すべての個人が個人として、学校においても職場においても、その能力・努力・適応力を惜しみなく競い合う「国民社会」へと練り上げることをめざしていたのはまちがいない。（山田、四六三頁）

この「脱階級化」にさらされた「ハマータウンの野郎ども」世代の半世紀後を描いた著作として、ブレイディみかこ『ワイルドサイドをほっつき歩け——ハマータウンのおっさんたち』（筑摩書房・二〇二〇年＝ちくま文庫・二〇二三年）も関連図書として読むべきだろう。特に、本書の扱う一九五〇年代との落差は大きい。海外からの移民労働者が急増して多民族社会となった現在のイギリスでは、本書の労働者階級は「白人労働者階級」と記述しないと正確に意味が通じないのだ。その上で、ブレイディみかこは「白人労働者階級」という表現の問題点を鋭く指摘している。

労働者階級を「白人」の専売特許みたいにメディアや政治家が言うから、そこに入ってくる「よそ者」は受け入れられない、という風潮が出来上がってしまうのかもしれない。さらに、逆に言えば、労働者階級に「白人」の枕詞をつけるから、いわゆる「下層民（チャヴ）」のような言葉が生まれて、白人の下層階級は怠け者で向上心がなく犯罪に手を染めがちで暴力的、というような偏見が育ち、それが階級の軸における差別や、当事者たちの無力感に繋がっていく。（ブレイディ、二八四頁）

ここで「下層民」の訳語が当てられている「チャヴ」chav については、オーウェン・ジョーンズの『チャヴ――労働者階級の悪魔化』*Chavs: The Demonization of the Working Class*, 2011 がある（邦訳『チャヴ――弱者を敵視する社会』依田卓巳訳、海と月社、二〇一七年）も一読に値する。「チャヴ」は白人労働者階級に対する今日の差別用語である。ロマ族（ジプシー）の言葉「子供」chavi に由来するとされるが、「偽物のバーバリーなどを身につけた無職の若者を中心とする下流階級」としてイメージされている（現代日本語の「ヤンキー」などに近いだろうか）。「カジュアルなスポーツウェアを着た労働者階級の若者」（『コロンズ英語辞典』二〇〇五年）として使われ始めた言葉が、今日では「教養の欠如や下流階級であることを、その衣服や話し方、行動があらわすような人を示す蔑称」（『ケンブリッジ英語辞典』）として定着している。

『チャヴ』でジョーンズが告発するのは、こうした労働者階級を敵視する社会である。その社会では労働者階級から抜け出すことを目指す「向上心ある」労働者――つまり「奨学金少年」――だけが正当化される。そのため、一九九七年に首相となった労働党のトニー・ブレアは「新しいイギリスは能力主義（メリトクラシー）です」と宣言した。この「能力主義」の前提が「読み書き能力」であることは言うまでもない。「奨学金少年」が階層移動を遂げた後の労働者階級は、福祉国家に養われる「野生化した下流階級」とみなされた。こうした労働者階級はもはや重視する必要などないため、「ニュー・レイバー」と名乗るブレアの労働党は「いまやわれわれはみな中流階級だ」のスローガンを掲げることができた。これこそ本書でホガートが恐れていた未来だったのではないだろうか。「ホガート以後」のイギリス労働者階級の展開を、ジョーンズは次のように概略している。

> 一九七九年、首相に就任したマーガレット・サッチャーは、労働者階級への総攻撃を開始した。これによって、労働組合や公営住宅などの制度は廃止され、製造業から鉱業に至る数々の産業が破壊された。回復できないほどバラバラになったコミュニティもあった。連帯感や共通の向上心といった価値も一掃され、そこには厳しい個人主義が居座った。労働者階級は力を奪われ、誇りある集団とは見なされなくなった。代わりに冷笑され、見くびられ、スケープゴートにされた。そして、メディアや政治の世界から労働者階級出身の人が消えるにつれ、こうした考えはさらに広まった。（ジョ

ーンズ、一七〜一八頁)

さらに重要なことは、ホガート時代の文化研究は「労働者階級」問題に集中することができたが、その後の文化研究は人種や民族、ジェンダーなどの「アイデンティティ」問題へと重心が移動していた。それは「階級政治からアイデンティティ政治への方向転換」(ジョーンズ、三一五頁)に連動していた。我が国で文化研究がブームとなった一九九〇年代以降、その原点とも言うべき本書がいま一つ注目されてこなかった理由もここにある。ジョナサン・ローズ『イギリス労働者階級の知的生活』(Jonathan Rose, *The Intellectual Life of the British Working Classes*, Yale University Press, 2001)には、MLA国際文献目録で一九九一年から二〇〇〇年まで研究論文をオンライン検索したテーマ別の結果が示されているが、「女性」一万三八二〇件、「ジェンダー」四五三九件、「人種」一八六二件、「ポストコロニアル」七一〇件に対して、「労働者階級」はわずか一三六件にすぎないのである。一九八〇年代に労働者運動文化史から歴史研究を始めた私は、一九九〇年代日本のカルスタ受容に長らく違和感を覚えていたが、このデータを見ると文化研究の国際潮流そのものが「脱階級」化だったことがわかる。

ネガティブ・リテラシーの効用?

今日の視点で本書を読むと、どうしても悲観的な解説とならざるを得ない。とはいえ、私がかつて本書からオプティミズムを学んだことも確かである。それは労働者階級における「消極的な（負の）・読み書き能力」の効用である。

私は情報教育としてネガティブ・リテラシーを訴える文章を書いている（たとえば、「「ネガティブ・リテラシー」の時代へ」、村上陽一郎編『「専門家」とは誰か』晶文社・二〇二二年所収など）。あいまい情報が溢れる世界で情報の真偽を見分けることを急がず、あいまいな状況に耐える力の重要性を訴えている。「耐性思考」と呼ぶこともあるが、具体的にはSNSなどで必要以上に読み込まず（やり過ごし）、不用意に書き込まない（発信しない）だけの忍耐力と言ってもよいだろう。私たちの脳は早くわかろうとするため、問題解決の速度を優先しがちである。速度が強調されると、まず問題設定の段階で問題そのものを単純化してしまう（学校のペーパーテストの問題がそうである）。たしかに単純な問題なら解決も早い。しかし、情報の真偽は単純化しなくても時間の経過によって自ずから解決する場合が圧倒的に多い。その意味で、あいまい情報の前では性急に判断せず、不確実な状況に耐えることが重要なのである。

こうした発想法は精神医学者・帚木蓬生が『ネガティブ・ケイパビリティ――答えの出ない事態に耐える力』（朝日新聞出版・二〇一七年）で唱えている。帚木はネガティブ・ケイパビリティを「性急に証明や理由を求めずに、不確実さや不思議さ、懐疑の中にいることができる能力」と定義する。この言葉は一九世紀英国の詩人ジョン・キーツがシェークスピアの天才的創作の秘訣にふれて最初に使用したもので、二つの世界大戦に従軍したイギリスの精神分析学者ウィルフレッド・R・ビオンによって再発見された。ホガートも従軍経験のある英文学者だから、ネガティブ・ケイパビリティという概念を知っていたのかもしれない。

この解説を執筆するため学生時代によんだ晶文社版を読み返した際、かつて私がマークした箇所にそれを再確認した。ホガートは労働者階級文化の知恵、「人びとの黙って無視するという偉大な能力、ただ影響を受けたふりをして、物事を「なりゆきに委せる」というやり方」に高い評価を与えている（五一一頁）。

すばやく問題を解決してしまう学校秀才たちとはちがって、「本当に求めるものは吸収し、どうでもいいものは成行きにまかせる能力」（同頁）が労働者階級にはいくぶんなりとも温存されているというのだ。この能動的に採用された「成行きにまかせる能力」を、ホガートは道徳的資質として高く評価する。

かれらには「耐えを忍ぶ」能力があるが、これは単に受動性からくるものではなく、それが、人たるものがそこから始まるべき地点、つまり、人は多くのものを耐え忍ばねばならない——これに類した古風な言い回しをすれば、笑って耐える——という想定からくる。（同頁）

この能動的な「耐えを忍ぶ」能力があれば、資本主義社会の広告や宣伝を適当にやり過ごす生活が可能なのである。ここに文化研究のアクティブ・オーディエンス論の起点を見ることもできるはずだ。

その結果労働者階級は、さもなくば受けたであろうほどには、それらのものから影響を受けていないのである。もちろん問題は、この道徳的資本の在庫がいつまで続くか、また十分に更新されうるか否か、にある。しかしわれわれは、現在における、この元手の影響力を過小評価しないよう注意しなければならない。(五一二頁)

最後に、訳者の・香内三郎については拙著『メディア論の名著30』(ちくま新書・二〇二〇年)でも触れているが、その学問的業績については飯塚浩一「文化研究――メディアはどうやって思想をつくるのか　香内三郎『活字文化の誕生』」『メディア史研究』51号(二〇二二年)を参照いただきたい。

(さとう・たくみ　京都大学教授)

ワ

ナ

ニ

ネ

ハ

ヒ

ソ

タ

チ

ツ

テ

ト

サ

シ

ス

セ

索引

本書は一九八六年六月二〇日、晶文社より新装版として刊行されたものである。

象徴交換と死
J・ボードリヤール
今村仁司／塚原史訳
すべてがシミュレーションと化した高度資本主義像を鮮やかに提示し、〈死の象徴交換〉による、その内部からの〈反乱〉を説く、ポストモダンの代表作。

経済の文明史
カール・ポランニー
玉野井芳郎ほか訳
市場経済社会は人類史上極めて特殊な制度的所産である――非市場社会の考察を通じて経済人類学に大転換をもたらした古典的名著。（佐藤光）

暗黙知の次元
マイケル・ポランニー
高橋勇夫訳
非言語的で包括的なもうひとつの知。創造的な科学活動にとって重要な〈暗黙知〉の構造を明らかにしつつ、人間と科学の本質に迫る。新訳。

現代という時代の気質
エリック・ホッファー
柄谷行人訳
群れず、熱狂に翻弄されることなく、しかし自分自身の内にこもることなしに、人々と歩み、権力と向きあっていく姿勢を、省察の人・ホッファーに学ぶ。

リヴァイアサン（上）
トマス・ホッブズ
加藤節訳
各人の各人に対する戦いから脱し、平和と安全を確立すべく政治的共同体は生まれた。その仕組みを分析した不朽の古典を明晰な新訳でおくる。全二巻。

リヴァイアサン（下）
トマス・ホッブズ
加藤節訳
キリスト教徒の政治的共同体における本質と諸権利、そして「暗黒の支配者たち」を論じて大著は完結する。近代政治哲学の歩みはここから始まった。

知恵の樹
H・マトゥラーナ／F・バレーラ
管啓次郎訳
生命を制御対象ではなく自律主体とし、自己創出を良き環と捉え直した新しい生物学。現代思想に影響を与えたオートポイエーシス理論の入門書。

社会学的想像力
C・ライト・ミルズ
伊奈正人／中村好孝訳
なぜ社会学を学ぶのか。抽象的な理論や微細な調査に明け暮れる現状を批判し、個人と社会を架橋する学という原点から問い直す重要古典、待望の新訳。

パワー・エリート
C・ライト・ミルズ
鵜飼信成／綿貫譲治訳
エリート層に権力が集中し、相互連結しつつ大衆社会を支配する構図を詳細に分析。世界中で読まれる階級論・格差論の古典的必読書。（伊奈正人）

21世紀を生きるための
社会学の教科書
ケン・プラマー
赤川学監訳
パンデミック、経済格差、気候変動など現代世界が直面する諸課題を視野に収めつつ社会学の新しい知見を解説。社会学の可能性を論じた最良の入門書。

世界リスク社会論
ウルリッヒ・ベック
島村賢一訳
迫りくるリスクは我々から何を奪い、何をもたらすのか。『危険社会』の著者が、近代社会の根本原理をくつがえすリスクの本質と可能性に迫る。

民主主義の革命
エルネスト・ラクラウ／シャンタル・ムフ
西永亮／千葉眞訳
グラムシ、デリダらの思想を摂取し、根源的で複数的なデモクラシーへ向けて、新たなヘゲモニー概念を提示した、ポスト・マルクス主義の代表作。

鏡の背面
コンラート・ローレンツ
谷口茂訳
人間の認識システムはどのように進化してきたのか、そしてその特徴とは。ノーベル賞受賞の動物行動学者が試みた抱括的知識による壮大な総合人間哲学。

ミメーシス（上）
E・アウエルバッハ
篠田一士／川村二郎訳
西洋文学史より具体的なテクストを選び、文体美学を分析・批評しながら、現実描写を追求する。全20章の前半のホメーロスよりラ・サールまで。

ミメーシス（下）
E・アウエルバッハ
篠田一士／川村二郎訳
ヨーロッパ文学における現実描写の流れをすばらしい切れ味の文体分析により追求した画期的文学論。全20章の後半、ラブレーよりV・ウルフまで。

人間の条件
ハンナ・アレント
志水速雄訳
人間の活動的生活を《労働》《仕事》《活動》の三側面から考察し、《労働》優位の近代世界を思想史的に批判したアレントの主著。（阿部齊）

革命について
ハンナ・アレント
志水速雄訳
《自由の創設》をキイ概念としてアメリカとヨーロッパの二つの革命を比較・考察し、その最良の精神を二〇世紀の惨状から救い出す。（川崎修）

暗い時代の人々
ハンナ・アレント
阿部齊訳
自由が著しく損なわれた時代を自らの意思に従い行動し、生きた人々。政治・芸術・哲学への鋭い示唆を含み描かれる普遍的人間論。（村井洋）

新・建築入門　隈研吾

「建築とは何か」という困難な問いに立ち向かい、建築様式の変遷と背景にある思想の流れをたどりつつ、思考を積み重ねる。書下ろし自著解説を付す。

錯乱のニューヨーク　レム・コールハース　鈴木圭介訳

過剰な建築的欲望が作り出したニューヨーク／マンハッタンを総合的・批判的にとらえる伝説の名著。本書を読まずして建築を語るなかれ！　（磯崎新）

S, M, L, XL+　レム・コールハース　太田佳代子／渡辺佐智江訳

世界的建築家の代表作がついに！　伝説の書のコア・エッセイにその後の主要作を加えた日本版オリジナル編集。彼の思索のエッセンスが詰まった一冊。

東京都市計画物語　越澤明

関東大震災の復興事業から東京オリンピックに向けての都市改造まで、四〇年にわたる都市計画の展開と挫折をたどりつつ新たな問題を提起する。

新版大東京案内（上）　今和次郎編纂

昭和初年の東京の姿を、都市フィールドワークの先駆者が活写した名著。上巻には交通機関や官庁、デパート、盛り場、遊興、味覚などを収録。

グローバル・シティ　サスキア・サッセン　伊豫谷登士翁監訳　大井由紀／髙橋華生子訳

世界の経済活動は分散したのではない、特権的な大都市に集中したのだ。国民国家の枠組みを超えて発生する世界の新秩序と格差拡大を暴く衝撃の必読書。

東京の空間人類学　陣内秀信

東京、このふしぎな都市空間を深層から探り、明快に解読した定番本。基層の地形、江戸の記憶、近代の都市造形が、ここに甦る。図版多数。（川本三郎）

大名庭園　白幡洋三郎

小石川後楽園、浜離宮等の名園では、多種多様な社交が繰り広げられていた。競って造られた庭園の姿に迫りヨーロッパの宮殿とも比較。（尼崎博正）

東京の地霊（ゲニウス・ロキ）　鈴木博之

日本橋室町、紀尾井町、上野の森……。その土地に堆積した数奇な歴史・固有の記憶を軸に、都内13カ所の土地を考察する「東京物語」。（藤森照信／石山修武）

ちくま学芸文庫

読み書き能力の効用

二〇二三年十一月十日　第一刷発行

著　者　リチャード・ホガート
訳　者　香内三郎（こううち・さぶろう）
発行者　喜入冬子
発行所　株式会社 筑摩書房
東京都台東区蔵前二―五―三　〒一一一―八七五五
電話番号　〇三―五六八七―二六〇一（代表）
装幀者　安野光雅
印刷所　株式会社精興社
製本所　加藤製本株式会社

ISBN978-4-480-51217-8 C0136